──── 우리는 하루하루 목숨을 걸며 나아간다.

로알 아문센

탐험가의 스케치북

↗ 막시밀리안 공이 브라질을 탐험할 당시 기록한 노트

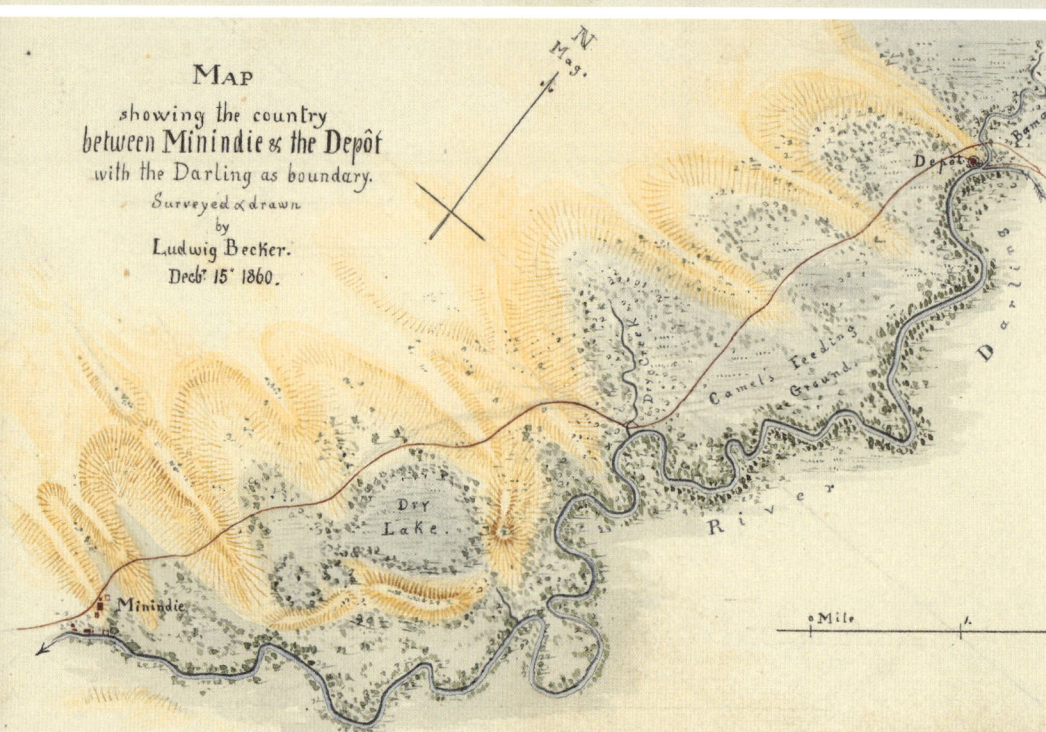

1	2	5	7
3	4	6	

1. 필리프 게오르크 폰 레크의 1730년대 일기 2. 에드워드 노턴, 1924년 에베레스트 등정 당시 동료 등반가를 그린 스케치
3. 루트비히 베커가 스케치한 지도, 1860년 미닌디와 보급기지 사이 지방 및 달링강 4. 티션 램지 필, 1830년, 박물관에 전시된 표본으로 추정되는 북극곰
5. 엑토르 오로, 1838년 엘세부아, 신전에 바라본 스핑크스 대로와 탑문 6. 1730년대 필리프 게오르크 폰 레크의 일기 7. 루트비히 베커, 1860년, 흰날개 처프새

№ 3

Darling Depôt, Dec. 17.–60.

I shot this bird to-day, believing it to be the builder of such nests of which I found one on a Gum-tree at the Darling Depôt. The nest is 7 inches high and 9 inches in diameter, it is build of Darling-clay with bits of grass mixed with it & is lined with the fibres of bark, grass and a few feathers. It looks somewhat like a bee-hive, and appears to have taken seven days to build if each ring counts for one days work. — The bird is of the size of a small crow, black over all, with the exception of 10 feathers of the under-side of each wing, these feathers are white; then the point of the beak is pale flesh colored, and the conjunctiva near the cornea of the eyes is pink while the iris is dark brown. The native name for this bird is Curali. — Having no books with me, in reference to birds I do not know its scientific name, but it will be found in Gould's work, and for that purpose I sketched the bird, but I believe the nest is not figured by Gould. L. Becker.

발견과 모험의 예술

탐험가의 스케치북

휴 루이스-존스 · 카리 허버트 지음

최파일 옮김

목차

06 서문
   로버트 맥팔레인

10 들어가는 글
   휘갈겨 쓴 노트들 휴 루이스-존스, 카리 허버트

스케치북

22 로알 아문센 ROALD AMUNDSEN
24 존 제임스 오듀본 JOHN JAMES AUDUBON
28 존 올조 JOHN AULDJO
34 토머스 베인스 THOMAS BAINES
40 헨리 월터 베이츠 HENRY WALTER BATES
44 루트비히 베커 LUDWIG BECKER
48 윌리엄 비비 WILLIAM BEEBE
52 거트루드 벨 GERTRUDE BELL
56 프란츠 보아스 FRANZ BOAS
60 크리스 보닝턴 CHRIS BONINGTON
62 얀 브란더스 JAN BRANDES
68 **찬란한 숲: 길리언 프랜스 GHILLEAN PRANCE**
72 아델라 브레턴 ADELA BRETON
76 윌리엄 버첼 WILLIAM J. BURCHELL

82 하워드 카터 HOWARD CARTER
86 브루스 채트윈 BRUCE CHATWIN
88 제임스 쿡 JAMES COOK
94 윌리엄 히턴 쿠퍼 WILLIAM HEATON COOPER
98 찰스 다윈 CHARLES DARWIN
100 아멜리아 에드워즈 AMELIA EDWARDS
102 찰스 에번스 CHARLES EVANS
104 래널프 파인스 RANULPH FIENNES
106 마거릿 폰테인 MARGARET FOUNTAINE
108 비비언 푹스 VIVIAN FUCHS
110 오이겐 폰 게라르트 EUGENE VON GUERARD
114 로빈 한버리-테니슨 ROBIN HANBURY-TENISON
116 찰스 턴불 해리슨 CHARLES TURNBULL HARRISSON
122 스벤 헤딘 SVEN HEDIN
126 월리 허버트 WALLY HERBERT
130 토르 헤위에르달 THOR HEYERDAHL
132 에드 힐러리 ED HILLARY
134 윌리엄 호지스 WILLIAM HODGES
140 엑토르 오로 HECTOR HOREAU
144 알렉산더 폰 훔볼트 ALEXANDER VON HUMBOLDT

표지설명

앞표지: 1. 중앙아시아에서 스케치 중인 스벤 헤딘 2. 존 올조의 베수비오산 지도 3. 얀 브란더스의 해양 생물 스케치 4. 길리언 프랜스의 나침반 5. 올리비아 통의 스케치북 표지

뒤표지: 윌리엄 버첼의 수채화 '내 아프리카 짐마차 내부' 언제나 세부묘사에 신경 쓰는 그는 스케치하는 데만 나흘이 걸렸고, 완성하기까지 총 120일 정도가 걸렸다고 적었다. 수소 두 마리가 끄는 채집용 짐마차는 집이자 이동식 실험실이었고, 버첼은 그 안에서 이동하며 글을 읽고 쓰고, 스케치하고, 측정하고, 해부할 수 있었다.

일러두기

- 외국 인명과 지명 등은 현행 외래어표기법을 존중하되 관행을 참고하여 표기했습니다.
- 단행본·정기간행물은 『 』, 논문·기고문은 「 」, 미술·영화·음악은 〈 〉를 사용했습니다.
- 본문에서 저자가 부연한 부분은 ( ), 옮긴이가 부연한 부분은 〔 〕를 사용했습니다.

146 **다른 세계: 앨런 빈** ALAN BEAN	238 니콜라이 레리흐 NICHOLAS ROERICH	314 더 읽을 책
150 메리웨더 루이스 MERIWETHER LEWIS	242 **떼려야 뗄 수 없는 친구: 데이비드 에인리** DAVID AINLEY	317 일러스트레이션 크레딧 · 감사의 말
154 칼 린나이우스 CARL LINNAEUS	246 로버트 팰컨 스콧 ROBERT FALCON SCOTT	318 색인
160 데이비드 리빙스턴 DAVID LIVINGSTONE	250 어니스트 섀클턴 ERNEST SHACKLETON	
164 조지 로 GEORGE LOWE	252 제프 서머스 GEOFF SOMERS	
168 막시밀리안 공 PRINCE MAXIMILIAN DE WIED	254 존 해닝 스피크 JOHN HANNING SPEKE	
174 마거릿 미 MARGARET MEE	258 프레야 스타크 FREYA STARK	
178 마리아 지빌라 메리안 MARIA SIBYLLA MERIAN	260 마크 오렐 스타인 MARC AUREL STEIN	
184 잔 모리스 JAN MORRIS	262 아벌 타스만 ABEL TASMAN	
186 에드워드 로턴 모스 EDWARD LAWTON MOSS	268 존 턴불 톰슨 JOHN TURNBULL THOMSON	
190 프리드쇼프 난센 FRIDTJOF NANSEN	272 콜린 더브런 COLIN THUBRON	
194 메리앤 노스 MARIANNE NORTH	274 알렉산드린 티네 ALEXANDRINE TINNE	
200 **무한한 아름다움: 토니 포스터** TONY FOSTER	242 **한 획을 그어라: 웨이드 데이비스** WADE DAVIS	
204 에드워드 노턴 EDWARD NORTON	284 올리비아 통 OLIVIA TONGE	
210 헨리 올드필드 HENRY OLDFIELD	288 우에무라 나오미 UEMURA NAOMI	
214 존 린턴 파머 JOHN LINTON PALMER	290 고드프리 비니 GODFREY VIGNE	
218 시드니 파킨슨 SYDNEY PARKINSON	294 앨프리드 러셀 월리스 ALFRED RUSSEL WALLACE	
222 티션 램지 필 TITIAN RAMSAY PEALE	298 제임스 월리스 JAMES WALLIS	
228 로버트 피어리 ROBERT E. PEARY	300 존 화이트 JOHN WHITE	
230 크누트 라스무센 KNUD RASMUSSEN	306 에드워드 윌슨 EDWARD A. WILSON	
234 필리프 게오르크 폰 레크 PHILIP GEORG VON RECK		

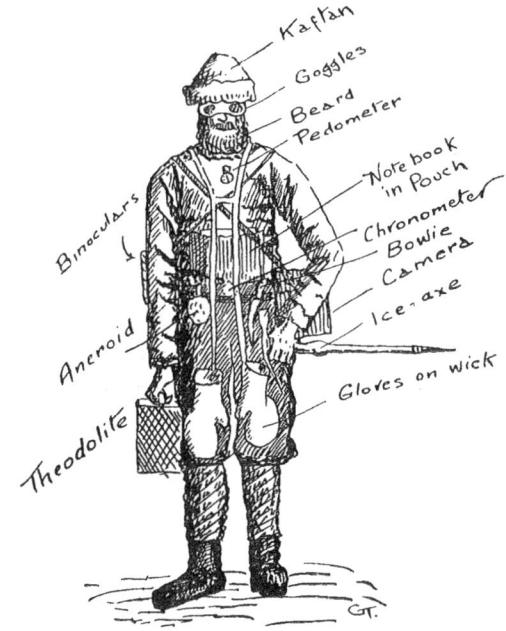

스콧의 테라노바 원정 소속 지질학자인 그리피스 테일러가 1911년 2월 8일에 그린 스케치는 현장에 나갈 때 입는 전형적인 복식을 보여준다. 노트, 카메라, 턱수염 그 모두가 복장의 필수 요소인 모양이다.

서문

로버트 맥팔레인

Robert Macfarlane (1976-)

『마음의 산Mountains of the Mind』과 『야생의 땅The Wild Places』, 『올드웨이즈The Old Ways』, 『랜드마크Landmarks』 등 탐험과 여행, 풍경에 관해 다수의 베스트셀러를 쓰고 수상한 저자다. 그의 저서는 여러 언어로 번역되었고 영화, 텔레비전, 라디오로도 널리 각색되었다.
현재는 우리 발밑에 잊힌 세계들에 관한 책인 『언더랜드Underland』를 집필 중이다(2020년 국내 출간).
케임브리지 대학, 이매뉴얼 칼리지의 연구원이다.

이 비범한 책에서 가장 비범한 이야기 가운데 하나는 탐험가이자 선교사인 데이비드 리빙스턴의 이야기다. 1871년 7월 15일 아침, 리빙스턴은 콩고의 니앙웨 마을에 있었다. 그때 갑자기 아랍의 노예 무역상들이 현지 주민들을 향해 발포했다. 사격이 시작되자 리빙스턴은 몸을 피하고는 경악한 얼굴로 지켜봤다. 수백 명의 콩고인이 총알에 스러지는 광경을.

학살을 기록하고 싶은 마음이 간절했지만 깨끗한 종이나 잉크가 없었던 리빙스턴은 즉석에서 도구를 만들어냈다. 베리 열매를 으깨서 색깔이 있는 즙을 얻고, 『이브닝 스탠더드』 신문을 찢어낸 다음 세로단 기사가 빽빽하게 인쇄된 신문지면 위에 베리 잉크로 눈앞의 만행에 대한 묘사를 휘갈겨 적었다. 마침내 이 목격담이 신문에 발표되었을 때 엄청난 공분을 자아내어 잔지바르 노예시장의 폐쇄로 이어졌다. 하지만 기록 원본이 바스라지기 쉬운 종이에 쓰였던 데다 잉크도 묽어서 리빙스턴의 필기는 곧 희미해졌고, 나중에는 거의 보이지도 않았다. 최근에 들어서야 '분광결상기술spectral imaging technology'로 원본을 다시 해독할 수 있게 되었다. 머나먼 순간을 포착한 유령 같은 기록이 현대에 아른아른 되살아났다.

이런 아른아른한 되살리기spectral('유령 같은'과 '스펙트럼 이미지'라는 두 가지 뜻을 지닌 단어)는 탐험가의 스케치북에서 여러 버전으로 거듭된다. 이 책은 거대한 지리·역사적 간극으로 우리와 멀리 떨어져 있음에도, 그 직접성 때문에 놀랍기 그지없는 광경과 만남으로 가득하다. 두루미 한 마리가 칼 린나이우스의 라플란드 일기 너머로 휙 날아간다. 앨프리드 월리스의 일기에는 알록달록한 사라와 청개구리가 자신이 그려진 페이지의 한 귀퉁이를 물갈퀴가 달린 넓적한 발로 꼭 쥔 채 앉아 있다. 윌리엄 버첼은 놀라운 소묘 솜씨로 남아프리카 흰코뿔소의 뿔을 마치 스케치북을 뚫고 나올 듯 생생하게 그려냈다. 시드니 파킨슨은 1769년 11월에 제임스 쿡 선장의 엔데버호를 찾아온 마오리족

남자들이 엉덩이에 새긴 소용돌이 문신을 그렸다(엉덩이 자체가 각양각색의 스케치북이고 문신은 펜과 잉크로 남긴 또 다른 기록이다). 그의 드로잉은 그때를 생생하게 되살린다. 조심스럽게 의사소통하는 마오리족 사람들과 선원들, 검은 잉크로 그림이 그려진 벌거벗은 몸으로 갑판을 돌아다니는 그들을 면밀하게 관찰하는 파킨슨, 케이프브렛반도 절벽에 물거품을 일으키는 파도, 종이 위를 슥슥 오가는 파킨슨의 연필….

지난 20년 가까이 탐험의 역사를 연구하고 그에 관한 글을 쓰며 그로부터 영감을 받아온 사람으로서 나는 이 주제에 제법 친숙하다고 자부해왔다. 하지만 이 책에서 휴 루이스-존스와 카리 허버트는 내 지식에 상당한 한계가 있음을 보여주었다. 그리고 눈부시게 빛나는 새로운 지평과 전망을 열어젖혔다. 두 사람은 한가롭게 어슬렁거릴 수 있는 풍요로운 지역, 풍덩 뛰어들 수 있는 보고寶庫, 분더카머 중의 분더카머wunderkammer[고대 유물이나 화석, 박제 표본 같은 진기한 수집품을 모아 놓은 전시실로 '경이의 방'이라고도 한다]를 만들어냈다. 아름답게 수집하고 엄선한, 훌륭하게 꾸린 분더카머를 말이다. 이 책은 이들이 연구에 가지는 깊은 애정과 문화사가로서의 대단한 학식을 가리키는 증거다.

여기에는 유명한 기록과 전설적인 이름(스피크, 섀클턴, 훔볼트, 스콧, 스타크, 오듀본)이 많지만 그보다는 덜 알려진 대단한 인물도 많다. 예를 들면 존 올조가 그렇다. 몽블랑산의 초기 등반가인 올조는 나중에 베수비오 화산의 용암류를 정교한 평면도로 기록했다. 연속적인 화산 분출을 초저속으로 촬영한 셈이다. 또한 나는 이 책에서 브랜디를 마시고 도적떼를 좋아하며 실크 소맷자락 안에 스케치북을 넣고 다니는 인시류학자[나방과 나비를 연구하는 사람] 마거릿 폰테인과 해양학자 윌리엄 비비에게 마음을 빼앗겼다. 비비는 잠수구를 타고 카리브해의 깊고도 깊은 심해로 내려가 히에로니무스 보스의 상상 속에서 곧장 기어 나온 듯 기가 막히게 매혹적이고 괴상한 생물들의 이미지를 건져왔다. 하지만 어쩌면 가장 뜻밖의 이미지는 마리아 지빌라 메리안이 남미에서 이끌어낸 17세기 초현실풍 아상블라주가 아닐까? 수리남 체리를 들고 있는 원숭이와 그 옆에 유럽산 물망초, 이 모든 게 암스테르담에서 가져온 새끼 양가죽 위에 그려져 있다.

이 책에서 나는 몇 번이고 종이와 잉크의 으스스한 내구성을 새삼 깨달았다. 수세기가 흘러도 그대로 남아서 데이터만이 아니라 감정과 상상의 감촉까지도 보존하는 그 능력 말이다. 엘리자베스 채트윈은 '그는 항상 종이 위에 생각을 펼쳐 놓으며 가다듬고 있었다'며, 근래의 일기 작가 중에 아마 가장 영향력이 클 남편 브루스 채트윈을 회상했다. 노트북과 스케치북은 이미 정리된 생각을 담는 그릇에 그치지 않는다. 그 물성이 기록의 성격을 빚어낸다. 그러므로 우리는 이 기록들을 다시 읽으면서 지각이 이루어지던 바로 그 순간을 엿볼 수 있다. 경외감에 사로잡히던 순간이나 서릿발 같은 공포가 엄습하던 순간을.

내 뇌리를 떠나지 않는 이미지로 이 서문을 마무리해야겠다. 1883년 여름에 프란츠 보아스라는 독일의 청년 지리학자는 캐나다 북극권의 컴벌랜드 협만으로 출항했다. 보아스가 그 지역의 이누이트들 사이에서 보낸 시간은 후일 인류학자로서의 작업을 결정하는 토대가 되었고 그의 작업은 현대 인류학과 민족지학의 근간을 이루게 된다. 컴벌랜드 협만으로 접근하는 도중에 보아스가 탄 배는 몇 주간 유빙에 갇혀 있었다. 그는 주변 환경을 그리고 색칠하면서 그답게 호기심을 채우며 시간을 보냈다. 1883년 7월 28일이라는 날짜가 적힌 그때의 그림 한 장이 여기에 수록되었다. 검은 바다에 삐죽하게 솟아난 빙산이 보인다. 빙산 한가운데는 파랑에 깎여 나가 뻥 뚫린 푸른 아치가 점차 좁아지다가 흐릿한 소실점으로 멀리 사라진다. 빙산도 놀랍기 그지없지만 그 아치는 **최면을 거는 듯하다.** 눈길을 끄는 푸른빛, 그 빛이 약속하는 환상, 그리고 그 환상을 좇는 데 따를 역경과 위험… 그건 마치 이제 독자들이 읽어나갈 놀라운 페이지들에 드러나는 꿈, 욕망, 충동 들의 기이한 상징이 아닐까?

들어가는 글

휘갈겨 쓴 기록들

휴 루이즈-존스
카리 허버트

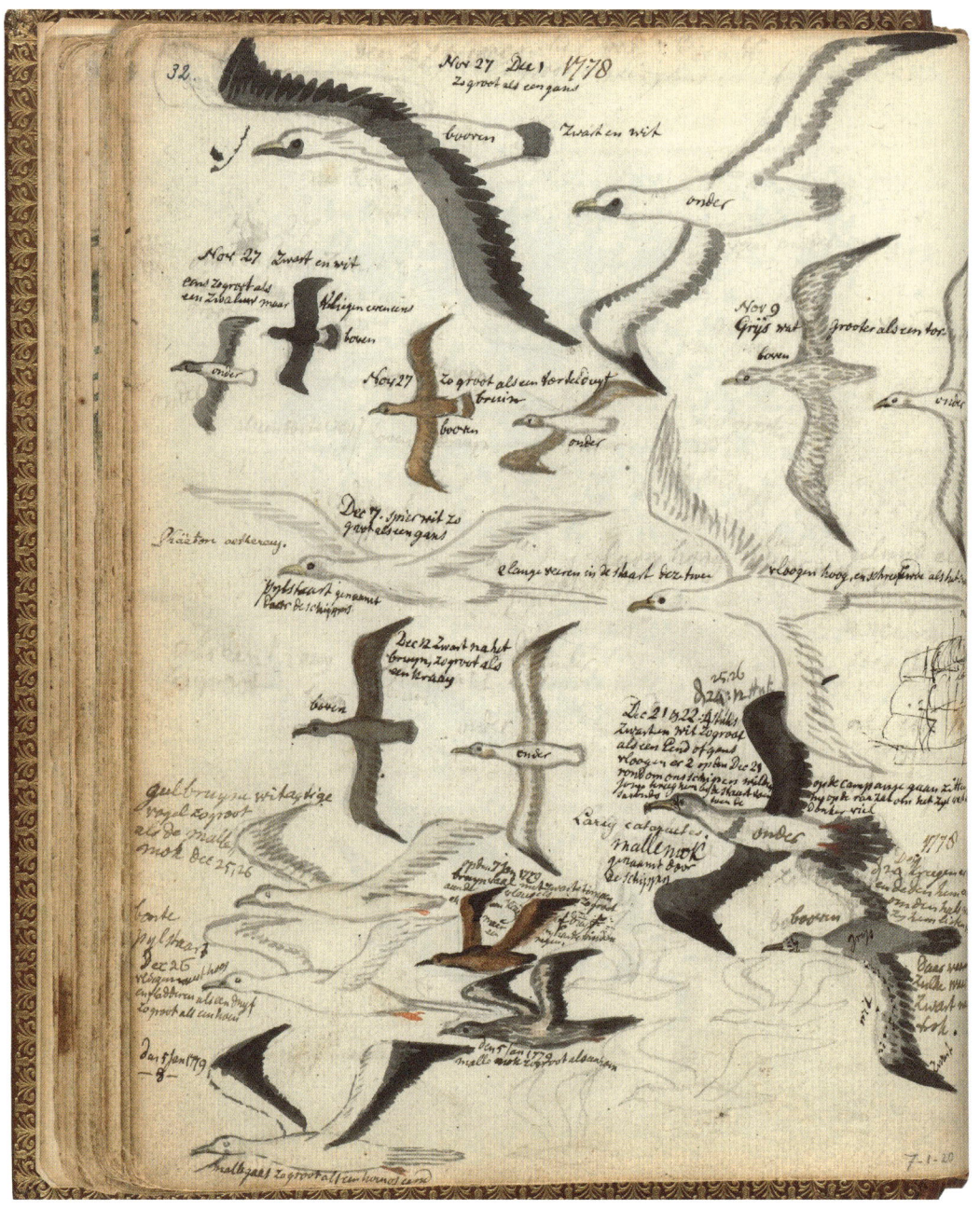

↗ 네덜란드 학자이자 목사인 얀 브란더스가 1780년대에 그린 바닷새

오디세우스는 여행을 떠났고 호메로스는 그 여행에 관해 썼다.
발견하고 드러내기 — 그게 모든 예술가가 작업에 착수하는 방식이다.
나는 모든 예술이 일종의 탐험이라고 생각한다.

로버트 J. 플래어티, 1949

지구에서 48억 km 떨어진 무인 우주선(명왕성 '최초' 근접 탐사)은 태양계 끝자락의 얼음 세계를 처음으로 엿볼 수 있게 해준다. 뉴허라이즌스호는 왜행성인 명왕성을 근접 통과하기 위해 거의 10년간 우주 공간을 이동했다. 2015년 7월 14일, 메릴랜드에 있는 관제소로 첫 이미지들이 도착하기 시작하면서 전 세계 언론이 모여들었다. 원자력 추진 우주 탐사선은 모두의 기대를 뛰어넘었고 뉴허라이즌스 팀에겐 그야말로 역사적인 순간이었다. 그 크기 때문에 우주선 설계자들이 '위성 접시를 갖다 붙인 그랜드피아노'라 비유했던 뉴허라이즌스호는 명왕성과 명왕성의 위성 카론을 관측한 사진을 약 150장 찍는 데 성공했다. 물론 사진들이 지구까지 무선통신으로 전송되는 데 16개월이나 걸렸지만 말이다. 이 놀라운 탐사의 위업은 검은 우주 공간을 가로질러 지구에 도달한 에너지의 작은 파동으로 존재한다.

　신세계는 이미지로 드러난다. 괜찮다면 '전자 스케치'라고도 부를 수 있을 이 이미지들은 지금껏 본 적 없는 장면을 보여준다. 우리는 명왕성에 있는 알프스산맥만큼 높은 빙하 산맥과 화산 작용으로 깎인 협곡과 산마루에 대해 알게 되었다. 여기서 끝이 아니다. 그 자그마한 우주선은 얼어붙은 태고의 가스 덩어리와 소행성으로 이루어진 거대한 원반 카이퍼 벨트Kuiper Belt를 향해 날아간다. 그동안 탐사선은 사진을 찍는다. 우리는 어쩌면 지구에 영영 도달하지 못할 수도 있는 수많은 결과물을 기다리고 있다. 케임브리지 대학의 우주학자 스티븐 호킹은 탐사팀에게 메시지를 보낸다. '이 발견들로 … 우리의 태양계가 어떻게 생성되었는지 더 잘 이해하게 될지도 모릅니다. 우리는 인간이기 때문에, 그리고 알고 싶기 때문에 탐험합니다.'

　한 세기 남짓 전, 다른 시대의 탐험가 로버트 스콧 함장도 알려진 게 거의 없는 전인미답의 얼어붙은 황무지, 다른 행성의 표면과 유사한 지형을 가로질러 터벅터벅 걸었다. 스콧과 동료들에게 전파 데이터 전송이나 텔레비전 송출, 위성통신 업로드 따위는 없다. 구조되기는 힘들고 성공 가능성도 극히 낮다. 하지만 그에게는 임무가 있다. 정보를 수집하고 앞에 펼쳐진 광막한 공간의 혼돈으로부터 어떤 의미를 끌어내야 하는 임무를. 그는 나머지 세계와 고립된 채 남극의 긴 겨울 동안 오두막에서 탐사 보고서를 쓰고, 동료들과 함께 지도 끄트머리 남쪽으로 한 발자국씩 향하는 사이 밤마다 일기를 적는다. 그들의 시도에서 영감을 얻은 한 세대 전체가 애타게 소식을 기다리고 있다.

　하지만 노르웨이인 로알 아문센이 남극점에 먼저 도달해 그 광막함을 묘사하고 사진으로 남긴다. 우리가 스콧의 이야기를 듣기까지는 일 년을 더 기다려야 한다. 아문센이 전 세계 신문의 헤드라인을 장식하는 동안 스콧과 동료들은 안전한 북쪽을 향해 여전히 힘겹게 발자국을 옮기고 있다. 스콧의 썰매 일기는 노트를 대신한 스케치북에 쓰였다. 호주머니에 쏙 들어가는 작은 크기에 가벼워서 휴대하기 편하고, 가죽 장정의 책등 안쪽으로 절취선이 있는 얇은 무선 스케치북이었다. 눈보라가 남극 원정대를 휘감고 그들은 텐트 안에 갇혀 오도가도 못 한다. 결국에 스콧 혼자만 남는다. 대원들은 하나둘 죽어갔다. 그는 도움의 손길이 오지 않으리란 것을 안다. 기꺼이 감수하기로 한 위험이었다. 그는 죽음을 기다린다. '우리가 생존했다면, 나는 동료들이 보여준 용기와 불굴의 인내에 관한 이야기를 들려줬을 테고 그 이야기는 모든 영국인의 가슴을 뛰게 했을 것이다.' 그는 더 이상 글을 쓸 수 없을 때까지 기록했다. 이제 '이 휘갈겨 쓴 기록과 우리의 시신이 그 이야기를 전해야 한다'.

　그들은 여덟 달 뒤에 발견되었다. 1912년 11월 12일 한낮, 탐험대원들의 생존을 보장했을 식량 저장소에서 남쪽으로 대략 18km 떨어진 곳에 텐트 지붕이 간신히 눈에 들어왔다. 텐트 옆면은 바람에 흩날리는 눈에 덮여 있다. 수색대가 눈에 파묻힌 텐트를

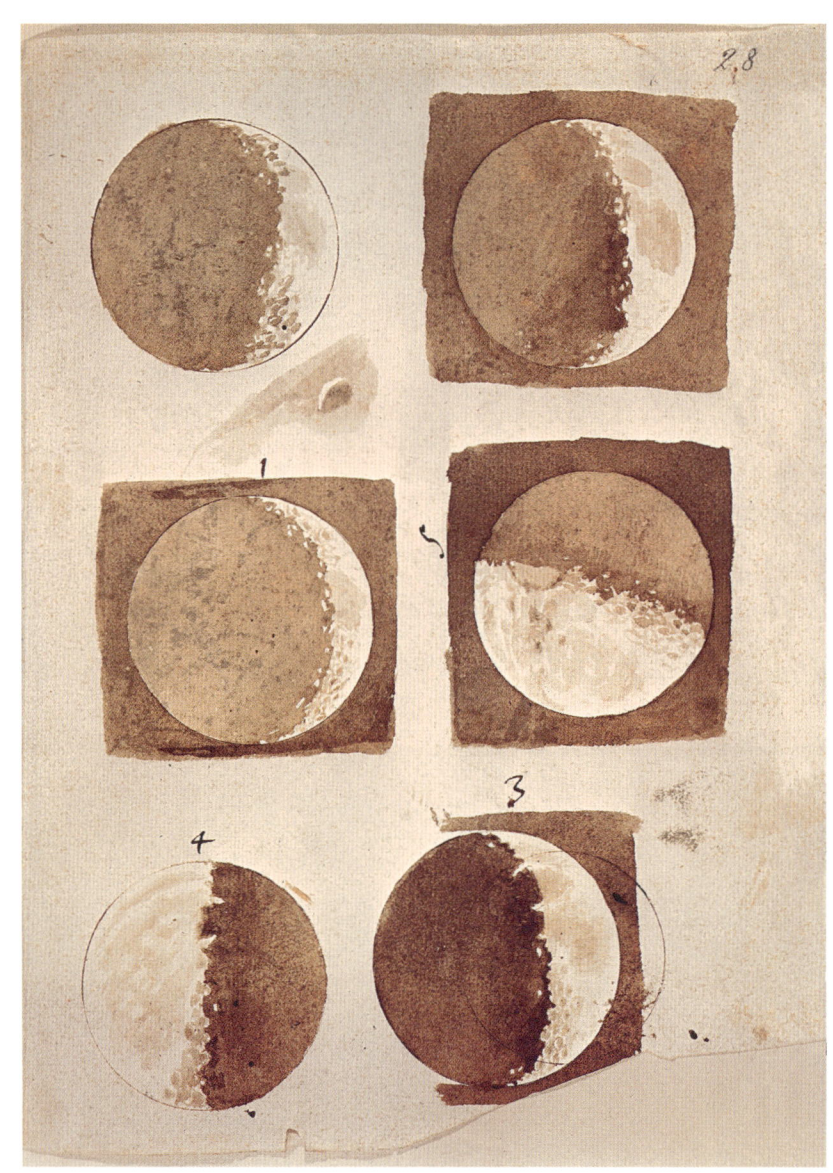

↗ 1610년, 갈릴레오가 새로 발명된 망원경으로 달을 관측하고 남긴 내용은 지구계 전체를 이해하는 방식을 바꿨다. 인간의 호기심은 탐험의 동력이다. 하늘을 올려다보거나 다음 언덕을 내다보려는 욕망은 수세기간 탐험가들이 공유해온 충동이다.

↗ 카론과 명왕성 사진을 합성, 보정한 이 컬러 이미지는 나사의 뉴허라이즌스 탐사선이 2015년 7월 14일에 명왕성계를 통과하면서 찍은 것이다. 두 천체의 상대적 크기는 대체로 실제 비율에 맞춰서 묘사되었지만 둘 사이 거리는 실제 축척을 반영하지 않았다.

파내자 윤곽이 드러났다. 텐트 안에는 세 사람이 있었다. 바닥에 깔린 천에 작은 편지 뭉치가 있었다. 정밀시계, 깃발, 양말 몇 켤레와 책 몇 권, 깡통으로 만든 램프. 피네스코(순록 가죽으로 만든 부츠의 일종) 털에서 얻은 심지를 소량의 변성알코올로 태워 얻은 불빛도 완전히 꺼진 상태였다. 나중에 수색대는 텐트 기둥을 분해하고 텐트로 시신을 덮었다. 그 위로 돌무덤을 쌓고 스키로 만든 십자가를 세웠다.

침낭 아래서 발견된 지갑 안에 작은 갈색 수첩이 있었다. 간단한 지시사항이 적혀 있었다. '이 수첩을 발견한 사람은 안에 담긴 내용을 읽은 다음 집으로 가져가시오.' 수색대는 숨죽인 채 읽기 시작했고 스콧과 동료들에게 닥친 끔찍한 비극이 세상에 처음으로 드러났다. 열한 명의 수색대원은 빙판에 둘러 모여 일기 내용을 들었다. 아문센의 남극점 정복이 확인되었다. 두 눈으로 아문센의 승리를 지켜보는 불운을 겪어야 했던 사람들로부터 나온 증거가 여기 있었다. 감히 뒤따를지도 모르는 이들을 위해 죽은 자가 남긴, 연필로 적힌 메시지 말이다.

머나먼 행성과 눈보라 한가운데의 텐트. 우리는 탐험을 상기시키는 두 가지 사례를 보았다. 책의 도입부로는 좀 이상하게 느껴질 수도 있다. 하지만 그 두 사례는 우리 바깥의 세계를 발견하려 애쓰는 이야기다. 그것은 엄청난 용기와 많은 경우 보람 없는 분투의 역사이다. 진보와 좌절의 연속, 큰 희생과 위험을 무릅쓰고 힘겹게 얻어낸 지식의 연속, 창의적인 기술과 인간 노력의 이야기다. 200년 전으로, 가령 사진과 필름이 발명되기 한참 전이라 현장에서 관찰한 모든 내용을 일지와 지도, 그림에 담아 돌아와야 했던 시대로 돌아가보자. 그때는 작은 공책에 남긴 연필과 잉크 자국에 탐험의 성공이 달린 경우도 있었다. 이 작은 일기장들에 담긴 선은 과학적 발견을 보고하는 방식으로, 또 먼 고장과 새로운 생물종 혹은 더 큰 통찰로 이끌어줄 경험을 묘사하는 형태로 세상을 바꿀 힘을 지니고 있었다. 여러 세기에 걸쳐 기술과 장비가 급격히 발전했는데도 탐험가의 호주머니에는 거의 변함없는 필수 도구가 하나 있다. 바로 일기장이다. 영원히 남을 기록을 제공하는 수단이며, 그 안에는 여행자가 살아서 귀환하지 못할 경우에도 이야기를 전할 기회가 담겨 있다.

인류사 초기부터 탐험가들은 항해 기록을 세심하게 남기라는 격려를 받았다. '종이와 잉크를 챙겨가라'고 1580년대의 어떤 충고는 시작한다. '그래서 하루도 빠짐없이 매일 일기를 쓰고 기억에 남겨라. 네가 귀환하면 다른 이들이 보고 읽을 수 있도록 가치 있는 지식이 될 만한 것은 뭐든 잊거나 빠트리지 말고 글로 적어라.' **발견하고 드러내기**, 관찰하고 보여주기. 여기엔 원거리 여행을 떠나는 탐험가의 변하지 않는 원칙이 있다. 1585년 존 화이트가 탐험가 월터 롤리 경이 이끄는 신세계 원정의 미술가로 고용되었을 때, 그 역시 일단의 지침을 받고 항해에 나섰다. 오늘날의 노스캐롤라이나를 묘사한 그의 드로잉은 북아메리카의 토착생물과 식물을 담은 현존하는 최초의 기록이다. 값을 매길 수 없는 드로잉이다. 동시대의 다른 용감무쌍한 화가들도 '신기한 새와 짐승, 물고기, 풀, 약초, 나무, 열매를 모두' 그리라는 권유를 받았다. 그들 눈앞에서 세계가 확장되고 있었다.

오랜 세월 많은 이들이 선대의 뒤를 따르면서 무시무시한 미지의 세계를 점차 좁혀갔지만 여전히 도처에는 위험이 도사렸다. 제임스 쿡은 해변에서 참혹한 죽음을 맞이했다. 데이비드 리빙스턴은 이질과 말라리아에 시달렸으며 크누트 라스무센은 발효된 바다쇠오리를 먹고 죽었다. 알렉산드린 티네는 난자당해 피를 흘리는 채로 사막에 내버려졌으며 시신은 발견되지 않았다. 하지만 그들의 일기는 지금까지 남아 있다. 시드니 파킨슨의 스케치나 우에무라 나오미의 등정 일기, 스콧의 '휘갈겨 쓴 기록들', 이렇게 종이에 남은 흔적들은 갑작스레 끝내버린 그들의 삶을 넘어 살아남았다.

어떤 탐험가들은 조지프 콘래드의 말마따나 그들이 밝혀내고자 한 미스터리에 집어삼켜지고 말았지만 대다수는 역경을 딛고 살아남았다. 대개 그들에게 더 위험한 것은 애초에 집을 떠나지 않는 것이었다. 한곳에 안주하지 못하는 자신의 삶을 정당화하기 위해 내놓았다는 어니스트 섀클턴의 논리는 간단했다. '나는 나 자신과 친구들을 위해 죽음 대신 삶을 택했다. 탐험하고 미지의 세계로 나아가는 것이 우리의 본성이라고 믿는다. 유일하게 진정한 실패란 아예 탐험을 안 하는 것일 게다.' 그리고 노트에 뭔가를 적는 것이 많은 이들에게 절망과 고통의 기록이라기보다는 순전한 행복의 순간, 즉 아름다운 광경을 묘사하거나 기억에 남을 만한 뭔가를 스케치할 기회였다. 마치 사진을 찍듯이 영원히 남을 이미지, 시각화되고 공유될 하나의 발견을 기록하는 행위였다. 여기에 실린 많은 일기는 분명 주변 여건이 좋을 때 작성되었을 것이다. 어쩌면 맑게 갠 하늘 아래서 그림을 그릴 때, 온종일 행군한 다음 야영용 주전자로 찻물을 끓일 때, 월

리엄 버첼처럼 해는 뉘엿뉘엿 기울고 하마 스테이크가 불판에서 지글지글 익어갈 때 말이다. 이 노트들은 기쁨과 즐거움을 이야기하기도 한다.

이 책은 모험심과 호기심이 넘치는 많은 여행가들을 기리는 시각적인 개요이며 따라서 일부러 다방면에 걸쳐 취사선택했다. 우리는 유명한 인물들과 더불어 더 널리 알려져야 마땅한 이들을 골랐다. 이 책에 수록된 그림 중 상당수는 출판된 적이 한 번도 없다. 우리는 이 책을 통해서 긴 역사를 거쳐 오늘에 이르기까지 불모의 사막과 울창한 우림 한복판을 여행하며 인생을 보낸 대단하고 두려움을 모르는 인물들과 함께 탐험한다. 선구적인 탐험가와 지도 작성자, 식물학자와 화가, 식물 사냥꾼, 생태학자, 인류학자, 괴짜와 남녀 이상가 모두가 지평선 너머에 무엇이 있을지 궁금해하며 기록으로 남겼다.

아마존강의 강둑부터 아프리카의 심장부까지, 마야유적부터 대산맥까지, 몽골고원부터 극북의 숭고한 얼음 풍경까지…. 이 모든 것이 작은 공책, 현장 일기와 천 장정 스케치북의 페이지 사이에 담겨 있다. 우리는 모든 유기체를 수집하고 이름을 붙여주려는 강박에 사로잡힌 빅토리아 시대 과학자, 그리고 정확성에 구애받지 않고 자유롭게 배회하는 멋진 모험가를 만난다. 아마추어와 전문가, 베테랑과 신참, 방식은 다르지만 모두 공책을 이용했다. 어떤 이들에게 일기를 작성하는 것은 일생의 습관, 기쁨이자 위안, 모험이 끝난 뒤 한평생 이어질 추억의 보물창고였다. 어떤 이들에게 일기는 싫지만 꾹 참고 써야 하는 매일의 숙제였다. 하지만 대다수가 꾸준히 일기를 써나갔다. 일기가 아니라면 그들의 시도를 보여줄 만한 게 뭐가 있겠는가?

해안의 윤곽선부터 낯선 생명과의 첫 접촉을 묘사한 드로잉, 상세한 관찰과 막연한 상상, 중요한 것과 사소한 것, 알아보기 힘든 낙서와 중요한 발견까지. 그 모든 것이 여기에 있다. 에베레스트 정상, 남극점 최초 목격, 빅토리아 폭포에 대한 초창기 기록과 거대한 사막의 심장부, 투탕카멘의 묘 안에서 작성된 노트가 있다. 빙산, 희귀한 나비와 곤충, 성스러운 기념비와 고대 각문을 묘사한 최초의 드로잉, 아메리카 원주민, 이누이트 사냥꾼, 마오리 전사와 아

↗ 1862년 7월 28일. 존 스피크와 제임스 그랜트가 잔지바르에서 나일강까지 이동한 경로. 스피크는 빅토리아호에서 나일강이 발원하는 지점을 정확히 표시했다. 손수 그린 이 지도는 그의 주장을 증명하는 핵심이었다.

↖ '은신처' 안에 있는 스콧 선장. 1911년 10월 7일에 사진작가 허버트 폰팅이 촬영했다. 스콧은 저녁이면 에번스곶에 있는 오두막에서 독서를 하거나 일기와 보고서를 쓰고, 탐험의 다음 단계를 계획하고, 고국에 있는 가족과 후원자들에게 편지를 쓰며 많은 시간을 보냈다. 스콧의 사후 명성은 대체로 그의 일기 덕분이다.

↗ 색다른 기록: 3D 스케치북. 열렬한 수집가인 티션 필은 현장에서 작업하던 시절에 향후 작품 활동에 영감을 얻고자 이 메멘토들을 만들어냈다. 그는 표본들을 장뇌(녹나무를 증류하여 얻는 방향. 방부제의 일종)와 열로 가공한 다음 납작한 나무 상자에 넣고 유리판을 끼워 밀봉했다.

프리카 왕들에 대한 서구인 최초의 묘사도 볼 수 있다. 우리는 산맥을 넘고 미지의 해안선을 항해하며, 극락조를 찾아 아무도 발 디딘 적 없는 우림으로 들어간다. 이것은 직접 보고 느끼는 탐험, 처음 보는 세상의 끄트머리다. 간단히 말하자면 이 책은 그들이 본 것, 그리고 다른 사람이 보고 싶어 할 거라고 그들이 생각했던 것을 담았다. 이 책은 여정을 모은 앨범이다. 보통 스케치북과 일기는 대중에 공개할 의도가 없는 사적인 기록이라 격식에 얽매이지 않고, 그 사람의 통찰을 소중히 간직하고 아이디어가 발전하며 즉각적인 체험을 기입하는 공간이다. 어떤 의미에서 스케치북과 일기는 작업 문서이며, 그 작업 과정은 흔히 최종 결과물만큼 매혹적이다. 어떤 탐험가-예술가에게 현장에서 이미지를 창조해내는 일은 많은 경우 열악한 상황에서 상당한 시간과 노력을 투입하는 작업이었고 관찰의 정확성은 무엇보다 중요했다. 우리는 이 노트들을 통해서 탐구적 영감의 순간을 엿들을 기회를 얻는다. 스케치는 창작 과정을 드러내고 일기는 발견 자체를 보여준다.

이 책을 제작하는 과정 역시 하나의 탐험, 즉 특별하고 진귀한 이 물건을 추적해나가는 보물찾기였다. 귀퉁이에 처박힌 도서관과 개인 컬렉션, 먼지 쌓인 다락에서 잠자던 일기장, 때로는 집안 대대로 내려오거나 어쩌면 현장에서 버려지고 잃어버렸다고 여겨진 일기장들은 방랑하는 사물이다. 이 사물들은 세상의 경이를 증언하기 위해 탐험가들이 품안에 꼭 간직하고 재킷 호주머니에 넣어 다니던 작은 수첩이다. 심지어 아주 작은 수첩도 상상을 초월한 환경을 드러낼 수 있다. 하지만 아름다움이란 보는 이의 눈에 달린 것이라 어떤 일기장은 닳고 너덜너덜해진 채 세월의 흐름 속에 간과되어 왔다. 그것들은 낡아 외면당하거나 구석에 처박혀 오랫동안 잊힌 채 재발견되기를 기다려왔다. 이제 그 일기장들을 다시 펼쳐볼 차례다.

너른 시공간에 걸친 다양한 탐험가들 사이에서 기분 좋은 우연과 때로는 놀라운 병치를 발견할 수 있도록 컬렉션들을 알파벳 순서로 배열했다. 모두가 대등하며 내용적으로도 멋진 대비를 이룬다. 각기 외딴 지역에서 창조됐고 지금도 창조되고 있는 광범위한 이미지들을 단 한 권에 담는 건 힘든 작업이지만 우리는 그 전체적인 정신을 전달하고자 했다. 이 공책의 책은 말 그대로 화가의 공책만 소개하지 않는다. 어떤 지역이 알려지고 이해되는 다양한 방식을 고려했을 때 현장과 본국에서 지도 위나 일기와 편지, 심지어 물건 위에 묘사된 각양각색의 작업들도 수록했다.

탐험은 그 자체로 스토리텔링이기도 하다. 하지만 여행의 서사 예술(narrative art, 언어적 요소와 시각적 요소를 결합해 이야기를 전달하는 예술 형식)이 사라져버린 것일까? 편지 쓰는 기술이 멸종해버렸다고들 한다. 이메일과 즉각적인 의사소통의 세계에서 일기 쓰는 관행 역시 사라졌다고 봐도 무방할 것이다. 지금은 여행 블로그와 끝없는 트위터 피드, 말하자면 새로운 방식으로 일상을 기록하는 시대이다. 정보는 전례 없는 규모로 공유

↗ 어느 탐험가의 아카이브 문턱. 이 책을 만드는 일 자체가 비밀을 벗겨내기 위해 무수한 개인 컬렉션들을 찾아가는 탐험이었다.

된다. 디지털 정보는 가장 접근하기 어려운 환경에서도 위성으로 전송된다. 누군가는 연필로 끄적거리는 행위가 이제 옛일이라고 말한다. 픽셀이 손으로 그린 그림을 대체해버렸다. 과연 그럴까?

우리는 일단의 탐험가들에게 발견의 기술, 그리고 스케치북과 일기장이 지니는 의미에 대한 통찰을 전해달라고 요청했다. 또한 이 소중한 기록들이 그들의 지난날을 결정하고 앞날을 설계한 여행들과 어떤 관계를 맺고 있는지를 짚어달라고도 부탁했다. 그 결과 범상치 않은 삶의 영혼을 감질나게 들여다볼 수 있는 스냅숏과 단상을 얻었다. 야생의 미술가, 아마존 식물 채집자, 펭귄 생태학자, 베스트셀러 민속식물학자, 심지어 나사 우주비행사한테서 나온 생각들이 여기에 담겼다. 예를 들어, 아마도 달 탐사에서 가장 중요한 것은 인류가 달을 밟았다는 사실이 아니라 우리가 마침내 지구를 되돌아보게 되었다는 사실이리라. 모든 진정한 탐험이 제공하는 '관점의 이동'이야말로 대담한 여정에 나서고 싶다는 충동을 여전히 깊이 간직하고 있을 때 얻을 수 있는 최고의 보상일 것이다. 동료 우주비행사 마이클 콜린스는 이렇게 말했다. "멀리 뻗어나가고 보고 이해하는 것은 인간 본성이다. 탐험은 선택이 아니라 명령이다."

무엇이 정말로 '탐험가'를 만드는가? 머릿속에 트위드나 카키색 재킷을 걸치고 한쪽 팔에는 망원경을, 다른 쪽 팔에는 지도나 라이플총을 끼고 있는 인물이 떠오른다면 빅토리아 시대의 전형적인 아프리카 여행가와 매우 근접한 셈이다. 하지만 겉모습은 탐험의 동기만큼이나 각양각색이다. 대다수는 지식에 공헌하려는 욕망에 이끌렸다. 이것이 보통 탐험을 정당화하는 첫 번째 근거이지만 이 '탐험'이라는 단어를 조심할 필요가 있다. 쿡은 '발견의 항해'를 떠나는 것에 관해 이야기했고 존 해닝 스피크는 '지리학적 발견'을 목표로 삼았지만 어떤 이들은 '여정', '여행', 심지어 그저 '방랑'을 말하기도 했다. 과학이 전면에 부상하면서 새로운 종種이 새로운 영토만큼 귀중해졌다. 하지만 더 많은 것이 발견될수록 우리가 아는 것은 점점 적어지는 것 같았다. 본국에 있는 이들에게 진정한 탐험이란 낯선 땅의 빈 공간을 채우는 일이었지만, 과연 누구에게 낯선 땅이란 말인가? 그리고 이 이야기에서 새로운 발견을 가능케 한 현지의 저 가이드와 짐꾼에게는 그곳이 과연 어떤 공간일까? 서양인이 짐을 잔뜩 챙긴 탐험대를 이끌고 오기 전부터 이 땅을 잘 알았고, 많은 경우 그 경이로운 것 대부분을 이미 목격했던 사람들은 또 어떻고?

그들의 역사는 세월이 지나면서 대개 잊혔다. 그들이 남긴 기록이나 흔적도 드물다. 하지만 탐험의 범위를 가능한 한 포괄적으로 잡음으로써 이 이야기의 폭을 조금이나마 넓힐 수 있다. 우리는 각양각색의 개척자와 여행가는 물론 화가, 모험가, 선교사, 측량사, 학자, 지리학자, 고래잡이, 뱃사람, 지질학자, 생물학자, 화석 사냥꾼, 기술자, 외교관, 용병, 행정관과 식민지 정착민, 모험 사업가와 사진가를 거쳐 오늘날의 몇몇 여행 작가까지 만날 것이다. 이들은 모두 자신이 처음 목격한 땅에서 기억에 남을 만한, 또는 의미 있는 방식으로 뭔가를 포착해냈다. 직접적이고 매개되지 않은 방식으로 말이다.

저명한 여행 작가 콜린 더브런은 여행의 정수만 남기는 대가이며 절대 노트 없이 떠나지 않는다. 노트는 그의 문학적 탐험에서 필수적이다. '나의 노트는 대단히 중요하며 내게서 떼려야 뗄 수 없다. 한 풍경과 여정의 생명력은 그 디테일에 있다. 처음에는 어려울 수도 있지만 마침내는 거기에 완전히 휩싸이게 된다. 암석의 질감이든 어떤 사람의 표정이든 간에 말이다. 나는 여행이 끝나갈수록 노트를 잃어버릴까 봐 두려움에 사로잡힌다. 한번 잃어버리면 도저히 되살릴 수 없을 것이다.'

이 책에 등장하는 이들을 하나로 묶는 공통점은, 저마다 천차만별인 삶의 어느 시점에 모험을 무릅썼다는 사실이다. 그들은 관습을 거부하며 고향의 안락을 버리고 힘든 여행을 떠나기로 했다. 상상조차 할 수 없는 것이 내놓는 약속을 좇아서 모두가 지평선 너머로 발길을 옮겼고, 미지의 것을 기꺼이 끌어안고자 했다. 그리고 뒤따라 올 이들을 위해서 자신들이 본 것을 기록으로 남겼다. 타인의 노트를 펼쳐봄으로써 우리는 중요한 역사적 여정을 그들과 함께할 수 있다.

노트들은 분명히 중요하다. 실용적이면서 개인적인 가치가 복잡하게 담겨 있고, 겹겹이 쌓인 의미들로 충만하다. 하지만 너무 골똘히 생각할 필요는 없다. 특별한 일기가 들려주는 여행을 기념하는 이 단순한 책에서 우리는 그림도 즐길 수 있다. 여기에 예술을 위한 예술, 현장의 흥분과 지루함, 그곳에서 맞닥뜨리는 기쁨과 좌절을 이야기하는 이미지들이 있다.

종이에 글을 쓰는 구식 습관은 분명 언제까지고 살아남을 것이다. 만약 이 책이 누군가에게 영감을, 다시 말해 잠시 앉아서 바라보고 듣고 어떤 생각을 그림으로 그리거나 짤막하게 적어보도록 영감을 줄 수 있다면 이 책을 만드는 데 들어간 노력은 보답 받은 셈이다. 다음에 당신이 여행을 갈 땐 배낭 안에 온갖 전자 장비와 함께 작은 노트를 챙기길 바란다. 다른 장비들을 집에 놔두고 가면 더 좋다. 모험과 경험으로 당신의 노트를 가득 채워라. 호기심을 좇아라. 단, 돌아와서 반드시 당신의 이야기를 공유하도록!

해양학자 윌리엄 비비를 생각해보라. 그는 육지 곳곳을 다니다가 800m 수심의 심해로 풍덩 뛰어들었다. 비록 그의 활약상은 세간의 이목을 끌었지만 비비의 목표는 명성이 아니라 삶이었다. '배움과 발견, 우주의 끊임없는 왜why의 토대에 자그마한 사실을 덧붙이는 지고의 기쁨. 이 모든 것이 삶을 끝나지 않을 즐거움으로 만들어준다.' 그가 찾아낸 본질적 진리는, 행복이란 눈과 마음을 항상 열어놓는 데 있다는 사실이었다. '지루함은 부도덕하다'고 그는 단언했다. '사람이 할 일이란 그저 보는 것뿐이다. 우리를 둘러싼 모든 자연이 지금까지 창작된 어떤 것보다 더 흥미진진한 모험 이야기를 들려주지만, 우리는 우리의 눈을 써야 한다. 지난달에 나는 뜰을 걷다가 여왕 흰개미가 기적적인 도시를 건설하는 모습을 발견했다. 내가 발밑을 내려다보고 있었기 때문이다. 하룻밤은 거대한 큰박쥐 세 마리가 달 너머로 날아가는 걸 지켜봤다. 그때는 위를 올려다보고 있었기 때문이다. 어떤 이들에게 정글은 더위와 위험으로 뒤엉킨 곳이다. 하지만 볼 수 있는 사람에게 그 덩굴과 식물은 아름답고 정연한 태피스트리를 이룬다.'

이 책이 선사하는 것들 중 풍성한 삶을 환기하는 이 울림 속에서, 탐험 충동에 대한 가장 단순한 정의를 얻을 수 있다. 탐험 충동이란 올려다보고 내려다보는 끊임없는 욕구라는 것을 말이다. 이 지구상에는 여전히 발견되어야 할 것이 많다. 노트들에서 드러나는 지혜에 귀를 기울여라. 당신에게 필요한 것은 만반의 준비와 좋은 동행, 그리고 물론 좋은 연필뿐이다. 가서 길을 잃어라. 그러면 당신이 찾고 있는 것을 발견할지도 모른다.

2015년, 레이캬비크에서

몽골부터 남극점까지, 스케치북은 여러 시대에 걸쳐 탐험가들에게 없어선 안 될 물건이었다.
1. 중앙아시아에서 스케치 중인 헤딘 2. 프람호 안의 난센 3. 마야 유적지 치첸이트사 E실에서 그림을 그리는 브레턴
4. 말에 올라탄 스타크 5. 에번스곶 베이스캠프 오두막에서 스케치하며 극지방의 긴 밤을 보내는 윌슨

THE SKETCHBOOKS

↗ 윌리엄 히턴 쿠퍼가 그린 스케치

로알 아문센
Roald Amundsen, 1872–1928

우리는 하루하루 목숨을 걸며 나아간다.
하지만 아무도 발길을 돌리고 싶어 하지 않는다는 이야기를 들으면 기쁘다.

노르웨이에서 어린 시절을 보낸 아문센은, 북서항로를 찾으려다 북극의 얼음 바다에서 자취를 감춘 존 프랭클린 경의 이야기에 사로잡혔다. 프랭클린의 책을 몇 번이나 읽었고 나중에는 그 책이 '그때까지 읽은 무엇보다도 나를 흥분시켰다. … 내 안에서 이상한 야망이 타올랐다, 똑같은 역경을 견뎌내겠다는 야망이 … 난 탐험가가 되기로 결심했다'고 술회했다.

아문센은 원래 의사가 될 작정이었다. 하지만 시험에 떨어지고 부모님도 모두 돌아가시자 앞날을 마음대로 정할 수 있게 되었다. 스물다섯 살의 아문센은 1897-99년 아드리안 드 게를라흐 휘하에서 남극에서 최초로 겨울을 났던 벨기카 탐사에 참여했다. 아문센은 이 힘든 환경에서도 잘 지냈다. 고국으로 돌아오자마자 선장 자격증을 따고는 프랭클린과 무수한 여타 탐험가들이 이루지 못한 일을 해내겠다고 다짐했다.

1903년 아문센은 오슬로피오르협만에서 자신의 슬루프 이외아호를 타고 출항하여 북상하다가 결국 얼음으로 꽉 막힌 해협에서 닻을 내릴 수밖에 없었다. 2년 가까이 그는 현지의 네칠리크 이누이트와 함께 살면서 그들처럼 사냥하고 옷을 입고 이동하는 법을 배웠다. 이때 쌓은 지식 덕분에 장래의 탐험에서 성공할 수 있었다. 1906년 9월에 아문센과 소수의 탐험대원들은 드디어 알래스카 놈에 도달하여 북서항로 횡단에 최초로 성공했다.

이 위업으로 아문센은 명성을 얻었지만 그는 탐험의 역사에서 또 다른 최초 기록에 도전했다. 바로 북극점이었다. 탐험가 프리드쇼프 난센이 이용했던 배 프람호를 타고 출발한 뒤에야 미국인 탐험가 로버트 피어리와 프레더릭 쿡이 서로 자신이 최초로 북극점에 도달했다고 주장하고 있음을 알게 되었다. 아문센은 뱃머리를 돌려 남쪽으로 향했다. 로버트 팰컨 스콧 역시 남극점을 노린다는 걸 이미 알고 있었다.

1911년 12월 14일, 아문센은 일기장에 '신이여 감사합니다!'라고 적었다. 추측항법으로 계산한 결과 아문센의 탐험대가 남극점에 도달했음이, 그것도 최초라는 것이 분명했다. 여러 가지 관측을 한 다음 다섯 사람이 개썰매 팀과 함께 남극 고원에 노르웨이 국기를 꽂았다. 석 달 뒤에 프람호는 태즈메이니아의 호바트 앞바다에 조용히 닻을 내렸다. 수수한 선원모와 스웨터 차림을 한 아문센은 호텔에 투숙하기 전 세 통의 전보를 쳤다. 첫 번째는 노르웨이 국왕 앞으로, 두 번째는 멘토인 난센에게, 세 번째는 그의 형제에게 친 것이었다. 이튿날 아침 그의 남극점 정복 소식이 세상에 알려졌다. '기자들이 내 객실의 문을 부술 뻔했다'고 아문센은 일기에 적었다.

아문센은 비행선을 타고 북극점 상공 횡단에도 최초로 성공했다. 후일 그는 수상비행기를 타고 친구인 이탈리아 비행사 움베르토 노빌레를 수색하는 도중 실종되었다. 안타깝게도 그를 가장 유명하게 만든 업적은 다소 빛이 바랬다. 경쟁자 스콧이 죽으면서 아문센에게 영광은 의미가 없어졌다. 그가 황량한 극점에 도달한 뒤 일기에 썼듯 남극점은 그의 인생 목표가 아니었다. '솔직하고 깨끗하게 시인하는 게 좋겠다. 자신이 소망하는 목표에서 이렇게 정반대의 처지가 된 사람이 있을까? … 북극점의 주변, 그래, 오직 북극점이 어린 시절부터 줄곧 내 마음을 사로잡아왔는데 정작 나는 남극점에 와 있다. 이보다 더 거꾸로 뒤집힌 상황을 상상할 수 있을까?'

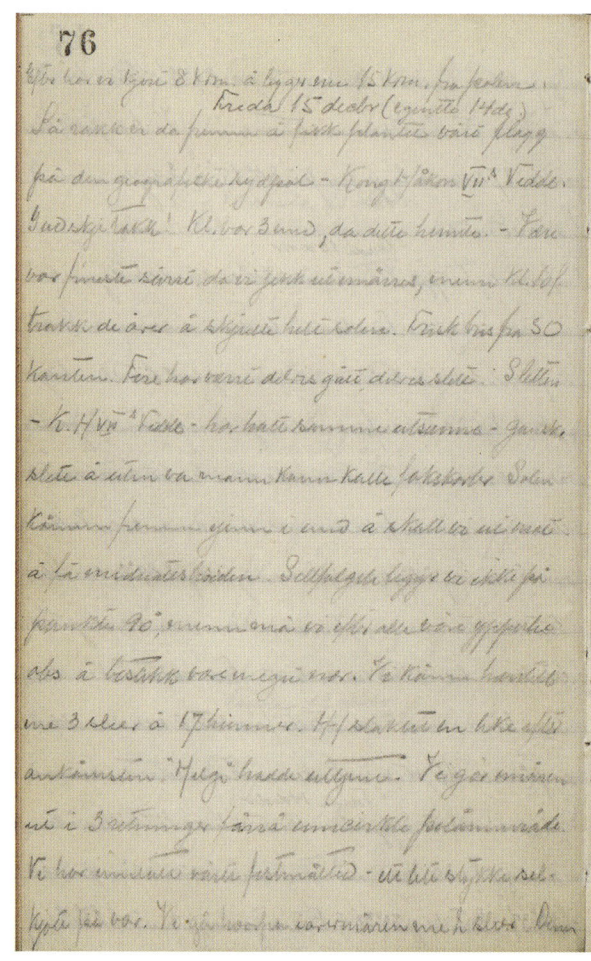

↗ 1911년 12월 14일 남극점에 도달한 날 아문센이 쓴 일기
(날짜변경선을 통과했기 때문에 그날은 15일이 아니라 14일이었다. 그는 나중에 쓴 글에서 정정했다) 일기는 이렇게 시작한다.
'그리하여 우리는 지리학상 남극점에 도달했고 국기를 꽂을 수 있었다.'

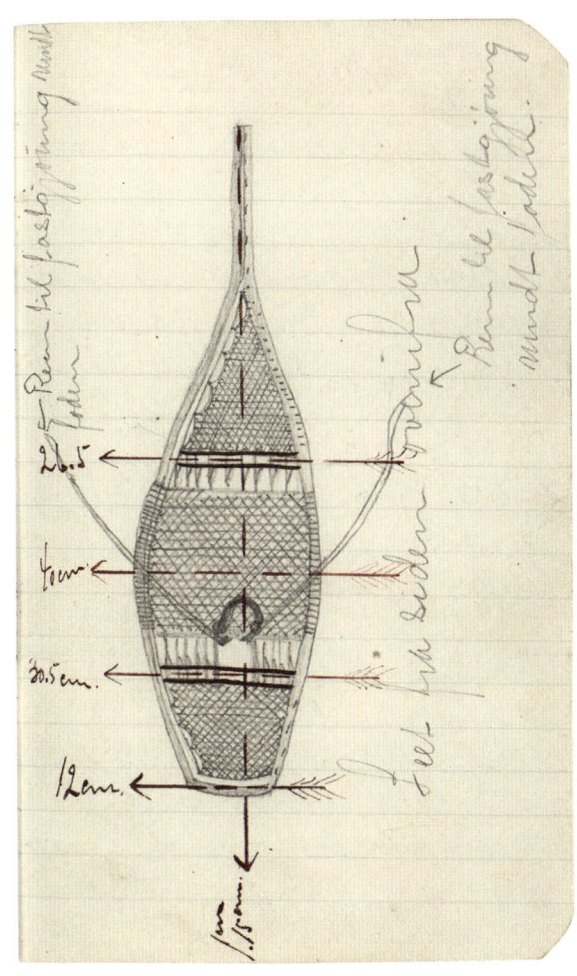

↗ 1897-99년 벨기카 탐사 당시 스케치. 아문센의 일기는 향후 여행가들을 위한 안내서라기보다는 순전히 사실로만 매일의 활동을 차곡차곡 기록한 단순 일지에 가깝다. 그는 보통 장비와 관련한 기술적인 내용이 흥미를 끌 때에만 작은 스케치를 곁들였다.

존 제임스 오듀본

John James Audubon, 1785-1851

비록 거친 땅이긴 해도 … 아메리카는 나의 영원한 고향일 것이다. 우리의 고귀한 시냇물을 따라 수천 마일을 걷고, 우리의 고귀한 숲속을 가로지르지 않고는 절대 눈을 감지 않을 것이다.

한 손에는 라이플, 다른 한 손에는 물감 상자를 든 존 제임스 오듀본은 자연계의 아름다움을 포착하는 데 일평생을 바쳤다. 그는 세파에 지치고 주목받지도 못한 채 세상을 떴지만 이제는 흔히 미국의 가장 중요한 자연학자-화가로 손꼽힌다. 『아메리카의 새』는 그의 기념비적 저서로, 당시 구할 수 있는 가장 넓은 종이인 엘리펀트 배형지 크기(101.6×67.3cm)의 폴리오 판형에 담긴 어마어마한 과업이었다. 435개의 도판에 총 489종, 1,065마리의 새를 묘사했고, 모두 원래의 서식 환경과 실물 크기에 맞춰 그렸다.

관찰과 그림을 위해 오듀본은 걷는 것은 물론이고 말, 카누, 스키프선(1-2인용 소형 보트), 스쿠너선(세로돛을 단 서양식 범선), 증기선을 타고 다니며 수년간 여행했다. 그는 후덥지근한 미국의 플로리다키스부터 캐나다의 래브라도반도 북부까지, 울창한 숲과 광대한 강을 탐험했다. 야생이 주는 흥분과 기쁨이 생활의 적잖은 불편함을 능가했다. 오듀본에게 새로운 조류를 충실하게 기록하는 일은 미지의 땅을 답사하는 것만큼 중요했다. '이글거리는 태양 아래 모기떼에 시달리며 미끌미끌한 개펄 사이로 바크(소형 돛단배)를 몇 마일씩 밀면서 온종일 고생하다가, 처음 보는 왜가리를 발견하여 마침내 노력이 빛을 봤을 때보다 더 큰 기쁨은 별로 없다.'

오늘날의 아이티인 생도맹그에서 태어난 그의 본명은 장 자크 라포레 오듀봉이다. 그는 부유한 프랑스인 선장이자 대농장주인 장 오듀봉 중위와 그의 정부이자 프랑스인 하녀였던 잔 라뱅 사이에서 태어났다. 프랑스에서 의붓어머니의 품에서 자란 그는 자연과 미술, 음악에 열렬한 관심을 보였다. 학교에 가는 대신 거의 매일같이 근처의 들판과 강둑으로 놀러갔다. 저녁에 귀가할 때쯤이면 그의 소풍 바구니는 새둥지와 새알, 이끼, 꽃, 조약돌로 가득했다.

1803년 루이스와 클라크 탐험대가 북미 대륙 횡단 여정을 준비할 때 오듀본은 열여덟 살이었고 나폴레옹 전쟁(1803-1815)에 끌려갈까 봐 걱정하고 있었다. 그는 징집을 피하고자 미국 필라델피아 근처에 있는 가족 소유의 농장을 돌보러 떠났다. 여기서 그는 농장 경영 대신 숲을 거닐고 사냥하며, 새를 박제하고 그림을 그리는 일로 대부분의 시간을 보냈다. 다양한 사업 시도가 모두 파산으로 끝나면서는 자신의 '원대한 구상'에 투신했다. 다름 아닌 미국의 모든 새를 기록한 대작을 집필한다는 구상이었다. 이 목표가 실현 불가능하다고 여긴 친구들은 그에게 계획을 단념하고 그림을 팔아치운 뒤 프랑스로 돌아오라고 권유했지만 그는 과업에 매달렸다.

여기에 실린 수채화들은 오듀본의 초창기 작품이다. 1803년 전에 그린 그림은 한 장도 남아 있지 않은데 오듀본이 수시로 초벌 스케치를 파기한 탓이다. 이 보기 드문 초기 작품에서 우리는 생생한 색채와 복잡한 디테일을 통해, 점차 기량이 숙달되고 세심한 눈썰미를 갖추고 있는 인물을 엿볼 수 있다. 인생 후반에 오듀본은 야생의 아름다움이 사라지기 전에 기록으로 남겨야 한다는 사명감을 느꼈다. 그는 미국이 점차 도시화되는 경향을 지켜봤다. 그는 활발한 사냥꾼이었지만 동시에 방랑자이자 산사람으로서, 갈수록 환경이 망가지기 쉽다는 것을 의식했다. 사후에 그는 높은 명성을 누리긴 했지만 생전에는 확실히 외면당했다. 여러 일기장 중 하나에 그의 모토가 적혀 있다. '시간이 진실을 드러낼 것이다.'

↗ 1826년 오듀본은 스스로를 겁 없는 산사람처럼 묘사한 이 자그마한 자화상을 자신의 예찬자에게 보냈다.

↗ 1810년 6월 오하이오 강둑 위에서 회색 개똥지빠귀와 그 알을 그렸다. 캐롤라이나앵무는 1811년 6월에 그렸다. 야생에서 사는 것으로 알려진 캐롤라이나앵무가 마지막으로 사냥된 것은 1904년이었다. 그때까지 몇 마리나마 새장에 갇혀 살고 있었지만 곧 공식적으로 멸종했다.

접근이 거의 불가능한 외딴 서식지에서
가장 의심이 많은 야생의 새들을 관찰한 다음
여행에서 돌아와, 호의적이고 흥미를 보이는
청중에게 자신의 모험담을 들려줄 때에
비로소 자연학자의 노고는 풍성히 보답을 받는다.

오듀본은 자연에서 보고 그린 새의 목록을 작성하고 그 크기도 정확하게 기록했다. 이 같은 측정은 그의 걸작 『아메리카의 새』를 탄생시키는 데 핵심이었을 것이다.

현존하는 가장 초기 작품 중 일부인 이 스케치들을 통해 그의 실력이 발전하는 과정을 볼 수 있다. 나중에 그는 미국에서 가장 중요한 자연학자-화가로 알려진다. 뒷부리장다리물떼새는 아마도 프랑스 낭트 인근에서 1806년에 그린 것으로 추정된다.

↗ 암컷 줄무늬 물총새는 1808년 7월 오하이오강 폭포에서 그렸다.

존 올조

John Auldjo, 1805-1886

얼굴은 새까맣게 타고 입술은 퉁퉁 부르트고 눈은 빨갛게 부어올랐다.
하지만 그게 내가 겪은 유일한 불편이었다.

몽블랑산을 등반할 당시 쩍 갈라진 골짜기 가장자리에서 잠시 폭풍우를 피하던 상황을 극적으로 묘사한 올조의 수채화. 그의 그림은 모험과 등반을 눈앞에 생생하게 되살리며, 글을 쓰고 묘사하는 방식에서도 새로운 접근법을 보여준다.

1827년, 고생 끝에 유럽 최고봉을 오른 뒤 존 올조는 금방 곯아떨어졌다. 나중에 샴페인을 약간 마시고 정신을 차린 그는 발아래 펼쳐진 찬란한 풍광에 흠뻑 취해서 누이에게 짤막한 편지를 썼다. 그에겐 축하할 일이 차고 넘쳤다. 그는 몽블랑산의 널따란 정상에 선 극소수 중 한 명이었던 것이다.

올조의 등정은 샤모니 출신 자크 발마와 미셸-가브리엘 파카르가 1786년에 몽블랑산 정상에 오른 이래로 불과 열네 번째로 등정에 성공한 사례였고, 몽블랑산을 더 많은 대중에게 소개한 것으로는 의심의 여지없이 최초였다. 어느 정도는 등반의 위험과 즐거움을 언어로 잘 전달하는 올조의 능력 덕분이었지만, 사진이 발명되기 오래전 그 위험과 즐거움을 생기 넘치는 스케치로 보여주는 능력 덕분이기도 했다. 이 스케치들 덕분에 집에 있는 사람들도 등반이 어떤 것인지 경험할 수 있었다.

캐나다 몬트리올에서 태어난 스코틀랜드 혈통의 존 올조는 런던에서 학창 시절을 보낸 뒤 케임브리지 대학에 다녔으며 인생 대부분을 유럽에서 보냈다. 1821년에 아버지가 돌아가시면서 물려받은 재산 덕분에 올조는 회화와 지리학에 관한 학구열을 자유롭게 발산할 수 있었고 1827년 봄에 유럽 대륙을 유람했다. '구름에 둘러싸여 빛나는 장관' 한가운데 버티고 있는 '알프스의 군주' 몽블랑을 보자마자 걷잡을 수 없는 충동에 사로잡힌 그는 그 봉우리를 스케치하고는 등정을 도와줄 사람을 당장 찾아 나섰다.

산을 오르기에는 너무 이른 계절이어서 선뜻 나서는 가이드가 없었으므로 올조는 8월까지 기다렸다가 기회를 얻었다. 그는 배낭에 '따뜻한 의복과 망원경, 온도계'는 물론 화구, 설맹雪盲을 막아줄 초록색 고글이 달린 가죽 마스크, 머리 부분이 두 개인 나사못을 한 움큼 챙겨갔는데 나사못은 나중에 산을 오를 때 미끄러지지 않도록 부츠 뒤축에 박아 넣었다. 무엇보다도 가이드들에게 식량을 충분히 챙기도록 단단히 일렀다. 적포도주 스무 병, 브랜디 두 병, 샴페인, 닭 열여덟 마리, 구운 송아지고기와 양고기 두 덩어리, 소시지 여섯 덩이, 레몬 여섯 알, 설탕, 프랑스 자두, 그리고 '다량의 치즈'를 챙긴 그들은 산 위에서 쫄쫄 굶을 생각이 절대 없었다.

정상을 정복하고 무사히 귀환한 올조는 등반기를 출판하라는 권유를 받았다. 그의 생생한 드로잉을 바탕으로 한 판화가 아낌없이 수록된 등반기는 출간 즉시 베스트셀러가 되었고 수요를 따라잡기 위해 재판을 찍었다. 몇 안 되는 귀중한 수채화 원본은 현재 런던 알파인 클럽에서 소장하고 있다.

올조는 한동안 나폴리에서 살면서 그곳 사교계와 교류했는데, 여기서 재능 있는 화가이자 고고학자인 윌리엄 겔 경과 친구가 되었다. 1831년에는 베수비오 산등성이 곳곳을 처음으로 올랐고 자신의 탐험을 상세히 묘사한 또 다른 책을 펴냈다. 이 책은 분화구 가장자리에서 그린 스케치들과 주요 화산 분화를 시간 순서대로 시각화한 매력적인 그림으로 폭넓은 독자층을 얻으며 선구적인 안내서가 되었다. 결국 재산이 바닥난 올조는 1850년대에 어쩔 수 없이 해외에서 살다가 마침내 제네바에 정착하여 영국 영사로 재직했고 그곳에서 사망했다. '영리한 사람이자 좋은 친구'인 올조는 겸손하기까지 했다. 그의 초창기 모험들은 대체로 잊혔다. 인생 만년의 스케치와 그림은 거의 남아 있지 않지만 그가 보낸 편지들엔 친구와 자연계를 향한 따뜻한 인정과 열정이 드러난다.

알프스산맥의 봉우리와 빙하, 여타 특징을 모두 번호로 매겨 지명과 함께(1번이 몽블랑산) 파노라마로 묘사한 스케치다.

나는 잠깐 멈춰 서서 발밑의 심연을 내려다봤다.
순간 피가 얼어붙는 것 같았다. 여태껏 그렇게 굉장한 광경은
본 적이 없었다. 우리가 처한 특이하고도 위험천만한 상황에 이끌려
그린 스케치에서 나는 … 이 벽을 넘어가는 일이 어떤 것인지
표현하려고 최선을 다했다. 인간의 상상으로는 도저히
가늠할 길 없을 만큼 그토록 깊고 환하게 빛나는 우리 주변의
거대한 틈이 자아내는 커다란 아름다움에 나만이 아니라
그런 풍경에 친숙한 가이드들조차 찬탄을 금치 못했다.

╲ 몽블랑산 등반 과정을 보여주는 올조의 스케치. 그는 '스케치의
성격이 허락하는 한에서 최대한 정확하게 등정 경로를
표시하려고 노력'했다.

↗ 등반을 다룬 또 다른 책에서 올조는 자신과 동행들이 산의 경사면을 미끄러져 내려온 방법을 묘사했다. 막대기를 일종의 방향타처럼 이용해 눈을 타고 내려오는 이 제동활강glissading은 시간을 단축시켜 줄뿐더러 대단히 재미있다. 물론 바닥에 크레바스(빙하 표면에 생긴 깊은 균열)가 입을 벌리고 있지만 않다면 말이다.

↗ 베수비오산의 화산 분출을 직접 관찰해서 그린 올조의 스케치를 바탕으로 만든 석판화들. 뜨거운 열기를
  포착하고자 보통 아주 가까이에서 그렸는데, 자신이 스케치하고 있거나 분화를 관찰하는 모습을 함께 그렸다.

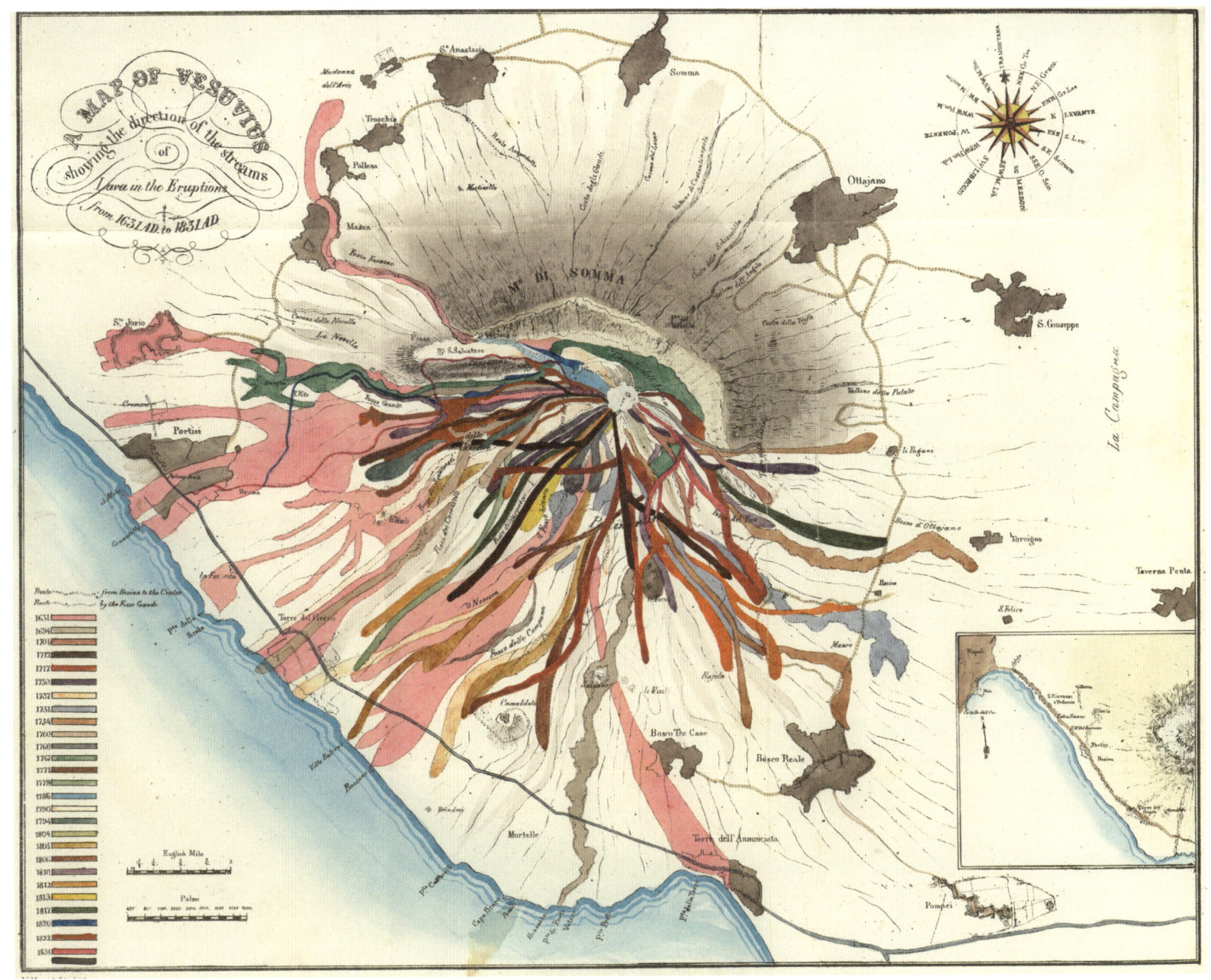

↗ 용암이 연속적으로 분출하며 흘러내리는 방향을 색상으로 보여주는 베수비오산 지도. 지리적 정보를 제시하고 자연을 시각화하는 선구적인 방식이다.
여행객들은 울조의 삽화와 기행문에 자극을 받아 위험에도 아랑곳 않고 베수비오산을 찾았다.

토머스 베인스
Thomas Baines, 1820–1875

분별 있는 사람들은 절대 꿈꾸지 않을
좀 이상한 공상을 예술가들은 언제나 한다.

연필과 스케치북을 거의 손에서 놓지 않았던 토머스 베인스는 지칠 줄 모르고 주변 세계를 포착해냈다. 잉글랜드에서 태어난 그는 성인이 된 후 대부분의 삶을 남아프리카를 탐험하며 보냈다. 호리호리한 체격의 베인스는 골절된 대퇴골을 잘못 짜 맞춘 결과로 한쪽 다리를 절었는데, 이 때문에 '넓적다리 절름발이Cripple Thigh'라는 별명이 따라다녔다. 그럼에도 그는 대담한 여행가이자 자연 관찰자, 야영의 달인이었다. 삶에 대한 전염성 강한 열정을 간직한 그는 그가 만난 이들을 배려할 줄 아는 매우 호감 가는 사람이었던 것 같다.

아버지는 1급 항해사였고 할아버지는 포경선의 선장이었으니 젊은 베인스가 일찍이 수평선 저 너머로 이끌린 것은 당연한 일이었다. 1842년에는 모험을 하고 싶은 열망으로 남아프리카 케이프 식민지에 갔고 나중에 그곳에서 발발한 변경전쟁(Frontier Wars, 1779 – 1879년까지 남아프리카 백인 정착민들과 원주민 코사족 간 벌어진 수차례의 무력 충돌)에서 공식 화가로도 활동했다. 그는 가구 제작자의 화가로 일하다가 독립하여 초상화가가 되었지만 방랑벽 때문에 스튜디오에만 갇혀 지낼 수 없었다. 1848년 베인스는 오렌지강 너머 아프리카 내륙으로 초행길에 올랐고, 오카방고 습지 탐험을 비롯해 두 차례 더 탐험을 떠났다.

1855년 베인스의 재능이 세간에 알려지자 오스트레일리아 북부 열대 해안을 탐험하는 오거스터스 그레고리의 탐험대에 초청받았다. 탐험대의 목적은 빅토리아강을 탐사하고 그 지역이 정착지로 적합한지 평가하는 것이었다. 베인스는 많은 채색화와 스케치를 그렸고, 카펜테리아만 남단 앨버트강에서 그레고리와 접선하려고 동료 두 명과 함께 갑판이 없는 롱보트를 타고 가다 죽을 고비를 넘기기도 했다. 이런 위험에도 개의치 않았던 베인스를 1858년, 그의 명성을 익히 들은 데이비드 리빙스턴이 잠베지강 탐험에 초청했다. 이 탐험대에서 그의 역할은 화가와 보급품 관리인이었다.

안타깝게도 베인스는 리빙스턴과 다퉜으며 절도를 이유로 부당하게 해고되었다. 베인스가 말라리아에서 회복되던 중 초상화를 그리려고 탐험대의 비축 물자에서 캔버스를 가져다 썼는데 이 일이 리빙스턴 형제의 눈 밖에 났던 것이다. 하지만 그것도 잠시, 베인스는 다시 모험에 나섰다. 1862년 늠름한 사냥꾼이자 탐험가인 제임스 채프먼과 함께 아프리카 남부 나미비아를 가로질러 소를 거래하는 탐험에 동행했다. 두 사람은 7월 23일 빅토리아 폭포에 닿아서 몇 주간 그곳을 탐험했다. 베인스는 여기서 리빙스턴을 만나 오명을 씻고 싶었지만 늘 행방이 묘연한 탐험가는 이미 떠나고 없었다. 흥미롭게도 열성적인 사진가이기도 했던 채프먼은 아프리카 탐험에서 그 신기술을 십분 활용한 최초의 사진가로 꼽힌다. 시대가 변하고 있었고, 미술은 장차 현장을 기록하는 주요 수단이라는 자리에서 밀려나게 된다. 베인스는 표본을 수집하고 조사하면서 계속 그림과 스케치를 그려 나갔다.

이 탐험으로 건강이 망가지고 재정도 바닥난 베인스는 케이프타운으로 돌아와 작업에 착수했다. 다수의 현장 스케치를 매력적인 유화로 발전시켰고 1865년에는 런던에서 빅토리아 폭포의 풍광을 담은 화집을 출판했다. 나중에 마타벨렐란드(짐바브웨 서부 지역)와 금광을 탐사하는 원정대를 이끌었고, 마타벨레족의 족장 로벤굴라로부터 채굴권을 얻어내기도 했다. 베인스

베인스가 손으로 그린 지도. 리빙스턴이 증기선 마로버츠호를 타고 잠베지강을 따라 내려간 경로를 보여준다.

는 한창 이 원정에 관한 글을 쓰고 금광 지대로 돌아갈 준비를 하느라 여념이 없을 때 이질에 걸려 남아공 더반에 있는 사촌의 집에서 세상을 떠났다. 그의 그림들은 영국 윈저성에 보관되었는데, 빅토리아 여왕이 자녀들에게 그 그림들을 보여주는 걸 매우 좋아했다고 한다. 그림들은 나중에 알렉산드라 궁에서 공개됐다. 오늘날까지 찬사를 받는 베인스의 작품은, 돌이킬 수 없는 변화를 눈앞에 둔 풍광을 직접 체험하고 남긴 귀중한 기록이다.

↗ 1862년 음트웨음트웨 천연염전 주변 야생동물과 바오밥나무를 묘사한 수채화.

↗ 1859년 11월 22일 잠베지 콩고니강 초입, 저수위 때 맹그로브 습지. 그는 이렇게 적었다. '밝은 색 나무는 도아세니아이다. 바닥에 박힌 길쭉한 것은 맹그로브 씨앗으로, 이 씨앗은 땅에 떨어질 때 부드러운 진흙을 파고든다.'

↗ '마쇼나족을 성공적으로 습격하고 돌아온 군대를 시열하고 있는 마타벨렐란드의 왕 벤굴루.' 베인스는 뒤쪽에 앉아 스케치하는 자신을 그려 넣었다.

↗ 1870년 10월 20일 벰비시강 동쪽 타부카 마쇼나 마을. 보통 베인스는 즉석에서 신속히 스케치를 한 다음 수채 작업은 나중에 했다.

↗ 앉아 있는 사람들이 가죽을 문질러 부드럽게 만들고 있는 한편, 여자들은 코뿔소의 내장을 물주머니 삼아 물을 나른다. 나무들 사이로는 길게 널어둔 고깃점들이 햇볕에 건조되고 있다.

↗ 베인스의 짐마차 너머 밤하늘을 가로지르는 유성과 혜성. 그는 '불을 옮기고 있는 다마라족'이라는 설명을 추가해 놓았다. 양쪽 스케치 모두 1862년 기록이다.

헨리 월터 베이츠

Henry Walter Bates, 1825-1892

> 이곳에서의 삶은 고독했지만 싫지는 않았다.
> 그곳의 적막감 속에는 거대한 마법이 있었다.

1848년 5월 26일, 영국의 젊은 자연학자 헨리 월터 베이츠와 앨프리드 러셀 월리스는 아마존강 하구에 정박한 무역선 갑판 위에 서서 이제 곧 그들이 탐험하려는 땅을 내다보았다. 서쪽으로 안데스산맥 자락까지 약 3,200km에 걸쳐 그 고장을 뒤덮은 거대한 원시림의 경계가 솟아 있었다.

베이츠와 월리스 둘 다 부유하고 연줄 있는 집안 출신이 아니었다. 베이츠는 열세 살 때 학교를 떠나 그 지역의 기술학교에서 학업을 이어갔다. 1844년에 베이츠는 자신처럼 자연사에 관심이 많은 월리스를 만났다. 두 사람은 W. H. 에드워즈의 『아마존강 여행』에 깊은 감명을 받아서, '종의 기원을 밝혀낼 만한 사실들을 모으고' 곤충을 채집하기 위해 자신들도 그 지역으로 탐험을 떠나기로 결심했다. 1년간 함께 여행한 다음 두 사람은 각자 탐험해야 얻을 게 더 많으리란 것을 깨달았다.

베이츠는 탐험된 적 없는 방대한 지류들과 열대 우림에서 생물을 채집하며 11년을 보내게 된다. 그는 브라질 토칸칭스강을 항행한 다음, 아마존강 상류로 거슬러가서 마침내는 테페 지역에 자리를 잡았다. 그는 유럽 거래상들에게 표본을 팔아서 얻는 적은 수입으로 소박하게 살았다. 비록 고열에 자주 시달렸지만 오로지 작업에 몰두하며 고독과 병마를 뿌리쳤다. 그의 일기는 세심한 관찰 기록, 딱정벌레와 나비를 실물 크기로 그린 정교한 수채화로 가득하다. 베이츠는 14,000종 이상을 채집했고 그 가운데 약 8,000종은 그때까지 학계에 알려지지 않은 종이었다.

딱 한 번, 그도 향수병에 시달렸다. 정글 깊숙한 곳에 차린 베이스캠프에서 가족의 소식을 듣거나 소포를 받아본 지도 벌써 몇 년 전이었다. 해져서 누더기나 다름없는 옷가지를 걸치고 맨발로('열대림에서는 굉장히 불편한 일이다') 다니던 그는 강도까지 당했다. 게다가 읽을거리도 다 떨어졌다. '마침내 나는 자연에 대한 사색만으로는 인간의 마음과 정신을 채울 수 없다는 결론을 내릴 수밖에 없었다.' 짐을 싸서 귀국할 시간이었다.

잉글랜드로 돌아온 베이츠는 그 유명한 논문을 썼다. 「아마존 유역 곤충류에 관한 기고」에서 오늘날 '베이츠 의태Batesian mimicry'로 알려진 이론을 내놓았는데, 이 이론에 따르면 독성이 없는 나비들은 곤충을 잡아먹는 새의 공격을 피하기 위해 맛이 없거나 독성이 있는 다른 종의 특징을 흉내 낸다. 이로써 생존 가능성이 크게 높아진다. 베이츠는 이 발견으로 뛰어난 자연학자라고 곧장 인정받았다. 찰스 다윈은 논문을 읽고 '지금까지 읽은 것 가운데 아주 훌륭하고 놀라운 논문'이라고 평했으며 베이츠에게 회상록을 쓰라고 권유했다. 1863년 『아마존강의 자연학자』가 출간되었다. 이 책은 문학성 넘치는 과학 저술의 훌륭한 사례로서 재빨리 고전의 반열에 올랐다.

오늘날 베이츠의 스케치북과 이야기는 아마존 우림의 위태로운 미래를 극명하게 환기시킨다. 그는 다가올 파괴의 전조를 일찍이 목격했다. 여러 해 동안 상류를 탐험하다 파라시로 귀환했을 때 그는 아끼던 숲이 개간된 것을 발견했다. '고귀한 숲의 나무들이 베어져나갔고, 반쯤 불탄 헐벗은 나무둥치만이 잿더미와 진흙탕, 부러진 나뭇가지 무더기 한가운데 남아 있었다.' 숲이 있던 자리에는 굴뚝이 솟아오를 것이다. '그토록 커다란 변화의 전망 앞에 다소 낙담하게 되는 것도 자연스러웠다'고 베이츠는 가슴 아프게 글을 맺는다.

큰부리새의 일종인 곱슬볏아라카리와 맞닥뜨린 베이츠. 표본 채집용으로 한 마리를 쏜 그는 떨어진 새를 집으러 갔다가 갑자기 새 무리에 둘러싸였다. '새들이 나를 덮쳐왔다. … 어떤 것들은 동그랗게 말린 딱딱한 리아나(열대산 칡의 일종) 고리 위에서 까닥까닥 몸을 흔들며 무수한 복수의 여신들처럼 날개를 퍼덕이며 울어댔다.'

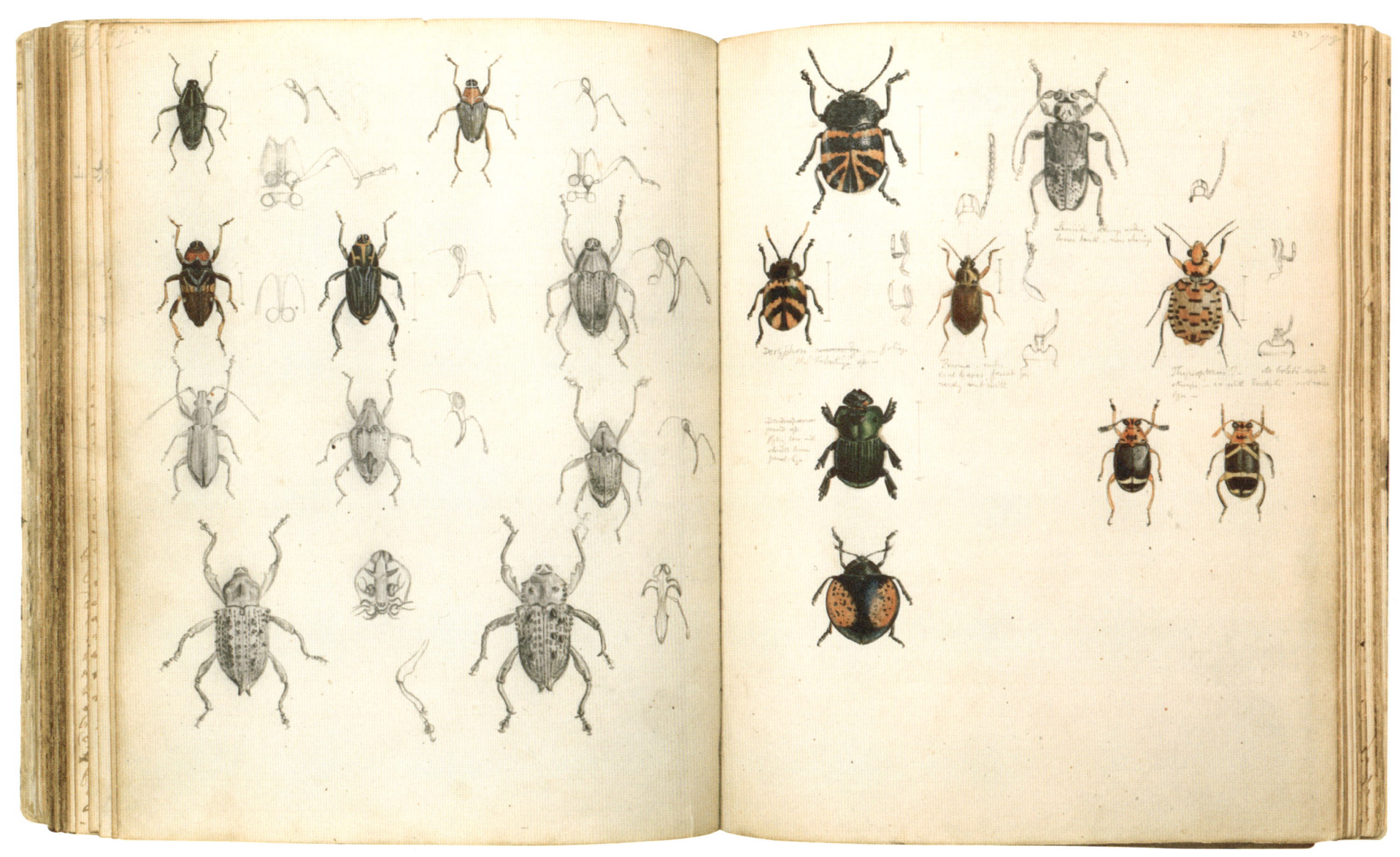

↗ 곤충 연구에 열정적이던 베이츠는 아마존강 유역에서 11년을 보내며, 딱정벌레와 나비를 그린 수채화와 연필 스케치로 공책을 가득 채웠다. 그는 무독성 나비들이 공격을 피하기 위해 맛없는 종의 특징을 모방한다는 점, 즉 베이츠 의태를 발견했다.

G. Tharops

4th Section — Species of bluish or metallic colours with black spots & marks above — **Tharops** Doubleday

438
444 ♀
yell.

Dendrom. blue dull steel colour — moist mud. Pará, Santarem, rare

145 ♂
yell.

Pará, unique

439 ♂

Ega, rare — & I think same sp. at Pará — prefers upper side of leaves &c

440 ♂

Villa Nova at flowers, believe same sp. at Pará

285 ♂

This sp. rather different in habits from the above, it does not frequent the shade of the woods, nor is ever seen about foliage — it prefers the muddy or sandy shores of rivers & sometimes is seen in open places in forest; in all these places it settles on ground, at ordure or moist chips of wood — delights also to settle on passing canoes. It is not common anywhere, I have seen it in the Cupari, at Villa Nova & at Ega —

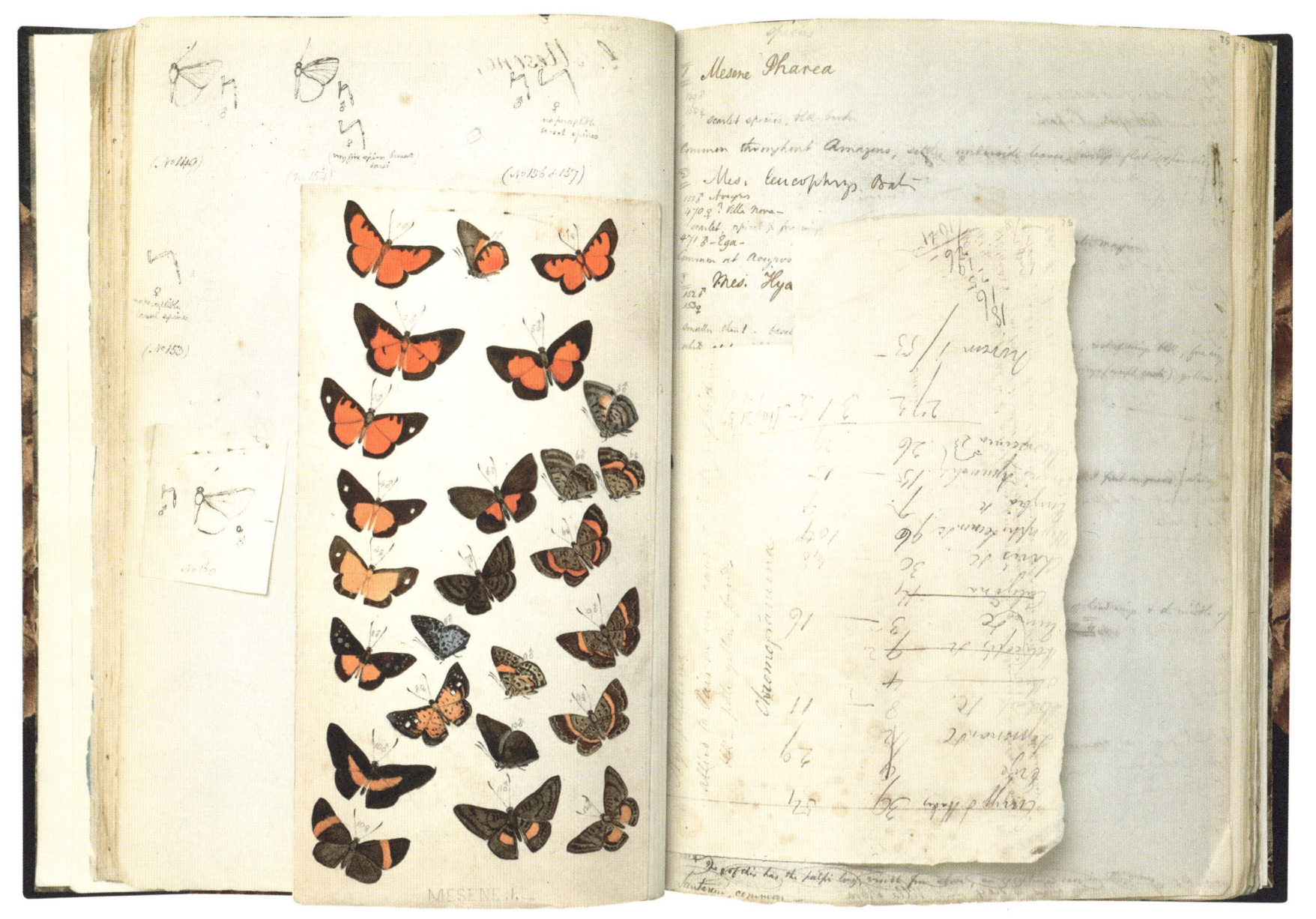

루트비히 베커

Ludwig Becker, 1808–1861

안타깝게도 얼마간의 물감과 스케치북,
작은 지질망치 두 개로 이루어진 장비만 챙겨서 내륙으로 떠나야 할 것 같다.

일각에서는 52세의 독일 화가 루트비히 베커가 고된 육로 여행을 하기에는 너무 늙었다고 여겼다. 하지만 베커의 생각은 달랐다. 그는 귀중한 자산이 될 기술과 경험, 그리고 멜버른 과학계와 예술계에 무시 못 할 인맥이 있었기에 1860-61년 빅토리아 탐험대에서 한자리를 꿰찰 수 있었다.

베커는 독일 다름슈타트에서 회화와 과학을 공부하다가 프랑크푸르트로 옮겨가 헤센 대공의 궁정화가가 되어 초상화를 그렸다. 모험을 갈망한 그는 40대 초반에 당시 밴디먼스랜드라는 이름으로 알려졌던 태즈메이니아에 도착했다. 그곳에서 동식물군을 연구하고 세밀화를 그렸다. 태즈메이니아 총독의 아내인 레이디 데니슨은 그를 '굉장히 재미난 사람, 영어 실력은 형편없지만 뭐든지 할 수 있는 그런 만능 천재들 가운데 하나로 대단히 정력적이다. … 아주 훌륭한 자연학자이자 지질학자'로 요약했다.

골드러시에 이끌린 베커는 1852년 빅토리아주로 옮겨가 멜버른에 정착하여 곧 그 도시의 핵심 인사가 되었다. 나중에 '버크와 윌스 탐험대'로 알려지게 되는 빅토리아 탐험대 계획이 발표될 쯤 베커는 자신이 탐험대의 자연학자 겸 화가 자리에 최적의 후보자라고 생각했다. 1860년 8월 20일 낙타와 말, 짐마차로 이루어진 거대한 카라반이 1만 명 인파의 환호 속에서 멜버른 로열파크를 천천히 출발했다. 이 탐험은 멜버른에서 카펀테리아만까지 오스트레일리아 대륙을 최초로 횡단하는 원대한 사업이었다. 탐험대는 발길 닿은 적 없는 내륙을 횡단하며 식민화에 적당한 지역을 물색하고, 앞으로 내륙에 놓을 전신 노선을 확정할 예정이었다.

하지만 탐험대는 곧 혼란에 빠졌다. 탐험대장 로버트 버크가 자신과 유사한 횡단을 하고 있는 라이벌 존 스튜어트를 의식한 탓에, 조바심을 내고 부주의해져서 툭하면 보급 물자를 내버려 둔 채 서둘러 이동하거나 계획된 경로를 벗어났다. 또한 과학 탐사를 횡단의 걸림돌로 여겨서 베커에게 다른 대원들이 취침에 들어간 다음에야 글을 쓰고 스케치를 하라고 명령했다. 현장에서 스케치를 한 뒤 나중에 스튜디오에서 그림을 완성하는 다른 탐험 화가들과 달리 베커는 그 자리에서 수채화를 완성하려고 했다. 이 작업이 언제나 쉬운 건 아니었다. 탐험대의 의무관이자 식물학자 헤르만 베클러는 파리들이 '(베커의) 붓과 깃펜에서 물감과 잉크를 빨아먹고 화폭 위 축축한 곳마다 무모하게 몸을 날린다'고 썼다.

여섯 달 만에 버크와 여러 탐험대원 사이에 영영 건널 수 없는 깊은 골이 패인 데다 베커를 포함해 많은 이들이 괴혈병에 시달렸다. 1861년 4월, 베클러는 베커가 회복될 가망이 없다고 썼다. '이곳에 그를 묻어야 한다. 그럼 멜버른에서 내게 얼마나 많은 비난이 쏟아질까?' 결국 베커와 버크, 세 번째 탐험대장인 윌리엄 윌스를 비롯해 일곱 명이 탐험 도중에 목숨을 잃었다.

베커의 죽음에 빅토리아 왕립 협회 동료들은 '누구보다 재능이 넘치고 소탈한 회원' 가운데 하나라며 애도를 표했고, 오스트레일리아 식민지 전역과 독일 신문들에 그의 부고가 실렸다. 혹독한 환경과 간난신고에도 불구하고 베커는 동식물군과 지질, 수로 측량 기록을 남겼고 70점의 수채화, 드로잉, 지도를 완성했다. 예술과 과학을 위한 놀라운 헌신이었다.

↗ 베커는 자신이 지나가는 새로운 고장의 모든 면에 심취했고 가능하면 어디서나 원주민들과 시간을 보내며 그들의 일상을 글과 그림으로 남겼다. 위 그림은 1860년 10월, 달링강, '빌와카'에 있는 화가 겸 의사의 텐트이다.

↗ 대규모 카라반이 테리크-테리크 평원을 지나고 있다.

야영지에서의 고된 일, 채소와 신선한 고기의 부족,
파리와 모기떼를 동반한 폭염.
이 모두가 이 땅의 신비를 밝혀내려고
애쓰는 것이 최대의 소망인 사람에게
딱히 기운을 북돋아주지는 않는다.

↘ 1860년 9월 발러널드에서 스코츠스테이션까지 이동 경로를 베커가 직접
스케치한 지도. 그는 매일 탐험 보고서와 지도 작성은 물론 동식물군,
지질학, 인류학, 기상학, 천문학적 관찰 내용을 기록하는 임무를 맡았다.

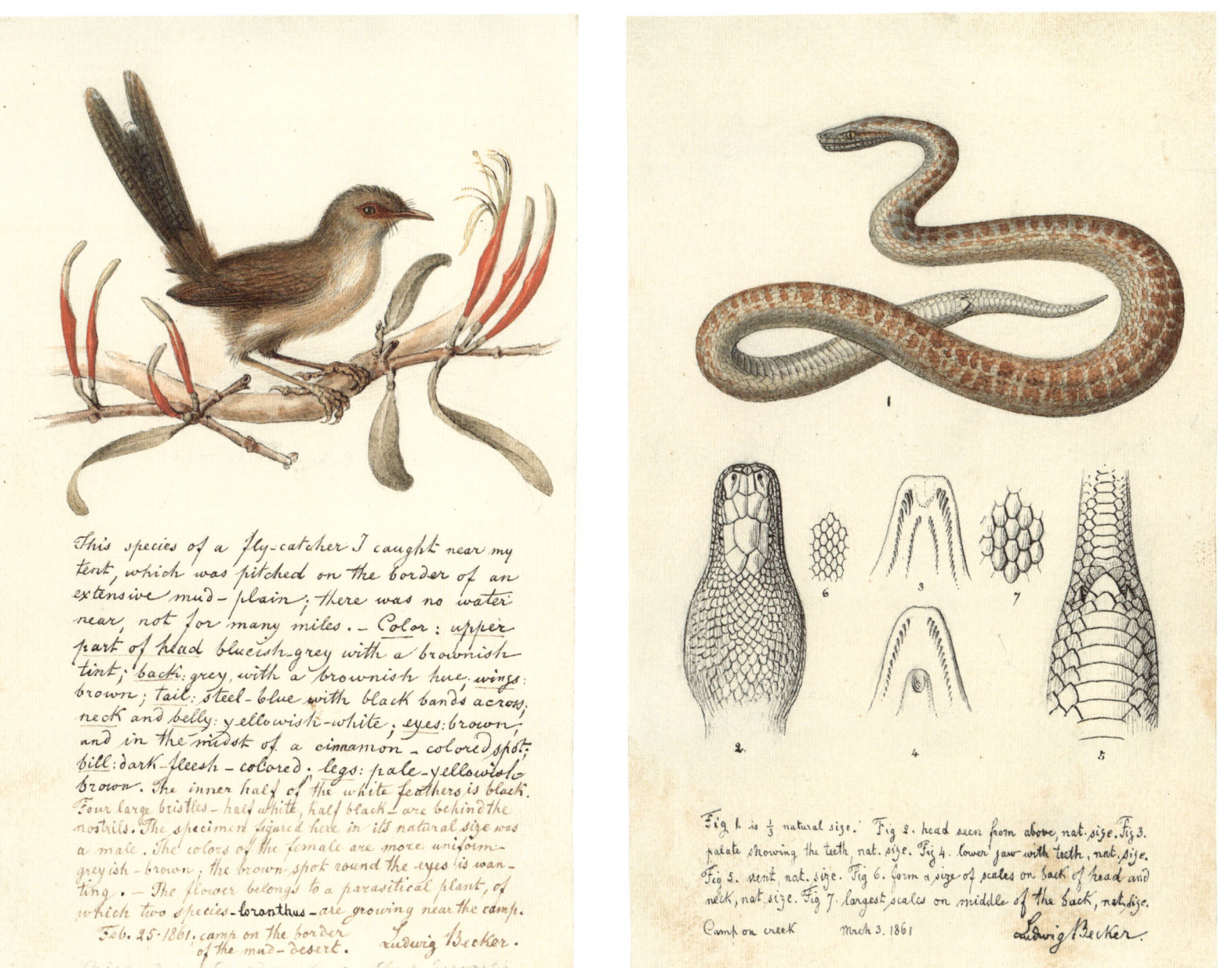

베커는 작업을 제대로 하는 데 도움이 되는 도구나 참고서가 없다는 사실에 낙담했으며 열기와 흙먼지, 곤충에 시달리느라 쇠약해졌지만, 더 이상 작업할 수 없을 때까지 스케치를 하여 중요한 과학 자료를 남겼다. 1861년 2월에는 자색등굴뚝새 또는 딱새류(왼쪽)를 그렸고, 죽기 한 달 전인 1861년 3월엔 스팀슨비단뱀(오른쪽)을 그렸다.

윌리엄 비비

William Beebe, 1877-1962

물속에서 보낸 흥미로운 몇 시간을 능가할 만한 경험은 단 하나일 것이다.
그건 바로 화성 여행이다.

늘 호기심이 왕성했던 윌리엄 비비는 열여섯 살 때 이미 자신의 소명을 알았다. 새해 전날 일기를 쓰면서 그는 '자연학자가 되는 것은 왕이 되는 것보다 더 좋다'고 결론 내리고 이후 70년 동안 이 통찰을 따랐다. 사람들이 집에서 편안하게 앉아 라디오로 방송되는 그의 이야기에 열중하거나 그의 책을 탐독하게 되면서 비비는 탐험가로서 자신의 폭넓은 발견을 수백만 명과 공유했다. 그는 탐험한 다음 설명하고, 연구하고, 교육했다. 그의 재능은 한 세대가 자연계의 복잡한 아름다움에 눈을 뜨게 하는 데 있었다.

모험심 넘치는 조류학자이자 뉴욕동물학회의 열대 연구 소장으로 이미 잘 알려졌던 비비는 1931년에 수중탐사로 미지의 세계에 나서면서 국제적으로 유명해졌다. 그는 하버드 졸업생이자 한때 배우로도 일했던 오티스 바턴과 손을 잡았는데, 바턴은 자연 서식지에서 심해 생물을 관찰하겠다는 꿈을 뒷받침할 재산이 있는 젊은 기술자였다. 두 사람의 장비는 언론에서 '바턴 탱크'라고 부른 잠수구였다. 기본적으로 2.5cm 두께의 강철로 된 이 잠수구에는 작은 용융 석영 유리창이 세 개 나 있었고 고압 산소통이 있었다. '우리가 안에 오래 머물수록 잠수구가 점점 더 작아지는 느낌이었다'고 비비는 회상했다.

그들은 버뮤다해역에서 유인 잠수를 시작하여 거의 245m 깊이까지 도달했다. 수면 위와 연결된 전화를 통해 비비는 배 위의 청취자들에게 관찰 내용을 구술할 수 있었다. 1932년 손에 땀을 쥐게 하는 그들의 잠수가 라디오로 생중계되면서 순식간에 유명인사가 됐다. 1934년 8월 15일 비비와 바턴은 923m, 햇빛이 도달하는 범위를 벗어난 반마일이 넘는 심해까지 잠수했고 이 기록은 그 후 15년 동안 깨지지 않았다. 그들은 배와 연결된 케이블이 다 풀리기 직전에야 잠수를 멈췄다. 잠수구 탐조등의 환한 빛 속에 포착된 기이한 해저생물을 묘사한 두 사람의 이야기는 대중을 사로잡았다. 대양이 그들 아래 암흑 속으로 사라졌다. '그야말로 지옥의 검은 아가리 같은 세계가 있었다'고 비비는 그곳을 설명했다.

비비에게 잠수란 지금까지 본 적 없는 각양각색의 생물종을 발견하고 묘사할 수 있는 가능성이었다. 그는 얕은 물에 구리로 만든 잠수모만 쓰고 들어가 채집망으로 조사하는 자유를 사랑하게 되었다. 비비는 멕시코 바하칼리포르니아주부터 중앙아메리카 태평양 해안까지 과학을 위해 널리 탐험했다. 전문 교육을 받은 저명한 과학자로서 최초로 현장 연구의 일환으로 잠수를 한 그는 자크 쿠스토 같은 이들이 등장하기 훨씬 전에 세계에서 가장 풍요로운 동물 군집들과 산호초의 비밀을 열어젖혔다. 노년에 비비는 육지로 귀환하여 쿠바 트리니다드의 열대우림을 매입해 연구 기지를 세웠다.

비비에겐 모든 것이 경이로웠다. 광대한 해저산맥이든 꿩 꽁지깃의 진화이든 간에 모든 것이 그의 흥미를 끌었다. 하지만 그러한 아름다움이 무한할 수 없음을 깨달았다. 생태계의 상호의존성에 관한 비비의 시선은 점점 커져가는 생태계의 취약성으로 향했다. 그의 어린 시절 소망은 선구적인 자연보호 활동으로 이어졌고, 오늘날 점점 황폐해지는 이 행성에서 야생동물이 생존하려면 이러한 보호 활동은 필수가 되었다.

↗ 비비가 잠수구에서 전화로 글로리아 홀리스터에게 구술한 탐사일지의 표지. 이 일지에는 823m를 잠수하여 기록을 경신한 1934년 8월 15일 자 기록도 담겨 있다. 무사히 수면 위로 귀환한 비비는 심해에서 본 생물종들을 정확하게 묘사하기 위해 화가인 엘제 보스텔만과 긴밀하게 협력한다.

↗ 검은뱀이빨고기|Chiasmodon Niger와 그 내부

비비가 탐조등을 이용해 심해의 기이한 바다생물을 보려고 하자 그것들은 다가왔을 때처럼 신비롭게 멀어졌다. 나중에 저인망으로 심해종을 끌어올렸을 때 이 예민한 동물들은 수면에 닿자마자 죽어버렸고 색깔도 곧 바랬다. 비비가 눈으로 본 것을 상세히 설명한 덕분에 보스텔만이 이처럼 놀라운 그림을 그릴 수 있었다. 막상 이 그림들을 공개한 직후에 사람들은 상상을 초월하는 심해종의 생김새를 믿지 않으려 했다.

↘ 모두 버뮤다 해역 탐험 때 관찰한 종이다. 이 생물들은 상상을 불허한다. 왼쪽은 '돌로피크티스Dolopichthys'를 쫓는 '가스트로스토무스Gastrostomus(통명 펠리컨 장어)'이며 오른쪽은
'람프로톡수스 플라겔리바르바Lamprotxus flagellibarba'이다.

↗ 아귀의 일종인 '라시고나투스 피스카토리우스Lasigonathus piscatorius'가 먹잇감을 사냥하고 있다.

거트루드 벨

Gertrude Bell, 1868-1926

세상이 얼마나 큰지! 얼마나 크고도 경이로운지! 그런 세상에 감히 미미한 나의 존재를 이끌고 간다는 게 터무니없이 주제넘게 느껴진다.

1905년 기선 오토나호가 레바논 베이루트 부둣가에 닿은 뒤, 거트루드 벨은 주머니에 리볼버를 넣고 충직한 하인을 대동한 채 세관으로 향했다. 그녀가 흠잡을 데 없는 매력을 발휘해 세관원에게 말을 거는 사이, 하인은 자신이 모시는 여주인이 얼마나 지체 높은 귀부인인지를 떠벌렸다. 두 사람은 '극성스러울 만큼 여성적인' 페티코트와 레이스 속옷 안에 은밀히 감춘 화기火器와 지도가 발각되지 않기를 바랐다. 세관원은 그녀의 짐을 통과시켰고 벨은 시리아 사막으로 향했다.

영국 북부의 거물 기업가이자 정치가인 아이작 로디언 벨 경의 손녀인 거트루드 벨은 아무도 무시 못 할 존재였다. 스물셋에 처음으로 페르시아를 방문할 무렵 그녀는 이미 옥스퍼드 대학에서 근대사를 전공해 우등 졸업하고, 알프스를 수차례 등정했다. 이후 최초로 영국 비밀정보부의 여성 정치 요원이 되고 서구 여행가들이 가본 적 없는 지역으로 여러 차례 놀라운 여행을 떠났다. 그중에서도 1913-14년 중앙아라비아의 하일 지역을 찾아간 여행이 가장 유명할 것이다. 학자이면서 작가, 시인, 역사가, 고고학자, 언어학자, 등반가, 탐험가, 정치 요원이자 킹메이커였던 벨은 영국 총리에게 자문을 해주었고 이슬람 족장 및 종교 지도자들과 대등하게 어울렸다.

그녀는 말을 타고 아라비아와 시리아 사막을 이동했다. 안장 주머니에 스케치북과 일기장, 지도, 카메라를 잔뜩 집어넣은 그녀의 여행 행렬은 눈에 확 띄었다. 스무 마리에 이르는 낙타와 노새에다 텐트, 접이식 침대, 캔버스 욕조, 러그, 테이블, 도자기, 크리스털 잔, 정찬용 은식기를 실었고 아랍인 가이드들이 동행했다. 남자들만 있는 중동 무슬림 세계의 유일한 영국 여성이자 용감무쌍하고 박식한 벨은 귀족적인 몸가짐으로 사막의 군주들에게 항상 깊은 인상을 남겼다. 대족장 파흐드 베이는 그녀를 두고 "한갓 여자이지만 막강하고 용감하다"고 말했다.

예리한 관찰자이자 열성적인 기록가인 벨은 영국의 제국주의 정책 수립에 대단한 영향력을 발휘하게 될 지도들을 그렸다. 그녀는 매일같이 고국으로 편지를 쓴 다음 일기를 썼다. 다른 사람들이 나비나 희귀식물을 수집하듯이 벨은 사람을 수집했다. 쉽게 친구를 사귀고 인맥을 잘 다졌다. 외교력도 출중하여 심지어 칼을 들이대며 자신의 카라반을 털었던 도적떼의 우두머리와 함께 식사를 하고 담배를 피울 정도였다. 결국 그녀는 짐을 고스란히 돌려받고 안전한 여행길을 보장받았다. 이런 능력들이 그녀를 완벽한 첩보원으로 만들었다.

8개 국어에 능통하고 현지의 부족들과 지리, 정치에 독보적인 지식을 갖춘 벨은 1차 세계대전 당시 T. E. 로렌스와 함께 이집트의 아랍 부서에서 일하면서 중동에서 영국의 이익을 확보하는 데 기여했다. 전후에는 윈스턴 처칠의 신뢰를 얻어 신생국 이라크의 국경선을 설정하는 데 기여하고 그곳의 초대 군주로 파이살 왕을 추천했다. 벨은 카툰Khatun, 즉 '무관의 이라크 여왕'으로 알려지게 되었다.

58세 생일을 이틀 앞두고 벨은 수면제 과용으로 사망했다. 그녀는 모든 예를 갖춰 바그다드에 묻혔다. 비록 영국 정보부 어디서나 환영받은 것은 아니지만 그녀가 대단한 인물이었다는 점은 부정할 수 없다. 작가 비타 색빌웨스트가 썼듯이 그녀에겐 '모두가 별안간 열망을 느끼게 만드는, 즉 삶이 충만하고 풍성하며 흥미진진하다고 느끼게 만드는' 재주가 있었다. '그녀는 건드리는 주제마다 활기를 불어넣었다. 도저히 거부할 수 없는 생명력이다.'

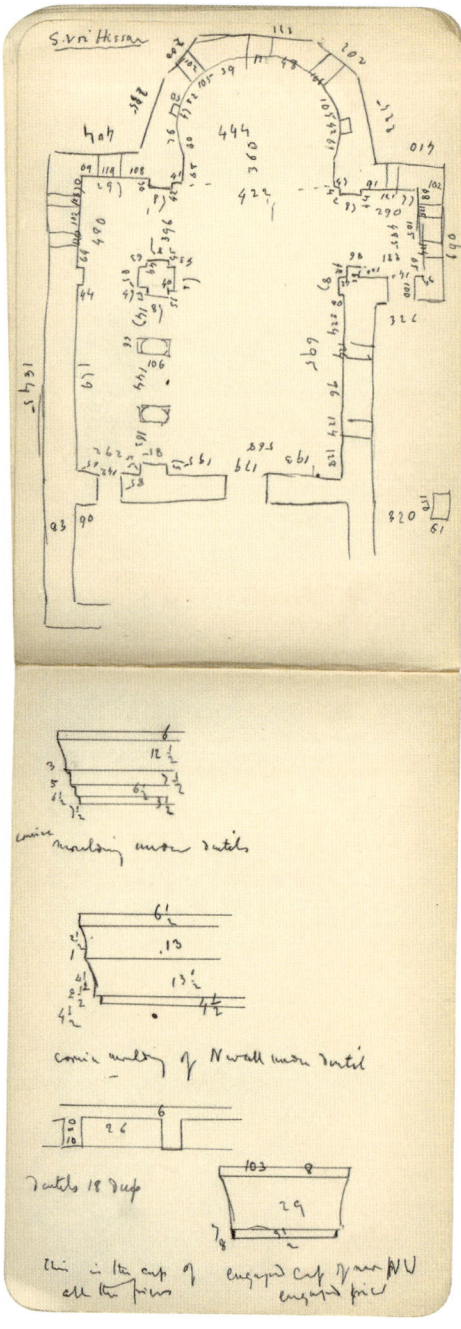

나는 사파Safah라는 어느 동쪽의 오지에 가고 싶은
데, 드루즈인의 비호를 받으면 갈 수 있어.
터키인들은 … 그곳이 얼마나 끔찍하게 위험한
곳인지 설명하느라 바쁘지만
그래봐야 소용없는 일이지.
난 그들이 하는 말은 한마디도 믿지 않아.

↖ 벨은 아무리 피곤하고 여건이 힘들어도 글을 적고 상세한 드로잉을 남겼다. 1905-14년 시리아와 이라크를 여행할 당시에 이용한 이 수첩에는 한 신전의 평면도 스케치와 처마돌림띠의 세부가 묘사되어 있다.

↗ 벨은 대단히 뛰어난 언어학자였다. 이것은 아랍어와 영어로 적은 페이지다. '비가 억수같이 쏟아지는 와중에 종이가 젖지 않도록 스케치북 위로 외투를 뒤집어 쓴 채 어느 시리아 각문을 베껴 적던 때의 처량함은 절대 못 잊을 것이다. 어찌나 힘들던지 시리아 각문이라면 이젠 쳐다보기도 싫다.' 벨은 스물세 살 때 영국 대사로 테헤란에 주재하던 삼촌 프랭크 라설스 경을 방문하러 페르시아에 갔다가 동방을 향한 일생의 매혹을 처음 느꼈다.

This water [belongs] to the chief (?)…
ʿAli b. Râzâ (?)
He was present at this water
and he watered the camels in the year 11 (?)
and he brought back goats (?)
and there was present Saʿd …. b. ʿÂda
b. ʿAli (or ʿÎsa?) b. ʿAwâkir (?) of Hijra
and he wrote the wusûm

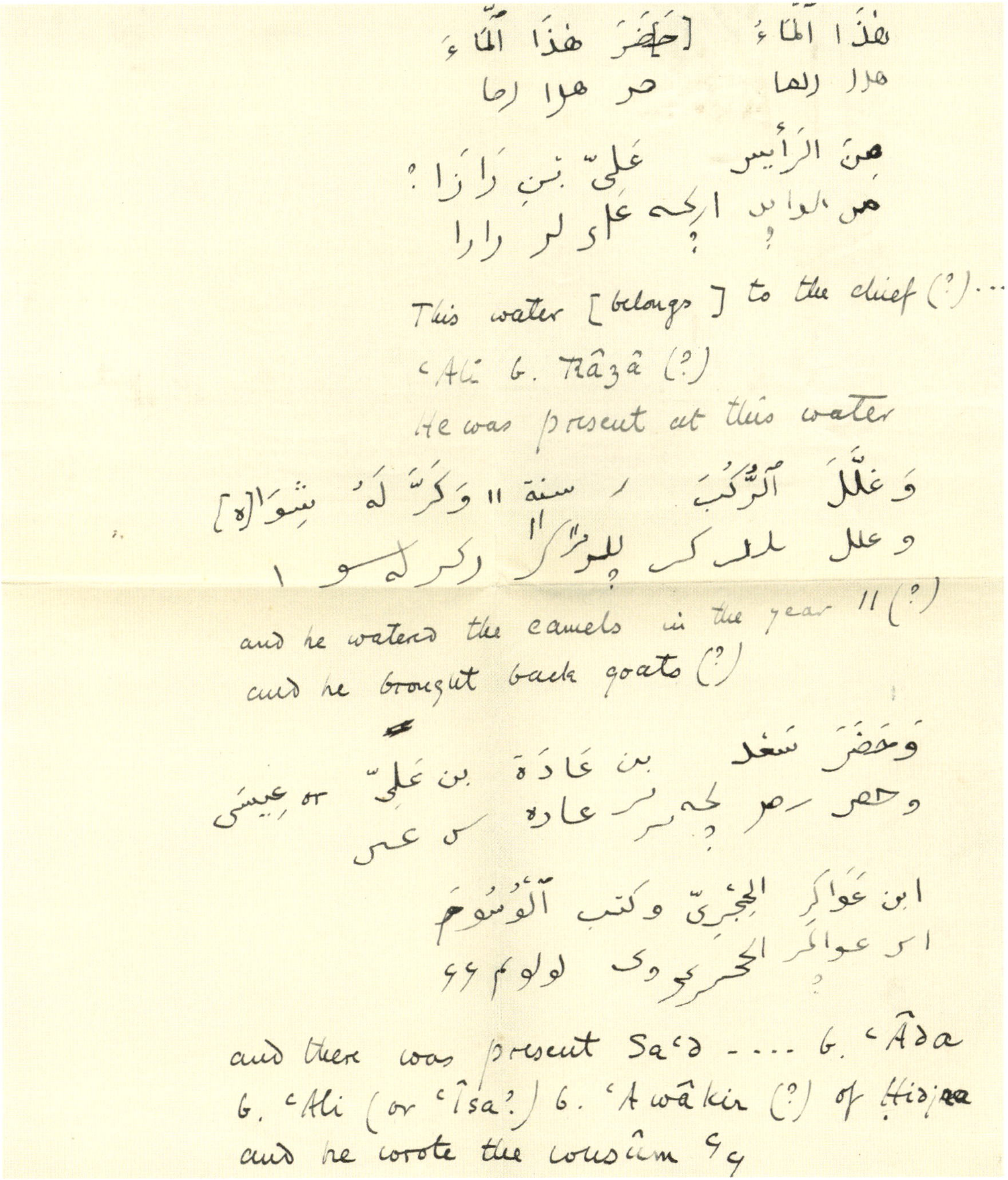

그런 순간도 있다. 동방에 막 도착해서, 세상이 한쪽 끝에서는 줄어들고 반대편 끝에서는 늘어나면서 결국엔 인생의 모든 시야가 바뀌는 것을 의식하게 되는 순간.

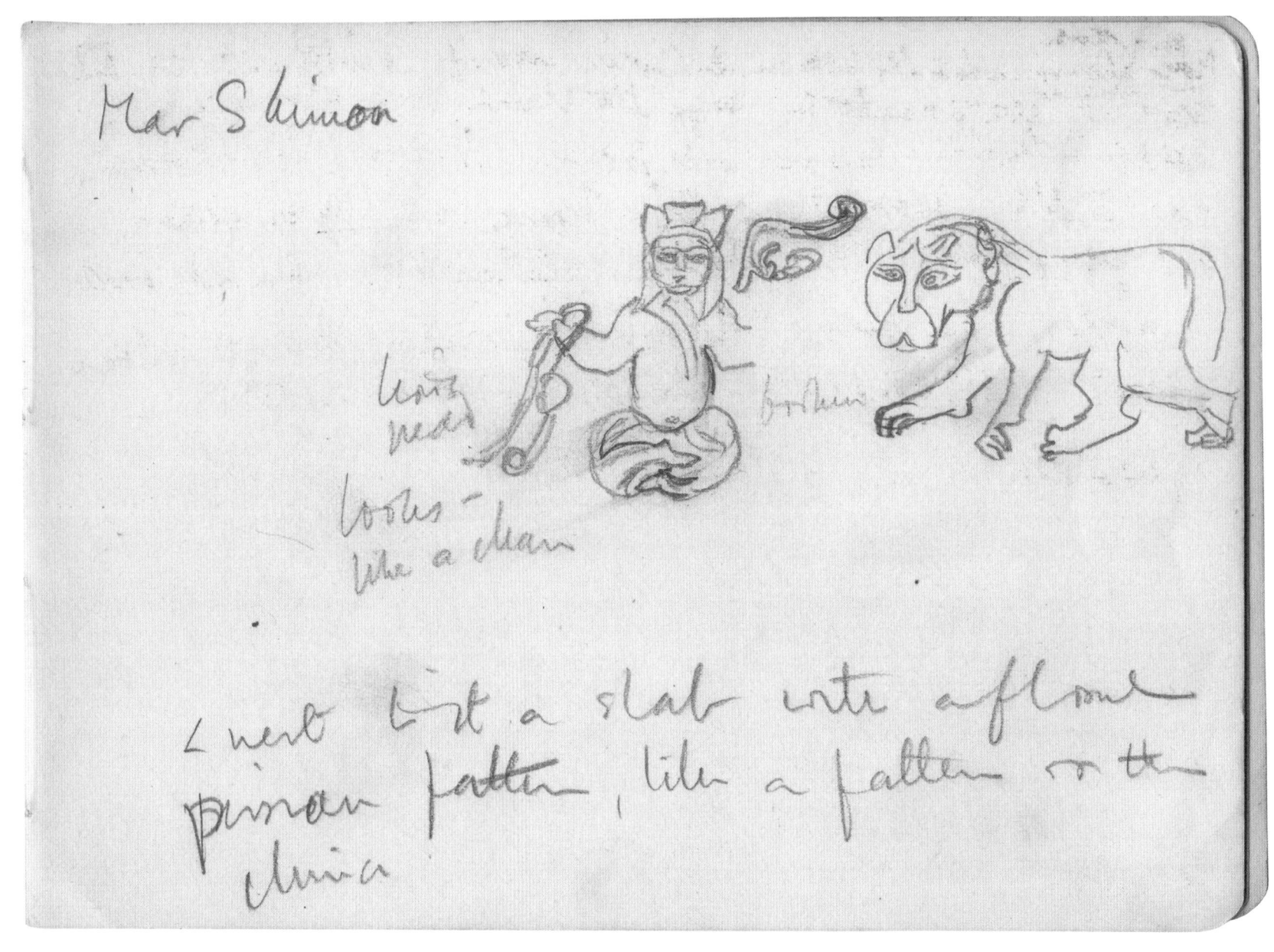

시리아에서 이라크까지 여행하는 동안 벨의 노트. 그중 이라크 사마라에서 출토된 도기들과 장식 세부 스케치.

프란츠 보아스

Franz Boas, 1858-1942

오늘 나는 딱 에스키모처럼 작살과 온갖 부대용품을 챙겨 나가
그들처럼 참을성 있게 물가에 앉아 있었어. 보다시피 나는 이제 정말로 에스키모 같아.

스물다섯 살의 독일 지리학자 프란츠 보아스가 자신의 경력뿐 아니라 궁극적으로는 한 학문 분야 전체에 영향을 미칠 현시顯示를 경험하게 된 것은 배핀만의 컴벌랜드 협만에 살고 있는 이누이트들 틈에서였다.

보아스는 1883년 8월 후반 케커턴섬에 있는 스코틀랜드 고래잡이 기지에 자리를 잡았다. 그는 그곳을 근거지 삼아 이누이트와 함께 개썰매와 보트를 타고 광범위하게 이동하면서 해안선을 그리고 토착 지명을 기록했다. 보아스는 1년 동안 이누이트 문화에 푹 빠져 있었다. 그들의 옷을 입고 그들의 음식을 먹으며 이글루에서 살았다. 이누이트의 언어와 생활 방식을 배웠고 그들의 민담과 전설, 무속신앙에 귀를 기울였다.

보아스는 컴벌랜드 협만을 떠날 때가 오자 인류학에 완전히 새로운 접근법이 필요하다는 결론을 내렸다. 훗날 그는 '4학제 접근법four field approach'(고고학, 언어학, 형질인류학, 문화인류학을 결합한 연구 방법론)을 개척하면서 크나큰 영향력을 발휘한 쟁쟁한 학자가 되었으며, 철저한 연구와 답사, 민속학 연구의 가치를 주창했다.

인종주의와 파시즘에 열렬히 맞선 보아스는 미국으로 이주하여 컬럼비아 대학의 인류학 교수가 되었다. 나중에 태평양 연안 북서부의 콰키우틀족 원주민들과 인상적인 현장 연구를 수행했지만 두 번 다시 어느 문화에도 집중적으로 몰입하지 않았다. 그럼에도 인간 행동 연구에 대한 전체론적 접근법으로 '현대 인류학의 아버지'로 알려지게 되었다.

↗ 보아스는 이누이트와 함께 보트와 개썰매로 대략 4,000km를 이동하며 토착 지명과 원주민의 생활을 기록하고 해안선의 지도를 그렸다.

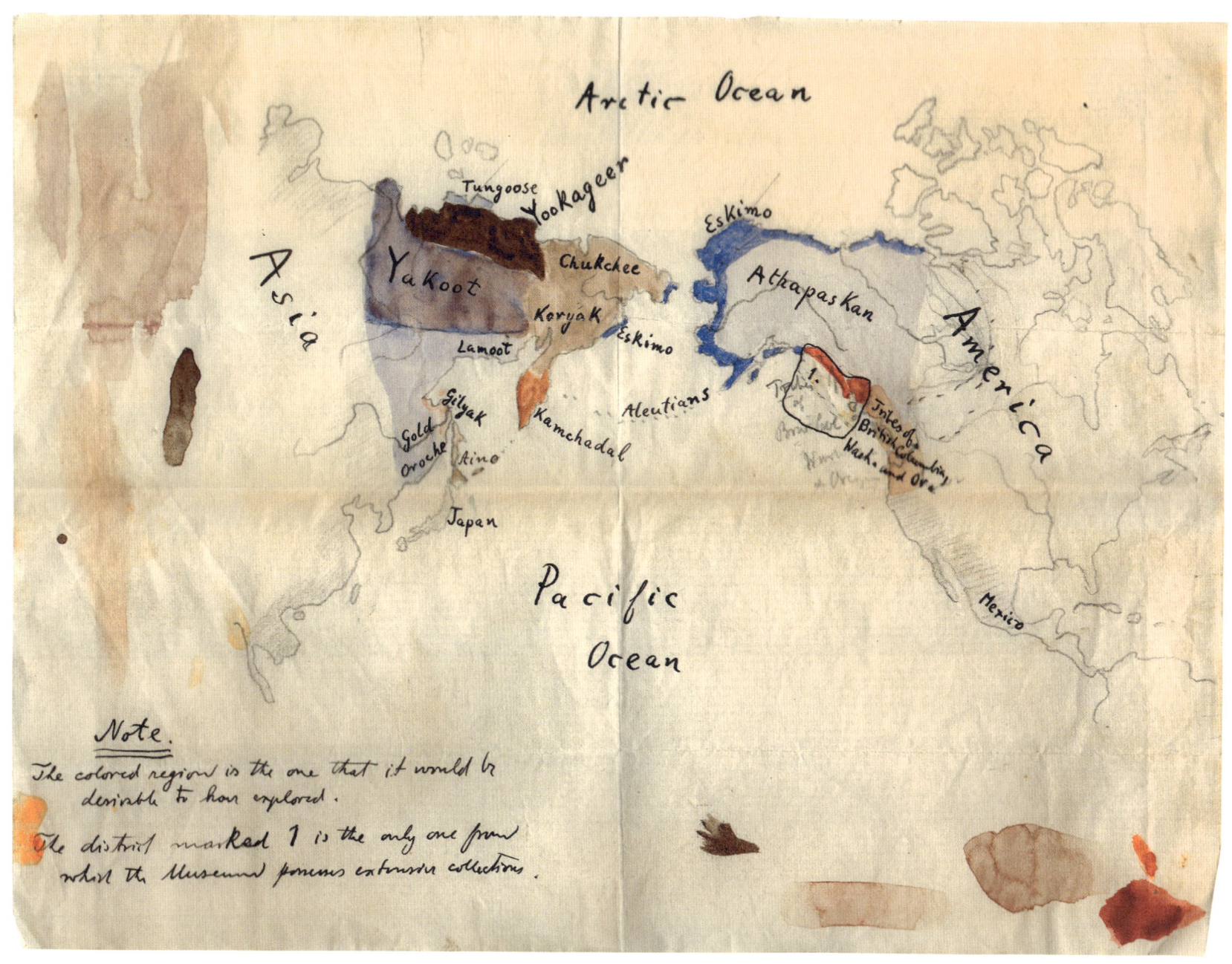

↗ 이 지도는 북극해를 가로질러 원주민 부족들의 분포 양상을 보여준다.

↗ 컴벌랜드 협만으로 가는 도중 유빙 사이에 4주 동안 갇혀 있을 때 보아스는 빙산 드로잉들을 포함해 그림을 그리며 시간을 보냈고, 이 낯선 신세계에 차츰 동화되었다.

크리스 보닝턴

Chris Bonington, 1934-

> 내게 등반이란 정상에 서는 것이라기보다는 산의 저쪽을 보는 일이다.
> 우리 앞에는 언제나 다른 지평선이 있다.

수년간 영국 등반계를 대표해온 크리스 보닝턴 경의 첫 등반 경험은 열여섯 살 때 징을 박은 부츠와 낡은 교복 외투로 무장하고 스노든산에 도전했을 때였다. 런던의 집에서 스노도니아까지 히치하이킹으로 이동한 소년은 폭설로 산에서 쓸려 내려왔지만, 이때 모험을 향한 갈망이 싹텄다.

초창기에 보닝턴은 몇 가지 인상적인 알프스 등정 루트로 명성을 쌓았다. 여기에는 1958년 돈 윌런스와 이언 클러프, 폴란드 등반가 얀 드우고시와 함께 오른 에귀유드드뤼산 남서봉 등정과 1961년 몽블랑산 프레네 중앙봉에 최초로 오른 유명한 등정을 빼놓을 수 없다. 그해 후반에 그는 오랫동안 고대해온 아이거산 북벽 등반에도 영국인 최초로 성공했다. 칠레 파이네산맥의 까다로운 화강암 첨봉 토레스 센트랄을 등반하여 파타고니아 원정을 성공적으로 마무리한 뒤, '모험 포토저널리스트'로서 경력을 발전시켰다. 그는 등반할 때 언제나 작은 노트를 지니고 다녔지만 점차 카메라가 그의 위업을 담는 중요한 도구가 되었다. 그가 책을 쓰고 무수한 강연을 할 때 사진은 없어서는 안 될 시각적인 속기록이었다. 그에게 저술과 강연 활동은 '새로운 자유를 위한 토대', 즉 다음 등반을 위해 충분한 돈을 버는 일이었다.

군대에서 장교로 제대한 뒤 보닝턴은 히말라야 등반팀에 합류했고, 남아메리카로 가기 위해 거대한 다국적기업 유니레버의 일자리를 거절했다. '나는 마가린을 파는 일과 모험 사이에서 모험을 선택했다.' 1970년에는 안나푸르나 남벽 등정을 주도하여 히말라야 대산계大山系 등반의 신기원을 열었는데, 그렇게 높은 고도에서 그렇게 어려운 등정 루트가 시도된 적이 없었다. 1972년과 1975년에 보닝턴은 세간의 이목을 끌며 에베레스트 남서벽 등반에 도전했다. 1972년에는 실패했지만 1975년 에베레스트 원정은 쾌거였다. 비록 카리스마 넘치는 산악 촬영가 믹 버크의 죽음으로 얼룩지긴 했지만 말이다.

1975년 등반을 기점으로 대규모 산악 원정은 빠르게 사라졌고, 당대 대부분의 엘리트 산악인들과 마찬가지로 보닝턴도 '알파인 스타일(등반대가 식량과 장비, 침낭을 모두 짊어지고 지원조의 도움 없이 빠르게 등반하는 방식)'을 추구하게 되었다. 1977년의 등반 가운데 하이라이트는 더그 스콧과 함께 중앙아시아 카라코룸 산맥의 무시무시한 오게르산을 최초로 등정한 것으로, 하산길에 스콧은 두 다리가 모두 부러지고 보닝턴은 갈비뼈가 여러 개 부러져 그야말로 악몽이나 다름없었다. 1985년 봄, 쉰 살의 보닝턴은 마침내 에베레스트산 정상에 올랐다. "비록 산소통을 쓰고 전형적인 루트를 따르긴 했지만, 정상에 서서 발밑 아래 끝없이 펼쳐진 산맥들의 전경을 감상할 때의 성취감 때문에도 그건 여전히 내 인생 최고의 순간 가운데 하나입니다. 더 바랄 게 없는 날이었죠."

원정은 계속 이어졌다. 그린란드, 남극, 카프카스, 히말라야 원정과 더불어 다수의 책도 펴냈다. 2014년, 여든 살 생일을 맞아 그는 영국 오크니 제도로 돌아와 '올드맨 오브 호이'에 올랐다. 그는 이 해변 기암을 1966년에 처음 등정했었다. "하지만 이제 내게 이상적인 등반이란 히말라야의 외딴 골짜기를 찾아, 아직 이름이 붙여지지 않은 5,000m짜리 봉우리를 오르는 것"이라고 보닝턴은 속내를 밝힌다. "몇 주간 탐험을 하고, 등정된 적 없는 암벽을 친구들과 함께 새로운 루트로 오른 다음 캠프로 돌아와 브리지 게임을 한 판 하면 더 바랄 게 없지 않겠어요?"

수많은 원정이 기록된 인상적인 수첩더미와 1955년 잉글랜드에서 등반을 시작한 지 얼마 안 된 보닝턴의 모습을 담은 사진이 증언하다시피 산은 보닝턴에게 평생 열정의 대상이었다.

얀 브란더스

Jan Brandes, 1743-1808

> 총독 각하의 은혜를 입어 자유롭게 돌아다닐 수 있었기에
> 나는 그 게임을 처음부터 끝까지 지켜봤다. … 그리고 간단한 스케치를 몇 장 그렸다.

네덜란드 학자이자 목사인 얀 브란더스와 임신 중인 그의 아내 안나는 1778년 인도네시아 자바섬 해변에 최초로 발을 디뎠다. 네덜란드 동인도 회사VOC에 고용되어 아시아 무역의 심장부인 바타비아(오늘날 자카르타)에 새로운 루터파 교구 목회자가 된 브란더스에게는 흥미진진한 기회였다. 자바섬에 도착한 지 얼마 안 돼 아들이 태어났지만 안나는 일 년 뒤에 죽었다. 브란더스는 하인들의 도움을 받아 홀로 아이를 키웠고, 소묘와 회화로 커다란 스케치북을 채우며 아내를 잃은 슬픔을 예술에 묻었다. VOC의 행정 중심지로 계획된 바타비아는 다문화 사회였지만 사회적 단절과 변화가 진행 중이었고, 브란더스는 그곳이 편치 않았다. 그는 바타비아에 6년간 머문 뒤 사임하고 아들과 함께 실론(오늘날 스리랑카)을 거쳐 남아프리카로 갔고, 결국에는 스웨덴에 정착했다.

바타비아와 대조적으로 실론과 남아프리카에는 네덜란드인 지역사회가 번화했고 브란더스는 환대받았다. 그는 실론의 총독 빌럼 야코프 더 흐라프를 만나, 그가 캔디 국왕이 보낸 사절단을 접견하는 광경을 목격했다. 그리고 수도 콜롬보 주변 정글 탐험에 참가해서 코끼리 스물다섯 마리를 생포하고 길들이는 과정을 담은, 희귀한 드로잉 연작을 남겼다.

브란더스는 여러 언어를 무리 없이 구사하고, 과학과 종교에 열정적이며 디테일을 놓치지 않는 눈썰미를 지녔다. 또한 관심사가 폭넓은 아마추어 예술가로서 왕성한 작품 활동을 했다. 조류학, 곤충학, 식물학, 초상화, 정물화, 지형학, 성서화, 건축, 심지어 우주도 그의 관심사였다. 다큐멘터리 스타일 드로잉과 수채화 등, 두 세기 넘도록 개인 아카이브에 감춰져 있던 그의 비상한 컬렉션은 18세기 식민지 생활에 대한 풍성한 정보 덕분에 이제야 비로소 그 진가를 인정받고 있다.

↘ 브란더스의 드로잉은 독특한 다큐멘터리 스타일로 자바섬의 다문화 사회를 포착했다. 바타비아 집에서의 가정생활을 묘사한 그림 속에서 그의 아들 얀티어는 현지 노예 소녀 비트야 곁에서 놀이에 빠져 있거나 공부하는 모습으로 등장한다.

브란더스는 꽃부터 잉꼬, 해양 생물, 사원과 초상화에 이르기까지 관심이 가는 것은 뭐든 직접 관찰했고, 아름다운 드로잉으로 스케치북을 가득 채웠다.
세월의 흐름에도 불구하고 그의 스케치들은 선명한 색감을 고스란히 간직하고 있다.

Balaena mysticetus

Deeze NoordCapper gezien even als wy de tropicus Capricorni gepasseerd waaren, na gissing over 40 voet lang, hy sloeg met zyn Vin op het Waater in het Wenden, en kwam alle 100 tellens booven en spoog Waater uit, Zyn Staart lag vlak, en niet als de meeste visschen opstaande.

schelp : snacka

Nog een naast het schip kost aan myn galdery venster gezien den 17 November aan de andere zyde van de kaap en heede zig geheel op de kant op de rug om, den 25 Nov: zien er 2 groote staken de Staart in de hoogte den 26 zag ik er een op syn 200 schreden met de kop regt op uyt het water den 2 December zag ik er wel 5 of 6 waar van een witte kroon op de neus had speelende met elkander waarschynlyk schelver

브란더스는 실론 총독의 친구로서 진기한 행사를 구경하고 흥미진진한 소풍에 동행하는 특권을 누렸다. 그는 정글에서 야생 코끼리를 사냥하는 극적인 광경과 콜롬보 근처 코끼리 우리에서 멍에를 씌운 코끼리를 훈련하는 장면을 포착했다.

찬란한 숲

길리언 프랜스

Ghillean Prance (1937-)

저명한 식물학자이자 생태학자이며 현대 아마존 우림의 중요 탐험가 중 한 명이다. 큐 왕립식물원 원장을 역임한 그는 1963년에 뉴욕 식물원의 젊은 연구자로서 수리남을 찾은 이래로 약 40가지 탐사에 참가했다. 아마존 공익 신탁의 이사와 자연 예술 신탁의 부회장으로서 각종 환경 문제에 지금도 활발히 관여하고 있으며 과학 감독으로서 콘월의 에덴 프로젝트를 수립하는 데 지대한 역할을 했다. 국제 코스모스 상의 첫 수상자인 프랜스는 수백 편의 논문과 무수한 책의 저자이며, 최근에 나온 『저 찬란한 숲That Glorious Forest』은 발견의 한 평생과 식물에 대한 그의 식지 않은 열정을 담고 있다.

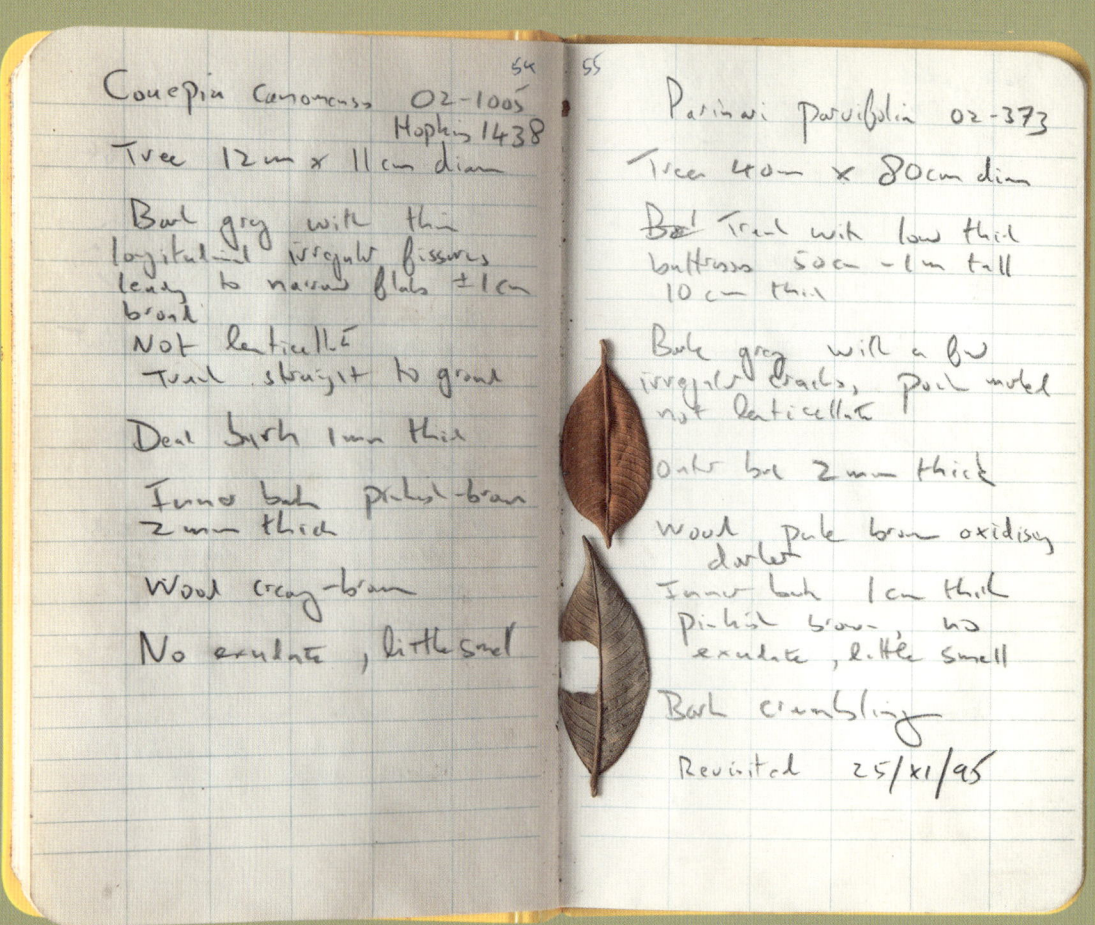

↗ 프랜스가 연구 현장에서 본 나무들을 기록한 수첩에는 나무의 키와 색깔, 껍질의 질감과 냄새의 묘사는 물론 납작하게 말린 잎사귀 표본도 담고 있다.

노트는 나의 탐험 장비에서 절대 빠트려선 안 될 품목이다.
다른 물건들도 물론 실용적인 의미에서 중요하고 … 정글에서 삶과 죽음을 가를 수도 있다.
하지만 지식에 진정한 공헌을 한다는 측면에서는 우리가 일지에 세세하게 적은 것이
우리보다 오래 살아남을 것이다.

나의 탐험 인생은 브라질너트에서 시작됐다고 할 수 있다. 브라질너트가 열리는 나무는 열대우림 숲 우듬지 위로 우뚝 솟은 나무인데, 숲에서 브라질너트 나무 한 그루를 발견하면 보통은 수백 미터를 더 가야만 또 한 그루를 발견할 수 있다. 나는 이 나무의 한살이에 관해 더 잘 이해하고 싶어서 배낭을 메고 동료들과 함께 길을 떠났다. 젊은 식물학자로서 우리는 명확한 동기를 품고 노트를 챙겨 미지의 세계로 파고들었다. 우리의 동기란 기록하고, 관찰하고, 다른 사람들을 위해 새로운 지식을 가져오는 것이었다. 걸음걸음마다 호기심이 우리를 지탱해주었다. 내 일지에는 상상할 수 있는 모든 관찰 자료가 빼곡하게 적혀 있었지만 관찰해야 할 것이 여전히 훨씬 더 많았다.

식물과 곰팡이는 오늘날 탐험계에선 최후의 거대한 미개척 분야로, 인간 활동에 밀접하면서도 우리가 거의 이해하지 못하는, 망가지기 쉬운 세계다. 우리 지구는 800만 종이 넘는 동물과 식물의 고향이며, 각각의 종은 저마다 생존을 위해 사투를 벌이고 있다. 하지만 인류가 하나의 종으로 등장한 이래로 우리는 줄곧 주변의 식물을 최선을 다해 이용하고 또 남용해왔다. 우리는 식물을 파내고, 베어내고, 훼손하고, 모멸해왔다. 지금 우리는 어느 때보다 훨씬 큰 규모로 식물을 파괴하고 있지만 우리나 다른 어느 동물도 식물이 없으면 생존할 수 없다. 우리는 초록 유산을 함부로 낭비하고 있다. 이건 미친 짓이 아닐까?

내가 이런 것을 어떻게 알게 되었을까? 나는 언제나 자연을 사랑해왔다. 자연이 내 삶의 일부가 아니었던 때가 정말로 기억나지 않는다. 내 관심사는 점차 열대 식물학으로 향했고, 옥스퍼드대학 산림학부에서 박사 과정을 밟았다. 그리하여 정글을 여행하며 살아가는 내 인생의 첫걸음은 옥스퍼드의 온실에서 종자를 재배할 때 시작되었다. 1963년에 나는 수리남 내륙의 울창한 삼림지대에 있는 빌헬미나산맥 탐험대에 참가했다. 뉴욕식물원 소속으로서 이 탐험으로 연구 활동을 시작했는데, 이 첫 여행이 내 인생을 영영 바꿔놓았다. 내가 생각할 수 있는 가장 아름다운 두 단어, '인적미답의 우림 undisturbed forest'. 마치 대성당 안으로 걸어 들어가는 기분이었다. 우뚝 솟은 나무들의 장엄한 크기와 모양, 다양성에 그야말로 압도되었다. 숲의 신참자인 내게는 하루하루가 새롭고 특별한 즐거움이었다.

당시 박사후post-doctoral 연구원이라는 이 1년짜리 업무는 뉴욕에서 25년간 이어지는 경력으로 탈바꿈했고, 그 사이에 나는 아마존 지역의 식물상을 조사하는 브라질-미국 합동 탐사 '프로젝토 플로라 아마조니카'의 운영자가 되었다. 1971년 기억에 남을 한 여행에서 우리 연구팀은 아마존 우림을 가로질러 275km를 트레킹했다. 해먹에서 잠을 청하고, 아나콘다와 맞닥뜨리고, 표본을 채집하고, 원주민 부족이 아마존의 식물을 어떻게 식량, 환각제, 화살촉에 바르는 독으로 이용하는지 연구했다. 그 현장에서만 우리는 700종의 식물과 곰팡이를 채집했는데, 이때 많은 종이 최초로 발견되었다.

수십 년이 흐른 지금까지 나는 수백 가지 신종을 발견하고 분류했다. 하지만 그보다 훨씬 보람찬 일은 아마존 삼림 분지 한복판에 자리한 도시 마나우스에서 우리가 운영하는 열대 식물학 프로그램으로 새롭게 배출되는 다음 세대 학생들을 지켜보는 것이다. 나는 아마존에 첫 대학원 과정이 설립되는 걸 도왔고, 우리가 길러낸 학자들은 이제 현장에서 저마다 탐사를 이끌며 열정과 흥분, 호기심과 현지 지식을 바탕으로 우리

가 시작했던 열대 우림 보존 작업을 추진하고 있다.

아마존 탐험에는 물론 위험과 고난이 따른다. 끈기와 더불어 퍽 고약하고 진을 빼는 작업도 마다하지 않을 의지가 있어야 한다. 게다가 현장에서 보내는 찬란한 나날이 아마존 탐험의 전부가 아니다. 연구실과 도서관에서도 오랜 시간을 보내야 한다. 사람들은 흔히 피라냐가 우글거리는 강, 독뱀, 모기떼, 나무에서 툭툭 떨어지는 전갈과 거미를 떠올리며 우림이 매우 위험한 장소라 생각하지만, 내가 가장 성가신 부상을 당했을 때는 삼바 춤을 추다가 아킬레스건이 끊어졌을 때다. 그때 브라질에 있었던 나는 단체로 생태관광을 온 부유한 여행객들을 인솔하고 있어서 평소와는 상황이 좀 달랐다. 반면 숲에 있으면 집처럼 편안하다. 지금까지 나는 열여섯의 인디오 부족들과 함께 생활했는데 애로사항은 전혀 없었다. 물론 불개미 떼에 물리면 말도 못하게 고통스럽다는 건 시인해야겠지만.

여기서 생존하기 위해서는 마음을 단단히 먹어야 하며 재간이 있어야 한다. 한번은 우리가 강이 끝나는 곳에 도달해 다른 수계로 건너갈 계획을 세우고 있었는데, 그때 내가 말라리아에 걸려 도움을 구하고자 미지의 숲을 통과해 사흘을 걸어가야 했던 적도 있다. 또한 나는 보트의 모터가 고장 났을 때 수리하는 법을 일찌감치 배워두었다. 모터보트에 시동이 걸리지 않아 폭포 꼭대기를 카누로 건너야 하는 상황과 맞닥뜨리고 싶지는 않으니까 말이다. 하지만 여기서도 더없는 즐거움을 얻을 수 있다. 어쩌면 동물의 새로운 습성을 관찰하게 된다든가, 지금까지 학계에 소개되지 않는 식물종을 발견하게 될지도 모를 일이다. 최근 가장 소중한 경험 가운데 하나는 어린 손자들을 우림에 데려가서 함께 재규어를 구경하는 중에 아이들의 눈에 경탄의 빛이 서리는 것을 목격한 일이다.

우리가 이 행성을 미래 세대에게 좋은 상태로 물려주고 싶다면 우리는 신속하고 조심스럽게 행동해야 한다. 인간의 활동 탓에 많은 생물이 멸종하고 있지만 경각심은 여전히 미미하다. 근래의 한 연구는 육지 동식물의 86%와 해양생물의 무려 91%가 여전히 학계에 보고되지 않았다는 놀라운 주장을 내놓았다. 아마존 유역을 탐사하면서 보낸 첫 10년 동안 곳곳을 여행하면서, 나는 환경 문제에 구애받지 않은 채 조사할 수 있는 기회를 누렸다. 하지만 박쥐와 딱정벌레, 새와 나비의 복잡한 수분 작용 원리, 그리고 식물이 잎사귀를 먹는 포식자 무리에 맞서 스스로를 방어하는 방법들에 관해 깊이 알아갈수록 이곳의 생물망이 얼마나 쉽게 끊어질 수 있는지 의식할 수 있다. 1970년대에 이르러 아마존의 상황은 급변했고, 엄청난 삼림 파괴를 동반한 대규모 개발이 시작되었다. 아마존을 횡단하는 고속도로가 한창 만들어지는 때였다.

오늘날 우림은, 우리가 모는 자동차의 타이어와 즐겨 먹는 초콜릿부터 매일 마시는 커피와 의약품에 이르기까지 모든 것과 맞닿아 있다. 그러므로 이 생태계의 미묘한 균형을 더 잘 이해하는 일이 무엇보다 중요하다. 거의 어디서나 복잡한 연관성을 발견할 수 있다. 풍뎅이가 빅토리아수련의 수분에 어떤 역할을 하는지, 아니면 브라질너트 나무가 어떤 방식으로 번식하는지 살펴보면서 말이다. 난초 한 송이, 벌 한 마리, 아구티(중남미 등지에 서식하는 설치류의 일종) 한 마리, 너트를 채집하는 원주민들 모두가 상호의존성의 사슬로 연결되어 있다. 사슬 하나를 끊어버리면 시스템은 무너지고 만다. 우리는 지구와 더 이상 정신적으로 교감하지 않으며, 숲을 그 자체로 소중히 여기는 마음도 잃어버렸다. 보존은 환경 문제일 뿐 아니라 정의와 공정의 쟁점이기도 하다.

왜 일생을 식물 연구에 바쳤는지 그 이유를 이보다 더 잘 설명할 수 있을지 정말 모르겠다. 우리는 아마존, 그리고 아마존 숲에 미래를 의지하는 그 경이로운 사람들을 보호하기 위해 힘써야 한다. 그러한 노력은 노트에 작은 표시를 하는 것처럼 단순해 보이는 일에서 비롯될 수도 있다. 사소한 현장 관찰에서 중대한 발견들이 이루어지듯이 말이다. 탐험을 나갈 때마다 나는 시간을 들여 관찰 내용들로 일지를 채웠다. 색깔, 맥락, 우연히 접한 것, 풍경과 소리, 데이터의 목록이 꼬리에 꼬리를 물고 이어졌다. 집으로 돌아와 컬렉션 작업을 하거나 논문과 책을 집필할 때 그 노트들이 없다면 나는 꼼짝 못할 것이다. 새로운 발견은 더 큰 이해와 깨달음을 동반한다. 탐험할 것들이 우리 바로 가까이에 너무도 많다. 우리는 달을 넘어서 화성을 바라보고 있지만, 우리와 이 아름다운 행성 지구를 공유하는 동식물과 곰팡이 종을 낱낱이 분류하려면 아직도 멀었다.

↘ 노트, 사진, 장비, 건조 식물 표본, 수공품. 연구로 점철된 일생을 대변하는 프랜스의 초창기 탐험 컬렉션

아델라 브레턴
Adela Breton, 1849-1923

영국 문명이라는 도금鍍金 새장 안에서 나는 아메리카의 야생을 간절히 그린다.
내게 그곳의 야생을 상기시키는 것은 무엇이든 기쁨이다.

'사람들은 브레턴 양을 두고, 살면서 조금이라도 관습에서 벗어난 것을 보면 경기를 일으키는, 연약하고 여린 사람으로 넘겨짚어버릴 수도 있다'라고 1902년 미국 고고학자 앨프리드 토저는 썼다. '하지만 장담컨대 그녀의 진짜 모습은 외양과는 완전히 딴판이다.'

빅토리아 시대 영국 숙녀이자 미술가, 자칭 용감한 고고학자이자 인류학자인 아델라 브레턴의 본격적인 경력은 50세가 되어서야 비로소 시작되었다. 미혼이며 부유하고, 돌봐야 할 가까운 가족이 없던 브레턴은 멕시코 유카탄반도 정글의 울창한 수풀에 감춰진 치첸이트사 Chichén Itzá 유적과 피라미드에 눈길을 돌렸다. 토저와 처음 만났을 때 브레턴은 스케치북을 한시도 손에서 떼지 않은 채 고대의 상형문자와 조각들을 베껴 그리며 이미 중앙아메리카에서 열 번의 겨울을 보낸 베테랑이었다.

스스로는 얼마나 대담하다고 생각하든지 간에, 정글 탐험의 고생을 기꺼이 감수하려는 유능한 건축 모사화가는 아주 드물었다. 브레턴은 그 임무를 감당하고도 남는 사람이었다. 길도 안 깔린 지역을 믿음직한 멕시코 하인과 함께 말을 타고 이동하면서 몇 주, 이따금은 몇 달을 오지의 마야 유적지에서 야영을 하며 보냈다. 그녀는 치첸이트사와 여타 중요한 유적지에서 발견된 벽화들이 부식되거나 희미해지기 전에 그 색채의 미묘한 음영을 살려가며 기록으로 남기는 데 삶의 마지막 23년을 바쳤다.

브레턴은 안성맞춤인 시기에 현장에 도착했다. 마야 유적들은 이제야 막 발견되고 있었을 뿐더러 아직 세월의 풍화에 완전히 노출되기 전이었다. 아주 오래된 유적들이 점차 허물어지고 있었지만 색깔은 여전히 선명하게 남아 감상할 수 있었다. 브레턴만의 특별한 재능은 세심한 정확성으로 색조와 세부사항 하나하나를 포착하는 것이었다. 오늘날 그녀의 모사화는 컬러 사진이 발명되기 오래전에 이미 '사라진' 문명들 가운데 다시는 되살릴 수 없는 요소를 담은 유일한 기록이다.

브레턴은 '저 고대 [유카테크족] 화가들이 대단한 점은 색조에 대한 이해가 뛰어나다는 사실이다'라고 썼다. '그 때문에 모사화에서 그 색조를 제대로 담아내기가 무척 어렵다. 색조 하나하나가 주변의 색조와 완벽한 조화를 이루어야 한다. 음악에서 화음이 조화를 이루듯 말이다.' 따라서 그녀는 무엇보다도 이 색조들을 재현하는 데 애를 썼다.

자기 생각을 거침없이 표명하고 독립적이었던 그녀가 언제나 함께하기 편한 사람은 아니었을지 모르지만 작품은 높이 평가받았다. 시간이 지나면서 멕시코는 잉글랜드보다 더 고향처럼 느껴졌고, 여행 때마다 툭하면 앓긴 했어도 발길은 거듭거듭 그곳으로 이끌렸다.

브레턴은 오스트레일리아와 일본, 피지를 비롯해 계속해서 곳곳을 여행했지만 마음은 언제나 치첸이트사에 가 있었다. 인생 만년에 캐나다 뉴브런즈윅에서 잠시 머물렀던 그녀는 이렇게 썼다. '이곳의 아침은 꼭 티에라칼리엔테(멕시코 산악 지대) 같아서 나는 종종 한숨을 내쉬며 치첸을, 베라크루스 북부 숲 사이로 난 너른 초록 길들을 … 마치 여기저기 떨어진 하늘 조각처럼 팔락거리는 커다란 푸른 나비들을 떠올린다. 그래, 나도 아르카디아(고대 그리스 신화의 목가적인 낙원)에 간 적이 있다네.'

↗ 멕시코 욱스말에 있는 마법사의 집을 그린 수채화

↗ 오악사카에 있는 미틀라 유적을 그린 수채화. 그녀는 유적의 규모를 가늠할 수 있도록 스케치에 동행들을 그려 넣고는 했다.

↗ 베라크루스, 탄토유카에서 출토된 조각상 상 세 점과 치첸이트사의 A 신전 안쪽 출입구에서 바라본 문설주의 여러 모습들이다. 브레턴의 가죽 장정 스케치북은 풍경화와 건축학적 세부 묘사로 가득하다. 이제는 많은 유적과 유물이 퇴색되거나 소실되면서 고대 유적을 기록한 그녀의 정확한 드로잉과 투시도는 더없이 귀중한 기록이 되었다.

윌리엄 버첼
William Burchell, 1781-1863

여행은… 오로지
지식을 얻기 위해서 떠나는 것이다.

윌리엄 버첼에게 진정한 행복이란 홀로 떠나는 여행에서, 하마 스테이크가 불에서 지글지글 익어가는 동안 풀밭에 엎드려 일기장에 아프리카 하늘을 그리는 것이다. 지금은 거의 잊혔지만, 버첼은 식물학에 대단히 박식했다. 그는 독립적인 자연학자이자 선구적인 생태학자였으며, 실력 있는 측량사이자 작가, 화가, 아마추어 음악가, 언어학자, 민족지학자, 뭐든 열심히 모으는 수집가였다. 그는 19세기 초반에 세인트헬레나섬, 남아프리카, 브라질을 탐험하며 중요한 식물 컬렉션을 구축하고 많은 신종을 묘사하여 얼마간 명성을 얻었다. 집안이 부유해서 런던에 묘목장을 소유하고 있었으므로, 그가 식물 채집 사업에 이끌리게 된 것도 놀랄 일은 아니다.

런던에서 태어난 버첼은 원래 무역업을 하다가 세인트헬레나섬에서 교사가 되었는데, 그때 동방에서 귀환하는 배들이 실어온 외래 식물을 재배해보게 되었다. 1807년에는 그의 약혼자도 합류했지만 섬에 도착한 그녀는 변심했음을 고백했다. 자신을 섬으로 데려온 배의 선장과 결혼하기로 했다는 것이다. 버첼은 뜻밖의 실연에도 흔들리지 않았다. 그 대신 탐험이 열정의 대상이 되었고 그는 1863년에 죽을 때까지 독신으로 살았다.

1810년 그는 자신의 컬렉션을 챙겨 케이프타운으로 떠나 주변 내륙을 탐험하기 시작했고, 케이프주를 관통하여 멀리 카루고원까지 갔다. 1815년에 이르러서는 새로운 식물을 연구·수집하고, 발견한 것들을 충실하게 그림으로 남기며 이동한 거리가 7,250km에 달했다고 한다. 이 여행은 그가 특별히 주문 제작한 채집용 짐마차 안에서 비교적 안락하게 이루어졌다. 이동 주택과 연구실, 도서관, 아트 스튜디오가 합쳐진 이 특수한 짐마차는 짐짝과 비축 물자, 브랜디 술통, 화구, 라이플총과 탄약, 육분의(천체의 고도를 측정해 현재 위치를 구하는 데 쓰는 기기)와 망원경, 각종 지도, 교역 물품, 쉰 권의 자연사 서적으로 가득했다. 여행중에 수집한 귀중한 컬렉션을 싣기 위해 별도의 우마차를 한 대 구한 것도 당연한 처사였다. 그는 6만 점이 넘는 표본을 챙겨 잉글랜드로 귀환했는데, 다수가 신종이었다. 종자와 알뿌리, 가죽과 뼈, 얼룩말과 흰코뿔소처럼 진기한 수집품이 많았다. 그의 무수한 스케치와 회화, 글도 그만큼 중요할 것이다.

버첼은 잉글랜드에서 남아프리카 여행기를 두 권으로 펴냈고 1825년에 브라질로 떠났다. 처음에는 리우데자네이루 근처에서 채집을 하며 지내다가 배를 타고 상파울루로 내려가 우기에 내륙 정글 탐험대를 이끌었다. 그는 발걸음을 옮기는 곳마다 채집을 하고 스케치를 하며 브라질 중서부 포르투나시오날로 계속 향했고, 토칸칭스강과 아마존강을 타고 내려가 1829년에 마침내 벨렝 해안에 도착했다. 남아메리카 여행은 초대형 여정이었고, 이는 그가 집으로 가져온 풍성한 컬렉션에 잘 드러나 있다. 1만 6,000점이 넘는 곤충 표본과 새 362종의 박제 표본 817점, 그리고 무수한 식물 표본을 가져왔다. 이 무렵 그의 런던 식물 표본실은 대략 14만 점을 소장했다고 전해진다.

후일 버첼은 옥스퍼드 대학에서 명예 박사학위를 수여받지만 여러 차례 장기 여행으로 개인 재산이 바닥났다. 그로서는 퍽 화가 날 일이지만, 대영박물관 수장고에 보관된 그의 표본들이 돌이킬 수 없게 손상되고 말았다. 그의 남아프리카 여행은 그곳 정착민들에게 자극제가 되어 희망봉까지 남아프리카 종단 여행에 나서도록 고무한 반면, 버첼은 브라질 여행기를 결코 펴내지 않았다. 갈수록 세상에 환멸을 느끼고 은둔자가 된 그는 홀로 칩거하며 컬렉션을 정리하고 분류하는 데 힘썼다. 결국 그는 작업을 완수하지 못한 채 정원 헛간에서 목을 매 삶을 마감했다.

↗ 악기를 연주하고 있는 부시맨(아프리카 남부의 수렵 종족) 수채화. 버첼은 고라Goráh라는 이 악기를 현악기와 관악기가 합쳐진 형태로 묘사한다. 출간된 여행기에서 그는 악기 연주를 요청받은 늙은 연주자가 어떻게 연주했는지를 설명한다. 연주자가 쭈그리고 앉아 무릎에 팔꿈치를 괴고 한 손가락을 귀에 꽂은 다음 연주를 시작하자 버첼은 스케치하기 바쁜 와중에 음악에도 귀를 기울여 나중에 곡조를 기억하여 정확하게 음표로 옮기려고 애썼다.

↗ 1810년 12월 26일 케이프타운과 테이블만, 타이거버그의 전망. 전경에는 버첼이 뜨거운 열기를 막기 위해 우산을 펴놓고 그늘 아래서 작업 중이다. 그는 그날 기온이 102°F(39°C)였다고 기록했다.
(아래) 1825년 버첼은 영국 외교 사절단의 일원으로 브라질로 가서 여러 해를 지내며 방대한 동식물 표본을 채집하고 그림을 그렸다. 이 그림은 상파울루주 해안 도시 산투스의 전경이다.

↗ 버첼은 남아프리카를 널리 여행하면서 강박적으로 수집하고 기록했다. 위의 그림은 코끼리 떼를 뒤쫓는 광경이다.

↗↗ 거북이와 코뿔소를 각각 측정 수치와 함께 묘사한 그림이다. 학명이 리노케로스 시무스 Rhinoceros simus인 흰코뿔소는 때로 '버첼 코뿔소'라고 불리며, 1812년에 코뿔소와 별개의 종으로 분류되었다.

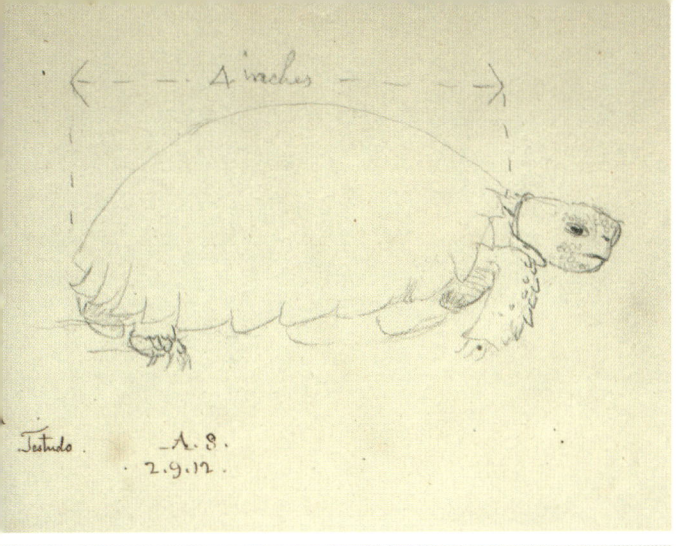
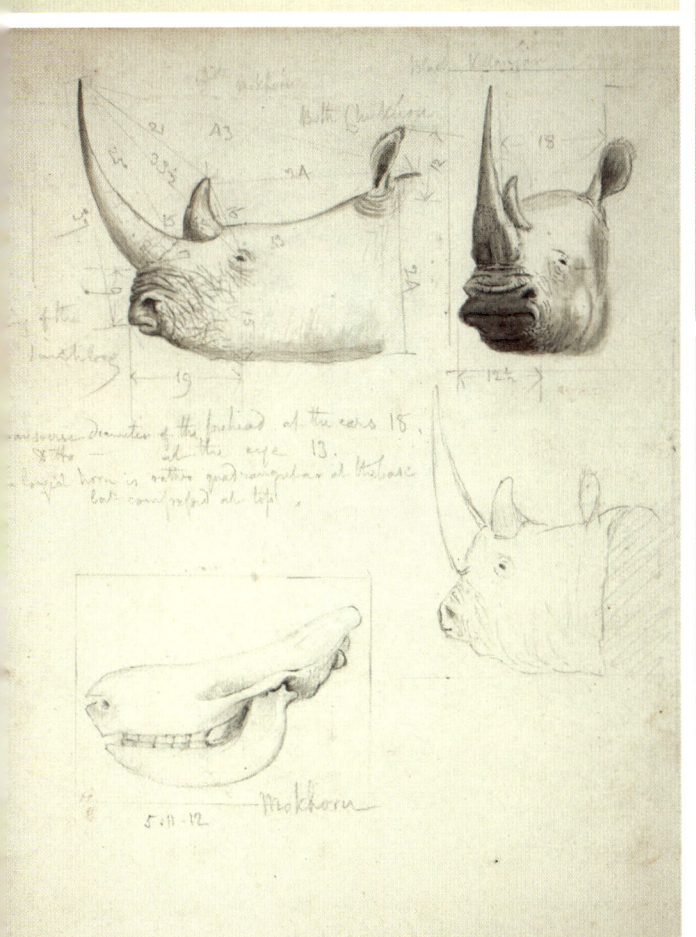

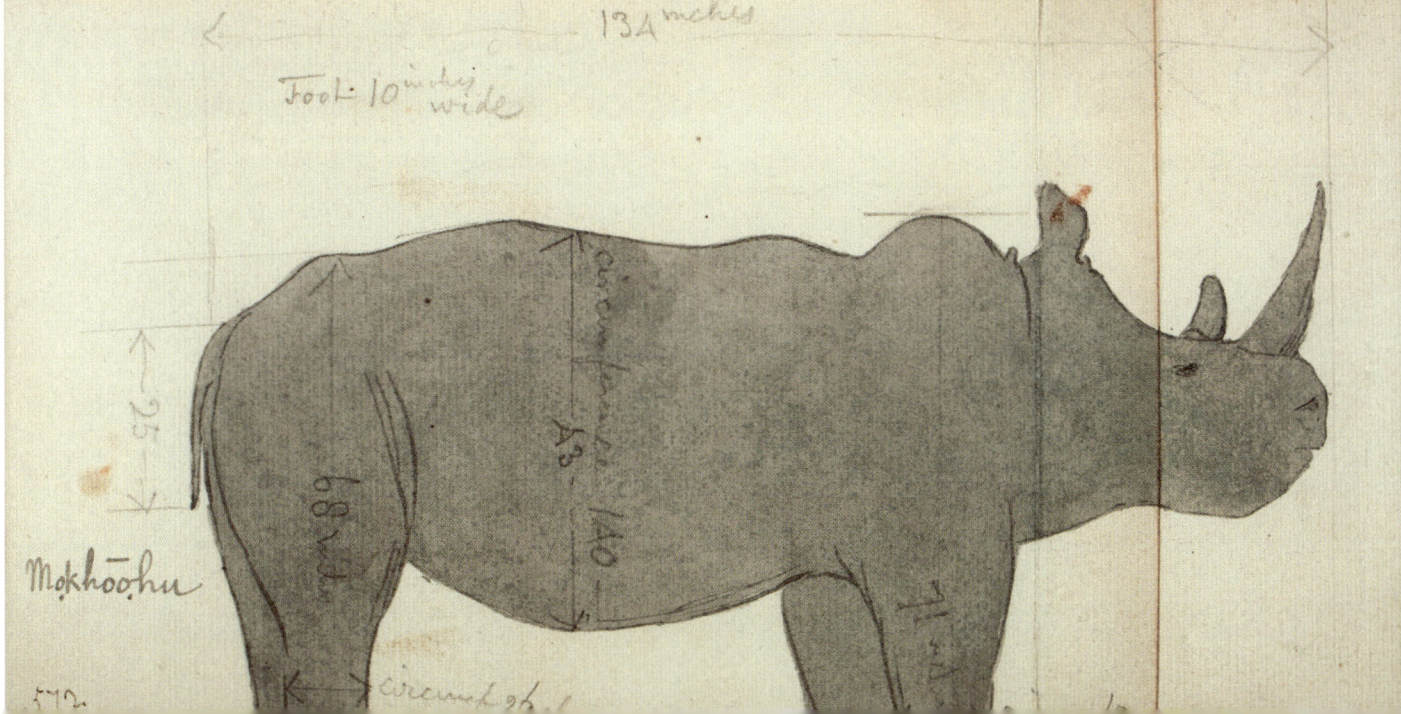

마른 아카시아 나무가 활활 타며 뿜어내는 불길 덕분에 일기를 쓰고 오늘의 기록을 정리할 수 있었다. 우린 석쇠나 접시를 가져오지 않았으므로, 약 2피트 길이의 양 갈래 나뭇가지가 그 둘을 대신했다. 이 나무막대기 '포크'에 우리의 하마 고기를 꽂았다. 식당의 … 호사는 가장 단출하게 꾸며졌다. 경사진 풀밭과 나무막대기 포크, 작은 주머니칼이 궁전 안에 있는 온갖 값비싼 가구를 대신했다.

하지만 내겐 짐마차가 멈춰 서는 곳이 모두 집이었다. 저곳은 나의 휴식 공간, 이곳은 나의 거처 … 짐마차 내부를 그린 내 그림을 들여다볼 때마다 오만 가지 기분 좋은 추억이 떠오른다. 순식간에 나는 아프리카의 풍광 속으로 되돌아갔다. … 지난날의 위험을 반추하는 일에는 즐거움과 만족감이 있다.

↖ 버첼의 수채화 '내 아프리카 짐마차 내부'. 언제나 세부묘사에 신경 쓰는 그는 스케치하는 데만 나흘이 걸렸고, 완성하기까지 총 120일 정도가 걸렸다고 적었다. 그는 1820년 2월 12일에 거북이와 코끼리 상아, 하마 어금니를 그리기 시작했고 이틀 뒤에는 나사 압착기, 메모장, 플루트와 고둥 껍데기 묘사에 착수했다. 수소 두 마리가 끄는 채집용 짐마차는 집이자 이동식 실험실이었고, 버첼은 그 안에서 이동하며 글을 읽고 쓰고, 스케치하고, 측정하고, 해부할 수 있었다.

↗ 다양한 주제를 아우르는 버첼의 현장 스케치는 식물학, 동물학, 민족지학을 비롯해 그의 폭넓은 관심사를 반영한다. 그는 야영의 여러 장면(모닥불 옆에 앉아 있는 자신을 그린 왼쪽 아래 스케치를 비롯해)과 탐험 당시 길을 안내하고 도와준 원주민 부족들을 포착했다.

하워드 카터

Howard Carter, 1874-1939

발견의 희열, 조마조마한 흥분, 호기심에서 사람을 거의 압도하는 충동, 봉인을 깨고 상자 뚜껑을 여는 순간, 내가 역사에 한 페이지를 덧붙이기 직전이라는 생각. 탐사자에게 더 없는 환희.

1922년 11월 4일, 영국 고고학자 하워드 카터는 현장 일지를 펼쳐들고 다섯 단어를 썼다. '무덤으로 가는 첫 계단 발견.' 그는 현대 이집트학 사상 최대의 발견을 눈앞에 두고 있었다. 카터는 소년왕 투탕카멘의 무덤을 열려는 참이었다.

두 세기 넘게 무수한 고고학자들이 '왕가의 계곡'을 찾아와 돌무더기와 모래를 샅샅이 파헤치며 60기基가 넘는 무덤을 찾아냈다. 1922년에는 학자들이 그 지역이 남김없이 파헤쳐졌다고 공언하는 상황이었다. 하지만 카터는 단념하지 않았고 왕가의 계곡이 내어줄 비밀이 더 남아 있다고 철석같이 믿었다.

화가였던 아버지 새뮤얼 존 카터 밑에서 회화와 드로잉을 공부한 열일곱 살의 하워드 카터는 이집트행 배에 올랐고, 아마르나 유적에서 저명한 고고학자 플린더스 피트리의 후견 아래 이집트탐사기금에서 일하게 되었다. 그는 데이르엘바리에 있는 핫셉수트 신전의 부조를 뛰어나게 묘사한 드로잉을 내놓았다. 카이로 남쪽 베니하산에서 낮에는 고대 이집트의 그림과 성각문자聖刻文字를 충실하게 모사하고, 밤이면 무덤에서 박쥐들과 함께 잠을 청했다.

그가 대발견을 하기까지는 아직 30년이 남아 있었다. 그동안 그는 이집트 유물 부서에서 일하다가 사카라 지역에서 관광객들과 언쟁을 벌인 뒤 사임하게 된다. 1909년에 부유한 이집트 애호가인 제5대 카나번 백작의 후원을 받아 발굴 작업에 착수했지만 언제나 성과를 낸 것은 아니었다. 현지 도둑들에게서 발굴 현장을 지켜내야 할 때도 있었다. 그는 '한밤중에 부지런한 도굴꾼들의 소굴로 밧줄을 타고 내려가는 일은 적어도 꽤나 흥미진진한 여가 활동이다'라고 회상했다.

카터의 발굴팀은 1922년까지 왕가의 계곡에서 꼬박 여섯 시즌 동안 작업해왔지만 이렇다 할 결과물이 나올 기미는 보이지 않았다. 결국 이번 시즌이 마지막이 될 예정이었다. 나중에 카터도 '우리가 틀렸던 모양이라며 거의 체념한 상태였다'고 시인했다. 그가 작업 도구를 막 내려놓으려던 차에 현지 소년이 물을 길어오다가 돌부리에 걸려 넘어졌다. 자세히 조사해보니 지하로 내려가는 계단이 발견됐으며, 계단은 명백히 왕의 봉인이 찍힌 출입구로 이어졌다. 그는 '출입구를 무너트리고 그 자리에서 당장 조사에 돌입하지 않기 위해 모든 자제력을 끌어 모아야 했다'라고 썼다.

1922년 11월 26일, 카나번 백작도 동석한 가운데 카터는 두 번째 문에 조그만 구멍을 낸 다음 촛불을 갖다 댔다. 일지에 그는 다음과 같이 썼다. '뜨거운 공기가 빠져나오면서 촛불이 깜빡거렸고 어둠 속에 뭔가가 눈에 들어오기까지는 약간 시간이 걸렸다. 하지만 곧 눈이 적응하자 묘실의 내부가 희미한 불빛에 서서히 모습을 드러냈고, 아름답고 엄청난 유물들이 산더미처럼 쌓여 있는 기이하고 경이로운 광경이 펼쳐졌다.' 문 너머에는 3000년 동안 사람의 눈길이 닿은 적 없는 전대미문의 고대 이집트 묘실이 있었다.

대중은 이 정교한 보물들에 홀딱 빠졌고, 그 유명한 황금 마스크를 쓰고 있는 소년왕의 미라에 사로잡혔다. 이것은 그저 하나의 고고학적 발견이 아니었다. 마음을 사로잡는 인간 이야기이자 고대인의 세계를 들여다볼 둘도 없는 기회였다. 카터가 발굴한 유물을 꼼꼼히 조사하고 분류·정리하는 데는 10년이 걸렸다. 그는 런던에서 64세를 일기로 세상을 떠났다. 카터가 투탕카멘의 묘에서 건져낸 유물 중에는 설화석고雪花石膏를 깎아 만든 '소원의 잔'도 있는데 여기서 가져온 인용구가 카터의 묘비에 새겨져 있다. '그대의 영혼이 오래오래 살기를, 테베를 사랑하는 그대여. 얼굴은 북풍이 불어오는 쪽을 향하고 눈은 행복을 바라보며 이 자리에 앉아 수백만 년의 세월을 보내기를.'

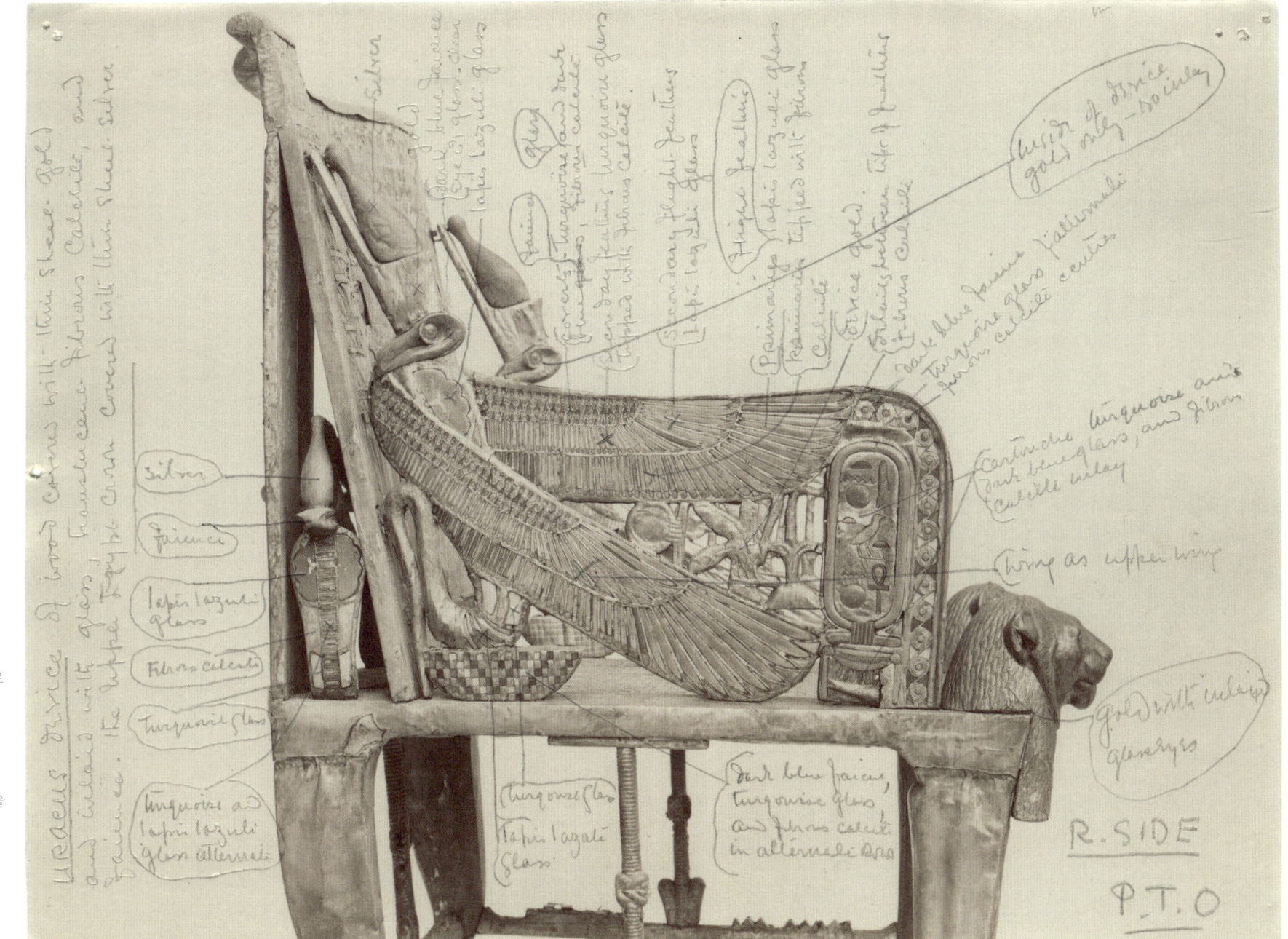

↘ 투탕카멘의 무덤을 발견하고 1년 뒤에 카터는 육중한 황금 벽 뒤편, 거대한 영묘 옆에서 파라오의 석관과 맞닥뜨렸다. 그는 안치된 관과 모든 부장품을 그대로 둔 채 하나하나 공들여 스케치했다.

↗ 이집트학자이자 고고학 사진가인 해리 버턴은 투탕카멘의 묘 안의 유물을 하나도 빠트리지 않고 기록 자료로 남겼는데, 이 작업에 무려 8년이나 걸렸다. 왕좌를 묘사한 이 이미지에는 정확한 색상 정보를 비롯해 카터와 버턴의 설명이 딸려 있다.

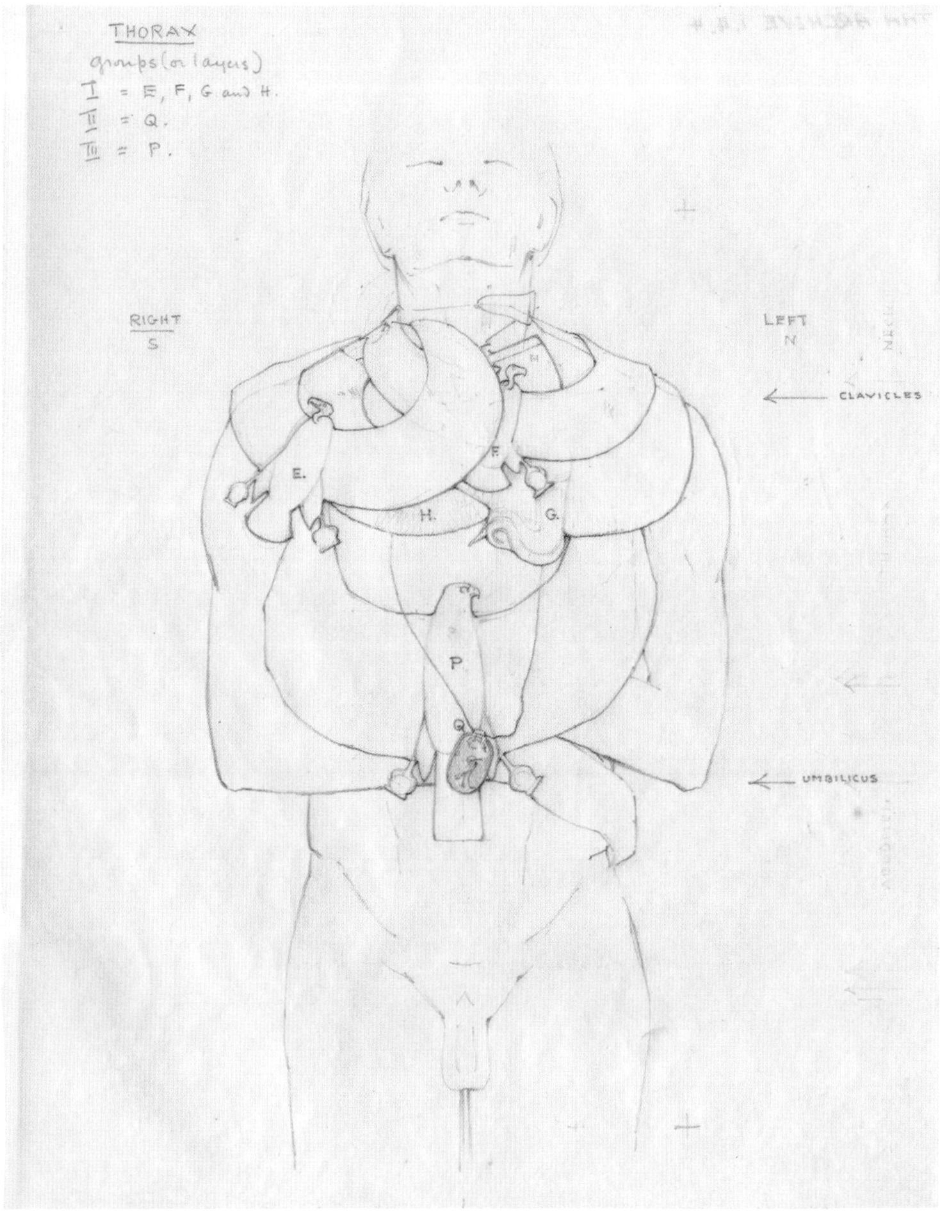

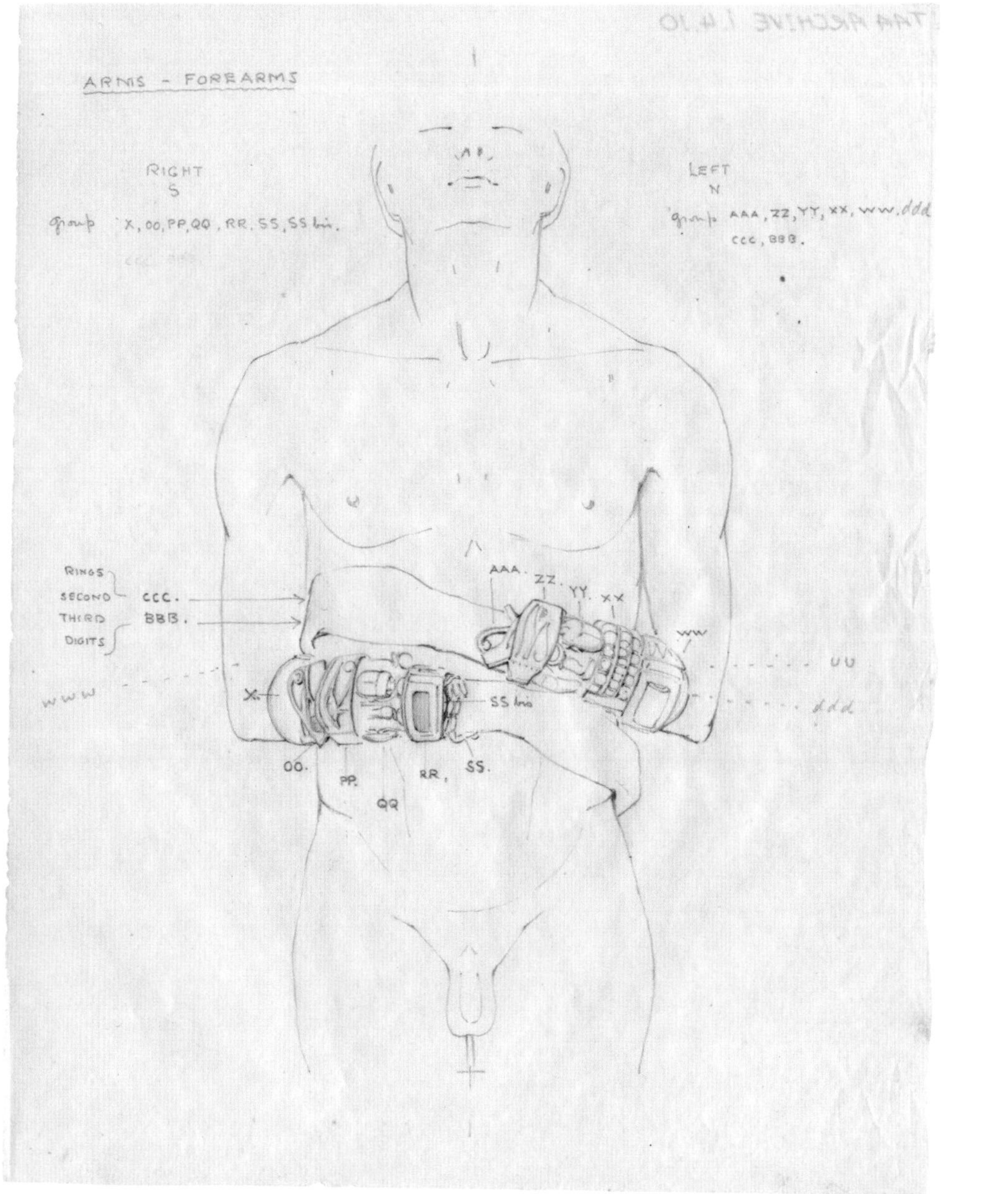

소년왕의 미라를 개봉하는 과정에서 카터가 그린 정밀 드로잉 두 점에는 목걸이와 팔찌, 어깨장식 등 풍성한 장신구가 묘사되어 있다. 1925년 10월 28일에 그는 다음과 같이 썼다.
'이제 시신의 개봉까지는 딱 한 단계만 남았다. 매우 가지런하게 싸매진 어린 왕의 미라와 슬프면서도 평온한 표정을 띤 황금 마스크.'

↗ 이 수채화는 하T이집트의 호루스 매를 정밀하게 모사한 작품으로, 카터의 뛰어난 기교를 보여준다. 본래의 벽화는 1895년 데이르엘바리에 있는 핫셉수트 여왕의 장제전에서 출토되었다.

브루스 채트윈

Bruce Chatwin, 1940-1989

학교에서 나는 지도에 푹 빠진 중독자였고,
툭하면 못 믿을 이야기를 한다고 항상 따돌림을 당했다.

모든 것은 '브론토사우루스' 가죽 조각에서 시작되었다. 아니, 채트윈이 들려준 이야기에 따르면 그렇다. 어쩌면 모든 것은 그의 가장 유명한 문장, 즉 『선데이 타임스』 편집장에게 보낸 전보문 '파타고니아에 6개월간 갔다 옴'과 함께 시작되었다고 할 수도 있다. 1974년 12월 서른네 살의 채트윈은 야간 버스를 타고 부에노스아이레스를 떠나 경악스럽고, 괴상하고, 무시무시하고, 숭고한 것을 찾아서 남쪽으로 향했다. 그를 당대 가장 독창적인 작가로 탈바꿈시킬 여정이 시작되었다.

채트윈은 1977년 『파타고니아』와 1987년 『송라인』의 성공에도 불구하고 대체로 저평가되었지만, 사후에 명성이 치솟아서 지금은 거의 열광적인 숭배의 반열에 올랐다. 하지만 그에게는 이야기를 지어낸 사기꾼이라는 비난도 따라다니는데 이런 비난은 작가로서 그의 재주를 오해하는 평가이다. 그는 **세상**과 사랑에 빠진 작가, 풍부한 감성과 시야로 체험을 하나로 엮어내면서 눈앞의 풍경은 물론 사람의 마음도 탐험하는 작가였다. 하지만 솔직히 말하자면, 좋은 이야기에 진실이 방해가 된다면 그는 보통 진실을 무시하는 쪽을 택했다.

채트윈은 여권 직업란에 '농사꾼'이라고 적었지만 그의 삶은 거의 끊임없는 여행이었고, 그 여행의 상당 부분은 유목민을 연구하는 여행이었다. 그는 혼자 여행하기를 좋아했다. '두 사람이면 방어적이지만 단 한 사람이면 가까이 다가오기 쉽다.' 수수께끼 같은 분위기는 근사한 작가라는 그의 캐릭터의 핵심이었다. 아내는 말할 것도 없고, 그의 에이전트나 출판 관계자는 그에게서 이따금 걸려오는 전화와 편지를 제외하면 그가 정확히 어디 있는지 거의 몰랐다. 노트 안쪽에 휘갈겨 적은 몽테뉴의 문장은 많은 것을 시사한다. '사람들이 내게 여행의 이유를 물어오면 보통 나는 내가 무엇으로부터 도망치는지는 잘 알지만 무엇을 찾는지는 모른다고 대답한다.' 랭보에서 따온 간단한 인용구도 있다. '나는 여행을 할 수밖에 없다.'

채트윈은 파타고니아를 지나는 여정을 '탐구 혹은 경탄의 여행', 방랑 그 자체를 위한 방랑의 사색이라고 묘사했다. 지도와 안내서가 풍경 속의 예기치 못한 것을 지워버리기 시작할 때, 채트윈은 독자들에게 안내서와 정반대로 하라고, 길에서 벗어나 천천히 걸으며 관찰하고 적으라고 권했다. 많은 이들이 그의 꾸밈없고 핵심만이 담긴 산문을 모방했지만 그의 수준에 맞먹는 글은 보기 드물다.

파타고니아 여행은 실제 지형만큼이나 상상의 지형을 지나가는 탐험, 흥미로운 조우로 이루어진 언어적 여정이다. 그의 일기는 그곳이 어디인지, 대체 그때가 언제인지에 관해서는 거의 단서를 주지 않지만, 그의 시선을 사로잡은 것들을 엿볼 수 있는 단상으로 가득하다. 그는 부치 캐시디의 이야기를 따라가고 어느 마녀 종파를 묘사하며, 존재하지 않는 왕위의 계승자라고 자처하는 정신 나간 사람들을 뒤쫓는다. 그동안 그는 저 브론토사우루스의 유해를 추적했지만, 아니나 다를까 그것은 애초에 공룡이 아니라 거대 나무늘보 가죽의 닳아빠진 자투리로 밝혀진다.

그의 작품은 어떤 범주로 분류할 수 없는 현대의 고전이 되었다. 그리고 작가 자신은 수수께끼로 남아 있다. 『파타고니아』는 여행과 역사, 시, 모험이 합쳐진 걸작이지만 우리는 채트윈 본인에 관해서는 거의 알지 못한다. 하지만 대다수 사람들은 이제 그의 일기로써 그를 규정한다. 검은 몰스킨 노트는 그의 시그니처가 되었지만, 초창기에는 손에 잡히는 노트 아무거나 이용했다. 대다수는 저렴하고 쉽게 구할 수 있는 공책이었다. 스프링 제본된 빨간색 학교 연습장, 노란색 '에비던스' 리갈 패드, 아프가니스탄 여행에서 들고 다닌 파란색 아즈마트 일기장, 러시아나 페루의 기차역에서 구입한 이름 없는 공책들이 모두 그의 글쓰기 도구였다. 그리고 어느 공책에나 사람들에 관한 단상, 장소에 관한 짤막한 묘사가 잔뜩 적혀 있다. 나중에 "텍스트와 시간의 흐름 사이를 지그재그로 가로지르며" 문장을 가다듬을 때 유용한 세부사항으로 가득한 보물 창고다.

검정 볼펜, 초록색 잉크, 연필과 펜, 심지어 분홍색 펠트펜까지 동원해 그린 온갖 종류의 귀중한 표식과 관찰 내용이 페이지마다 펼쳐져 있다. 그것은 사고 과정의 흐름 그 자체다. '그는 항상 종이 위에 생각을 펼쳐 놓으며 가다듬고 있었다'라고 아내 엘리자베스는 회상했다. 여행에서 돌아와 잠시 집에 머물 때면 채트윈은 대체로 노란 리갈 패드에 손수 글을 썼다. 고치고, 빼고, 수십 수백 장의 종이를 쓰레기통에 처박은 끝에, 여백을 크게 잡은 타자원고가 완성되면 다시금 더 많은 수정이 이루어졌다. 그는 컴퓨터로 글을 쓴다는 사고방식을 싫어했고, 컴퓨터를 가져보거나 원한 적도 없었다. 그의 노트들은 언제나 손닿는 곳 가까이 쌓여 있었다. 한번은, 여권을 잃어버리면 불편하겠지만 노트를 잃어버리면 재앙일 것이라고 말한 적도 있다.

채트윈이 파리에서 정기적으로 구입한 검은색 양장 노트는 이제 전설이 되었다. 이 노트들에는 자투리 글, 짤막한 초고, 끄적거린 시, 사람들과의 우연한 만남에 대한 지나가는 묘사들로 가득하여 순서대로 정리하기 힘들다. 여행을 떠날 때면 흔히 손에 잡히는 아무 노트나 들고 갔다. 몰스킨 노트 한 권 안에 여러 여행(남아메리카, 오스트레일리아, 러시아, 아프리카)이 조금씩 다 들어 있는 경우가 종종 있었고, 그는 노트 도입부에 좀처럼 날짜를 적지 않았다. 채트윈은 '한곳에 가만히 있지 못하는 자신을 설명하기 위해' 작가가 되었다고 말하곤 했다. 무명 시절 그는 심한 압박감 속에서 첫 책을 내기 위해 고군분투했다. 작품의 가제는 '유목이라는 대안'으로, 그는 자료 조사차 세계 곳곳을 여행했다. 집필 프로젝트는 결국 포기하게 되지만 이 시도는 훗날 그의 글쓰기에 주요한 실마리가 되었다.

↗ 이 페이지에는 심심풀이 낙서들과 '인생은 여행이다'를 비롯해 제목 후보들이 적혀 있다.

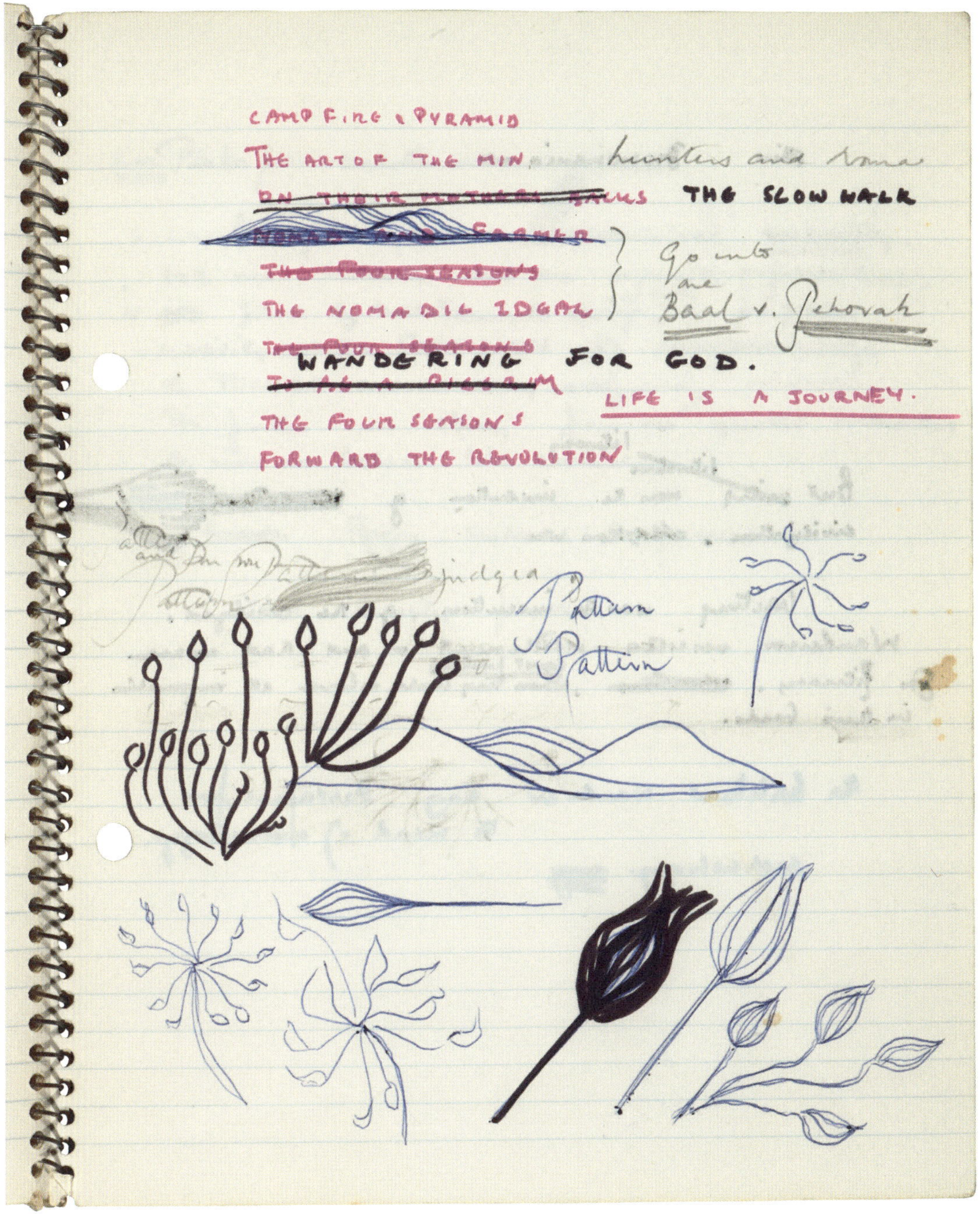

제임스 쿡
James Cook, 1728-1779

야망은 나보다 앞서간 그 누구보다 멀리,
내가 생각하기로는 사람이 갈 수 있는 한계까지 나를 인도한다.

제임스 쿡 선장은 당대 가장 위대한 탐험가였다. 이는 두말할 필요없이 사실이다. 그토록 대단한 결의로 뭉친 사람을 온전하게 묘사하기란 불가능하다. 따라서 이 글은 그의 뛰어난 능력을 살짝 엿볼 수 있게 해줄 뿐이다. 항해술, 지도 제작, 수로 측량에서 그를 따라올 사람은 없었다. 당시 사람들이 알고 있는 지식의 수평선 너머로 항해할 용기를 가짐으로써 그는 세계 지도를 본질적으로 다시 그렸다.

쿡이 1768-79년 사이에 떠난 세 차례의 주요 항해는 유럽에 있는 그의 상관들에게 태평양과 그 해안가에 사는 사람들에 관해 둘도 없는 정보를 가져다주었다. 그는 해도의 텅 빈 공간을 새로운 지식으로 채웠다. 쿡의 업적은 생전에도 널리 칭송되었지만, 그가 외딴 하와이 바닷가에서 목숨을 잃은 뒤로 추종자들은 그를 계몽주의의 영웅으로, 과학을 좇다가 목숨을 바친 순교자로 탈바꿈시켰다.

영국 노스요크셔의 마턴 지역에서 어느 농장 일꾼의 아들로 태어난 그의 변변찮은 출신을 고려해보면 그가 남긴 업적이 더욱 믿기지 않는다. 그는 열여덟 살 때 처음 바다로 나갔고, 상선의 말단 선원에서 영국 해군의 선장까지 올라갔다. 수로 측량 분야에서 쿡의 재능은 7년 전쟁(1756-63) 당시 북아메리카 해역에서 처음 알려졌다. 그 뒤로 쿡은 안개가 자욱한 뉴펀들랜드 해안선과 씨름하면서 특유의 집요함과 정확성으로 기량을 연마했다. 결국 그는 남극부터 북극해까지, 뉴질랜드부터 오스트레일리아 동해안과 북아메리카 서해안까지 새로운 해안선과 그 사이에 존재하는 수백 개의 섬을 발견하고 해도를 그리게 된다.

그는 페르디난드 마젤란보다 250년 뒤에 태평양을 항해했지만, 이 광대한 대양의 바닷가들을 자세히 묘사하고 그곳의 지리와 사람들을 서구인의 눈에 가시적으로 만든 장본인은 쿡과 그의 선원들이다. 그는 온화한 남반구 대륙이라는 신화를 떨쳐냈고, 최초로 남극권에 진입했으며, 바다표범과 고래로 가득한 바다를 묘사했다. 그의 항해 덕분에 수천 가지 식물, 포유류, 조류의 신종이 발견·채집되고 그려졌으며, 식물학자 조지프 뱅크스를 필두로 하여 쿡과 동행한 야심 찬 과학도들은 식물학과 천문학, 해양학이라는 새로운 학문에 헤아릴 수 없는 기여를 했다. 한마디로 인간 지식의 영역이 확대됐다. 이것은 모든 의미에서 탐험이었다.

어떤 이들에게 쿡의 가장 대단한 발견은 새로운 대륙이 아니라, 오랫동안 원양 항해의 문제였던 괴혈병이 나도냉이와 사워크라우트sauerkraut가 들어간 적절한 식단, 그리고 매일 마시는 레몬주스로 해결할 수 있음을 밝혀낸 것이다. 그의 항해에는 지정학적인 동기가 있었고, 태평양에서의 문화적 조우가 남긴 항구적인 유산은 까다로운 문제다. 그래도 쿡은 식민주의자가 아니었으며 그가 남긴 일지에 인간다운 면모가 잘 드러난다.

차오르는 과학적 충동으로 기운을 얻은 그는 탄탄한 장비를 갖추고 탐사 임무에 온전히 헌신했다. 아마 그와 비견될 만한 현대의 사례는 나사 탐사 임무밖에 없을 것이다. 그는 탐험가로서 기꺼이 통념에 도전하고, 대다수가 불가능하다고 여기는 것을 과감히 시도하고 자신만의 길을 개척했으며, 명성에 연연하지 않았다. 쿡은 '오케스트라를 이끌고 싶은 사람은 군중을 등져야 한다'고 쓴 적이 있다. 그의 가장 커다란 행복은 지도 제작이었고, 그의 호기심은 세계를 영원히 바꿔놓았다.

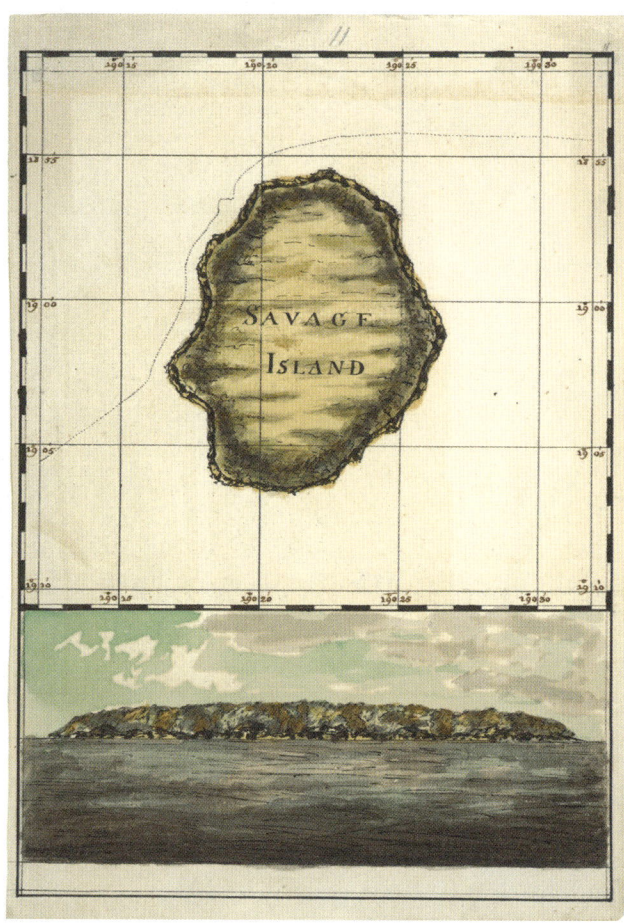

↗ 1774년, 쿡은 유럽인 최초로 태평양 니우에섬의 환초環礁를 목격했다. 부하들이 그곳 바닷가에 상륙할 때 현지 주민들이 애를 먹인 일을 떠올린 쿡은 이 환초에 '새비지 아일랜드Savage Island(미개인이 사는 섬)'라고 이름 붙였다.

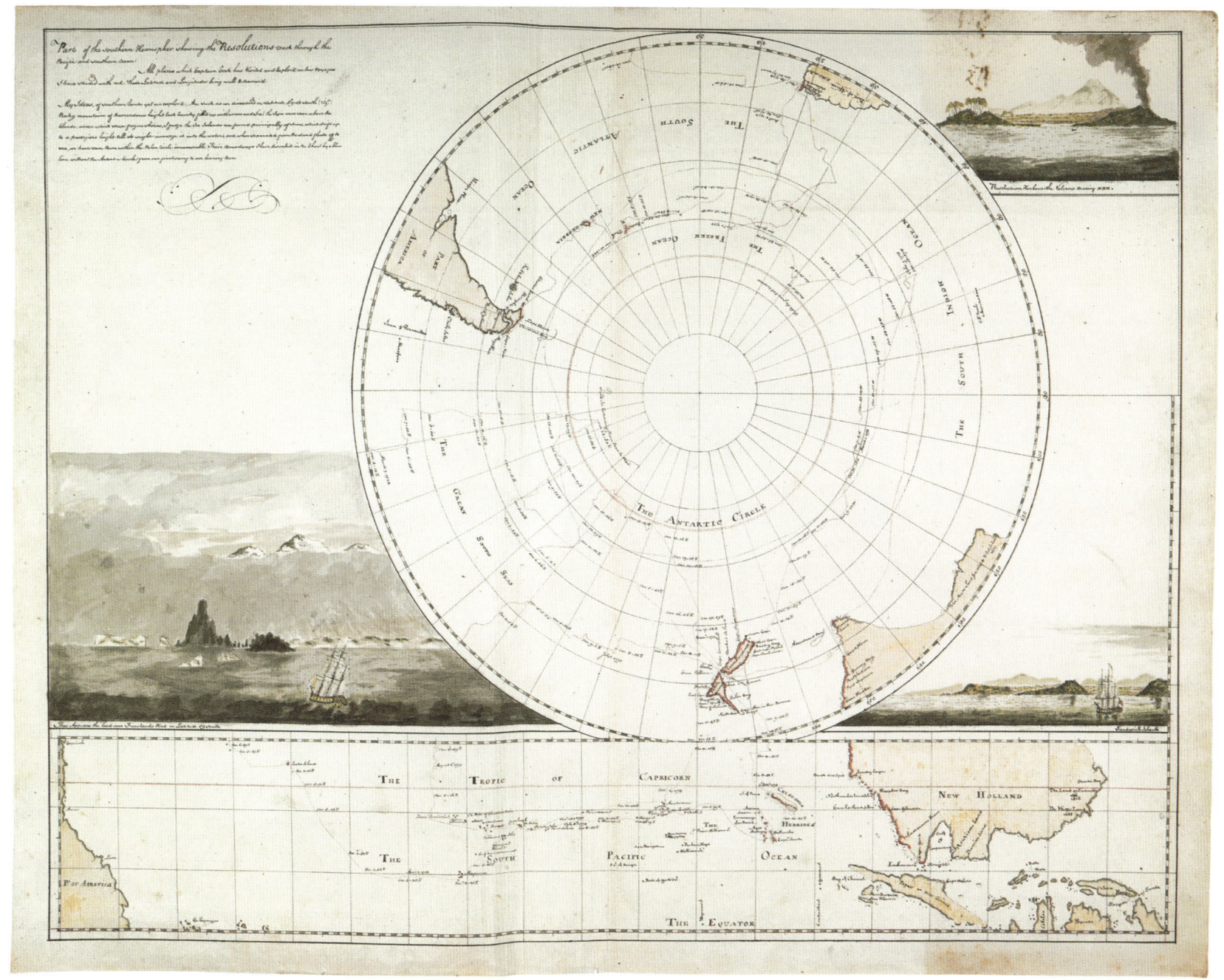

삽화와 더불어 쿡의 제2차 항해 때 레절루션호의 경로를 보여주는 남반구 해도

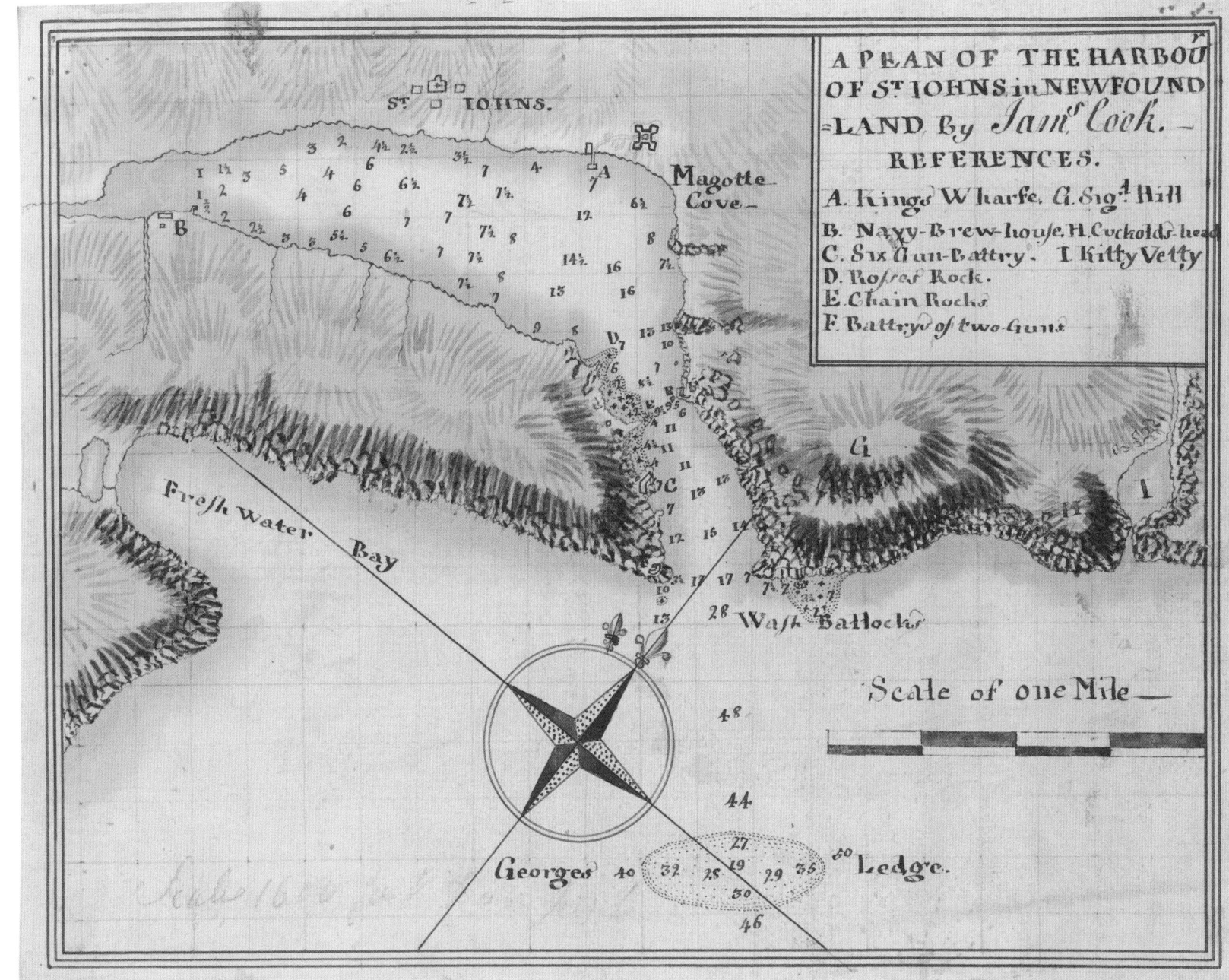

뉴펀들랜드섬 세인트존스 항구 지도. 1762년 젊은 쿡은 알렉산더 콜빌 함장 휘하 노섬벌랜드호의 항해사였다. 노섬벌랜드호는 프랑스군의 수중에 있던 세인트존스를 탈환하는 작전에 참여했고, 항구가 탈환된 덕분에 쿡은 수로 측량을 여러 차례 실시할 수 있었다. 쿡의 측량에 깊은 인상을 받은 콜빌은 해군성에 그를 천거하는 편지를 썼다. '쿡의 재능과 역량에 관한 개인적 경험을 토대로 저는 그가 지금까지 수행한 임무뿐 아니라 그와 같은 종류의 더 큰 임무를 맡을 자격이 충분하다고 봅니다.' 이 편지는 쿡의 경력의 진정한 출발점이 되었다. 뉴펀들랜드 총독 역시 깊은 인상을 받아서 해양 측량사가 필요할 때 쿡 집어서 쿡을 지명했다. 정부 소속 측량사로 진급한 쿡은 다음 5년간 뉴펀들랜드 해안을 오르내렸고, 겨울이면 런던으로 돌아와 해도를 그리면서 이 임무에 전념했다.

Time	Therm. Noon	Winds	Courses	Dist. Sailed Miles	Lat. in South ° ′	Long.de in West Reck.g ° ′	Long.de in West Watch ° ′	Long. made C. Pellspn ° ′	Var. ° ′
Mond. 27	35	SW NW & NE	N.36°E	27	65..53	133..42	133..22	50..57	—
Tues 28	33¼	Easterly	N.5°30′W	94	64..20	134..4	---	50..35	
Wed 29		SE	N.6°E	116	62..24	133..37	---	51..2	13..46
Thurs. 30	33¾	South & West	N.30°W	85	61..3	134..12	---	50..27	
Frid. 31	34½	Westerly	N.19°W	90	59..40	135..11	135..11	49..28	13..9
Jan.y Sat. 1	36½	NW to East & SSE	N.16°W	32	59..9	135..29	---	49..10	
Sund. 2	38¼	SW Westerly Calm East	N.23°W	78	57..58	136..27	---	48..12	11..12
Mon 3	36	NE round by the East to SW	NWBW	130	56..46	139..45	139.40	44..54	—

177

Weather and Remarkable Occurrences —

We continued to steer to the north with light airs from the West till 10 o'clock in the am when meeting with a quantity of small Ice we hoisted out two Boats and took on board sufficient to fill all our empty Casks and for several days present expence; this done we hoisted in the Boats again and made sail to the NW with a gentle breeze at NE clear pleasent frosty weather —

The same Weather continued till the am when the wind increased to a fresh gale attended with thick snow showers and sharp frosty weather Ice islands not half so thick or so many as before —

Continual snow and sleet and a fresh gale at SE and SSE with which we steered North Easterly till Noon then NWBN —

The same weather continued till 8 pm when the wind abated and the weather cleared up and became fair; soon after found the variation to be 13°..46′ E! Lat. 62°..12′, Long.de 133..52W! In the am had little wind at SW and dark Cloudy weather — Several Whales seen, but few birds, a swell from WNW — Pass'd several islands of ice —

PM little wind with showers of snow and sleet; middle fresh gales, latter gentle breeze and clear pleasent weather; this gave us an opportunity to air the spare sails and to clean and smoak the ships betwixt decks. At noon we found our selves 20 Miles North of account having had no observations the three preceding days; it is natural to suppose there must be a Current from the South which brings along with it, tho, with a slow motion the many ice islands we daily see —

In the PM had a few hours calm which was succeeded by a breeze from the East and enabled us to resume our NWBN Course, but have little hopes of meeting with land in that quarter as we have had a long hallow swell from WNW and NW the three preceding days Piercing cold weather, frequent snow showers — many ice islands —

The wind increased to a fresh breeze and veered to the SW and West attended with some snow showers. At 5 o'clock in the am it fell calm, being then in Lat. 58°..2′ S. Long.de 136..12W! the variation was 11°..12′ East. At 9 a breeze sprung up at East with which steered NWBW. The swell still continues to come from this quarter, notwithstanding the wind has not blown from thence for some time past, one cannot have a better sign than this of there being no land in that direction. At 8 o'clock in the PM past three ice islands in the Lat. of 58°39′ and have seen none since

Fresh gales with snow and sleet, till towards noon when the weather became fair and the wind veered to SW. About this time saw two small Divers of the Petrel Tribe, such as are usally seen near land and two pieces of sea weed. A great number of Blue Petrels and Sever.l Albatrosses of the large white or grey kind —

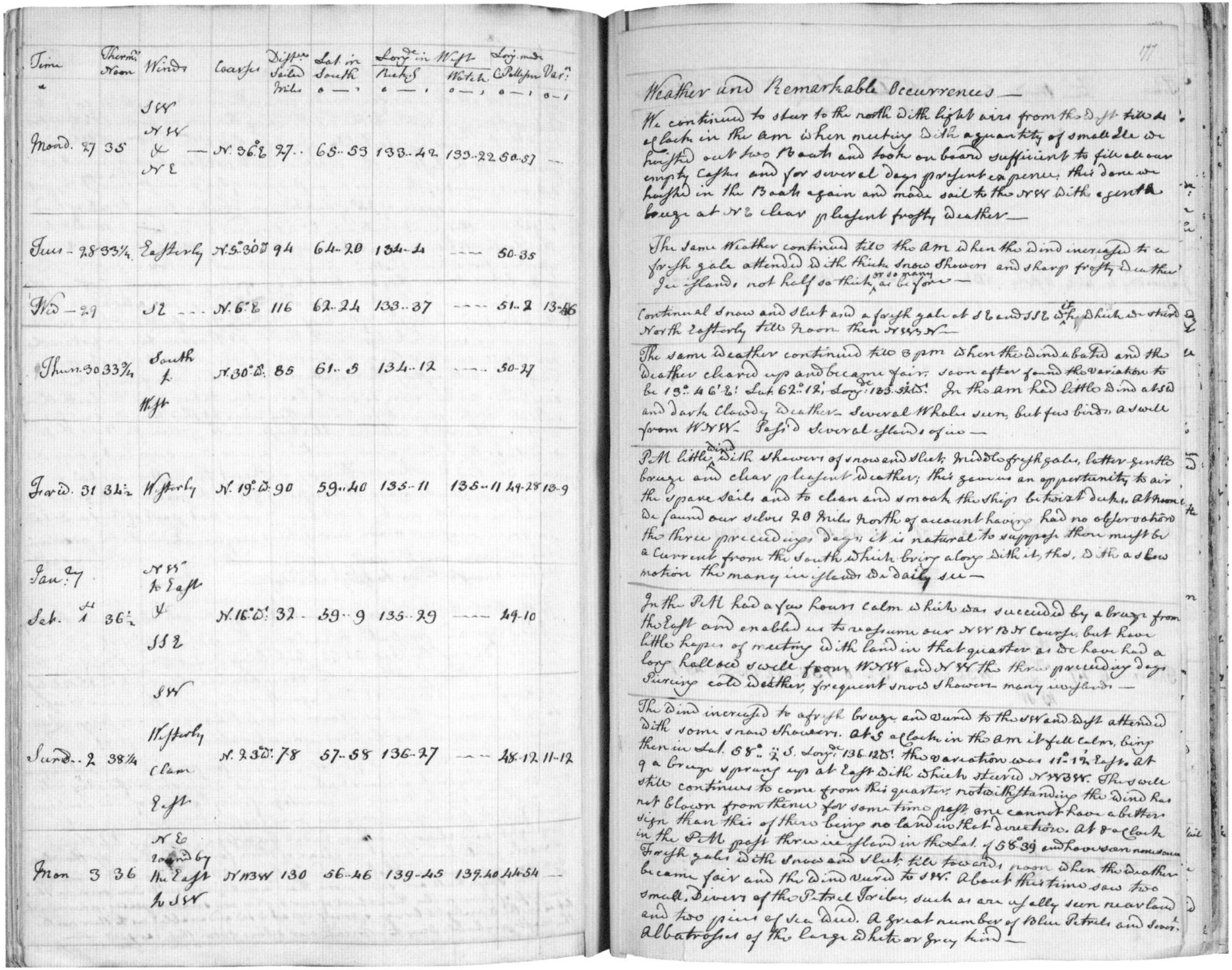

↗ 제2차 항해 때 레절루션호가 전설상의 남반구 대륙을 찾는 동안 쿡이 쓴 일지. 관측 내용을 기록한 이 페이지는 '날씨와 주목할 만한 사건들'이라는 소제목으로 시작한다. 쿡과 선원들은 1774년 1월 26일에 세 번째로 남극권을 통과하여 1월 30일에 남위 71도 10분에 도달했으나 단단한 해빙 때문에 더 이상 나아갈 수 없었다.

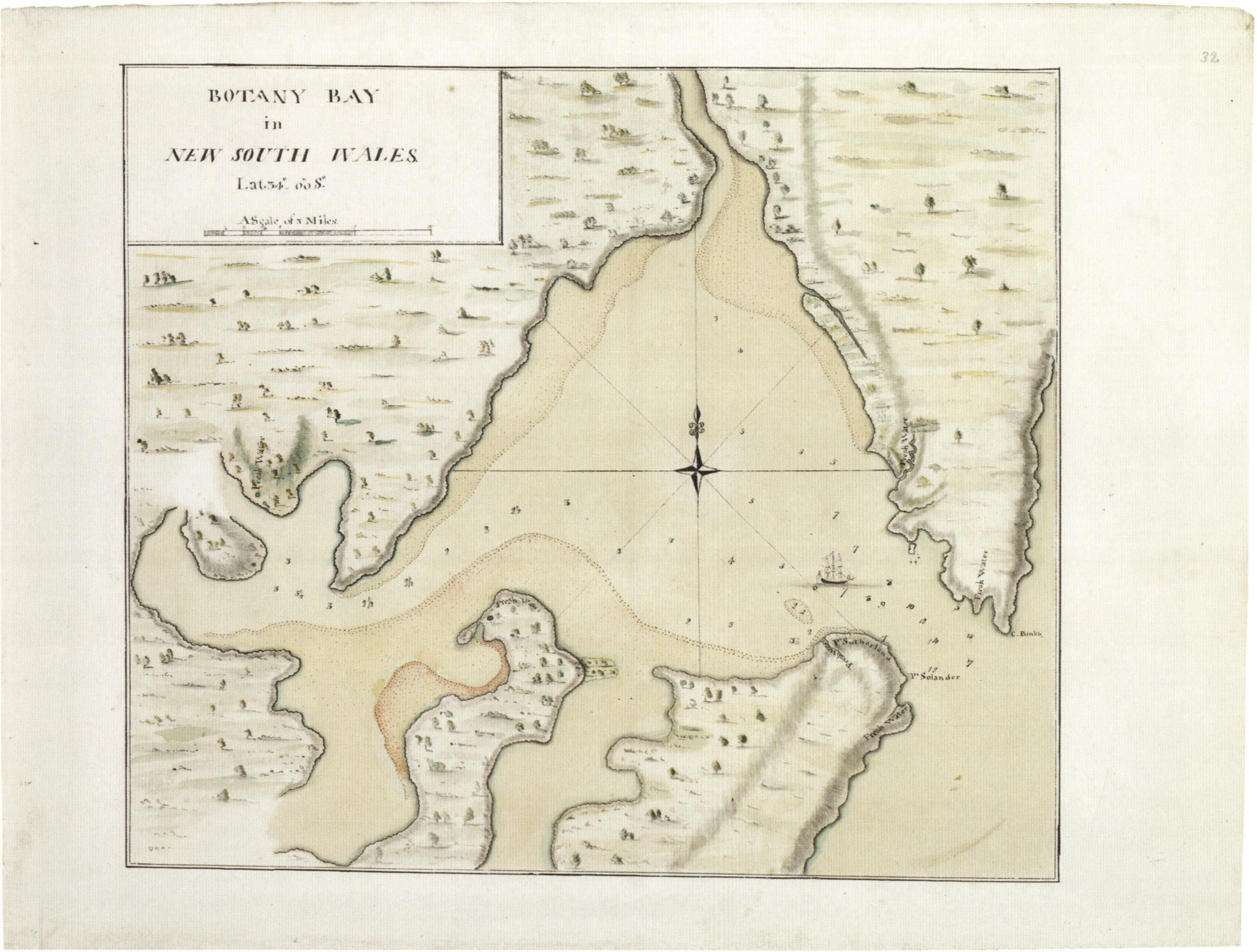

BOTANY BAY
in
NEW SOUTH WALES
Lat 34°. 00 S.
A Scale of 3 Miles
Fresh Water
Fresh Water
Fresh Water
Fresh Water
Pt. Sutherland
Pt. Solander
C. Banks
32

이런 임무를 수행하거나 미지의 지역을
항해할 때에는 언제나 그러한 우여곡절이 있기
마련이며, 발견 대상이 고작 여울과 모래톱에
불과할지라도 어떤 대상의 첫 발견자라는 사실에서
자연스레 피어나는 기쁨이 없다면 이 임무를 도저히
견뎌내기 힘들 것이다.

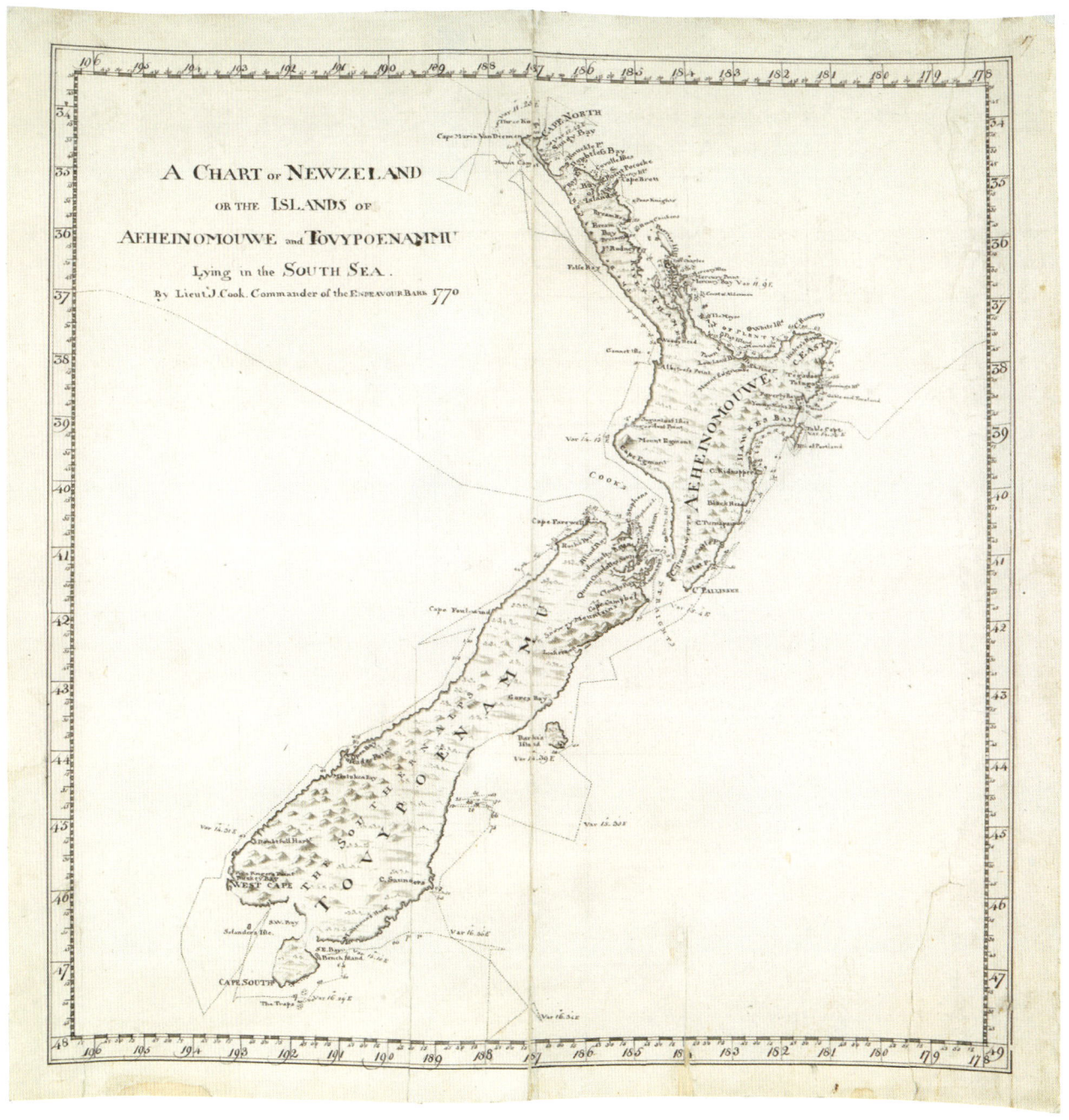

↖ 뉴사우스웨일스 보터니만을 그린 해도. 쿡은 뛰어난 지도
제작자였고 그가 그린 해도들은 즉각적이고도 지속적인
영향력을 발휘했다. 워낙 정확해서 그의 사후에도 수십 년 넘게
이용되었다.

↗ 엔데버호 선상에서 제작된 뉴질랜드 혹은 '남양(南洋)에 위치한
이헤이노모웨섬과 토비포에나무섬' 해도. 쿡은 1769년 10월부터
1770년 3월까지 강어귀와 만(灣)을 무수히 탐험하면서 최초로
그곳의 해안선을 정확하게 그려냈다.

윌리엄 히턴 쿠퍼
William Heaton Cooper, 1903-1995

산악 지방 그림은 언제나 겸허함이 뒤섞인 경이와 기쁨을 자아낸다.

걷고, 산을 오르고, 레이크지방에서 그림을 그리는 일생은 소중하게 간직한 스케치북 속에 연필로 혹은 하나의 선이나 붓질로 표현되기도 한다. 언덕, 호수, 산중 호수, 바위 봉우리 하나하나에는 저마다 사연과 사랑이 깃들어 있다. 잉글랜드의 심장부, 코니스턴 언덕 자락에서 태어난 쿠퍼는 빅토리아 시대의 저명한 풍경화가 앨프리드 히턴 쿠퍼의 셋째 아이였다. 어린 쿠퍼는 아버지를 따라 언덕을 찾아가, 야외에서 스케치를 하고 사람들의 발길이 닿지 않은 골짜기 구석구석을 배회하는 즐거움을 알게 되었다. 그는 장학금을 받아 런던 왕립미술학교에서 그림을 공부하게 되었지만 도시 생활의 번잡함과 속박에 답답함을 느꼈다. 아버지가 세상을 떠나자 쿠퍼는 레이크지방으로 되돌아왔고 그의 예술이 꽃피었다.

쿠퍼는 양차대전 사이 '고전적 시기'에 영국 암벽 등반의 많은 선구자들과 함께 산을 올랐다. 1923년, 처음에 그는 몇몇 친구들로부터 산에 데려가 달라는 부탁을 받았다. 그때까지 기어오르기는 많이 했어도 실제로 등산 로프를 이용한 적은 없었다. 그는 현지 농부한테서 긴 밧줄을 빌려와 랭데일 계곡의 기머 암괴를 올랐다. 그들이 등반한 경로는 '침니 버트레스'였으며 이 등반로는 이후 수백 가지의 등반로로 이어지게 된다.

비록 소박할지라도 엄연히 탐험이었다. 쿠퍼와 친구들의 초창기 시도에는 많은 위험이 뒤따랐다. 쿠퍼에게 이 도전은, 억세고 날것 그대로인 암벽에 새로운 등반 경로를 모색하는 과정에서 등반의 물리적 측면과 심미적 특질을 결합하는 일이었다. 등반 라인을 탐색하고 그 라인을 **바라보는** 일 자체가 진정한 예술적 모험이었다. 그는 언제나 배낭에 화구를 챙겨갔다. 집안 보관소에 남아 있는 수십 권의 스케치북은 그 험준한 지형에서 발견한 아름다움을 향한 그의 열렬한 애정을 방증한다. 한번은 '세상에 레이클랜드처럼 제곱마일마다 무척이나 다양한 형태의 조각이 존재하는 곳은 없다'고 말하기도 했다.

1938년, 쿠퍼는 그래스미어에 스튜디오를 차려 자신의 그림과 복제화, 그의 유능한 새 아내 오필리아 고든 벨의 조각품을 전시했다. 풍경에 대한 열정으로 그는 여러 차례 그림 작업을 위해 스위스 알프스나 노르웨이 피오르 해안 같은 곳으로 여행을 떠났고, 한번은 화물선을 타고 아르헨티나까지 갔다. 꼼꼼한 소묘 화가인 그는 1980년대까지 '언덕과 암벽 등반 클럽' 가이드북에 일러스트를 그렸고, 이제는 거의 아이콘이 된 존 헌트의 『에베레스트 등정』과 허먼 불의 『낭가파르바트산 순례』 책표지를 디자인했다. 그리고 스스로 펴낸 레이크지방에 관한 저서 다섯 권은 수천 명의 여행객에게 지금까지 변함없는 즐거움을 안겨준다.

다작을 남기면서도 꼼꼼했던 스케치 화가 쿠퍼의 예술은 언덕에 대한 그의 뿌리 깊은 지식과 단순함에 대한 갈망으로 벼려졌고, 그의 재능은 아버지의 높은 명성을 능가했다. 그의 그림 가운데 가장 극적인 장관을 보여주는 작품들은 종종 저녁이나 동 틀 녘에 그려진 것인데, 수 마일을 걸어가 야영을 하며 언덕 꼭대기에 떨어지는 빛의 움직임을 포착한 결과물이다.

↗ 쿠퍼는 주로 수채 물감을 엷고 은은하게 사용하여 형태를 단순화하고, 명확하게 규정하기 힘든 빛의 성질과 산의 분위기를 그림 속에 옮겨 담았다. 그는 예술적 탐구의 일환으로 잉글랜드 호숫가부터 노르웨이 극북까지 찾았다.

인생은 등반과 그림으로 충만하다는 것을 깨달았다.
사색, 도전, 재빠른 결정 그리고 간절히 가고 싶었던 곳에
이따금 도달할 때 느끼는 더없는 기쁨.

↗ 쿠퍼의 스케치북에서 그가 레이크지방 시골과 산악 지방을
  예술적으로 탐험하던 과정을 엿볼 수 있다. 그가 무척 애용한
  수채 물감 상자, 팔레트, 여타 화구 역시 치열한 예술가의 삶을
  증언한다.

찰스 다윈
Charles Darwin, 1809-1882

잉글랜드를 떠난 이후로 나의 마음은
기쁨과 놀라움이 휘몰아치는 완벽한 허리케인이다.

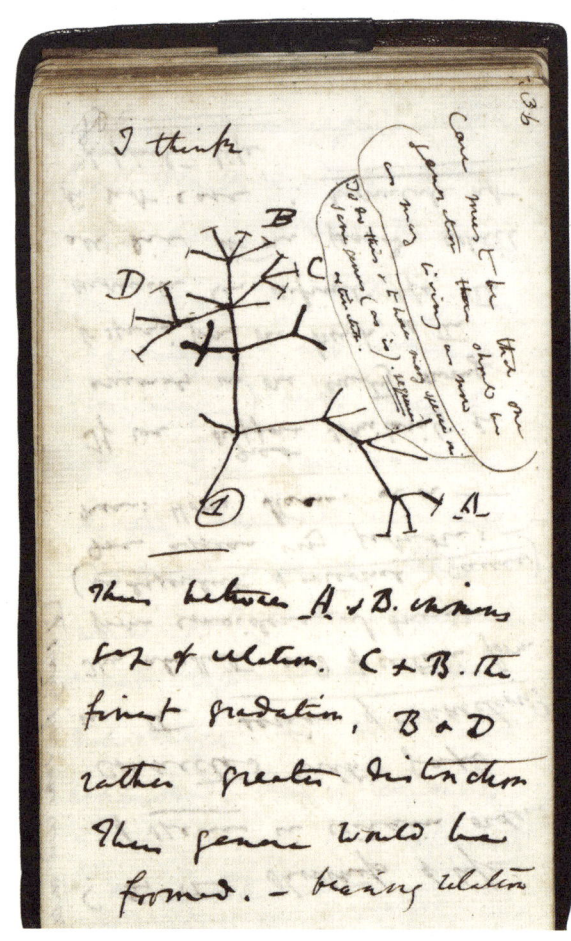

↗ 다윈은 평생 노트 위에 자신의 발상들과 관찰 내용을 간단히 스케치했다. '노트 B'의 위 페이지는 1837년에 스케치한 '생명의 나무tree of life'를 보여준다. 나뭇가지들은 각각 생물 종이다.

비글호 항해가 두 달째로 접어들었을 때, 스물세 살의 자연학자 찰스 다윈은 브라질에서 하선하여 난생 처음으로 열대림의 경이를 체험했다. 신종의 다양성과 밀도에 정신을 차릴 수 없었던 그는 열대림을 물끄러미 바라보다가 현장 노트를 꺼내 미친 듯이 써 내려갔다. '화려한 나비의 날갯짓을 눈으로 좇다 보면 눈길은 이내 신기한 나무나 열매에 머물게 된다. 벌레 한 마리를 바라보노라면 벌레가 기고 있는 훨씬 이상하게 생긴 꽃은 까맣게 잊어버린다. … 마음은 기쁨으로 혼란하며, 그 혼란으로부터 앞으로 더 고요한 기쁨의 세계가 떠오를 것이다.' 이 여행에서 나온 다윈의 관찰 내용은 세계와 그 속에서 우리의 위상에 대한 인류의 시각을 영영 바꿔놓을 이론의 원천이 된다.

하지만 이 위대한 자연학자의 초창기 전망은 그다지 밝지 않았다. 그의 아버지가 깊이 실망했다시피 다윈은 비위가 약한 탓에 에든버러 대학에서 의학 공부 중 수술에 참관하는 과정을 끝내 견디지 못하고 포기했다. 케임브리지 대학에서는 학업에 힘쓰는 대신 사냥을 나가고 딱정벌레를 채집하며 허송세월을 보냈다. 그럼에도 불구하고 다윈은 분명 총명했으며 탐구심이 넘쳤다. 그가 대학시절을 헛되이 흘려보낸 것만은 아니다. 박제 기술을 배우고 정규 교과가 아닌 식물학과 지질학, 동물학, 수로학, 기상학, 광물학 강좌를 들었다. 그런 도중 식물학 교수인 존 헨슬로 목사는 다윈에게 깊은 인상을 받았고, 1831년에 그를 비글호의 자연학자로 추천했다.

'어느 것도 기억에 맡기지 마라'가 수집가의 모토가 되게 하라.
한 가지 흥미로운 대상과 그보다 흥미로운 대상을 연달아 맞닥뜨릴 때
기억은 변덕스러운 수호자가 되어버리기 때문이다.

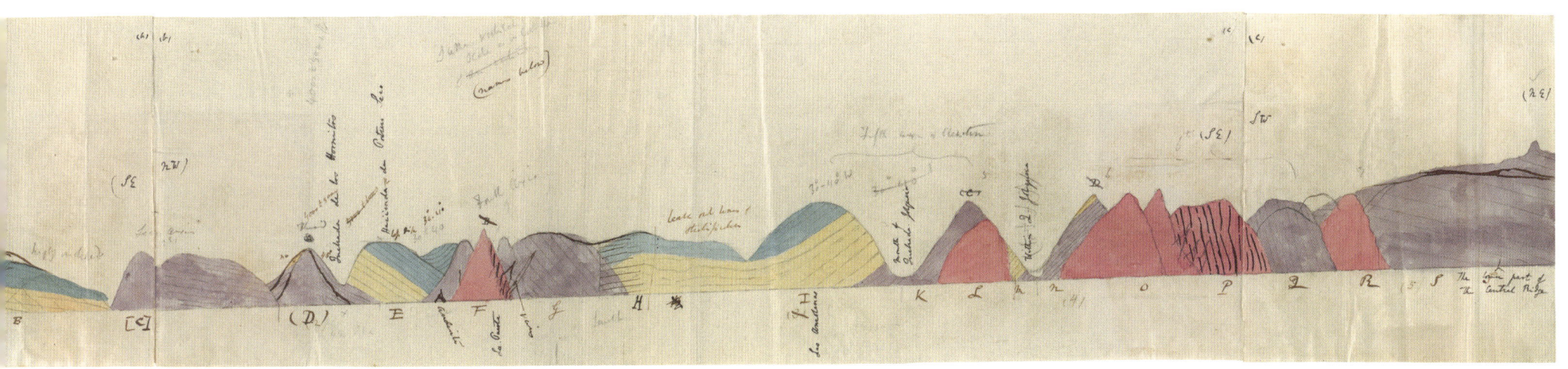

/ 다윈은 수년간 자신의 영웅 알렉산더 폰 훔볼트의 발자취를
따르길 원했다. 1831년 영국 해군 조사선 비글호의 자연학자로
임명되면서 그 기회가 찾아왔다. 승무원들과 따로 움직인
다윈은 수차례 육로 여행을 감행하여 지질과 지리, 동식물군을
관찰·채집·기록했다. 이 그림은 직접 스케치하고 채색하여,
칠레 코피아포 지역 티에라아마릴라 해안의 지층 단면을
동쪽부터 보여준다.

비글호의 5년간 항해는 해양사에서 매우 중요한 사건으로 손꼽힌다. 동시에 동식물을 관찰·채집하고, 지구상에서 가장 아름답고 흥미로우며 고립된 지역들을 탐험할 수 있는 비길 데 없는 기회를 제공하여 다윈의 삶을 결정짓는 핵심적인 사건이었다. 비글호의 선원들과는 떨어져서 활동한 다윈은 모험의 분위기에 빠져들었다. 그는 브라질 카니발에 참가하고, 몬테비데오와 리마에서는 혁명을 목격했으며, 팜파스 평원에서 가우초(남미의 카우보이)들과 함께 말을 탔다. 또 칠레의 발디비아 지역 바깥에서 지진을 체험했고 칠로에섬을 방문하는 동안 오소르노 화산의 폭발을 구경했다. 그동안 자연학자이자 지리학자로서 다윈의 자신감은 점차 커졌다.

다윈은 기회가 있을 때마다 광범위한 지역을 육로로 여행했다. 파타고니아에서는 말을 타고 여러 차례 단기 여행을 떠났다. 칠레의 발파라이소에서 출발해 대산계를 넘어, 포르티요 고개를 통과해 아르헨티나의 멘도사까지 먼 길을 간 적도 있었다. 가능하다면 어디서나 표본을 채집하여 곤충과 새부터 무척추동물, 식물, 참산호말(홍조류 산호말과의 해조류)까지 광범위한 컬렉션을 구축했다. 이미 발 디딜 틈 없는 비글호 갑판에 쌓여가던 컬렉션은 주기적으로 잉글랜드로 보냈다. 항해 내내 다윈은 작은 현장 노트에 '즉석' 관찰 내용을 기록한 다음, 저녁마다 그 내용들을 고쳐 쓰면서 모두 합쳐 750쪽짜리 일기를 완성했다.

귀환하기 전 마지막으로 들른 브라질에서 다윈은 이렇게 썼다. '나는 멈춰 서서 그토록 아름다운 것들을 몇 번이고 바라보며, 그 인상을 영원히 내 마음속에 간직하고자 했다. 그 인상이 조만간 틀림없이 희미해지리란 것을 그때도 물론 알고 있었다. 오렌지, 카카오, 야자, 망고, 바나나 나무의 형태들은 선명하고 또렷하게 남을 테지만 그 모두를 완벽한 풍경으로 합쳐주는 수천 가지 아름다움은 분명 사라질 것이다. 하지만 그것들은 … 흐릿하지만 아름다운 형상으로 가득한 하나의 그림으로 남을 것이다.' 그가 체험한 생생함은 점차 사라져 가겠지만, 비글호 노트들은 다윈의 일생을 지탱하는 사유였으며 그의 결정적인 저작 『종의 기원』의 원천이 되었다.

아멜리아 에드워즈

Amelia Edwards, 1831-1892

매일 아침 가파른 언덕 옆에서 눈을 뜨고, 베개에서 머리를 들 필요도 없이 하늘을 배경으로 거대한 얼굴들이 늘어서 있는 광경을 보는 것은 멋진 일이었다.

몇 주간 나일강 상류로 이동한 끝에 제2폭포에 다다르자 에드워즈는 1874년 2월 일기장을 펴고 이렇게 적었다. '이렇게 황량하고 기이한 야생 속의 굉장한 파노라마에서 색채를 빼면 진정 아름다운 것은 없다. 하지만 색채는 상상을 초월한다. … 나는 아무런 스케치도 하지 않았다. 스케치를 한다는 게 우습게 느껴졌다. 그리고 이제는, 그 광경을 어떤 말로 표현하든 형언할 수 없는 것을 형언하려는 주제 넘는 시도일 뿐이라고 느낀다.' 그렇긴 해도 에드워즈는 평생 그림을 그리고 글을 썼다.

일찌감치 글쓰기에 재능을 드러낸 에드워즈는 일곱 살 때 첫 시를, 열두 살 때 첫 단편을 발표했다. 이후에 성공적인 소설가이자 저널리스트가 되었고, 서른 살 미혼이었을 때 부모님이 돌아가시자 여러 차례 여행을 떠났다. 원고료 덕분에 마음대로 여행하며 독립적인 생활을 누릴 수 있었다. 에드워즈는 여성 동반자와 함께 벨기에와 이탈리아 돌로미티산맥을 여행하다가 1873년에 이집트에 도달했다. 그녀는 관찰 내용들을 노트에 상세하게 적었다. 이 내용들은 나중에 그녀의 드로잉과 수채화가 판화로 삽입된여행기들로 출간되어 대단한 인기를 끌었다.

하지만 이집트 태양 아래서 그림을 그리는 일에는 난관이 따랐다. 그녀는 강한 햇살 때문에 눈을 뜰 수 없었고 지독한 열기에 탈진하여, 화장火葬을 미리 맛보는 기분이었다고 회상했다. 게다가 모래는 사람을 미치게 할 지경이었다. '머리에도, 눈에도, 물병 안에도 모래가 잔뜩 들어 있다. 물감 통을 막아버리고 하늘색 물감을 바짝 말려버리며, 아연백색을 무슨 샐러드드레싱 빛깔의 푸석푸석한 반죽으로 만들어버린다. 파리들로 말하자면, 그 녀석들은 수채 물감에 병적인 식욕을 품고 있다.'

에드워즈는 특히 아부심벨에 매료되었다. 밤에 신전에 다가가자 거상巨像들이 달빛에 유령처럼 서서히 눈에 들어왔다. '우리가 보는 와중에도 그 석상들은 커지고 팽창하면서, 희미한 저 멀리서 우리를 향해 움직이는 것 같았다.' 50년 전 스코틀랜드 출신 이집트학자 로버트 헤이가 석고 모형을 뜨면서 생긴 흉터들이 석상 꼭대기에 여전히 남아 있는 것을 발견하고, 에드워즈와 동료들은 보수 작업에 나섰다. 활대와 노를 가지고 임시변통으로 비계飛階를 세우고 나일강의 뱃사공들이 거대한 두상으로 떼지어 올라가 석고 조각을 제거하고, 사암에 남은 흰 얼룩을 진한 블랙커피로 물들였다.

헤이의 발굴팀이 유물을 취급하는 과정에서 보인 부주의한 태도는, 이런 귀중한 유적을 보존하는 데 만연한 이중성의 징후였다. 관광객들은 기념비에 낙서를 새겼다. 축축한 종이를 이용해 벽화에서 '본뜨기'를 하는 고고학 학생들은 원래 색채의 마지막 흔적을 다 닦아버리고 있었다. 현지 도굴꾼들은 고대 유물에 대한 끝없는 수요를 채웠다. 이러한 실태를 목격하고 경악한 에드워즈는 잉글랜드로 돌아와 1882년 고대 유적을 연구·보존하기 위한 이집트탐사기금 설립에 견인차 역할을 했다. 그녀는 런던 유니버시티 칼리지의 이집트 고고학과에 유산을 기증하여 자신의 이름을 딴 교수직을 신설하고 미국과 잉글랜드 각지에서 강연을 하면서 이집트학이 하나의 학문 분야로 발전하는 데도 기여했다. 『보스턴 글로브』가 '세상에서 가장 박식한 여성'이라 호명한 에드워즈는 여전히 이집트학의 대모로 여겨진다.

↗ 여전히 그 일부가 모래에 파묻혀 있는 아부심벨의 거대 조각상을 그리고 있는 에드워즈. 조각상의 얼굴 북쪽 끝부분에 스코틀랜드 출신 이집트학자 로버트 헤이가 본뜬 석고 모형 흔적이 여전히 남아 있음을 발견한 에드워즈와 동료들은 석고 흔적 제거 작업에 나섰다. 임시 비계를 타고 올라간 그들은 커피로 흰 석고 자국을 물들였다. 나중에 그녀는 '람세스의 커피 욕심은 어마어마했다'고 썼다.

↗ '나일강을 1,000마일(약 1,609km) 거슬러가며 스케치하는 즐거움.' 1888년 여행 도중 편지에 그린 에드워즈의 캐리커처는 그녀의 기막힌 유머 감각을 보여준다. 보통이 아닌 체력과 모험심을 지닌 그녀는 관찰 내용들로 노트와 스케치북을 가득 채웠다.

찰스 에번스

Charles Evans, 1918-1995

사람들은 울려대는 전화와 꽉 짜인 시간표보다는
바람과 추위, 피로에 더 기꺼이 맞서 싸우며 압박감도 덜 느낀다.

1953년 에베레스트 등정을 비롯한 많은 등반 원정에서 에번스는 밤늦도록 편지와 일기, 엽서를 쓰곤 했다. 엽서와 편지에는 본국의 친구와 가족이 볼 수 있게 항상 풍경과 사람들을 그린 스케치를 곁들였다.

1953년 5월 26일, 찰스 에번스는 그때까지 인간이 도달한 지구상 가장 높은 지점에 서 있었다. 그는 원정대원 톰 부어딜런과 함께 에베레스트 정상의 90m 아래까지 도달했다. 이제 마지막 능선만 남았지만, 산소통의 산소가 떨어져가고 날이 저물고 있었으므로 발길을 돌려 내려올 수밖에 없었다. 어둠이 내리는데도 계속 정상까지 올라갔다면 아마 그들은 살아서 귀환하지 못했을 것이다.

원래 외과의사가 되고 싶었던 에번스는 젊은 시절에 영국 육군 의무부대에 입대했지만, 언제나 1953년 에베레스트 원정의 부대장으로 기억될 것이다. 그의 첫 히말라야 원정은 1950년 빌 틸먼과 함께한 안나푸르나 등정이었다. 에릭 십턴과 함께 초오유산 등정도 시도했다가 에베레스트 등반대에 합류하라는 제안을 받았다. 에번스가 그 궁극의 목표에 그토록 가까이 다가간 지 고작 사흘 뒤인 1953년 5월 29일, 마침내 그의 친구 에드 힐러리와 텐징 노르가이가 처음 정상을 밟았다.

에베레스트 등반대는 런던으로 금의환향했다. 힐러리와 등반 대장 존 헌트는 기사 작위를 받았다. 텐징은 조지 메달을 받았다. 이들은 어딜 가나 성대한 대접을 받았다. 그러나 에번스만 보이지 않았다. 그는 조용히 네팔에 남아 산을 더 오르고 지도를 제작했다. '파티라면 나도 싫진 않지만 그보다는 난 산에 있고 싶어'라고 그는 한 친구에게 편지를 썼다. 그는 그림이 그려진 편지와 엽서를 집으로 보냈고, 1955년에 에베레스트 원정 스케치를 담은 책을 출간했다.

1953년 에번스의 등정 시도는, 후일 그가 원정대 대장으로서 히말라야에서 세 번째로 높은 봉우리이자 에베레스트보다 오르기 훨씬 어렵다는 칸첸중가산 등정에 최초로 성공한 업적에 맞먹고도 남는다. 칸첸중가산 정상은 그 봉우리 아래서 살아가는 시킴족에게 신들이 기거하는 성스러운 장소로 여겨진다. 등반가들은 이를 존중하는 의미로 정상 바로 앞에서 발걸음을 멈췄다. 그것은 산의 세계와 그곳 사람들에 대한 에번스의 세심한 감수성에 관해서 많은 것을 말해주는 행동이었다. 그가 등반 인생 내내 크게 칭송받은 것도 당연한 일이다.

에번스는 나중에 노스웨일스 대학의 학장이 되었다. 세월이 흐르면서 다발성경화증 때문에 등반과 원정이 불가능해졌고, 세계 최고의 등반가로서 그의 경력도 막을 내리게 되었다. 휠체어에 의지하게 된 에번스는 얼마 안 있어 더 이상 그림도 그릴 수 없게 되었지만 그답게 밝고 씩씩하게 병마와 싸웠다. 1969년에는 기사 작위를 받았고, 1967년부터 1970년까지 알파인 클럽의 회장을 지냈다. 에번스는 그가 그토록 사랑한 노스웨일스의 산들이 한눈에 보이는 요양원에서 1995년 폐렴으로 세상을 떠났다.

래널프 파인스

Ranulph Fiennes, 1944-

황야에서 홀로, 당신은 상상 불가능한 것들과 정면으로 마주하게 된다.

친구들에게는 '랜'으로, 기네스북에 따르면 '현존하는 세계 최고의 탐험가'로 불리는 래널프 파인스는, 1943년 아버지가 전사한 뒤 준남작 작위를 물려받았다. 사립기숙학교 이튼에서 공부한 그는 나중에 아버지의 기병연대 '로열 스코츠 그레이'에 입대했다가 SAS(영국 공수특전단)에 전속되었다. 하지만 군에 환멸을 느끼게 된 그는 탐험과 모험으로 눈길을 돌렸다.

파인스는 호버크라프트를 타고 나일강을 완주하고, 노르웨이 빙하를 걸어서 여행하고, 캐나다 브리티시컬럼비아의 강에서 급류를 헤쳐나간 뒤 진정한 탐험의 여정을 떠나고 싶었다. 그는 아직까지 아무도 달성한 적 없는 지리적 목표를 찾아야 했다. 힐러리와 텐징은 이미 에베레스트를 올랐고 프랜시스 치체스터는 배를 타고 단독 세계 일주를 했다. 그들이 첫 번째 성공이었고, 그들의 발자취를 따르는 이들은 2등일 뿐이었다. '최초'가 핵심이었다.

어느 날 그의 아내 지니가 제안했다. '쉬운 길 말고, 북극과 남극을 통과하는 경도선을 따라서 세계 일주를 해보는 건 어때?' 지금까지 누구도 그런 일주를 시도해본 적이 없었다. 그들은 쇄빙선과 스키 비행기, 희박한 성공 가능성에 2900만 파운드를 대줄 스폰서가 필요했다. 당시 부부에겐 현금 210파운드와 낡은 미니밴, 잭 러셀 테리어 한 마리뿐이었다. 하지만 이것은 일생에 단 한 번뿐인 기회였다. 1973년 초에 지구 종단 원정의 윤곽이 문서화되었고, 본격적으로 계획을 세우기 시작했다.

1979년 런던 그리니치에서 출발한 세계 일주 팀은 차를 타고 유럽을 지난 후 배를 타고 알제리로 갔다. 랜드로버를 타고 사하라 사막을 통과한 다음 코트디부아르의 정글로 뛰어들었다. 수도 아비장에서 벤저민 바워링호에 올라 남극으로 향했다. 파인스와 그의 동행 찰리 버턴은 눈과 얼음에 발을 내디뎠고 파인스는 드디어 진정한 탐험가가 된 기분이었다. 그들은 67일에 걸쳐 남극대륙을 종단했다. 북쪽으로 방향을 돌려 배를 타고 베링해협으로 향했고, 보스턴에서 온 한 포경선을 이용하여 북서항로를 완주한 다음 북극으로 발걸음을 옮겼다. 두 사람은 육체적 한계에 다다랐지만 1982년 4월 10일, 파인스와 버턴은 역사상 최초로 지구 표면으로만 이동하여 북극과 남극에 도달한 사람이 되었고 8월에는 지구 종단 일주에 성공했다.

이후에도 파인스는 최초의 무無지원 남극대륙 횡단, 예멘 국경 지대의 잃어버린 도시 우바르의 발견, 7개 대륙에서 7일 연속으로 일곱 가지 마라톤 완주, 에베레스트 등정 등 여러 극한 모험을 감행했다. 하지만 모든 모험이 좋게 끝난 것은 아니다. 동상과 신장결석, 심장마비로 몇몇 여정은 중도에 끝나고 말았다. 하지만 파인스는 '마리 퀴리 암 치료 자선기금'을 마련하기 위해 지금도 '불가능한' 모험에 나서고 있다.

아마도 그는 극지방의 매력에서 영영 벗어나지 못할 것이다. 남극대륙에 관해 그는 말했다. "이것만은 확신해요. 이곳이 아주 멋진 땅이라는 것 말입니다. 들리는 것이라곤 매섭게 몰아치는 폭풍 소리뿐이고, 텐트 안에 꼼짝없이 누워 눈보라가 그치기를 기다리는 동안에는 그런 생각이 안 들 수도 있지만 … 하지만 침낭에서 기어 나와 얼굴에 닿은 따스한 햇살을 느끼며 살아있음을 알게 될 때 이곳의 진짜 기쁨을 느끼게 되는 거죠."

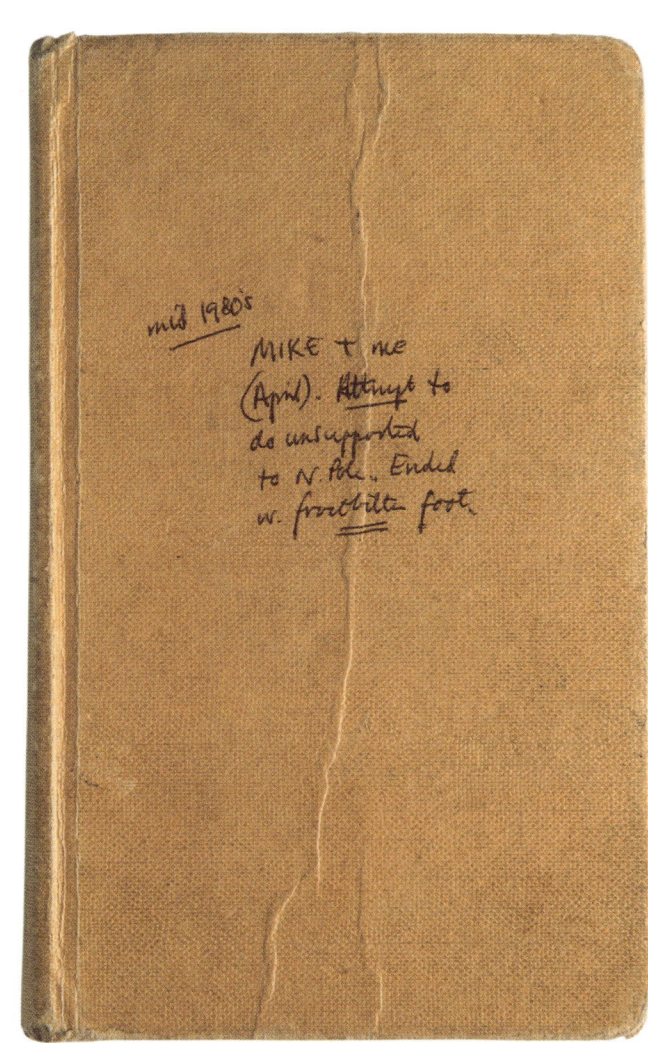

잠시 앉아서 귀를 기울여라. 심장이 고동치는 소리가 들린다. 하지만 너무 오래 앉아 있으면 안 된다. 계속 움직이지 않으면 손가락이나 발가락을 잃을 수도 있으니까.

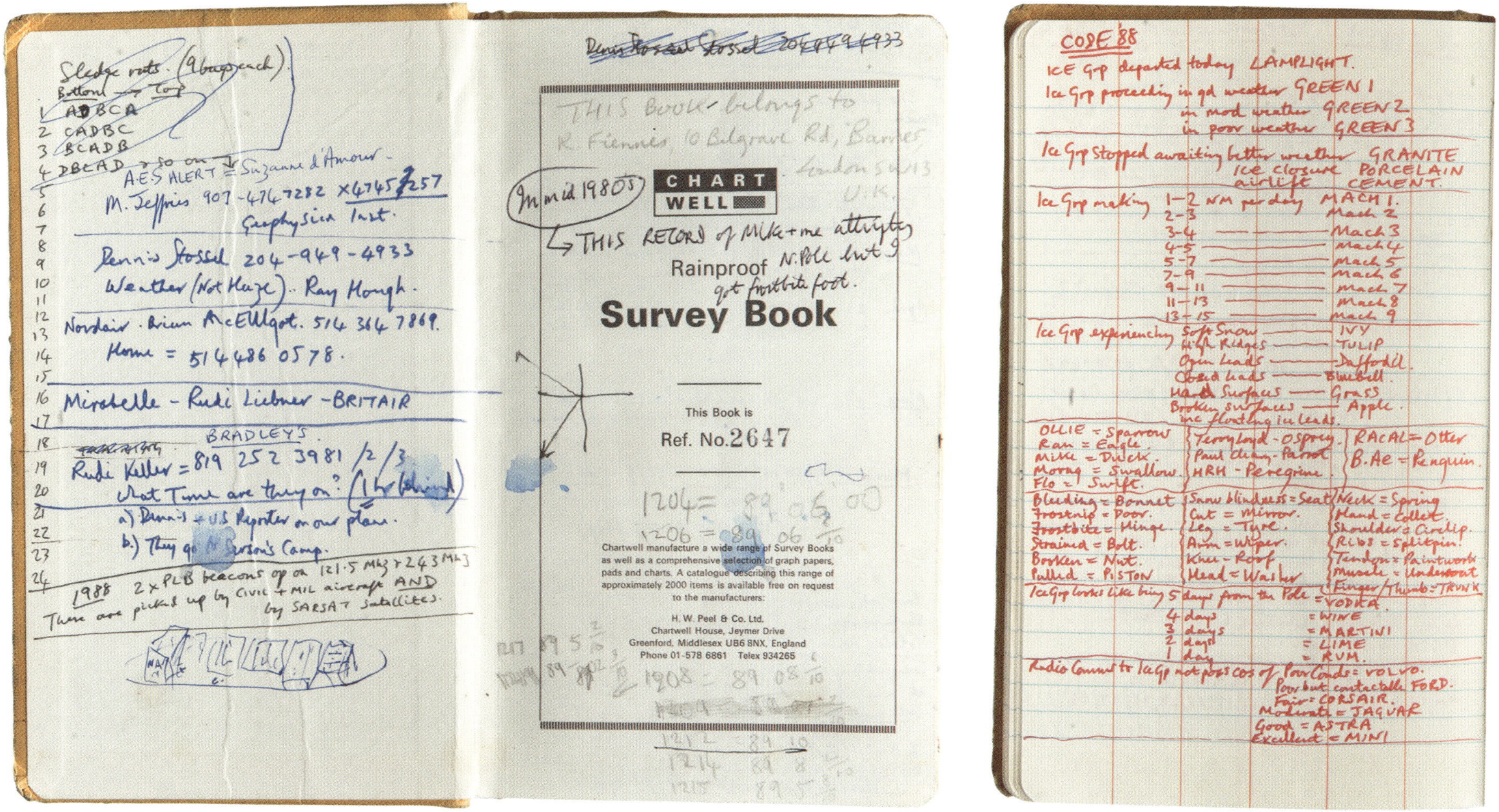

↘ 짤막한 글이 적힌 파인스의 노트: '1980년대 중반. 마이크(스트라우드)와 나(4월). 무지원으로 북극점 도달에 시도했다가 발에 동상이 걸리며 끝남.' 노트 내지에는 자세한 메모와 계산 수치를 비롯해 갖가지 상황과 빙상 상태, 잠재적 위험을 나타내는 약호들이 적혀 있다.

마거릿 폰테인

Margaret Fountaine, 1862-1940

나는 여행에서 가장 큰 즐거움을 얻는다. 세상을 떠돌며 사람들의 관습과 방식에 익숙해진다는 생각이 좋다.

1978년, 1940년 이후로 노리치캐슬박물관 지하 수장고에 줄곧 밀봉되어 있던 낡은 궤짝을 개봉하는 엄숙한 자리가 마련되었다. 궤짝 안에는 60년 동안 작성된 열두 권의 커다란 일기장과 2만 2,000점 가량의 나비 표본이 담긴 마호가니 상자들이 들어 있었다. 일기에는 여행가이자 인시목 연구가인 마거릿 폰테인의 비범한 모험이 기록되어 있었다. 폰테인은 일생 동안 나비와 거친 인상의 남자들을 쉴 새 없이 쫓아다닌 사람이었다.

폰테인은 스물아홉 살 때 실연의 아픔을 달래려는 동기 말고는 뚜렷한 이유 없이 잉글랜드를 떠났다. 부유하고 너그러운 삼촌은 그녀가 독립적으로 살아갈 수 있을 만한 재산을 물려주었고, 그녀는 그 재산을 세계 여행에 쓸 작정이었다. 스위스에 머물렀을 때 비로소 나비 수집에 흥미를 느꼈고, 그 순간부터 본격적으로 용감한 나비 사냥꾼으로서의 삶이 시작되었다.

극심한 방랑벽과 로맨스에 대한 기대에 이끌린 폰테인은 유럽 곳곳을 떠돌다가 북아프리카와 그 너머에까지 이르렀다. 얼마 안 가 그녀는 대개 가이드나 통역사만 대동한 채 대륙마다 가장 외진 야생의 오지를 탐험했다. 어떤 목적지도 너무 혹독하거나 위험하다고 여기지 않았다. 모든 면에서 인습에 구애받지 않던 폰테인은 자신만의 색다른 나비 채집용 복장을 선호했다. 남성용 체크 면 셔츠, 여분의 호주머니를 덧댄 면 치마, 집게손가락과 엄지손가락 끝을 잘라낸 면장갑, 햇빛을 가리기 위한 코르크 헬멧, 무거운 검정색 체인으로 목에 건 나침반이 그녀가 애용하는 야외 복장이었다. 비록 자연학자로서 정식 교육을 받은 적은 없지만 잡지 『곤충학자』에 소아시아와 알제리, 코스타리카, 필리핀,

↗ 아름다운 삽화로 가득한 폰테인의 스케치북은 실크 책싸개 안에 들어 있다. 나비에 처음 심취한 것은 스위스에서였지만 그녀는 나비 연구를 위해 방방곡곡을 여행했다.

그리스에서 자신이 연구한 내용을 상세히 정리하여 기고했다.

폰테인은 일기와 스케치북, 나비채와 더불어 항상 브랜디 술병을 갖고 다녔다. 브랜디는 상황이 힘들어질 때면 신경을 안정시키는 데 도움이 되었다. 하지만 폰테인은 겁 없고 열정적인 여행가였다. 그녀는 기차가 탈선하려고 할 때 민첩하게 차량에서 뛰어내리고, 테니스 신발을 신고 빙하를 가로질렀으며, 말라리아로 여러 차례 죽을 고비를 넘기기도 했다. 또한 지진, 열대성 폭풍, 사자, 독사와 맞닥뜨려도 눈 하나 깜짝 안 했다. 그녀의 인생에서 자랑스러운 순간 가운데 하나는 악명 높은 산적 자크 벨라코샤와 함께 코르시카 산비탈에 위치한 그의 은신처에서 술잔을 기울였을 때다. 그녀는 나중에 '순수하고 고결한 여성에게는 아무리 비열한 사내라도 깨트릴 수 없는 즉각적이고 특별한 보호의 손길이 있다'고 썼다.

훤칠하고 매력적으로 생겼지만 소심한 폰테인은 잇따라 끔찍한 연애 상대만 만나다가 마침내 칼릴 네이미라는 시리아 유부남(이라는 사실은 나중에 알았다)을 만났고, 네이미는 30년 가까이 그녀 곁을 떠나지 않는 동반자이자 영혼의 짝이 되었다. 두 사람은 세계적으로 손꼽히는 나비 표본 컬렉션을 수집했다.

네이미가 죽었을 때 폰테인은 비통한 심경을 작업으로 덮으며 여행을 계속했다. 70대에 접어들어서도 컬렉션에 희귀종을 추가하기 위해 말을 타고 하루에 65km 쯤은 아무렇지도 않게 다녔다. 하지만 극도로 힘든 여행들이 결국 몸에 무리를 주었다. 그녀는 트리니다드섬의 흙먼지 이는 길에서 여전히 나비채를 꼭 쥔 채로 78세에 세상을 떠났다.

1908-9년 남아프리카에서 발견한 유충과 번데기 스케치

비비언 푹스

Vivian Fuchs, 1908-1999

제2차 세계대전이 끝난 뒤 쏟아지는 과학 연구 활동에 남극대륙이 활짝 열렸다. 국제지구관측년을 맞아 1957-8년 사이에 많은 국가들이 남극대륙에 최초로 과학 기지를 설립했지만, 그곳의 풍경은 여전히 모험심을 자극했다. 텅 빈 지도가 손짓하고 있었다. 1912년에 아문센과 스콧이 차례로 남극점에 도달했지만 중요한 일주 하나가 여전히 달성되지 않은 채 남아 있었다. 바로 최초의 남극대륙 횡단이었다. 1914년에 남극대륙 횡단을 시도했다가 실패한 어니스트 섀클턴은 그것을 '최후의 극지 대장정'이라고 불렀다.

불가능해 보이는 이 꿈을 1958년에 실현한 사람은 비비언 푹스다. 그는 사실 이 대담한 계획의 개략적인 윤곽을 거의 10년 전부터 그리기 시작했다. 그는 남극 포클랜드 제도 속령 연구소 FIDS(현재 영국남극연구소의 전신)의 지질학자이자 원정대 대장이었는데, 텐트를 때리는 세찬 바람 때문에 사흘 동안 침낭에 갇혀 있을 때 이 아이디어를 떠올렸다. 이윽고 날이 개자 그는 썰매 여행을 재개했고, 동시에 그의 가장 위대한 모험을 위한 계획이 탄생했다.

친구들에겐 어린 시절의 별명 '버니'로 불렸던 극지의 베테랑 푹스는 위엄 있는 리더이자 외교가였고, 나중에는 영국남극연구소 소장과 왕립지리학회 회장이 되었다. 케임브리지 대학의 세인트존스 칼리지에서 자연과학을 공부했는데, 거기서 그를 가르친 교수는 남극대륙 횡단을 시도한 섀클턴의 인듀어런스 탐험대원이었던 지질학자이자 선임 과학자 제임스 워디였다. 1929년 워디는 그린란드 탐사 원정에 푹스를 초대하여 극지 연구 작업을 처음 체험하게 해주었다. 나중에 저명한 인류학자 루이스 리키를 만난 뒤 푹스는 지질학자로서 동아프리카 지구대의 호수와 산을 탐험하며 그곳에서 7년을 보내게 된다. 1934년 한 탐사 원정이 마무리되었을 때, 신혼이었던 푹스는 아내 조이스와 함께 46일 동안 차를 타고 12,370km를 달려 집으로 돌아왔다.

한쪽 해안에서 반대편 해안까지 3,220km 거리인 남극대륙 횡단은, 스노캣 궤도차량을 여러 대 이용하고 항공기의 지원을 받더라도 준비하는 데 약 3년, 그리고 완수하는 데 99일이 소요되는 여정이었다. 힘겹기만 한 게 아니라 위험하기도 한 여정이었는데, 보이지 않는 크레바스가 곳곳에 자리한 지역들을 가로질러 궤도차를 몰아야 했기 때문이다. 섀클턴 시대 이후로 온갖 기술이 발전하여 이 시도가 가능해지긴 했어도 남극대륙 횡단은 여전히 만만찮은 도전이었다. 여정 내내 푹스는 일기를 자세하게 썼다. 또 노트와 무선 통신 기록, 전보, 서신도 풍부하게 남아 있다. 횡단에 필요한 복잡한 물류 지원을 고려할 때 그 모든 기록들은 당연히 없어선 안 될 것이었지만, 푹스가 원정을 마치고 집에 돌아온 지 몇 달 만에 그에 관한 책을 완성해야 했을 때도 요긴하기는 마찬가지였다.

푹스는 스콧 기지에 무사히 도착하여 목욕 중일 때 자신이 기사 작위를 받게 되었다는 소식을 들었다. 런던으로 돌아온 그는 왕립지리학회의 특별 금메달을 비롯해 더 큰 영예를 얻었고, 나중에 자신의 인지도를 이용해 영국 내 극지 과학의 위상을 크게 높였다. 그는 현실적인 몽상가였고, 그보다 더 중요한 사실은

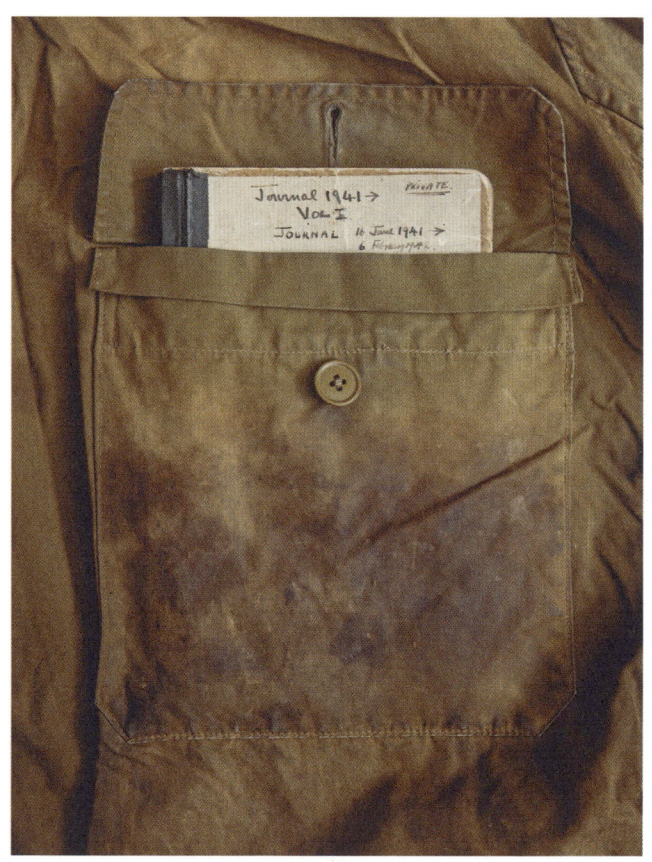

↗ 닳아빠진 아노락(두건이 달린 방수 재킷) 호주머니에 고이 간직된 일기. 푹스는 1941년부터 줄곧 아프리카 일기를 작성했다. 오른쪽 사진은 인류 최초로 남극대륙을 횡단한 그의 위대한 원정(1955-58)이 담긴 노트와 스케치북이다.

그가 힘든 일을 해내기 위해 필요한 근성과 에너지가 있다는 점이다. 동시에 계획 수립에도 꼼꼼했다. 『타임스』가 보도한 대로였다. '세상에서 가장 혹독한 날씨에 맞서가며 이 황량한 지역을 여행하기 위한 불가결한 장비로서 용기와 인내, 정확한 계산을 대체하는 것은 없었다.'

오이겐 폰 게라르트

Eugene von Guerard, 1811-1901

> 파리 떼가 똥 더미에 꼬이듯, 조금이라도 유망해 보이는 새로운 장소마다 채굴꾼들이 떼 지어 몰려와 자리를 잡는다.

오스트리아 프란츠 황제의 궁정 화가인 아버지의 격려를 받아 이탈리아와 뒤셀도르프에서 공부한 게라르트는 실력 있는 화가였다. 하지만 1852년 8월 18일, 그는 금광 채굴로 큰돈을 벌고자 잉글랜드 그레이브센드에서 원더미어호에 올라 오스트레일리아로 향했다. 바다로 나간 원더미어호는 밴디먼스랜드로 유형수와 군인을 실어가는 돛대 세 개짜리 대형 범선 옆을 지나가게 되었다. 갑판에는 사람들이 바글거렸고, 대다수는 족쇄를 차고 있었다. 게라르트는 '더없이 암울한 광경'이었다고 썼다. 이와 대조적으로 그와 동승객들은 기대로 부풀어 있었다. 그들에게 지구 반대편의 신세계는 기회의 땅이었다.

다섯 달 뒤 마침내 밸러랫의 금광에 도착했을 때, 게라르트는 소 떼를 몰면서 광대한 유칼립투스 숲을 지나 작은 샘 옆에서 야영을 했고, 흡혈파리 떼에 정신없이 시달렸으며, 전갈이 잠동무라는 '달갑잖은 발견'을 했다. 또 부시레인저(호주 오지에서 살아가는 무법자들. 흔히 탈출한 도형수였다)에게 강도를 당해 나무에 묶여 있던 사람도 발견했다. 오스트레일리아에서 한몫 챙기겠다는 전망은 매혹적이었지만 현실은 훨씬 험난했다.

담요 한 장과 곡괭이 한 자루, 찻주전자 하나밖에 없던 게라르트는 깃발을 꽂고 자기 소유로 삼은 땅을 파기 시작했다. 힘든 생활이었다. 낮에는 금광에서 손에 물집이 잡히고 등이 휘어지도록 일했다. 저녁이면 지친 채굴자들(중국인, 영국인, 프랑스인, 미국인)이 텐트나 임시 거처로 돌아와 양고기를 구웠다. 금 채굴꾼들은 여기저기 앞다퉈 달려가며 숲을 밀어내고, 황금을 향한 갈증으로 땅을 파헤쳤다. 그들 뒤로는 파괴와 불운의 발자취가 남았다. 채굴권을 다투는 광부들 사이에 노상강도와 폭력이 횡행했고, 갱도에는 시신들이 널브러져 있었다. 흙먼지 폭풍과 들불이 일었다. 운 없이 열여섯 달을 지낸 뒤 게라르트는 실패를 자인했다. 채금업자의 삶을 묘사한, 체험에서 우러나는 생생한 스케치를 제외하면 그간의 노력에 물질적인 보상은 없었다. 게라르트는 풍경화가로 성공하기를 바라며 멜버른으로 갔다.

하지만 작품의 구매자를 찾기 힘들었다. 그림을 경매에 부친 뒤 게라르트는 일종의 스케치 투어에 나섰다. 1860년에는 앨프리드 하윗, 1862년에는 게오르크 폰 노이마이어의 탐험대에 합류했다. 다음 16년 동안 게라르트는 빅토리아, 태즈메이니아, 뉴사우스웨일스, 사우스오스트레일리아, 뉴질랜드의 야생을 널리 여행했다. 언제나 스케치북을 놓지 않았고 깁슬랜드의 숲과 오트웨이 산맥, 빅토리아주 서부 지구 화산지형에 있는 화구호들crater lakes, 코지어스코 고원의 봉우리들을 상세하게 그렸다. 이 스케치들은 나중에 부유한 고객들이 주문한 대형 화폭에 담을 그림의 토대가 된다.

시간이 지나면서 게라르트는 마땅한 인정을 받게 되었다. 프란츠 요제프 십자 훈장을 받았고, 멜버른의 국립미술학교와 빅토리아국립미술관에서 직책을 맡았다. 게라르트의 파노라마 그림은 식물학적으로 정확하고 지리학적으로 상세했다. 그는 장엄하고 숭고한 풍광으로 빅토리아주의 가장 중요한 식민지 풍경화가로서 길이 명성을 누리게 된다.

↗ 1853년 차이나맨스걸리에서의 금 채굴. 게라르트는 한몫 챙기길 기대하며 오스트레일리아 금광에서 열여섯 달을 보냈고 그동안 광부들의 작업과 고초를 스케치했다. 결국 그는 광부보다는 풍경화가로서 훨씬 큰 성공을 거두게 된다.

↗ 1862년 11월, 게라르트는 노이마이어 교수의 과학 탐사대원으로서 뉴사우스웨일스의 코지어스코산 정상에 올랐다. 이 전경을 비롯해 당시 그린 스케치들을 바탕으로 그는 그에게 명성을 가져다줄 그림 한 점을 그리게 된다. 게라르트의 스케치북은 웅장한 풍광 외에도 흥미롭고 세심한 묘사들로 오스트레일리아 야생에서 과학 탐사대의 생활을 엿볼 수 있게 해준다.

↗ 위 그림은 동굴 안에 있는 자신을 그린 것이며 '물이 없다'는 설명이 딸려 있다. 아래는 1854-57년 사이에 그린 스케치로, 게라르트의 삶에서 전환점을 나타낸다.
금광을 떠난 그는 이제 풍경화가로서 새로운 경력을 시작하기 위해 멜버른으로 가는 길이었다.

[들불은] 웅장하면서도 무시무시한 장관이다.
수백 그루 나무에 불길이 치솟으면서 잎사귀들이 불꽃놀이에
휩싸인 것 같고, 거대한 나무들이 사방에서 굉음과 함께 쓰러진다.
연기가 끝없이 치솟는 가운데 하늘이 붉게 물든다.

게라르트는 빅토리아, 태즈메이니아, 뉴사우스웨일스, 사우스오스트레일리아, 뉴질랜드
야생 지역을 여행하며 16년을 보냈다. 생활 조건은 대부분 아주 험악했다.

↗ 1857-59년, 들불이 일대를 휩쓰는 극적인 장면

로빈 한버리-테니슨

Robin Hanbury-Tenison, 1936-

궁금증이 많은 것은 언제나 인류의 축복이자 저주였다. 우리를 다른 종과 구별하는 것은 바로 그것이다. 이런 호기심이 없다면 우리는 집에만 머물렀을 것이다.

과학자들이 우주의 바깥을 탐험하기 시작했지만 이 지구상에도 우리가 모르는 것이 여전히 많다. 그리고 바로 이 사실이 아침에 인간을 일으켜 세우는 것이라고 로빈 한버리-테니슨은 말한다. "그건 끝나지 않는 도전이에요. 탐험은 새로운 형태로 계속됩니다. 우리는 자연에 관해 알고 있는 게 얼마나 적은지 이제야 깨닫기 시작했어요. 특히 우림의 경우가 그렇죠. 우리가 그걸 너무 늦게 깨달은 게 아니길 바랄 뿐입니다."

그의 모험이 완전히 끝난 것은 아니지만, 진짜 험한 장기 탐사는 이제 그의 능력 밖이다. "하지만 제가 지난 세월 동안 이룬 것이 다른 이들의 도전에 자극이 되면 좋겠습니다." 여든 살 생일에 그는 자신이 설립한 자선단체 '서바이벌 인터내셔널'의 기금을 모금하는 과제를 떠맡았다. 부족민들이 자기 땅을 지키고 스스로 미래를 결정할 수 있도록 지원하는 단체인데, 한버리-테니슨이 자신의 가장 의미 있는 유산으로 꼽는 과업이다.

어릴 적, 낯선 땅에 대한 상상은 그에게 마법을 걸었다. 당시 색연필로 그린 지도가 여전히 남아 있다. 아이는 상상력을 발휘해 보라색, 분홍색, 파란색의 들쭉날쭉한 해안선과 테라 인코그니타('미지의 땅')를 맹수와 야생의 정글, 멋진 산맥 들로 채웠다. 그는 답답한 유치원에서 빠져나와 부모님의 사유지에 있는 호수 안 작은 섬으로 노를 저어 가거나, 스스로를 탐험가라 상상하며 나무 위 오두막에서 홀로 잠을 청하곤 했다.

1957년에는 2차 세계대전 당시 생산된 낡은 지프차를 구입해 런던부터 스리랑카까지 인류 최초로 육로 여행을 감행했다. 이듬해에는 남아메리카에서 가장 넓은 구간을 최초로 육로 횡단했다. 1962-66년에는 사하라 남부의 산맥을 탐험했다. 그다

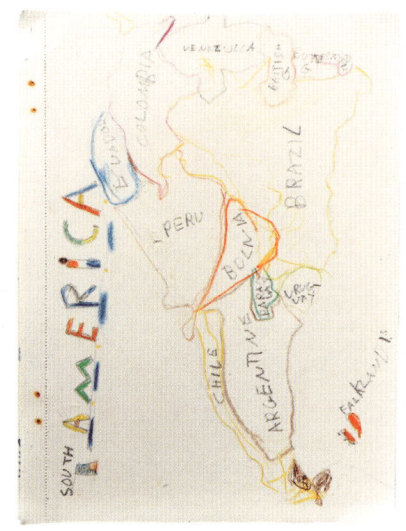 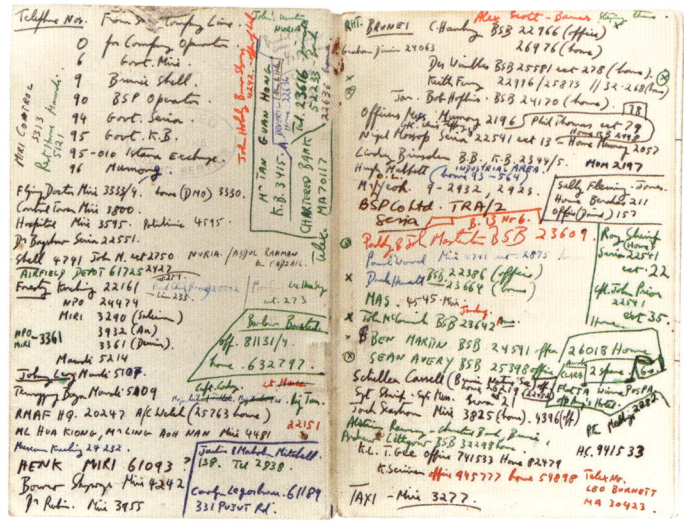

음에는 남아메리카를 북쪽에서 남쪽까지 강물을 타고 종단했고, 1968년에는 호버크라프트를 타고 최초로 오리노코강을 일주했다. 말을 타고 만리장성을 일주했으며 1974년에는 인도네시아 술라웨시섬의 외곽 섬들을, 1976년에는 말레이시아의 사바 지역과 브루나이를 탐험했다. 1977-78년에 왕립지리학회의 초청을 받아서 오늘날 사라왁의 구눙물루 국립공원으로 알려진 지역으로 탐사대를 이끌었다. 당시 그곳은 가장 외지고 세상에 드러나지 않은 열대우림이었다. 탐사팀은 풍성한 동식물군과 저 높이 치솟은 석회암 봉우리, 녹음이 우거진 골짜기와 탐험된 적 없는 광대한 지하 동굴 네트워크까지, 아름답지만 위험천만한 이 지역을 샅샅이 탐험하고 연구할 계획이었다. 탐사대는 많은 신종을 발견했고 사진으로도 찍었다.

↘ 한버리-테니슨은 평생 일기와 노트, 일지를 써왔다. 가장 왼쪽 그림은 머나먼 땅에 대한 조숙한 관심을 보여주는 어린 시절 그림이다.

↗ 오른쪽 사진들은 1977-78년 구눙물루 탐사 때 작성한 기록으로, 그가 정보를 포착하고 저장하는 각양각색의 방식을 보여준다.

여태까지 그에게 무척 유용했던 간단한 조언은 이것이다. '여행을 떠날 때 가장 중요한 물건은 노트다. 저녁마다 그 위에 글을 적어야 한다. 그날 일어난 일을 적어도 두 페이지 가득 적어라. 그렇게 하지 않을 거라면 대형 탐사를 떠날 생각은 아예 접는 게 좋다. 노트에 적지 않으면 금방 잊어버릴뿐더러 다른 누구와도 내용을 공유할 수 없을 것이다. 다녀온 곳에 관해 멋진 이야기를 들려줄 수 없다면 어딘가로 떠난다는 게 무슨 의미가 있는가? … 노트는 우리에게 딱 필요한 것이다. 그건 우리가 할 수 있는 최고의 투자다.'

찰스 턴불 해리슨

Charles turnbull Harrisson, 1866-1914

> 우리가 남극의 겨울을 어떻게 나고 있는지, 이 야생의 땅에서 어떤 위험을 맞닥뜨리고 있는지 모른 채 하염없이 기다리는 것은 딱한 아내에게도 틀림없이 지치는 일일 터이다.

다른 이들이 지질 표본을 수집하는 동안 해리슨은 손가락이 동상에 걸릴 때까지 스케치를 했다. 기온은 영하 34℃에 가까웠다. 시속 160km의 강풍이 몰아치자 해리슨은 공중으로 떠올라 6m를 날아갔다. 동료들이 난롯가에 모여 앉아 폭풍이 잦아들 때까지 닷새 동안 꼼짝없이 갇혀 지내는 동안 그는 그림을 그리고 일기를 쓰는 작업에 몰두했다. 시간이 지나면서 그는 임기응변을 발휘하게 되었다. 오래된 바지를 잘라 스키용 고글 위에 걸쳐 얼굴을 보호하고, 나무 궤짝으로 스케치용 상자를 만들어 살을 에는 바람으로부터 손을 보호했다. 재료가 바닥날 때까지 색분필로 그림을 그렸다. 해리슨은 도가 튼 미술가였다.

호바트에서 태어난 찰스 턴불 해리슨은 모두에게 '채스 티 Chas T'로 불리는 마흔넷의 현장 채집가였다. 아직 어린 아이가 있는 집안의 가장이었던 그는 길도 없고 험한 태즈메이니아의 서해안을 측량하여 이미 많은 찬사를 받았다. 그는 1911-13년 더글러스 모슨의 전설적인 오스트랄라시아(오스트레일리아·뉴질랜드·뉴기니를 포함한 남태평양 제도) 남극 탐험대에서 유일한 태즈메이니아 출신이었다. 다른 탐험가들이 남극점을 향해 경주를 벌이고 있을 때, 과학에 헌신하며 미지의 바닷가로 항해에 나선 탐험대가 여기 있었다. 해리슨은 탐험대의 화가 겸 생물학자로서 망설임 없이 합류했다.

해리슨의 스케치와 일기는 서부기지 대원 열여덟 명이 직면한 난관들을 생생하게 보여준다. 서부기지 대원들은 커먼웰스만에 있는 모슨의 주主기지에서 2,000km 넘게 떨어진, 퀸메리랜드 지역의 빙하 가장자리에 상륙했다. 유빙이 떨어져 나가면 남빙양으로 떠내려가 두 번 다시 세상 구경을 못하게 될 공산이 크다는 것을 알면서도 유빙 위에 기지를 차릴 수밖에 없었다. 그들을 내려준 오로라호 선장이 헤어지며 건넨 말대로, 만약 오로라호가 항구에 무사히 닿지 못한다면 서부기지 대원들이 어디 있는지조차 아무도 모를 위험한 상황이었다.

그들의 업적은 다른 곳에서 펼쳐진 드라마 때문에 대중의 기억에서 가려지면서 대체로 역사에 잊혔다. 아문센은 남극점을 정복했고 스콧은 텐트에서 죽음을 맞았다. 모슨 탐험에서 회자되는 것이 있다면 주기지 대원들에게 가차 없이 불어 닥친 심한 강풍('눈보라의 본고장'에서 거의 1년 내내 허리케인급 강풍이 몰아쳤다)이나 아니면 동료 두 명이 죽은 뒤에 홀로 썰매를 타고 이동한 모슨의 영웅적인 악전고투다. 하지만 해리슨 같은 사람들, 즉 새로운 지형을 지도에 기록하거나 보급 창고를 세우기 위해 지칠 줄 모르고 썰매를 끈 사람, 길 잃은 동료들을 한없이 수색하던 사람, 극한 기온에도 밤마다 나가서 과학 장비를 점검하거나 남극대륙의 역사에 단서를 줄 수도 있는 암석을 모으고자 얼음을 파헤치던 사람, 이들도 진정한 탐험가로서 인정받아 마땅하다.

서부기지 팀의 리더 프랭크 와일드는 스콧과 섀클턴의 탐험에도 동행한 적 있는 극지의 베테랑이었다. 그의 유능한 지도 아래 서부기지 대원들은 서로 대등한 팀원이 되어 탐사 원정의 모든 목표를 달성했다. 그들은 혹독한 조건에서 새로운 땅을 폭넓게 탐험하고 유용한 기록들을 챙겨 귀환했다. 그리고 해리슨이 그린 스케치는 그들의 선구적인 활동에 따르는 고난과 뿌듯함을 조금은 엿볼 수 있게 해준다.

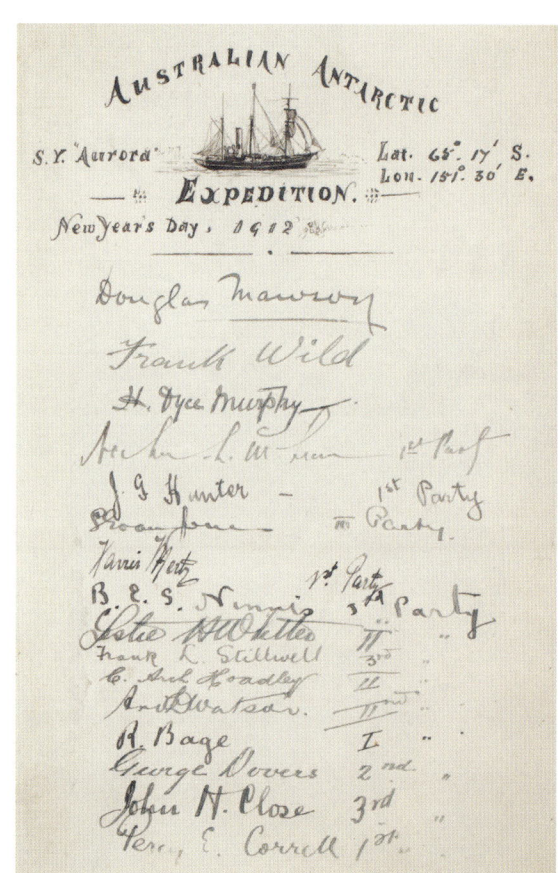

하지만 고향에 무사히 돌아온 지 2년 만에 해리슨은 세상을 떠나고 말았다. 어업 감독관으로서 매쿼리섬을 방문했다가 오스트레일리아로 돌아오는 길에 그가 탄 배가 강풍을 맞아 흔적도 없이 가라앉아버려 승선자 전원이 목숨을 잃었다.

1912년 9월 7일. 바람이 안 불어도 이렇게 낮은 기온에서 스케치하기란
고약한 일이건만 한바탕 돌풍까지 몰아친다! 이 밑그림을 완성하기 전
에 조금 온기를 얻으려고 두 번이나 뜀박질을 해야 했다.

↖ 해리슨의 1912년 새해 첫날 일기.
　　함께 남극대륙으로 향하는 동료들의 서명이 담겨 있다.

↗ 탐사 당시 해리슨이 윈저앤뉴튼 스케치북에 그린 그림들.
　　왼쪽 그림은 1912년 2월 13일에 유빙에 정박한 오로라호의 모습이고,
　　오른쪽 그림에는 '우리의 남극 집 — 제2기지'라는 설명이 적혀 있다.

1912년 6월 30일. 고향에서 소식이 오려면 아직도 일고여덟 달을 더 기다려야 한다.
다행스러운 점은 시간이 빠르게 흐른다는 것이다. 게다가 고향과 이어진
끈이 없다면 나는 이 광막한 고독의 아름다움과 기묘함에 강한 매혹을 느꼈을 것이다.
얼마나 깊은지도 알 수 없는 영원한 얼음 장막 아래 감춰진
저 잃어버린 죽은 땅의 미스터리에 말이다.

↘ 캠프의 일상을 다룬 해리슨의 스케치는 탐험대원들이 견뎌야
한 생활 조건을 들여다볼 수 있게 해준다. 여기서 그들은
복작복작한 '더그아웃' 피난처에서 추위를 피하며 텐트를
수선하고 있다.

- 1912년 썰매 일기에 나오는 '기억을 더듬어 그린 스케치들'이다. 눈보라 속에서 길을 찾는 것은 고사하고 걷기도 힘든 상황을 잘 보여준다.

- 해리슨의 스케치북에 그려진 많은 그림 가운데 일부. 흰바다제비와 빙산. '후시Hoosh(재료를 있는 대로 집어넣고 끓인 걸쭉한 수프)' 요리, 텐트 안에서의 크리스마스 만찬을 묘사했다. 빙벽 동굴을 그린 스케치는 '영하 32℃'에 '맨 손가락을 내놓기에는 너무 추워서' 미완성이라고 적어 놨다.

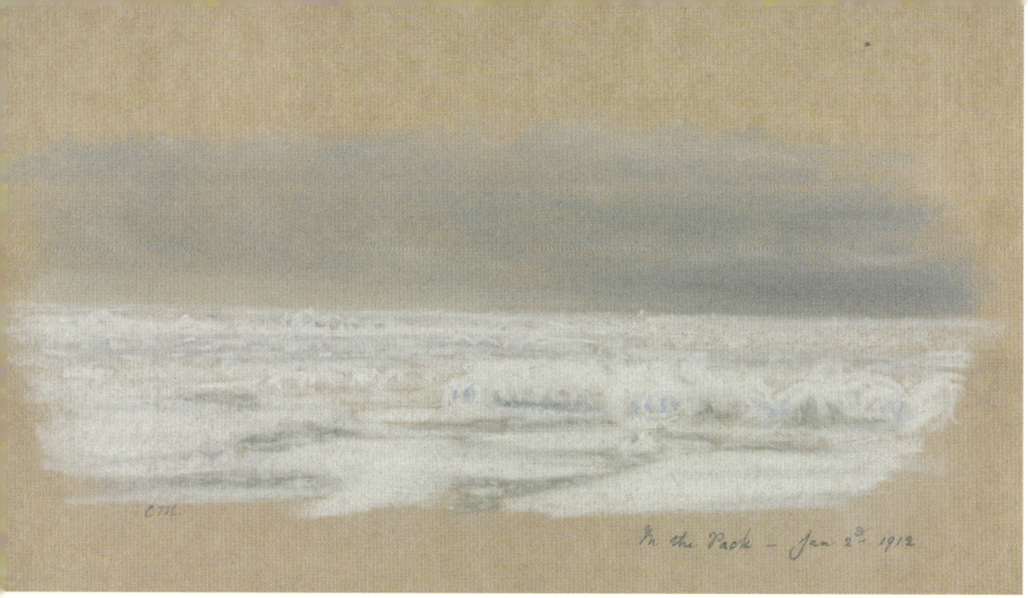
In the Pack – Jan 2nd 1912

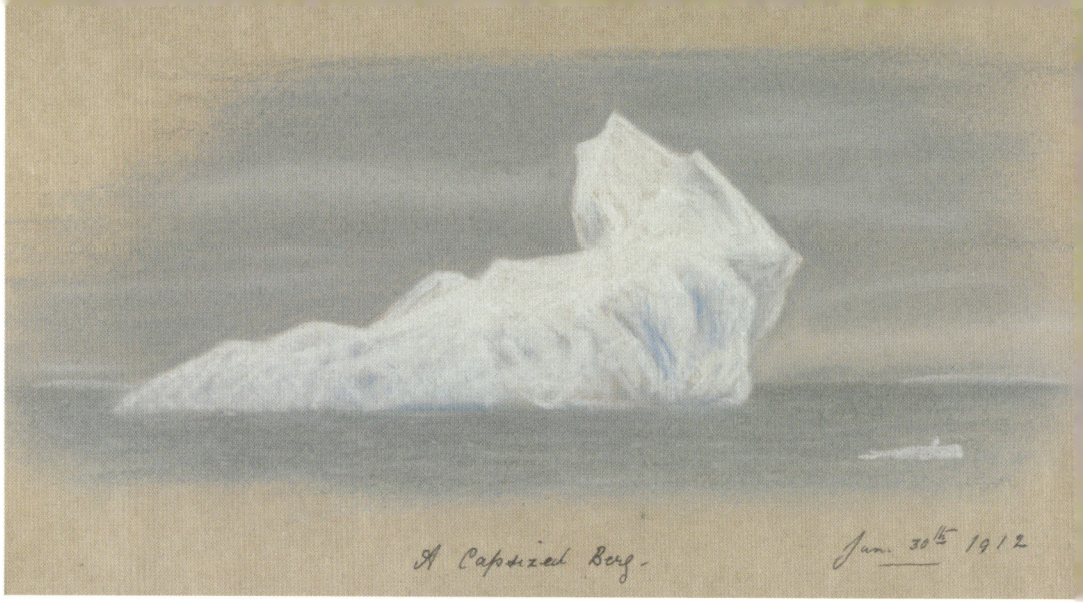
A Capsized Berg –
Jan. 30th 1912

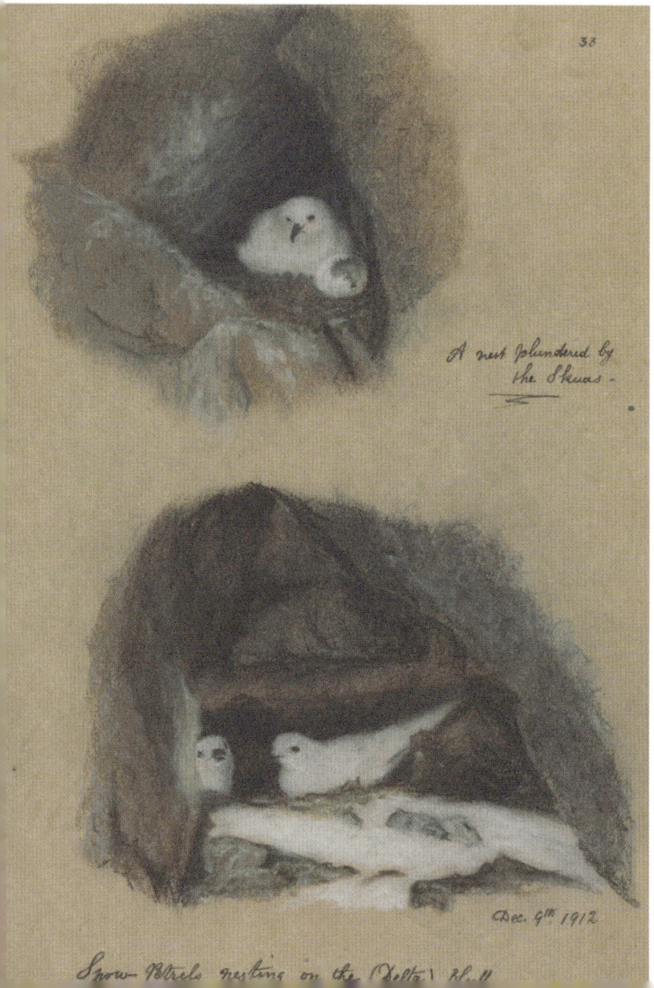
33
A nest plundered by the Skuas –
Dec. 9th 1912
Snow Petrels nesting on the (Delta) Bluff

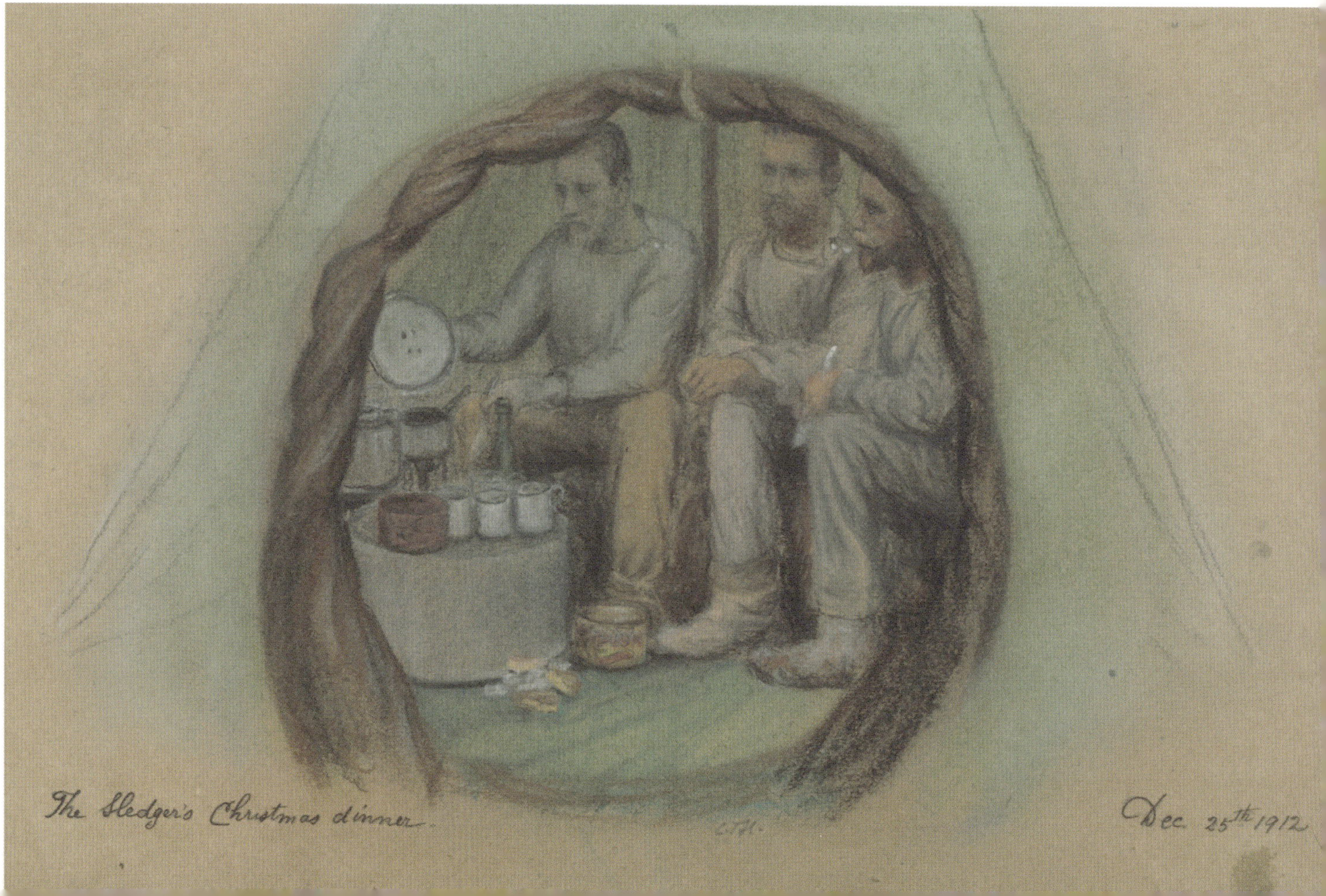
The Sledger's Christmas dinner –
Dec. 25th 1912

스벤 헤딘

Sven Hedin, 1865-1952

> 나는 내 발자국을 되짚어가지 않는다.
> 그건 내 종교에 반한다.

스웨덴 지리학자 스벤 헤딘과 그의 동행 네 명, 그리고 낙타 무리는 1895년 4월 10일 메르켓 마을을 떠나 사막으로 향했다. 그들이 지나가는데 한 남자가 '절대 못 돌아올 거야'라고 큰 소리로 말했다. 헤딘의 목적은 지구상에서 두 번째로 큰 사막인 타클라마칸사막을 건너는 것이었다. 대다수가 그 여정을 자살 행위라고 여겼다. 그 이름부터 고난을 암시한다. 타클라마칸은 위구르어로 '돌아오지 못하는 곳', '죽음의 사막'이란 뜻이다.

몇 주 뒤에 그들은 심각한 위험에 빠졌다. 낙타가 하나둘 죽어갔고, 사람들은 갈증과 탈진으로 꼼짝할 수 없었다. 모래 폭풍이 그들의 막사를 파묻어버렸다. 살아남은 낙타들은 더 이상 말을 듣지 않고 모래에 널브러졌다. 사람들도 낙타 옆에 드러누워 얼굴을 낙타 몸통 옆에 파묻었다. 1895년 4월 30일 헤딘은 노트에 이렇게 끄적거렸다. '사방에 산더미 같은 모래, 지푸라기 하나, 생명체 하나 보이지 않는다. … 신이시여, 우릴 도우소서!' 그는 약상자와 옷가지, 카메라, 이미 빛에 노출되어버린 수천 장의 사진 원판을 버리고 사흘을 버틸 식량과 소중한 일기장, 지도, 연필과 종이만 챙긴 채 비틀비틀 걸음을 이어갔다. 기운이 다해가던 바로 그 순간에 기적적으로 물웅덩이를 발견했다.

타클라마칸에서 '죽음의 행군'에 착수했을 무렵 헤딘은 이미 박사학위를 취득했고 여러 외국어를 유창하게 구사했으며, 페르시아를 가로지르는 여행을 두 차례 다녀온 바 있었다. 그는 이후에 중앙아시아 산맥과 사막을 관통하는 원정을 세 차례 더 이끌었고, 언제나 카메라와 노트를 손에서 놓지 않았다. 기후를 관측하고 암석과 식물을 채집했으며, 정확한 지도와 그에 상응하는 파노라마 수채화로 정밀하고 상세하게 지형을 기록했다. 약 3,000점에 달하는 스케치와 수채화는 그의 관찰 기록을 보완하며, 결국에는 그의 무수한 출판 기행문을 장식했다.

헤딘은 트랜스히말라야산맥(한동안은 '헤딘 산맥'이라고 불렸다), 로프노르 호수, 브라마푸트라강과 인더스강, 수틀레이강의 수원을 발견했다. 로프노르 사막에서는 만리장성이 한때 신장 지역까지 뻗어 있었음을 가리키는 유적을 발견했다. 또한 최초로 파미르고원과 타클라마칸사막 그리고 실크로드, 티베트, 히말라야산맥 일부를 지도로 정확하게 그렸다.

대부분의 여행에서 헤딘은 유럽인에게는 금단의 땅, 즉 강도가 들끓거나 외국인을 몹시 경계하는 군주가 다스리는 위험한 지역들을 지나갔다. 그보다 앞서 이곳에 발을 디뎠던 이들 가운데 일부는 고문을 받고 벌레가 우글거리는 구덩이에 내던져진 다음 참수를 당하기도 했다. 헤딘은 현지 경비가 탐험대에 다가올 때마다 쌀자루 안에 스케치북을 감추고 변장을 했는데도, 첩자 혐의를 받아 여러 차례 체포되었다. 한번은 총살을 당할 뻔도 했다. 현지인들은 어째서 외국인이 시키면 속셈도 없이 그렇게 상세한 스케치와 지도를 그리려 하는지 이해할 수 없었다.

헤딘은 카리스마가 넘치는 사람이었고 기가 막힌 연사였다. 탐험의 성과를 왕성하게 발표한 그는 과학 논문과 순회강연, 젊은 독자를 사로잡는 저작들로 국제적 유명인사가 되었다. 산계, 빙하, 식물, 나비는 물론이고 심지어 달 분화구에도 헤딘의 이름이 붙을 정도였다. 하지만 나중에 그는 빌헬름 2세와 히틀러를 공공연히 지지하여 조롱과 공분을 샀다. 그럼에도 그가 탐험의 역사에 공헌했다는 사실만은 논쟁의 여지가 없다.

↗ 헤딘은 야크와 낙타를 데리고 광대한 땅을 이동했다. 그에게 그림은 주변 환경을 기록하고 잠시 긴장을 푸는 수단이었다. 야영지에 저녁이 찾아오면, 동행들의 초상이나 쌍봉낙타와 그 독특한 '헤어스타일'을 스케치하곤 했다.

↗ 헤딘은 능숙한 지도 제작자이자 화가였다. 전인미답의 지역을 대단히 정확한 지도로 그렸을 뿐 아니라, 위험천만한 여정 중에도 채색 풍경화와 꼼꼼한 파노라마 그림을 남겼다.
1908년 티베트의 어느 야영지를 그린 이 그림에서는 텐트가 칼바람에 날아가지 않도록 누름돌로 고정되어 있다.

모험, 미지의 지역 정복, 불가능에 맞서 싸우기,
이 모든 것이 나를 거부할 수 없는 힘으로 끌어당기는 요인이다.

↘ 1894년에 그린 이 그림에서 볼 수 있듯이 헤딘은 여행 내내 과학 탐사자로서 광범위한 관측을 수행했다.

↗ 1907년, 헤딘은 야음을 틈타 티베트 제2의 도시인 시가체종에 몰래 들어갔다. 이튿날 아침, 현지인들이 성 안에서 낯선 외국인을 발견하자 난리법석이 벌어졌다. 그들은 그가 하늘에서 떨어진 게 틀림없다고 생각했다. 헤딘은 나중에 초벌 스케치를 바탕으로 채색했다.

월리 허버트

Wally Herbert, 1934-2007

개척자라면 여행에서 돌아올 때 지도나 독특한 발견, 우리 행성을 이해하는 데 이바지하는 전문지식 같은 귀중한 무언가를 갖고 올 무언의 책임이 있다.

1956년, 허버트는 젊었을 적 처음으로 남극대륙에 갔다. 호프만에서 두 번의 겨울을 나면서 태양과 별을 보고 방향을 읽는 법을 터득했다. 그는 개썰매를 모는 기술을 숙달했고 탐험대의 리더가 되어 최초로 남극반도를 가로질렀다. 로스해에서는 이전까지 탐험된 적 없는 방대한 지역을 지도로 그렸다. 1962년에 그의 현장 조사팀은 난센산을 최초로 등정하고 광활한 퀸모드산맥을 이동했다. 조사팀의 지질학자는 그때까지 남극에서 발견된 가장 풍성한 식물화석 컬렉션을 얻었고, 측량을 하며 산맥을 통과하여 로스빙붕까지 아문센의 경로를 되짚어감으로써 남극점으로 통하는 관문을 열었다. 허버트는 그동안 지도와 일지를 작성하고, 기회가 있을 때마다 그림을 그렸다.

이후 그는 놀라운 극지 여행을 계획하고 북극으로 향했다. 1968년 2월, 수년간 준비한 끝에 동료 셋과 함께 불가능한 꿈을 실현하려고 나섰다. 오로지 얼음 표면으로만 이동하여 북극해를 건너는 게 목표였다. 이동 경로는 거의 6,000km에 달했고 16개월간의 노력이 필요했다. 그들은 지구상 그 어느 곳보다 불안정하고 위험천만한 표면에서 끊이지 않는 위험에 노출되었다. 그들이 이동하고 잠을 청하는 유빙이 해류와 바람의 흐름에 따라 매일같이 표류했다. 조난을 당하더라도 구조될 희망은 거의 없었으며, 심지어 되돌아가기도 어려웠다.

1969년 4월 6일 허버트와 동료들은 북극점 위에 섰다. 허버트는 북극점에 발을 디디려고 애쓰던 그때가 '머리 위에서 맴돌고 있는 새의 그림자를 발로 밟으려고 하는 일 같았다'고 비유했다. '우리가 가로지르는 유빙의 표면 자체도, 발밑의 축을 중심으로 회전하는 행성 위에서 움직이고 있었기 때문이다.' 그들은 분명 오로지 걸어서 북극점에 도달한 최초의 사람들이었다. 너무 지쳐서 자축할 기운도 없었던 그들은 받침대를 세우고 카메라 앞에서 포즈를 취했다. 이것이 여정의 끝은 아니었다. 그들의 목표는 북극해를 최장 축을 따라서 건너는 것이었다. 북극점에서 안전한 목적지까지, 발밑의 얼음이 녹기 전에 도착하려면 매일 열다섯 시간씩 행군하며 두 달을 더 가야 했다.

1969년 5월, 탐험대는 마침내 스피츠베르겐섬에 다다랐다. 그들의 성공은 '극지 탐험 역사의 어느 위업과도 맞먹는 용기의 개가凱歌'로 일컬어졌다. 하지만 탐험대가 귀환한 지 몇 달 만에 인류는 최초로 달 표면에 발을 내디뎠다. 우주여행의 경이가 사람들의 상상을 사로잡는 동안 허버트의 탐험은 다른 시대의, 어쩌면 구식 탐험으로 밀려났다.

향후에 허버트는 훼손되기 쉬운 광막한 극지의 야생과 변화하는 이누이트 문화를 기록하며, 작가와 화가로서 많은 상을 받게 되었다. 그는 거듭하여 그곳으로 돌아갔고, 심지어 북서부 그린란드에 아내와 열 달 된 딸을 데리고 가서 작은 사냥꾼 공동체에서 함께 살기도 했다. 여러 어려움에도 불구하고 허버트는 극지방을 너무도 사랑했고, 특히 힘든 겨울철의 그곳을 사랑했다. '북극의 긴긴밤은 썰매로 여행하기에 가장 황홀한 시간이다. … 겨울의 어둠 속에서 끝없이 펼쳐진 해빙을 가로질러 이동하는 경험은 신비로운 분위기마저 띤다. 구름 한 점 없는 하늘에 높이 뜬 보름달로 빛나는 얼음 풍경보다 세상에서 더 아름다운 배경도 없다.'

↗ 허버트는 남극대륙의 인상을 눈치껏 그림으로 기록하려고 학창시절 쓰던 낡은 물감상자와 붓 세 자루를 챙겨갔다. 그 시절 대부분의 동료들은 그림 그리기가 시간 낭비라고 여겼다. 하지만 화가로서 그의 솜씨는 현장에서 유용했다.

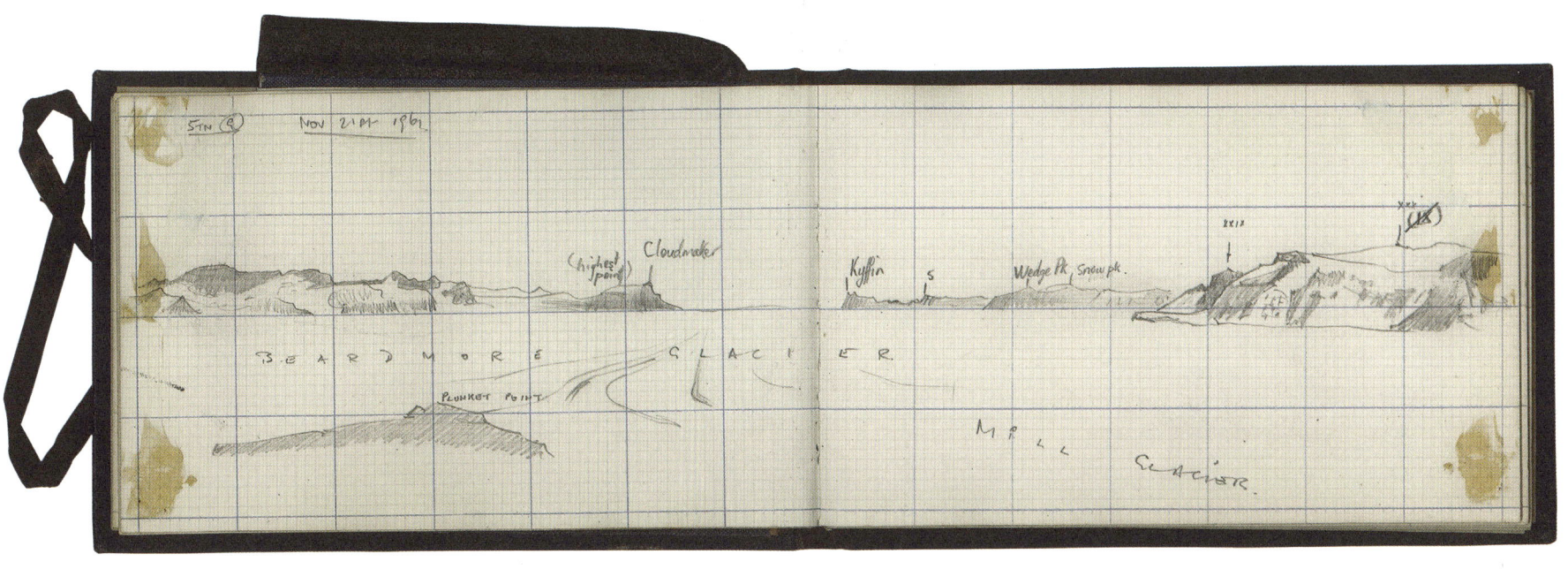

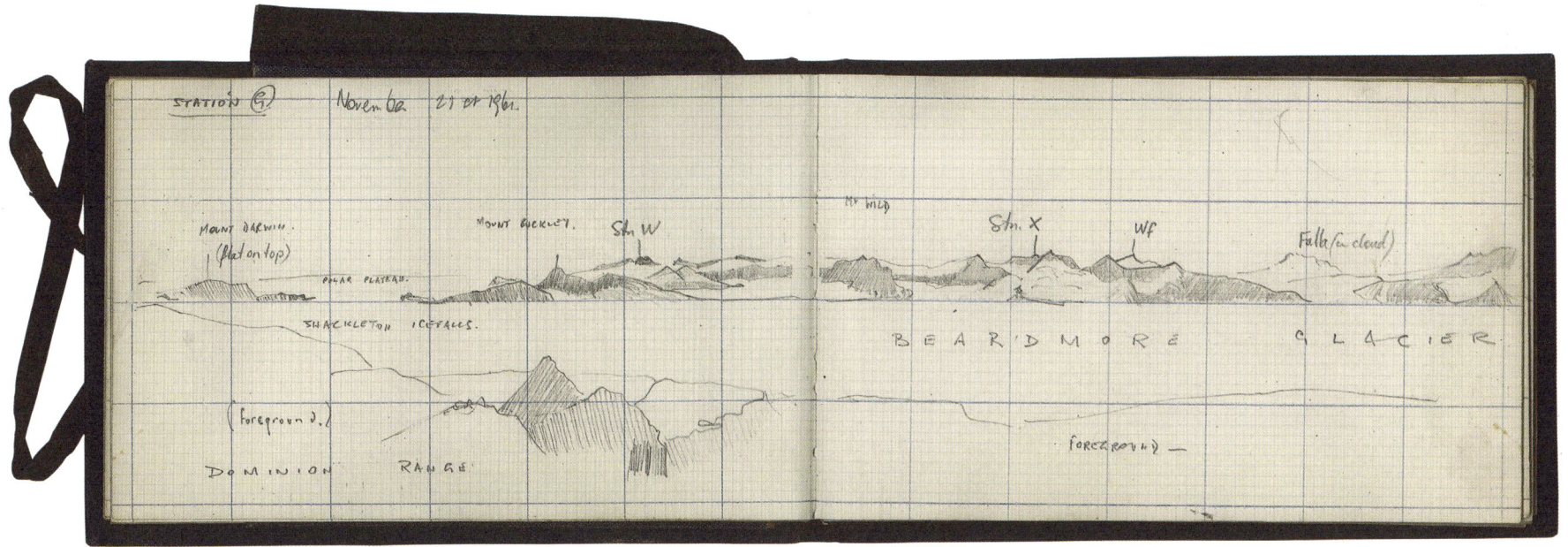

↗ 남극 비어드모어 빙하의 측량 일지. 이곳에서 그는 실측 기준점에서 눈에 들어오는 지형지물을 스케치하고 지명을 비롯해 여러 정보를 기입했다.

월리 허버트의 일지는 고찰과 감상, 스케치, 해도에서 오려낸 조각, 심지어 극지 오두막의 자그마한 암실에서 현상한 사진 원화까지 담고 있다. 그는 독특한 기법으로 지도를 손수 그렸다. 비닐 코팅된 종이에 인쇄용 잉크를 곱게 한 겹 바른 다음, 연필과 외과용 메스를 가지고 흰 종이가 드러날 때까지 밑을 긁어서 음영을 표현했다. 엄청난 끈기와 정확성을 요하는 작업이었다. 때로는 이 작업에서 남은 자투리를 가지고 썰매 선두견의 초상화(129쪽 오른쪽 아래)를 비롯해 대단히 아름다운 작품들을 탄생시키기도 했다. 왼쪽 아래는 태양을 향해 얼굴을 돌리는 이누이트 샤먼을 묘사한 삼중 초상화다.

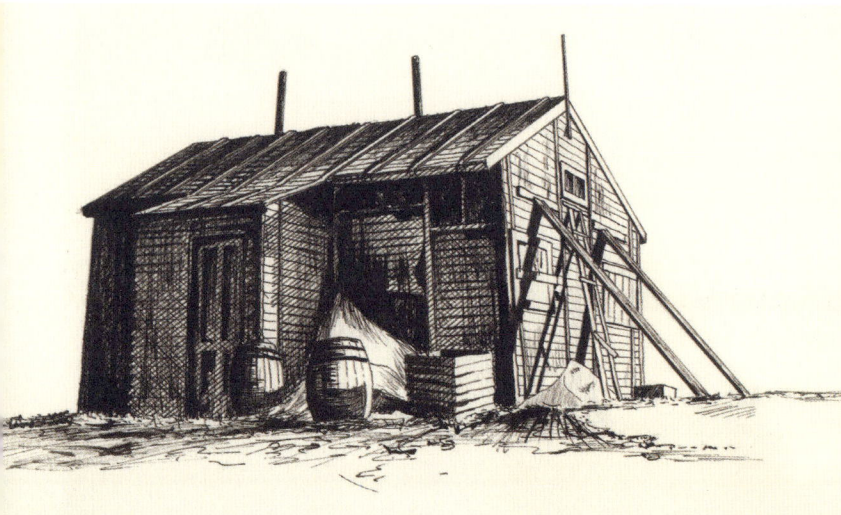

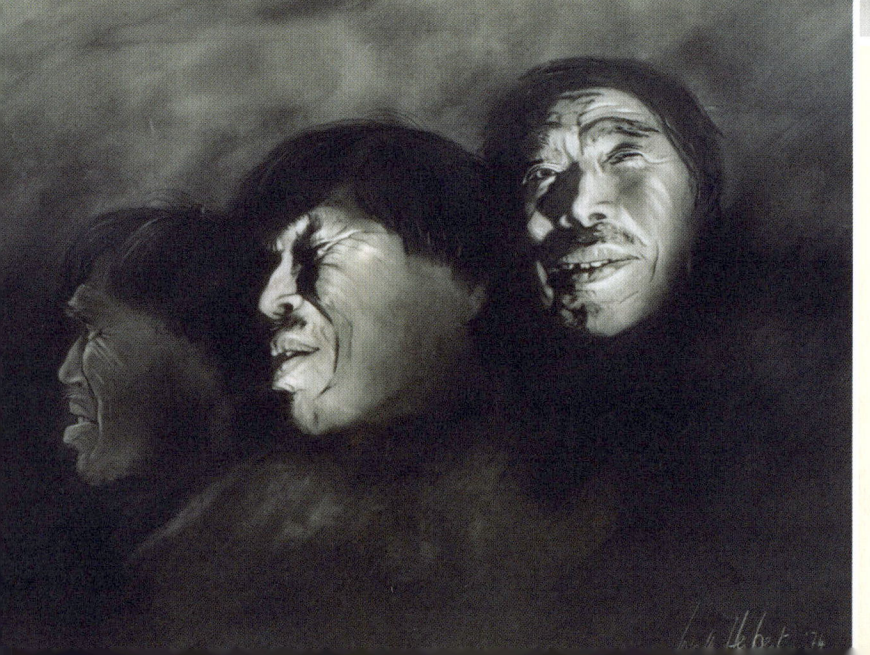

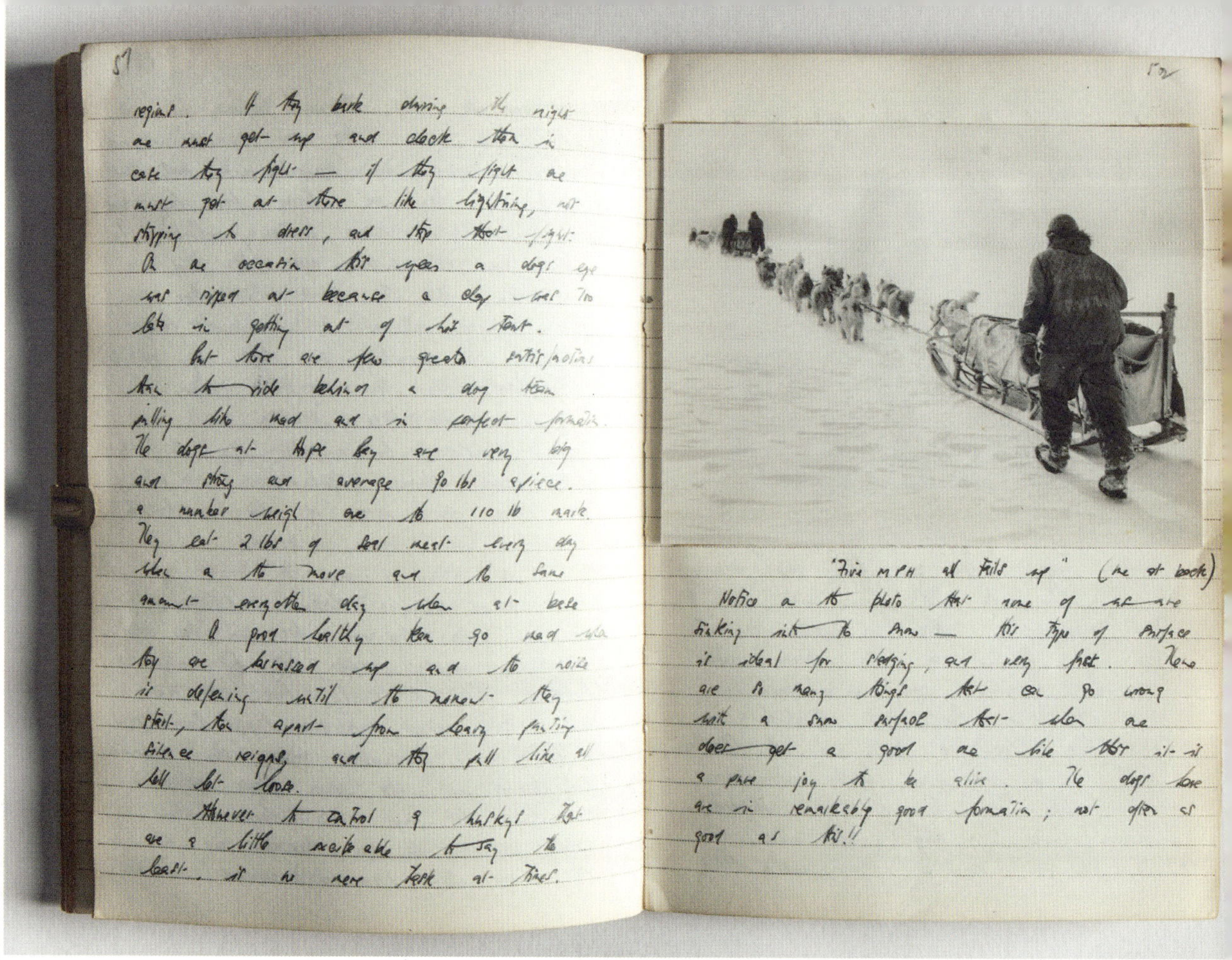
57

regime. If they bark during the night we must get up and check them in case they fight — if they fight we must get at them like lightning, not stopping to dress, and stop the fight. On one occasion this year a dog's eye was ripped out because a dog was too late in getting out of his tent.

But there are few greater satisfactions than to ride behind a dog team pulling like mad and in perfect formation. The dogs at Hope Bay are very big and strong and average 90 lbs apiece. A number weigh over the 110 lb mark. They eat 2 lbs of seal meat every day when on the move and the same amount every other day when at base.

A good healthy team go mad when they are harnessed up and the noise is deafening until the moment they start, then apart from heavy panting silence reigns, and they pull like all hell let loose.

However the control of huskys that are a little excitable to say the least, is no mean task at times.

58

"Five MPH all tails up" (me at back)

Notice in the photo that none of us are sinking into the snow — this type of surface is ideal for sledging, and very fast. There are so many things that can go wrong with a snow surface that when one does get a good one like that it is a pure joy to be alive. The dogs here are in remarkably good formation; not often as good as this!!

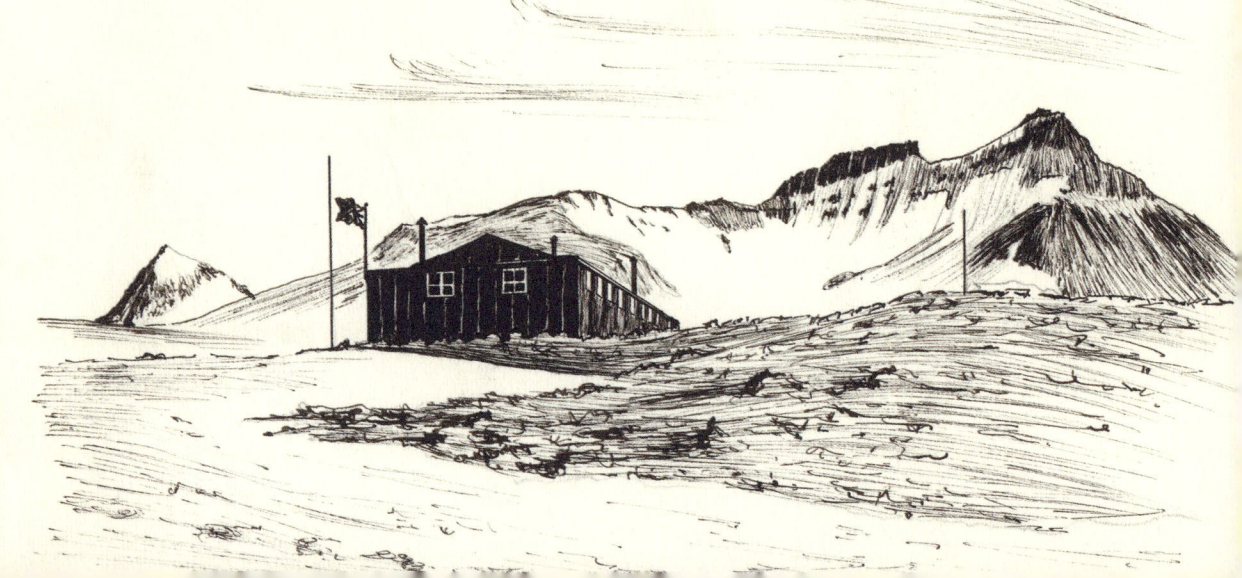

ALWYCH
COMMERCIAL
BOOKS
Ref. No. Size Leaves
A. 618/80† 5½" × 3½" 80
A. 18/80 6¾" × 4" 80
A. 38/90 7" × 4½" 90
A. 38/140 7" × 4½" 140
A. 68/90 8" × 5" 90
A. 68/140* 8" × 5" 140
A. 68/180* 8" × 5" 180
A. 34/120 9" × 7" 120
†and indexed 60 leaf.
RULINGS
Faint, Faint and Single Cash.
*Faint & Double Cash.
This size is
LARGE POST 8vo
8" × 5"
All-weather Cover
Main Journey 1957.

Broadcast in New Zealand.
"A DOG'S LIFE"
by.
W.W. Herbert.
ones, ugly ones.
"CALLING THE ANTARCTIC" B.B.C - A special programme for the men down 'south'.
'On writing a book' - by WALLY HERBERT
Have you ever thought of writing a
Have you ever been wedged in a corner
sweat and perfume, while a few feet aw
"Calling the Antarctic".
First contribution by: Wally Herbert
Broadcast April 23rd 1963
jsut arrived back

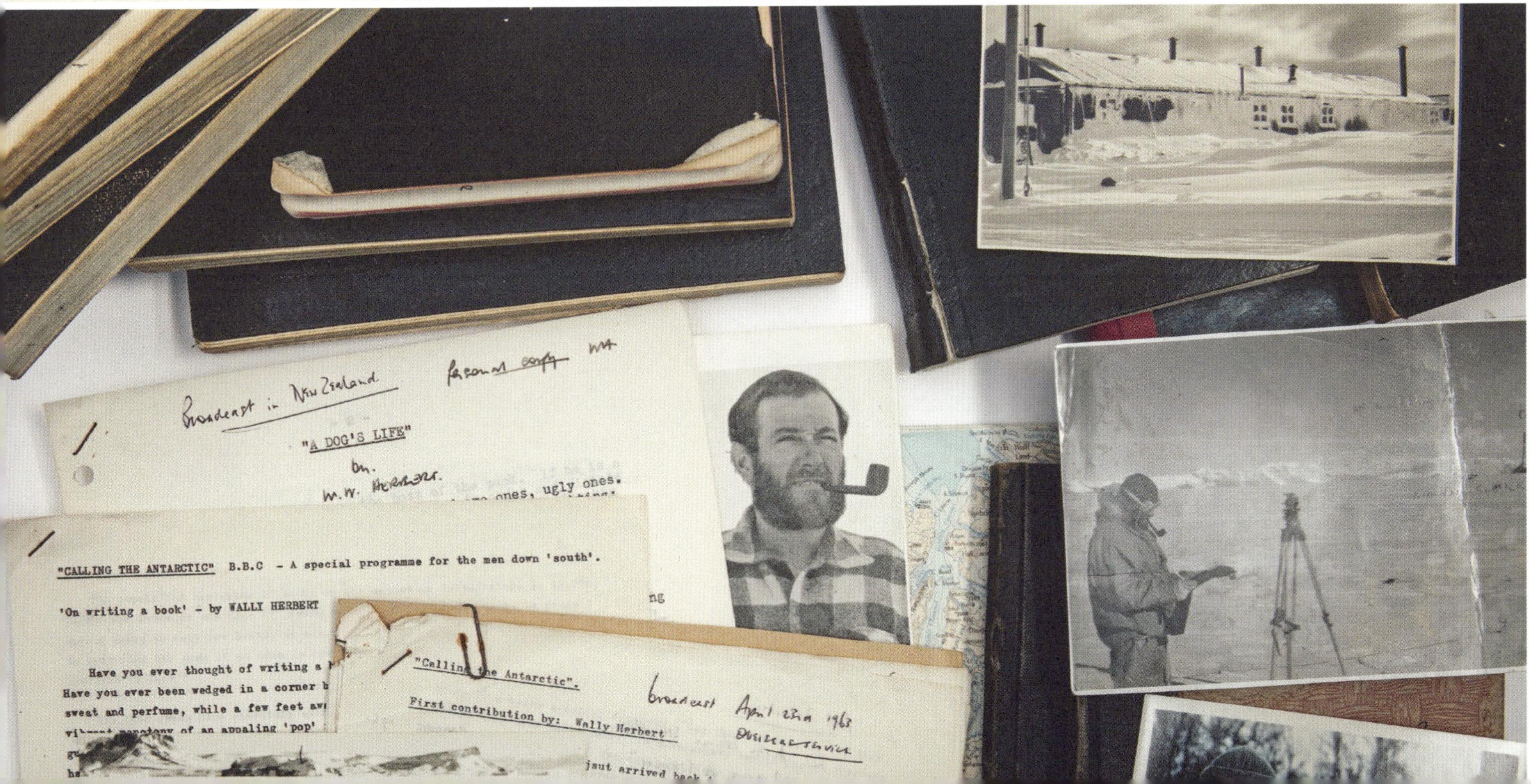

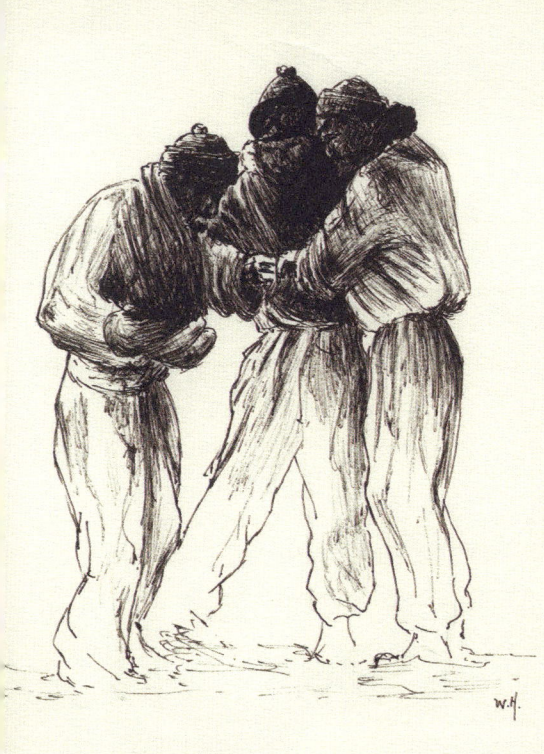

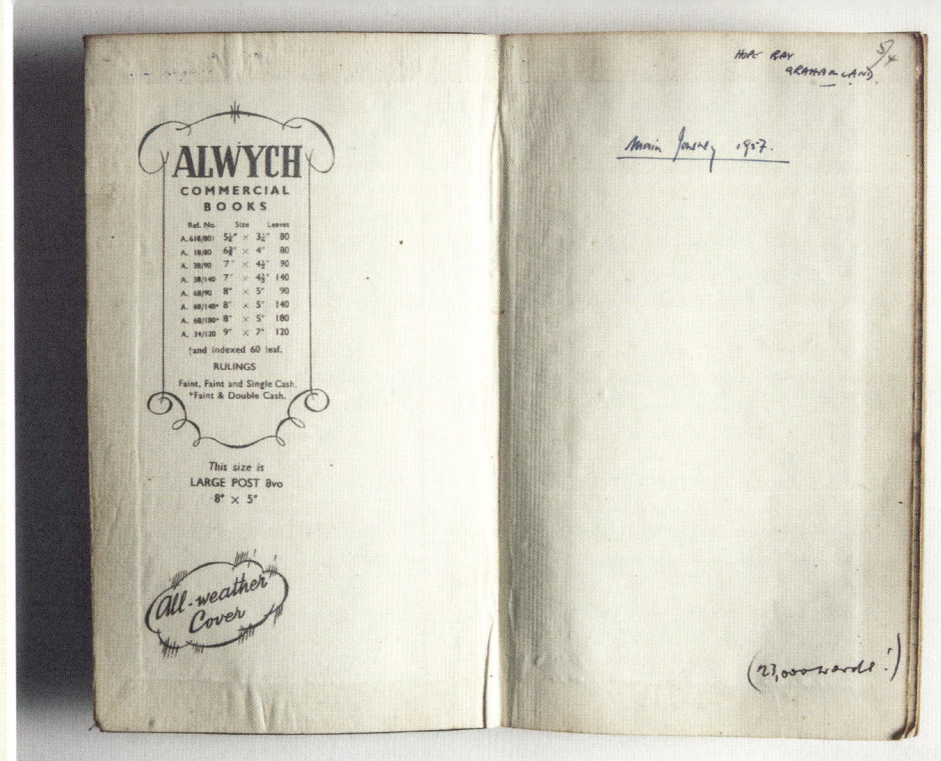

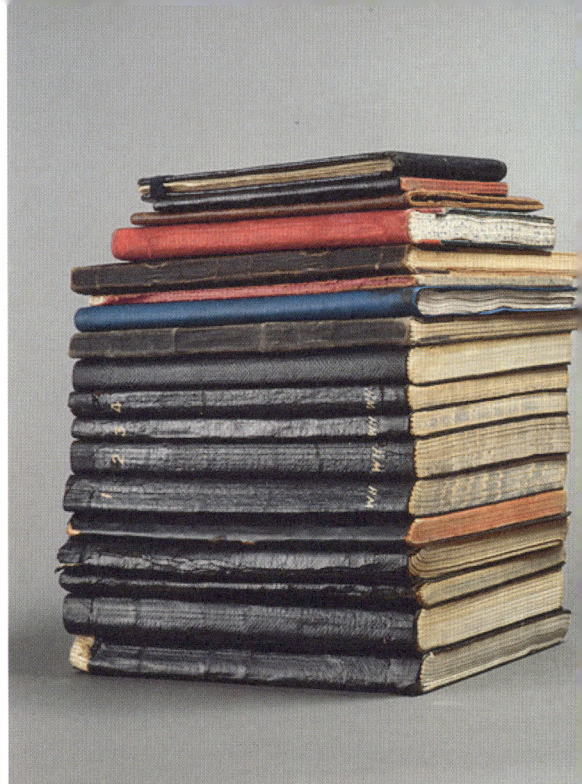

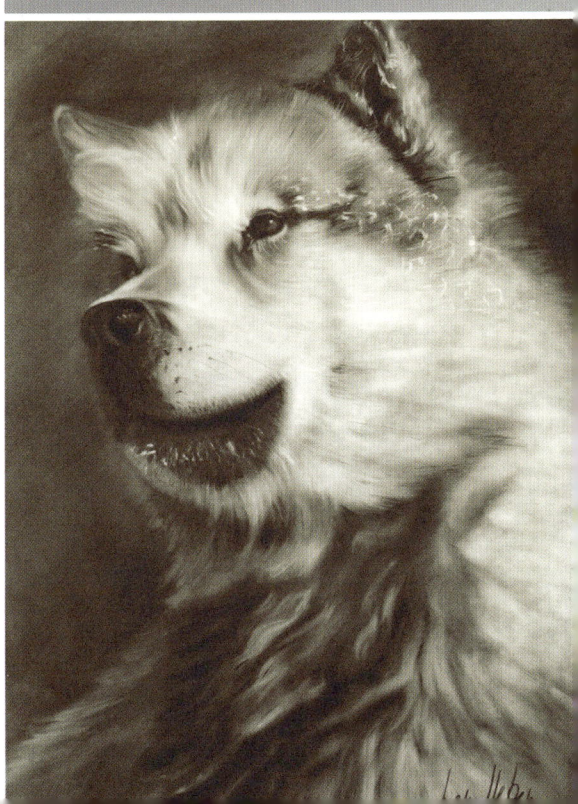

토르 헤위에르달

Thor Heyerdahl, 1914-2002

우리는 말할 때보다 들을 때 더 많은 것을 배운다. 또한 자연 가까이서 계속 살아가는 사람들과 바람, 둘 다 우리에게 말해줄 것이 여전히 많다.

'이따금 우린 이상한 상황에 빠지게 된다'고 헤위에르달은 회상했다. '그런데 차츰차츰 매우 자연스럽게 그 상황에 빠져들어서 막상 그 순간이 되면 깜짝 놀라며, 세상에 어쩌다 이렇게 된 거지, 스스로에게 묻게 된다.'

문득 이런 생각이 든 건 그가 동료 다섯 명, 초록 앵무새 한 마리와 함께 발사나무로 만든 뗏목 콘티키호를 타고 항해할 때였다. 그들은 해류와 남동 무역풍에 뗏목을 내맡긴 채 태평양에서 표류했다. 그들은 총 101일을 위태로운 뗏목 위에서 보내며 페루에서 폴리네시아까지 거의 8,300km를 이동했다. 그것은 남아메리카에 살던 선사시대 인류가 그와 동일한 여행을 할 수 있었다는 헤위에르달의 학설을 입증하기 위한 대담한 시도였다.

노르웨이 라르비크에서 태어난 헤위에르달은 다윈과 진화론을 가르쳐준 어머니의 손에 이끌려 자연에 대한 사랑을 키워갔다. 학생일 때 그는 집에 방 한 칸짜리 동물학 박물관을 운영했고 주변 숲을 탐험했다. 십 대에는 키우던 허스키와 함께 썰매를 타고 산을 올라 '나 혼자서도 잘 할 수 있다는 것을 입증하려고 눈 속에서 잠을 자고 폭풍에 용감히 맞섰다'. 오슬로 대학에서 동물학과 지리학을 공부한 다음 아내 리브와 함께 배를 타고 폴리네시아 마키저스 제도로 1년짜리 신혼여행 겸 탐사를 떠났다. 부부는 문명이 인류와 자연의 관계를 단절시키는 파괴적인 힘이라고 믿었다. 그들은 바다에서 낚시와 채집으로 얻은 식량에 의지하면서 고대 사람들처럼 살고 싶었다.

바로 그곳 마키저스 제도에서 지내는 동안, 헤위에르달은 폴리네시아는 아시아가 아니라 남아메리카에서 배를 타고 온 이들이 발견하여 정착한 곳임을 입증하는 증거를 찾았다고 확신했다. 그의 학설은 학계의 주류적 사고와 배치되어 철저히 무시당했다. 초창기 페루인의 항해 기술과 배의 수준을 고려할 때, 선사시대에 태평양을 건너는 대양 횡단 이주는 불가능하다고 여겨졌기 때문이다. 그가 폴리네시아와 남아메리카 문화 사이에서 공통으로 관찰한 민족지학적 특징들은 우연의 일치로 치부되었다. 헤위에르달은 그러한 항해가 가능했음을, 그리하여 자신의 학설이 타당하다는 것을 증명하기 위해 콩키스타도르(15세기-17세기에 아메리카 대륙에 침입한 에스파냐, 포르투갈 정복자)들이 그린 삽화를 토대로 전통 기법을 이용해 뗏목을 만들기로 했다.

1947년 8월 7일 콘티키호가 폴리네시아 투아모투섬 앞바다 암초에 좌초하자 헤위에르달은 뗏목에서 내려 바닷물을 헤치며 해변까지 걸어가 자신의 학설이 적어도 불가능한 소리가 아님을 입증했다. 그의 용감한 항해를 서술한 책은 종국적으로 3천만 부 이상 팔려나갔고 67개 국어로 번역되었으며, 그가 콘티키호 항해를 가지고 만든 영화는 오스카상을 수상했다.

헤위에르달은 80대가 넘어서도 탐험을 이어갔다. 갈라파고스 제도와 이스터섬으로 획기적인 고고학 원정을 이끌었고, 그다음에는 고대 이집트인이 콜럼버스보다 먼저 대서양을 건너 아메리카 대륙에 도달할 수 있었다는 것을 입증하고자 고대 갈대배와 똑같이 지은 배 라호를 타고 모로코부터 바베이도스까지 항해를 감행했다. 비록 두 번의 시도 끝에 성공했지만 말이다. 하지만 그가 길이 남을 명성을 얻은 것은 뭐니 뭐니 해도 콘티키호 탐험 덕이었다. 말년에 그는 대담무쌍한 탐험가로서의 이미지 때문에 학계에서 자신의 이론을 진지하게 받아들이지 않는다고 믿어서 탐험이 가져다준 유명세에 낙담했다. 그가 간절히 바란 학술적 인정은 제대로 받지 못했지만 고국 노르웨이에서 위인으로 여겨졌으며, 계속해서 새로운 세대에 영감을 주고 있다.

↗ 콘티키호 탐험의 식량 일지. 그들은 뗏목이 해수면과 워낙 가깝다보니 물고기가 뗏목 위로 계속 뛰어오른다는 사실을 발견했고, 덕분에 항해 동안 필요한 양식을 얻을 수 있었다. '어느 날 토르스테인이 아침에 눈을 떠 베개 위에 놓인 정어리 한 마리를 발견했을 때에야, 우리가 바다 이웃과 얼마나 가깝게 지내는지 온전히 실감했다.'

나는 시간의 의미란 것을 이해해본 적이 없다. 애초에 그런 게 존재한다고 믿지도 않는다.
홀로 자연에 나가 있을 때마다 거듭해서 그 점을 느끼곤 한다.

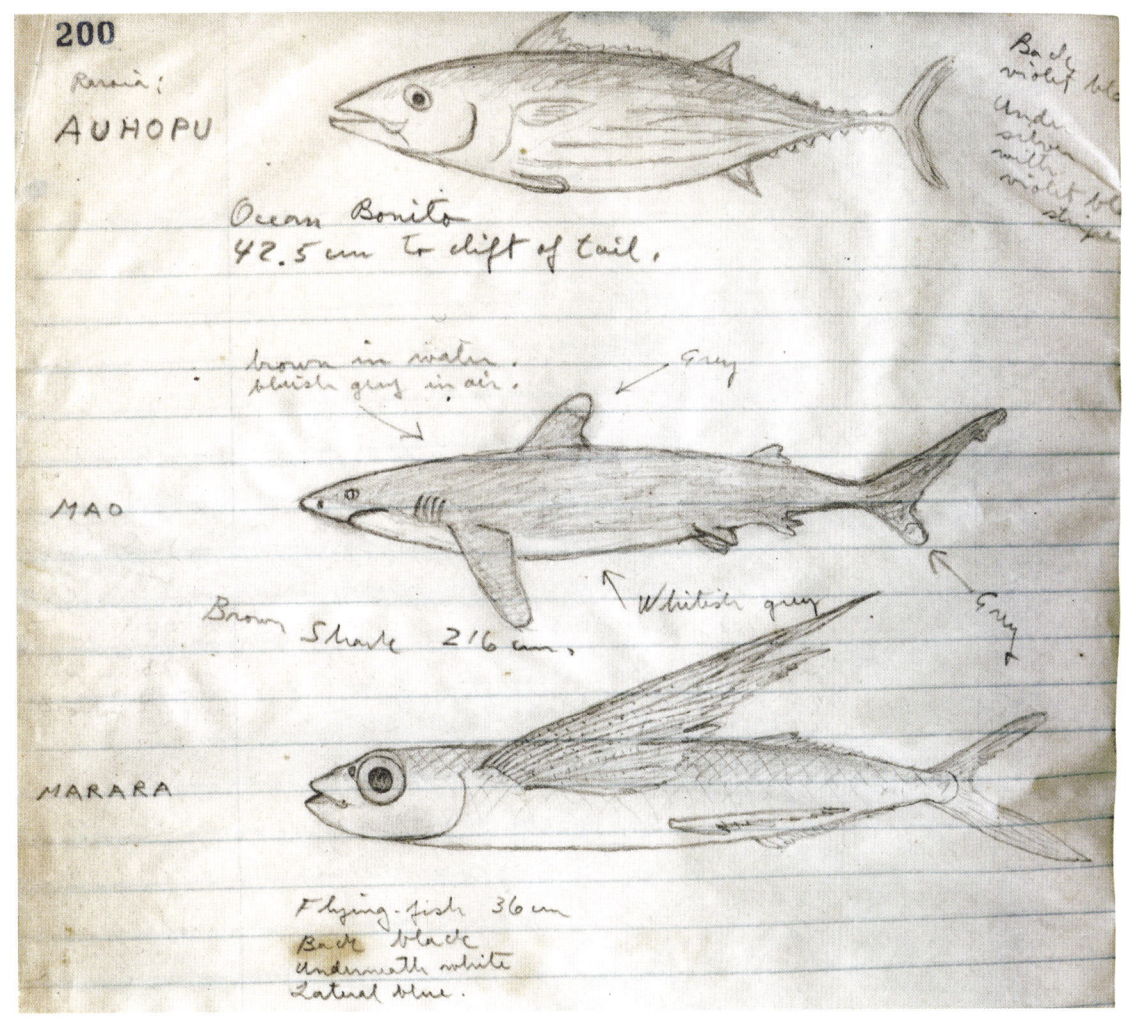

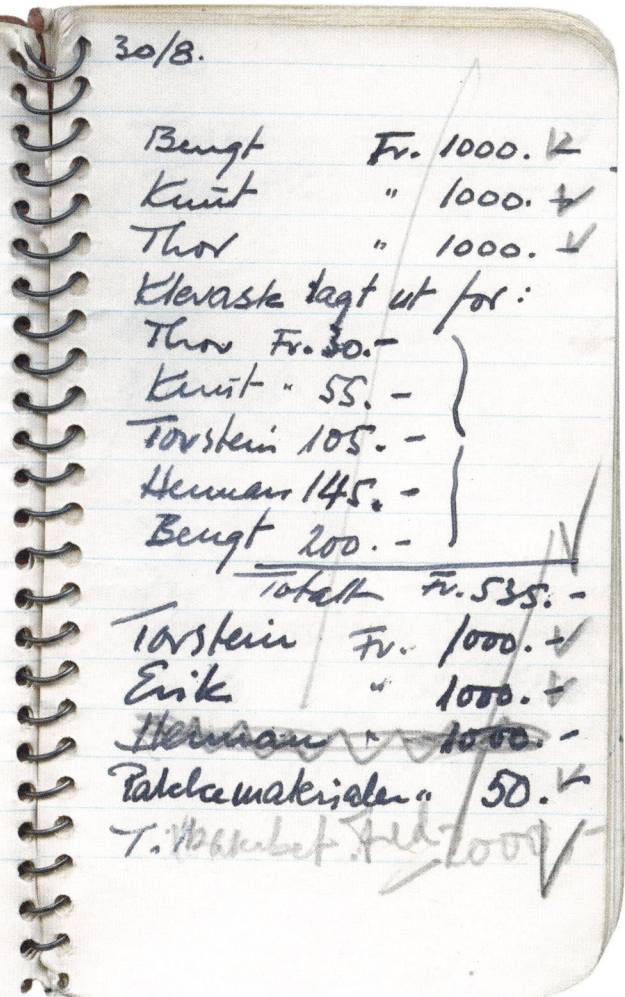

↗ 해양 생물을 쫓아버리는 엔진이 없었으므로 뗏목에는 항상 돌고래와 상어가 따라왔다. 남은 음식 찌꺼기를 던져주자 상어들은 '다정한 개처럼 굴었다'.

↗ 헤위에르달의 지출 장부. 경비를 파악해 기록하는 것은 모든 탐험가들에게 매우 중요한 일이다. 여기에 팀원들(벵트 다니엘손, 크누트 헤울란, 토르 헤위에르달, 에리크 헤셀베르그, 토르스테인 로비, 헤르만 바칭거)이 쓴 경비를 적어두었다.

에드 힐러리

Ed Hillary, 1919-2008

산에 가면 우리는 산을 보고 찬탄한다. 어떤 의미에서 산은 우리의 도전을 자극하고, 우리는 산에 오름으로써 그 도전을 표현하고자 애쓴다.

1953년 5월 28일, 에베레스트 정상부. 길고 추운 밤사이 텐징 노르가이가 수프를 끓이는 동안 에드 힐러리는 텐트를 고정시키려 버팀줄을 단단히 맸다. 절벽의 좁고 평평한 바위에 간신히 붙어 있는 그 텐트는 지구상 가장 높은 곳에 친 텐트였다. 바람이 텐트를 세차게 때리는 동안 두 사람은 잠을 청하려고 애썼다. 이튿날 동이 텄을 때 날은 맑게 갰고, 텐트 문을 열자 힐러리는 '지평선에서 지평선까지 얼음 봉우리들'의 윤곽을 볼 수 있었다. 지금이 기회였다. 오전 11시 30분, 두 사람은 에베레스트산 정상에 섰고 온 세계가 그들의 발밑에 펼쳐졌다.

힐러리가 처음 산을 본 것은 열여섯 살 때였지만, 산이야말로 자신이 즐기고 탐험하고 싶은 세계라는 것을 즉시 깨달았다. 뉴질랜드 서던알프스산맥에서 등반 기술을 갈고 닦은 그는 1951년, 친구 조지 로와 함께 인도 가르왈 히말라야 등반을 하다가 수수께끼 같은 에릭 십턴이 이끄는 영국 에베레스트 답사 원정대에 합류하게 되었다. 십턴은 힐러리의 탄탄한 등반 기술과 고지에서의 뛰어난 체력에 깊은 인상을 받았고, 힐러리는 이듬해 에베레스트에 이웃한 만만찮은 봉우리이자 세계에서 여섯 번째로 높은 초오유산 훈련 등반대에 초대받았다. 로도 함께 등반했는데, 두 사람이 정상 근처의 위험한 얼음 절벽 앞에서 발길을 돌리자 십턴은 계속 탐험하는 게 좋지 않겠냐고 했고 두 젊은이는 즉각 동의했다.

1952년 6월, 그들은 네팔 쪽에서 히말라야 분수령을 넘어서 티베트의 광대한 빙하 지대로 내려가 에베레스트의 북쪽 사면을 몰래 탐사했다. 롱북 빙하 위에서 힐러리는 이렇게 썼다. '바람이 몰아치는 하늘을 배경으로 에베레스트가 당당하게 서 있었다. 빙하는 산자락까지 뻗은 빛나는 얼음길이었다.' 그다음 존 헌트가 이끄는 1953년 에베레스트 원정과 그의 인생 전부를 결정할 5월 아침이 찾아왔다. 그는 '얼음도끼를 몇 번 더 찍고, 아주 지친 발걸음을 몇 발짝 더 옮기자 우리는 에베레스트 정상에 있었다'고 회고했다.

에베레스트 정복 이후에도 여러 봉우리를 더 등정했지만 힐러리는 갈수록 심해지는 고산병으로 고생했다. 그는 다른 모험들로 눈길을 돌렸다. 1957-58년에는 비비언 푹스의 남극 원정을 위하여 개조한 농업용 트랙터를 타고 남극점까지 갔다. 그는 스켈턴 빙하까지 경로를 개척하고 남극 고원에 보급 창고를 세워 푹스 원정의 성공에 핵심적으로 기여했다. '남극점에 도달하려고 혈안이 된' 힐러리는 연료와 식량이 바닥날지도 모르는 위험을 무릅쓰고 남극점까지 대담하게 질주했다. 그와 동료들은 1912년 스콧 이후 처음으로 육로로 남극점에 도달했다.

힐러리는 급류 래프팅에도 열중했고, 나중에는 그만큼 격렬한 정치라는 물살에도 뛰어들었다. 그는 자신이 설립한 재단 '히말라야 트러스트'를 통해서 산악 비행장과 교량, 학교, 병원, 치료소를 건립하고 외딴 곳에 있는 불교 사원들을 복원하며, 여생을 네팔 셰르파족을 위해 헌신했다. 힐러리는 이 사회 공헌 사업을 자신의 가장 훌륭한 업적으로 꼽았다. 그는 자신의 놀라운 인생을 특유의 겸손함으로 요약했다. "에베레스트산 정상에 오른 이래로 언론은 줄곧 나를 영웅이라고 불러왔지만 나는 항상 스스로를 대단할 것 없는 능력의 소유자라고 생각했습니다. 내가 이룩한 것은 적잖은 상상력과 넘치는 활동력에서 기인한 것입니다."

↗ 1953년 에베레스트산 등정 당시 힐러리의 일기

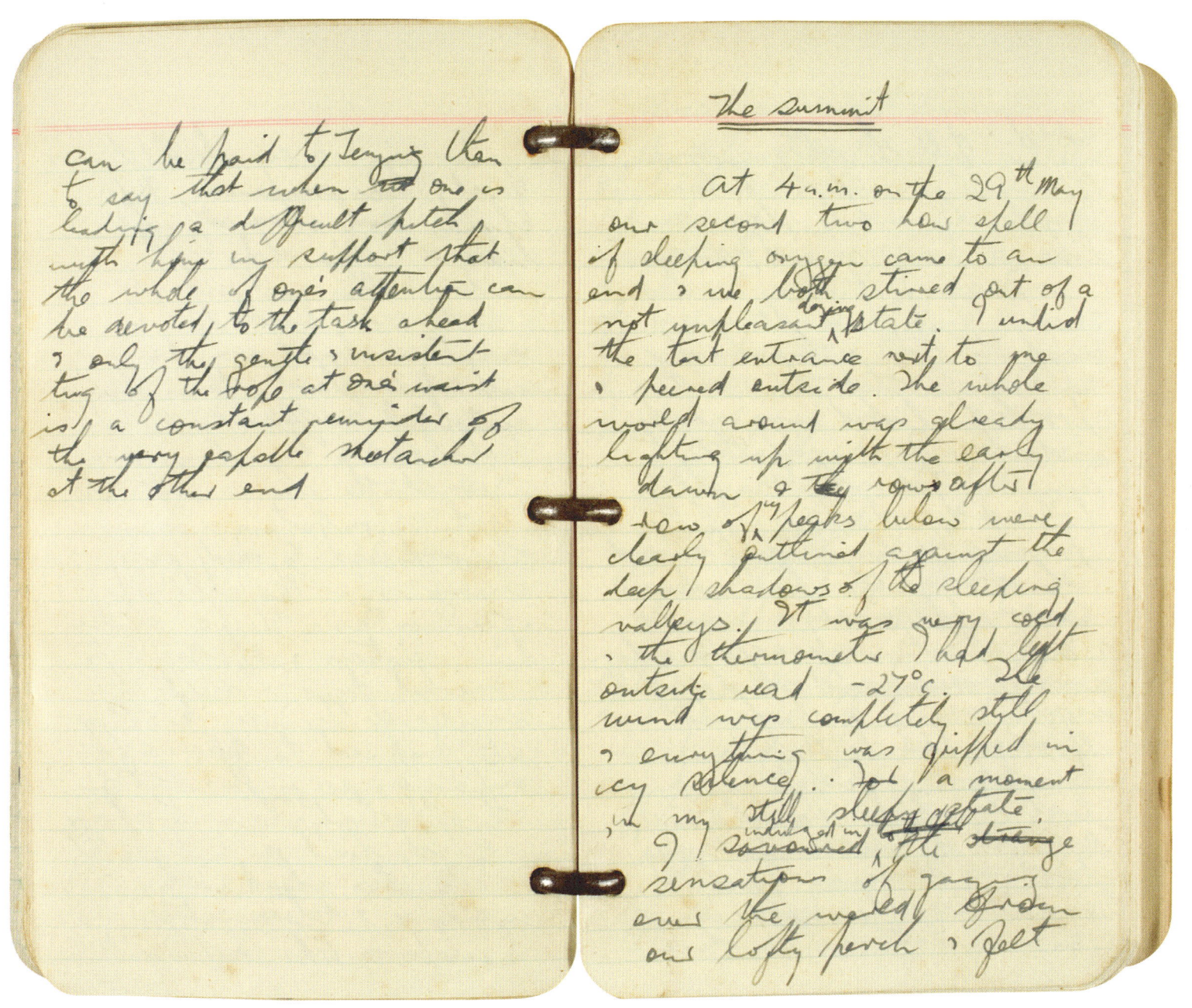

힐러리와 노르가이가 정상에 올랐던 5월 29일 아침의 기록. 그는 텐트에서 고개를 빼꼼히 내밀고 밖을 내다보면서 '높다란 둥지에서 세상을 응시하는 느낌을 즐겼다'.

윌리엄 호지스

William Hodges, 1744-1797

풍경에 위엄을 부여하는 것이 나의 목표다. 나의 노력에 어떤 가치가 있든, 눈을 즐겁게 하는 동시에 마음을 교화하는 그림이 내게는 가장 순수한 기쁨을 안겨준다.

↗ 얼굴에 문신을 새긴 어느 마오리족 초상화

제임스 쿡의 제1차 항해로 많은 것이 발견되긴 했지만, 남빙양에 아직 발견되지 않은 거대한 땅덩이가 여전히 많다는 것이 분명했다. 쿡은 탐험이 어려운 남반구 고위도대에서 거센 서풍을 이용하여, 서쪽에서 동쪽으로 지구를 일주하는 새로운 탐사를 제안했다. 그것은 아직 지도로 그려지지 않은 미지의 땅으로 가는 항해가 될 예정이었지만 여기에는 예술적 충동도 존재했다. 여행가들이 이야기아 경이로운 예술 작품을 통해 유럽은 남태평양의 마법에 빠져들고 있었다. 예술과 과학은 유혹적이고 트렌디한 상상의 풍경 속에서 하나로 합쳐졌다.

독일 태생의 요한 라인홀트 포르스터는 그의 재능 있는 아들 게오르크와 함께 제2차 항해에서 과학팀을 이끌었으며, 이때 호지스도 원정대의 공식화가 또는 '풍경화가'로 합류했다. 런던 대장장이의 아들로 태어난 호지스는 탐사선이 잉글랜드를 떠나던 1772년에는 무명의 젊은 화가에 불과했다. 호지스는 부지런하고 호감이 가는 사람이었다. 세부사항을 놓치지 않으면서 빛의 미묘한 효과들에 민감했고, 어려운 환경에 처해도 신날 만큼 용감했다. 호지스가 마지막 순간에 탐험대에 합류하면서 쿡의 기함 레절루션호에는 총 118명이 승선하게 됐고, 어드벤처호에도 83명이 승선했다.

쿡은 남쪽으로 항로를 설정했다. 1773년 1월 17일, 그의 탐험대는 최초로 남극권에 진입했다. 2월 9일에 레절루션호와 어드벤처호는 안개 속에서 서로를 놓쳤지만 쿡은 계속 남쪽으로 나아가면서 1773년 3월 27일 뉴질랜드 남섬에 있는 더스키 협만에 도달했다. 태평양의 섬들을 탐험한 뒤에 쿡은 다시 남쪽으로 향했으며, 1774년 1월에 세 번째로 남극권에 진입하여 최남위에 도달하는 기록을 세웠다. 태평양에서 다시금 겨울을 보낸 뒤 얼음 바다의 가장자리를 항해한 쿡은 마침내 북쪽 대서양으로 뱃머리를 돌렸다. 두 척의 배는 3년하고도 18일을 항해한 뒤 1775년 7월 30일, 잉글랜드 해안 스피트헤드에 닻을 내렸다.

호지스는 가는 곳마다 풍경을 스케치했고, 무엇보다도 아직까지 유럽인을 본 적 없는 그곳 사람들을 그렸다. 영국으로 귀한하자마자 호지스는 탐험 당시 스케치를 바탕으로 쿡의 공식 저서에 실을 판화들을 감수했고, 해군성은 그가 항해 당시 그린 풍경들을 커다란 유화 작품들로 옮기도록 2년간 더 고용했다. 선상에서 그린 생생한 스케치는 왕립미술원의 취향에 맞는 정교한 신고전주의적 풍경화로 대체되었다.

그다음 호지스는 화구를 챙겨 인도로 갔다. 그곳에서 그는 첫 아내가 아이를 낳다가 세상을 떠나버린 슬픔을 달랬다. 그는 인도의 풍경과 건축물을 기록하며 6년 넘게 머물렀다. 후년에 사업이 실패하고 잉글랜드 은행의 대량 인출 사태로 호지스는 재정적으로 심한 곤경에 처했다. 호지스는 『인도의 풍경』과 『인도 여행』을 출간했다가 적잖은 돈을 잃고 혹평으로 실의에 빠져 스튜디오에 있던 모든 것을 매각하고 작품 활동을 완전히 그만뒀다. 그는 통풍 치료를 위해 복용하던 로드넘(묽게 희석한 아편 팅크. 20세기 초반까지 진통제를 넘어서 사실상 만병통치약처럼 사용됐다) 과용으로 1797년 세상을 떠났다. 그가 자살했다는 소문이 오랫동안 끊이지 않았고, 그의 예술적 유산이 온전히 평가받기까지는 여러 해가 걸렸다. 탐험가이자 위대한 과학자인 알렉산더 폰 훔볼트가 훗날 호지스의 작품들을 보고 세계를 여행하고 싶다는 소망을 처음 품었다고 말했다.

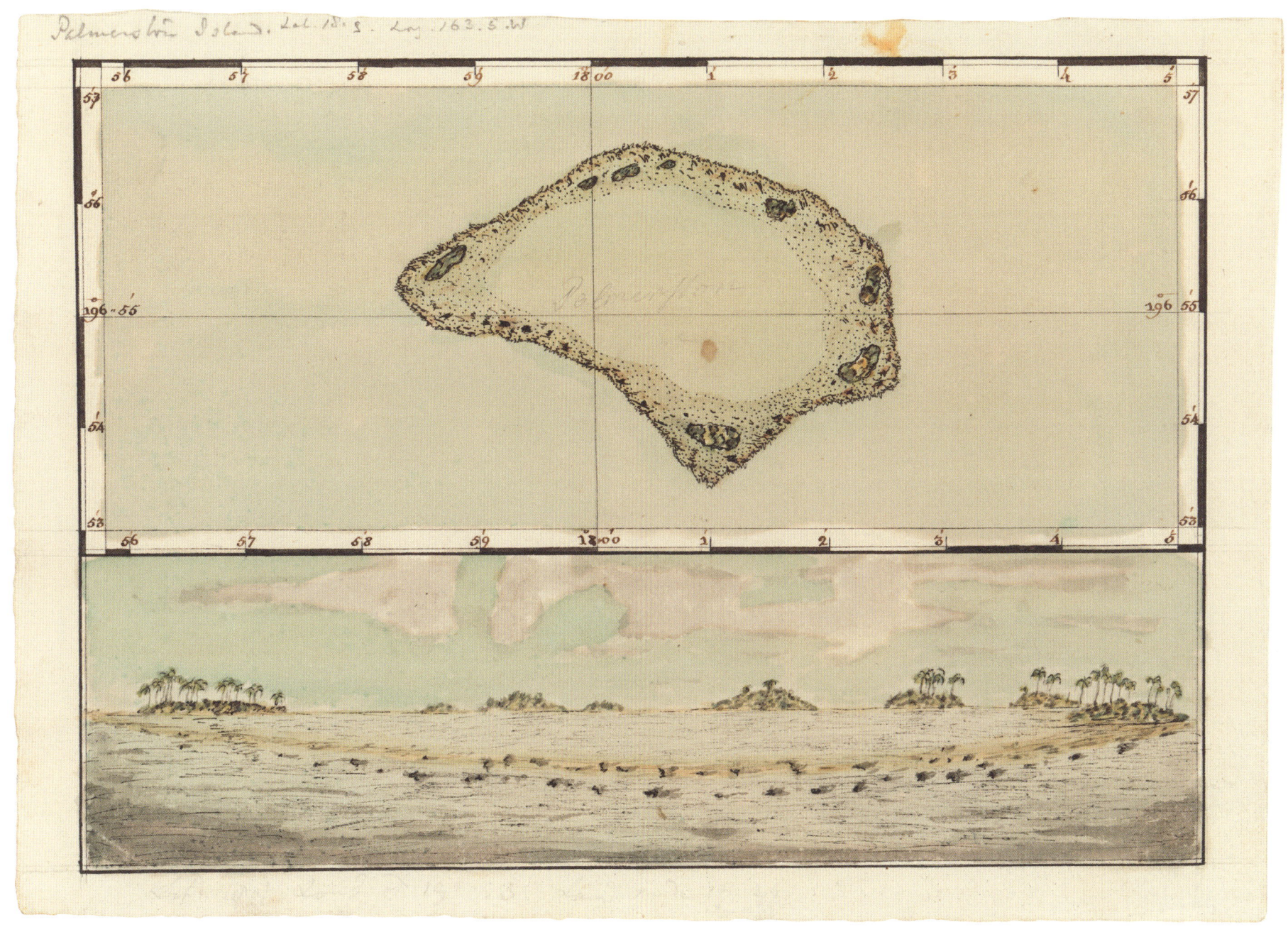

위는 쿡 제도 내 산호초, 아래는 파머스턴섬의 지도와 측면 조망

한 해안을, 미지의 이 얼음 바다를 탐험하는 데 무릅써야 하는 위험은
너무 커서 감히 누구도 나보다 더 멀리 오지는 않으리라 말할 수 있을
것 같다. … 짙은 안개, 눈 폭풍, 혹한, 항해를 위험에 빠트릴 수 있는
여타 모든 것들을 맞닥뜨려야 한다. 그리고 이 어려움은
이곳의 끔찍하기 이를 데 없는 측면 때문에 한층 강화된다.
이곳은 따뜻한 햇살을 한 번도 느낄 수 없고 그 대신 영원히
눈과 얼음에 파묻혀 있어야 하는 운명을 타고난 지방이다.

– 제임스 쿡, 1775년

남극에서 호지스는 빛의 특별한 효과를 포착하기 위해 담채
기법을 구사했다. 좌우 그림들은 '얼음 섬들' 사이에 떠 있는
레절루션호와 어드벤처호. 후일 그는 '진실은 나의 모든
작품의 기초다'라고 썼다. 심지어 남빙양 항해처럼 힘든
여건에서도 화가 앞에 놓인 과제는 자연을 충실하게 묘사하는
것이었다. 쿡은 호지스의 드로잉을 매우 높이 평가하여 자신의
포트폴리오에도 여러 점 보관했다.

↗ 1773년 3월 뉴질랜드 더스키 협만

↗ 1775년 사우스조지아섬을 최초로 묘사한 그림

엑토르 오로

Hector Horeau, 1801-1872

하인 한 명을 제외하면 아무런 동행도 없이 홀로 남겨졌다. 나는 왕국의 어느 왕보다도 더 어엿한 내 보트의 주인이었다.

19세기 내내 유럽의 많은 예술가들은 이집트의 이국적 매력을 담아내고 고대 유물과 유적을 기록하기 위해 이집트를 찾았다. 그 가운데 프랑스 건축가 엑토르 오로가 있었다. 베르사유에서 태어난 오로는 파리 에콜 데 보자르에서 수학했다. 그는 일러스트레이터로서 이집트와 수단을 탐험한 프랑스 자연학자 프레데리크 카이오의 기행문 『메로에 여행』에 삽화를 그렸다. 이 경험에 고무된 오로는 마침내 그 지역으로 여행을 떠나게 된다.

하지만 오로의 첫사랑은 건축이었다. 그의 작품 가운데 남아 있거나 실제로 건축된 것은 거의 없지만, 그는 현대적인 도시 계획의 열렬한 주창자이자 주철 건축의 선구자로 잘 알려져 있다. 영국과 프랑스 간 해저 철도 건설과 같은 그의 진보적인 발상들은 대개 기술적인 문제로 실현할 수 없었다. 1839년, 베르사유의 상가 건물과 1851년 런던 만국박람회 건물 설계 공모에서 입상했지만(후자의 경우 실제로 지어진 것은 조셉 팩스턴의 수정궁이었다) 수십 년이 지나도 그의 설계는 단 하나도 실현될 수 없었다.

오로는 젊은 시절 유럽을 널리 여행하다가 마침내 근동近東을 찾았다. 그는 알렉산드리아에서 출발하여 이집트 남부를 2년 가까이 탐험했다. 1838년, 그는 현지 풍습을 존중하여 터키인 복장을 한 채 카이로에서 작은 바지선을 타고 나일강을 거슬러 아부심벨로 갔다. 건축가의 눈으로 신전들의 평면도와 단면도, 입면도를 정확하게 그렸고, 발굴되지 않은 신전 내부에 수세기 간 쌓인 잔해와 모래 충전재의 변형과 깊이를 꼼꼼하게 기록했다. 또한 룩소르, 카르나크 신전, 왕가의 계곡, 멤논의 거상을 그렸다.

건물의 규모를 짐작하고 작품에 인간적인 요소를 첨가하는 의미에서, 그는 이 고대 문명의 거대한 기념비 아래서 한가로이 시간을 보내는 사람들을 그려 넣었다. 한두 점의 드로잉에서는 그 지역을 앞서 찾은 방문객과 관광객이 남긴 낙서를 담았다. 그리스인과 로마인, 나폴레옹 전쟁 당시 병사들이 남긴 낙서다. 이 수채화는 나중에 그의 저서 『이집트와 누비아 전경』과 『이집트문명 토목 감독관이 바라본 카이로의 미래』를 장식하게 된다.

한동안 잉글랜드에 살았던 오로는 1871년 프랑스로 돌아와 파리코뮌 반군들 편에 섰다. 파리코뮌이 프랑스 정부군에 참혹하게 진압되자 오로는 체포되어 투옥되었다. 당시 그는 일흔 살이었다. 여러 달 지나 석방된 그는 그때 겪은 고초에서 회복하지 못한 채 1872년 파리에서 눈을 감았다.

오로의 뛰어난 데생 실력과 고고학적, 건축학적 디테일을 향한 세심한 관심은 오늘날 이 고대 기념비들에 대한 귀중한 기록이다. 머잖아 아마추어 고고학자와 보물찾기에 혈안이 된 사람들에 의해 많은 유적들이 훼손당하고 말았다.

↗ 오로는 고대의 기념비적 건축물들이 발굴되기 전에 이집트 여러 지역을 방문했다. 그의 수채화는 아직 퇴색되기 전의 벽화들을 생생하게 보여준다. 위 그림은 젊은 람세스 2세가 아누케트 여신의 젖을 빨고 있는 베이트엘왈리 벽화다.

↗ 왼쪽 그림은 람세스 2세의 호루스 이름이 새겨진 세레크(궁전의 입구나 벽감에 호루스 매 그림과 함께 왕명을 새긴 사각형 문장(紋章))로, 카르나크에서 출토됐다.
오른쪽은 왕가의 계곡, 돌무더기가 잔뜩 쌓여 있는 람세스 3세의 무덤 입구

오로는 신전만 상세하게 스케치한 게 아니라, 현장의 열기와 색채를 포착하여 그린 수채화로도 발견과 여행의 즐거움을 전달한다. 위 그림은 1838년 5월 14일, 제2폭포에 도착하여 그곳 바위에 이름을 새기고 있는 자신을 묘사한 그림이다. 오른쪽 그림은 아부심벨에 정박 중인 자신의 바지선 그림인데, 오로는 이 배를 월 150프랑에 세냈다.

알렉산더 폰 훔볼트

Alexander von Humboldt, 1769-1859

그냥 주저앉아 울 수는 없는 노릇이다. 사람에게는 할 일이란 게 있으니까.

세계의 많은 지역이 아직 탐험되지 않았던 시절, 훔볼트는 머나먼 오지로 떠나서 관찰할 수 있는 모든 것을 관찰했고 우리가 세계를 이해하는 방식을 변화시켰다. 겁 없고, 야심만만하고, 믿기지 않을 만큼 다재다능한 그는 진정한 '만능'인이자 계몽주의 자식, 과학계 인사로서 당대 누구보다 높은 명망을 누렸다. 훔볼트의 수많은 업적 가운데 몇 가지만 꼽자면, 그는 현대 생태학 분야를 개척하고 과학 데이터를 수집하는 데 전 지구적인 협력을 이끌어낸 최초의 인물이라고 할 수 있다.

베를린에서 태어난 훔볼트는 인맥이 화려했고 호기심이 넘쳤다. 처음에는 젊은 자연학자로서 쿡 선장과 항해한 적 있는 친구 게오르크 포르스터와 함께 영국을 찾았다. 두 친구는 조지프 뱅크스를 방문하여 그의 경이로운 식물 표본실을 둘러보고 열광했다. 어머니가 돌아가시면서 상당한 유산을 물려받게 된 훔볼트는 광산 감독관이라는 직업을 그만두고 또 다른 친구인 프랑스인 에메 봉플랑과 위대한 탐사 여행을 계획했다. 두 친구는 북아프리카 아틀라스산맥에서 겨울을 보내고, 트리폴리와 카이로 사이에 있는 사막을 횡단할 작정이었지만 곧 그들의 지평은 더 넓어졌다. 두 사람은 에스파냐 국왕을 설득하여 남아메리카 식민지를 자유롭게 돌아다녀도 된다는 허락을 받아냈고, 1799년에 이르러 대서양을 건넜다. 1년 만에 훔볼트와 봉플랑은 오리노코강을 노를 저어 거슬러가고 있었다. 상시 측정 대기 상태인 관측기구와 스케치북을 챙긴 두 사람은 서구인은 들어간 적 없는 울창한 정글 한복판으로 무작정 뛰어들었다.

두 친구는 베네수엘라 해안과 아마존 유역, 오늘날의 페루와 에콰도르, 콜롬비아, 멕시코 일대를 탐험했다. 산을 오르고, 지도를 그리고, 전기뱀장어를 잡고, 진흙을 먹고, 식물을 납작하게 말려 표본집에 넣고, 잉카 유적을 찾아내거나 하늘 색깔이 파란 정도를 밝혀내고, 새똥을 채집하고, 밤하늘의 별을 관찰하고, 암석을 수집했다. 너무 크거나 너무 작다는 이유로 그들의 시야를 벗어나 정밀하게 측정되지 못한 것은 없었다. 두 탐험가는 도보로, 또 말이나 카누를 타고 9,650km 이상을 이동했다. 종종 진이 빠지고 번번이 위험과 마주하는 거친 여정이었다. 장대한 5년간의 탐사로 훔볼트는 재산의 1/3을 날렸지만 덕분에 6만 개가 넘는 표본을 채집했고, 분석하는 데 평생이 걸릴 만한 막대한 양의 데이터가 일지에 쌓였다. 아닌 게 아니라 그는 데이터를 분석하고 결과를 추출하여 출판하는 데 30년을 보냈고, 그 과정 자체가 '대大물리법칙'을 찾아가는 끝없는 탐험이 되었다. 그는 언제나 '사물보다는 생각을 수집하는 것'이 자신의 목표라고 말했다.

59세 때 훔볼트는 러시아 횡단 여행에 나서서 마차를 타고 중국 국경 지대까지 다녀온 다음, 지구자기地球磁氣라는 신개념을 제시했다. 그의 첫 책 『신변기』는 젊은 다윈이 과학자로 살아가는 데 영감을 주었다. 아마도 지금까지 나온 가장 야심찬 과학 저작일 훔볼트의 대작 『코스모스』는 그가 보고, 읽고, 생각한 전부를 집대성한 책, 한마디로 '우주에 대한 완전한 물리적 묘사'를 목표로 한 책이었다. 자연과학의 거의 모든 분야에 중요한 공헌을 한 이 책을 집필하는 데는 약 25년이 걸렸다. 76세 때 『코스모스』 제1권을 출간한 훔볼트는 마지막 제5권을 미완으로 남긴 채 90세 생일을 며칠 앞두고 눈을 감았다. 그가 죽은 1859년에 『종의 기원』이 출간되었고, 훗날 다윈은 '훔볼트는 역사상 가장 위대한 과학 여행가'였다고 회고했다.

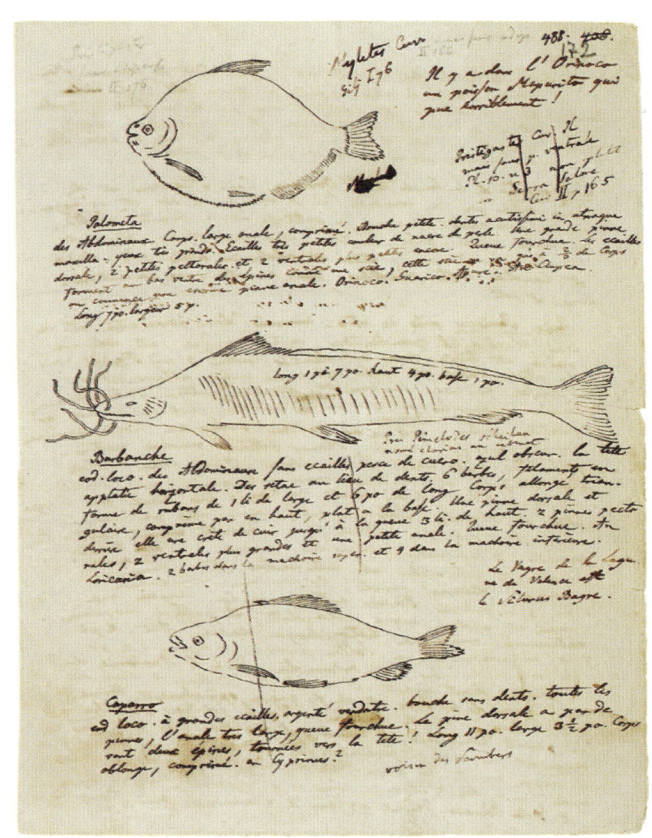

↖ 훔볼트의 탐험 일기는 자잘한 현장 스케치, 관측과 계산 수치를 기입해둔 표가 잔뜩 들어가서 굉장히 상세하고 빽빽하다. 일기는 점차 진화해가는 그의 과학적 사고를 보여주는 원전이다.

↗ 에콰도르 침보라소 화산의 측면도로서, 훔볼트의 아이콘과도 같다. 그는 이 측면도의 스케치를 현장에서 즉석으로 그렸다. 이 그림은 훔볼트만의 질서정연한 지질학적 생태학의 비전을 대표하는 이미지로, 고도대별로 특징적인 식물군이 이 점을 잘 보여준다.

다른 세계

앨런 빈

Alan Bean (1932-2018)

한마디로 미국의 전설이다. 아폴로 12호 우주 비행 임무의 달착륙선 조종사로 유명한 그는 네 번째로 달을 밟은 사람이기도 하다. 나사에서 오래 일하며 쌓은 업적 가운데는 1973년 스카이랩 3 우주정거장에서 59일 동안 사령관으로 근무한 일도 포함된다. 우주비행사에서 예술가로 변신한 그는 다른 세계에 대한 직접적인 체험을 바탕으로 그림을 그리는 최초의 화가이며, 번득이는 그의 작품들은 수집가들에게 대단히 인기가 많다.

〈폭풍의 바다에서 로큰롤〉, 항공기 합판 위에 아크릴 물감, 2002

"내 동료 피터 콘라드는 '문워크' 중에 암석 조각을 집고 싶었지만 우주복을 입고 있을 때는 무릎을 굽히기가 아주 어렵다. 그래서 내가 그의 백팩에 있는 끈을 쥐고 그의 몸을 기울인 다음 다시 일으켜 세워줬다. 몇 초밖에 안 걸렸다. 그림 속의 월석月石은 2001년에 오만에서 발견된 달 운석 성분을 조금 함유하고 있다."

탐험은 인간 존재의 일부이다.
사람들은 언제나 저 멀리 산 너머나 강 건너에 무엇이 있는지 알고 싶어 했다.
그건 어느 정도는 우리가 호기심을 타고났기 때문일 뿐이다.
거기는 어떤 곳일까? 거기서 살면 어떤 기분일까?

우리는 드디어 '폭풍의 바다'에 착륙했다. 1969년 11월 아폴로 12호의 비행 임무였다. 내가 이 태고의 황량한 현무암 지대에 발을 디뎠을 때 가장 중요하게 여겼던 장비는 내 장갑 소매에 클립으로 고정해둔 스프링 제본 노트였다. 내지에는 지시 사항이 잔뜩 적혀 있었다. 필수 절차 체크리스트, 가져올 샘플, 우주비행 관제 센터에서 찍어오길 바라는 이미지들. 우리가 떠나기 전에 보조 승무원으로 함께 탑승한 몇몇 동료들은 작은 만화를 그려놓거나 심지어 안쪽에 핀업 걸 사진을 몰래 붙여 놓기까지 했다. 우리가 달 위에 서 있을 때 그 만화와 사진을 발견하고는 어떤 표정을 지었을지는 여러분도 짐작할 수 있을 것이다.

이 특별한 노트에 빈 페이지는 없었고, 또 거기서 그림을 그릴 여유도 없었다. 우리는 달 표면에 고작 31시간만 머물러야 했는데, 그 노트는 우리가 스케줄대로 완벽하게 움직이기 위한 것이었다. 아폴로 12호 비행 임무는 열흘짜리 임무로, 그 열흘의 비행을 위해 우리는 5년 넘게 집중적인 훈련을 받았다. 귀중한 1분 1초는 각종 실험과 활동, 기록 임무에 모조리 들어갔다. 몇몇 사소한 실수를 제외하면 모든 과정은 계획대로 진행되었다. 우리는 최초로 달에 컬러텔레비전 카메라를 들고 갔지만, 내가 카메라를 태양 쪽으로 향한 바람에 망가져서 송신이 끊기고 말았다. 태평양에 착수着水할 때는 자리를 이탈한 또 다른 카메라에 이마를 부딪쳐 의식을 잃었었다. 그 때문에 여섯 바늘을 꿰매야 했지만 방금 전까지 우리가 지나온 위험을 생각하면 그 정도 부상은 아무것도 아니었다.

무중력 상태에서 그림을 그릴 시도는 해보지 않았다. 아마도 실질적으로 불가능했을 것이다. 돌이켜 보니 어쨌든 시도해볼 걸 그랬다는 생각이 든다. 우리는 깃발을 꽂고 암석을 모으고 사진을 찍었다. 스케치북을 가져갈 수는 없었지만 1969년에 지구 행성을 처음 떠나는 경험은 내게 일생 동안 기억될 광경을 선사해주었다. 사진 촬영과 기록 작성만큼 중요한 것은 우리가 거기에 있다는, 그리고 본다는 단순한 행동이었다. 나는 마음속으로 스케치했다. 열린 시야로 여행한다면 우리의 지평은 무한할 수도 있다. 그리고 그곳에서 우리는 거의 상상도 못한 것들을 보았다. 심지어 50여 년이 지난 지금도 나는 눈을 감고 기억을 떠올릴 수 있다. 다른 세계의 풍경이 곧장 밀려든다.

해군의 시험 비행사 시절부터 나는 줄곧 그림을 그리고 싶었다. 그래서 야간 수업에 등록했고, 훨씬 위험한 임무를 수행하는 사이사이에 개인 교습을 받으며 미술 공부를 이어갔다. 하지만 1981년에 미항공우주국 나사를 떠난 다음에야 예술 창작 활동에 온전히 뛰어들 수 있었다. 몇몇 동료들은 내가 중년의 위기를 겪고 있다고 생각했지만, 나는 내가 목격한 놀라운 것들을 기록해야만 했다.

그림을 시작했을 때 나는 우주비행 임무 기념품으로 간직해왔던 우주복 조각에 달의 미세 입자가 묻어 있다는 사실을 알게 되었다. 이제 나는 그 우주복 조각들을 아주 작게 잘라 내 작품에 덧붙이며, 이따금 우리가 달 표면에 깃대를 박을 때 쓴 망치와 태양열에 그을린 월면月面 부츠 바닥을 이용해 그림 표면에 질감을 살린다. 동료 우주비행사들이 수행할 다른 아폴로 우주비행을 상상하려고 사진도 이용한다. 친구인 닐 암스트롱은 내 작품들을 '우주 예술'이라고 불렀다. 관찰과 기억을 통해 나는 32만 km가 넘는 거리와 긴 세월로 분리된 활동의 단편들을 되살리려고, 드높은 희망의 정신을 포착하려고 애쓴다. 아폴로 우주비행은 불가능에 가까웠던 탐험의 실현이었고 한 세대를 사로잡았다. 나는 아폴로 탐험의 정신을 사람들과 나누고 싶다.

그다음 내가 우주 공간으로 날아간 것은 1973년 스카이랩 3호의 함장으로서였다. 우리는 미국 최초의 우주정거장에서 59일 동안 지내면서 대략 3943만 km를 비행했다. 의학적 검사와 태양 관찰, 과학 실험을 비롯한 임무들을 매일 수행하는 동안 나는 최초의 EVA, 다시 말해 선외 활동extravehicular activity 가운데 하나인 우주유영을 할 수 있었다. 지구 위에 그렇게 높이 떠 있는 동안 혼자라는 생각도, 두렵다는 느낌도 전혀 들지 않았다. 그저 탐험가로서의 특권, 세상을 완전히 새롭게 발견할 기회와 더불어 특별한 일을 처음 하는 사람이라는 느낌에 압도당했다.

스카이랩 정거장은 무한한 우주 공간 변두리에 있는 과학 기지로서 쓸모를 다한 다음 이듬해에 버려졌다. 우주정거장은 비행사들이 체류하는 동안 지구 궤도를 3,975km 이상 돌면서 수천 시간 분량의 새로운 데이터를 전송했다. 태양 폭발과 코로나 홀(코로나에서 평균보다 온도가 더 낮고 어두우며 플라스마 밀도가 낮은 영역) 사진은 이 기현상에 대한 우리의 지식을 확장했으며, 이건 스카이랩이 이룩한 다수의 과학적 성취 가운데 하나일 뿐이다. 하지만 나는 스카이랩 임무가 인간에게 잠재한 **정신**을 계속 살아 있게 한다는 측면에서 훨씬 더 많은 일을 했다고 생각한다. 그것이야말로 유일하게 참된 탐험의 정의이다. 지평선 너머를 바라보는 꿈을 실현하는 것 말이다.

내 인생을 한마디로 요약한다면 난 운이 좋았다고 말하고 싶다. 물론 나사 우주비행사가 된 뒤로 언제나 범상치 않을 터였지만, 정말이지 얼마나 특별한 여정이었는지! 나는 역사상 최초로 다른 세계에 갔다 온 체험을 그린 화가가 되었다. 제임스 쿡 같은 위대한 항해사들과 함께 미지의 세계로 떠나거나, 신대륙의 해변에 당도하여 정착하고 탐험한 화가들을 생각하면 그들이 겪었던 고난과 도전에 경탄하지 않을 수 없다. 처음 보는 신기한 생물로 가득한 숲과 새로운 사람들과의 조우, 전에 본 적 없는 극적인 새로운 풍광을 상상해보라!

경이에 젖어들어 자신이 본 것에 겸허해지는 일이 어떤 것인지 나는 잘 알고 있다. 달 표면은 황량하고 척박해보일 수도 있지만 나는 그 선명한 색채를 전달하려고 언제나 노력한다. 암흑 같은 우주에서 솜털 같은 흰 구름이 점점이 박힌 아름다운 푸른 구슬, 우리의 고향 지구를 볼 때의 짜릿함이 내가 지금껏 목격해온 그 무엇에도 비할 수 없다.

우리의 상상과 역량의 한계를 탐험하려는 인류의 내적 충동은 보편적이며 시대를 초월한다. 달 위를 걸었던 열두 사람 가운데 하나로서 나는 축복받은 사람이다. 그곳에 있는 게 어떤 느낌인지 아는 상태에서 그림을 그린다. 얼마나 크나큰 특권인가! 그저 우주선 창밖을 내다보는 것조차도 기쁨이었다. 위대한 탐험의 일원으로서 별들을 항해할 수 있어 정말 행복했고, 다시 말하지만 운이 좋았다고 생각한다. 물론 역사가 계속되는 한 더 많은 우주 탐사 임무가 있을 것이다. 누군가가 화성 표면에 서는 행운을 누릴 날도 틀림없이 올 것이다. 나는 그 누군가도 눈앞의 광경을 찬탄하며 바라볼 시간을 갖길 바랄 뿐이다.

↗ 〈내 손끝에 달린 우리의 세계〉, 항공기 합판 위에 달 먼지와 아크릴 물감, 2005

"나는 고개를 들어 지구를 바라보면서, 눈을 찌푸리지 않고 더 잘 보기 위해 우주선의 그림자 안으로 들어갔다. 그다음 손을 뻗어 장갑을 낀 엄지와 검지 사이에 지구의 '균형'을 잡았다. 우리의 세계, 지구 전체가 안전하게 내 손끝에 안겼다."

메리웨더 루이스

Meriwether Lewis, 1774-1809

나는 그들이 우리 탐사대를 털 것이라고 확신했고 그럴 경우엔 … 기록과 장비, 총을 빼앗기느니 차라리 죽음을 택하여 최후까지 저항해야 한다.

토머스 제퍼슨 대통령이 북아메리카를 횡단하는 경로를 탐색하도록 메리웨더 루이스 대위와 윌리엄 클라크를 파견했을 때, 그들은 중도에 무엇과 맞닥뜨리게 될지 짐작할 수 없었다. 몇몇 지식인들은 전인미답의 대륙에서 긴털매머드와 땅나무늘보가 광대한 초지를 활보하고 있으며 탐험가들은 청정 소금산이나 웨일스어를 쓰는 푸른 눈의 원주민이 사는 유토피아를 발견할 수 있을 거라고 믿었다.

하지만 탐사대는 실제적인 정치·상업적 이해관계에 의해 추진되었다. 얼마 전에 미국 정부는 미시시피강 서쪽 유역의 로키산맥까지 포함한 루이지애나 영토를 프랑스로부터 매입했기에 그곳의 지리와 동식물군, 각종 자원을 탐사해야 했다. 탐험대장 루이스는 영국과 에스파냐의 영향력을 견제하기 위해 인디언 부족들과의 우호관계를 수립하고 어느 지역이 식민화에 적절한지 파악하라는 명령을 받았다.

버지니아의 대농장에서 자란 루이스는 세넌도어 밸리의 숲과 야생에서 성장했다. 스무 살 때 입대한 후 오하이오와 테네시주 변경 지대에서 복무하며 재빨리 진급했다. 1801년에는 집안의 오랜 친구인 제퍼슨 대통령의 개인 비서가 되었다. 체격이 좋고 모험심 넘치는 루이스는 신생국을 대변하는 투사였다.

1804년 5월, 루이스는 북서부 영토에서 함께 복무했던 윌리엄 클라크와 함께 40명의 대원을 이끌고 서쪽 미주리강으로 향했다. 탐사대는 만단 부족과 함께 겨울을 난 뒤 보트로 4,145km를 이동하여 미주리강 그레이트폴스의 급류에 이르렀다. 폭포 사이를 육로로 건넌 이들은 계속 상류로 이동하며 대륙분수령(로키산맥 분수령)에 도달했지만, 비터루트산맥을 넘어가는 긴 오지 여행이 기다리고 있었다. 비터루트산맥은 '60마일(약 97km)에 걸쳐 만년설로 덮인 어마어마한 산맥'이었다. 인디언 안내자들도 떠나버리자 탐사대는 눈보라와 깊은 눈더미 속에서 방향을 잃었다. 소금에 절인 돼지고기는 바닥나고 사냥감도 드물었기에 대원들은 말고기를 먹는 지경에 이르렀다. 절박해진 클라크와 사냥꾼들은 나머지 대원을 놔둔 채 발길을 재촉했고 결국 네즈퍼스 인디언들한테서 물고기와 말린 근채류, 그리고 컬럼비아강으로 가는 경로에 관한 귀중한 정보를 얻어 돌아왔다.

1805년 11월 7일 루이스는 환희에 차서 일지에 썼다. '오! 기쁘도다.' 그들은 마침내 바다를 볼 수 있었다. 탐사단은 컬럼비아강 어귀에 클랫숍 요새를 지은 다음 힘겨운 귀환 여정에 나섰다. 그들은 더 넓은 영역을 탐험하기 위해 둘로 쪼개졌다가 노스다코타에서 재회했다. 300종이 넘는 동식물을 발견하고 여러 인디언 부족들과 우호관계를 맺었으며, 미주리강과 태평양 북서부의 많은 지역을 지도로 그려서 신생 미합중국의 영토가 대서양부터 태평양까지 뻗어 있음을 확실히 했다. 더욱이 아시아와의 무역을 염두에 두고 대륙 내부에서 컬럼비아강 하구까지 모피를 운송하여 광대한 상업 제국의 잠재성을 확인했다.

'미국이 배출한 가장 위대한 개척자'란 찬사를 들은 루이스는 귀환 후 영웅 대접을 받았다. 하지만 제퍼슨이 후견한 이 젊은이는 1809년 10월, 테네시 산길의 외딴 여인숙에서 총상으로 죽은 채 발견되었다. 그의 친구들에 따르면 루이스는 새로 얻은 명성에 심한 압박과 부담감을 느꼈다. 평소 과음을 하던 그가 스스로 목숨을 끊었을 가능성이 크다. 갑작스레 끝나버린 삶의 상징인 부서진 기둥이 그의 무덤을 지키고 있다.

> 디서포인트먼트(실망)곶을 자세히 묘사한 약도. 이 지명은 1788년 영국 존 미어스 선장이 컬럼비아강으로 들어가는 길목을 놓친 뒤에 지은 이름이다. 루이스와 클라크에게 그곳은 탐사단이 북미 대륙을 횡단하여 태평양까지 도달하는 주요 임무를 달성한 승리의 장소였다.
> 오른쪽 사진 루이스와 클라크의 일지는 현장에 나간 측량사들이 흔히 이용하는 종류의 작은 수첩 열여덟 권으로 이루어져 있다. 이 가운데 열세 권은 붉은 염소 가죽으로, 네 권은 대리석 무늬 표지를 씌운 판지로 장정되어 있으며 나머지 한 권은 평범한 갈색 가죽 장정이다.

Lewis and Clark Codices

Codex A — Clark
Journal
May 13, 1804 – Aug. 14, 1804.
(complete.)
Clark's No. 1
Biddle's No. 1
Coues' A.
folios 94
pages 184
Codex Aa

Codex B — Lewis(?) and Clark
Journal
Aug. 15, 1804 – Oct. [?], 180[4]
(complete)
Clark's No. 2
Biddle's No. 2
Coues' B.
folios
pages 188
Codex Ba

Codex C — Clark
Journal
[Oct?] 1804 – April 1805.
...is writ[ten]...

Codex D — Lewis
Journal
Apr. 7, 1805 – May 23, 1805.
Biddle's No. 4.
Coues' D.

American Philosophical Society
(FOUNDED 1743)
104 SOUTH FIFTH STREET
PHILADELPHIA.

↗ 루이스와 클라크의 일지는 지리적, 민족지학적인 기록부터 여행의 각 단계를 묘사한 지도, 동식물군에 대한 관찰, 기온과 날씨에 관한 기록까지 막대한 양의 데이터를 담고 있다. 이것은 미주리강의 일부를 그린 스케치이다. 탐사단은 비바람을 막아줄 주석 상자에 노트를 넣어 단단히 봉한 다음 들고 다녔다.

카누와 무지개송어 스케치에 풍성한 설명이 딸려 있다. 탐사대는 자신들이 만난 인디언들과 좋은 관계를 맺는 것이 얼마나 유익한지를 거듭 깨달았다. 탐사대에서 없어선 안 될 일원은 프랑스계 캐나다인 통역가의 아내이자 쇼쇼니족 인디언 새커거위아였을 것이다. 클라크는 일지에 다음과 같이 적었다. '우리는 (그녀가) 모든 인디언을 화해시키고 있음을 알게 되었다. 일단의 남성들과 함께 있는 여성 한 명은 평화의 상징이다.' 그 결과 네즈퍼스 인디언들은 그들에게 식량과 피난처를 비롯해 탐험 경로와 카누 건조하는 법에 대해 조언해주었고, 궁극적으로는 이들의 도움으로 탐사대가 성공할 수 있었다.

a mile without resting. A is the end which they use as the bow but which on first sight I took to be the stern. C.D. is a comb cut of the solid stick with the canoe and projects from the center of the end of the canoe being about 1 inch through its sides parallel and edge at C.D. sharp. it is from 9 to 11 Inches 53 in length and extends from the underpart of the bowsprit at A to the bottom of the canoe at D. – the stern B. is nearly round-ing and gradually ascending. 1 2 3 represents the rim of the gun-walls about 4 Inches wide rather ascending as they recede from the canoe. 4.5.6.7.8 are the round holes through which the cross bars are inserted. —

This form of canoe we did not meet with untill we reached tidewater or below the grand rappids. from thence down it is common to all the nations but more particularly the Killamucks and others of the coast. these are the largest canoes. B is the bow and comb. C the stern and comb. their immages are representations of a great variety of grotesque figures, any of which might be safely worshiped without committing a breach of the commandments.

They have but few axes among them, and the only tool usually imployed in felling the tree or forming the canoe, carving &c is a chissel formed of an old file about an Inch or an Inch and a half broad. this chissel has sometimes a large block of wood for a handle; they grasp the chissel just below the block with the right hand holding the edge down while with the left they take hold of the top of the block and strike backhanded against the wood with the edge of the chissel. a person would sup-pose that the forming of a large canoe with an instru-ment like this was the work of several years; but these people make them in a few weeks. they prize their canoes very highly; we have been anxious to obtain some of them for our journey up the river but have not been able to obtain one as yet from the natives in this neighbourhood. — today we opened and examined all

of small fish which now begin to run and are taken in great quantities in the Columbia R. 93 about 40 miles above us by means of skiming or scooping nets. on this page I have drawn the likeness of them as large as life; it as perfect as I can make it with my pen and will serve to give a general idea of the fish. the rays of the fins are boney but not sharp tho' somewhat pointed. the small fin on the back next to the tail has no rays of bone being a thin membranous pellicle. the fins next to the gills have eleven rays each. those of the abdomen have eight each, those of the pinnavani are 20 and 2 half formed in front. that of the back has eleven rays. all the fins are of a white colour. the back is of a bluish dusky colour and that of the the lower part of the sides and belley is of a silvery white. no spots on any part. the first bone of the gills next behid the eye is of a bluis cast, and the second of a light goald colour nearly white. the puple of the eye is black and the iris of a silver white. the under jaw exceeds the uper; and the mouth opens to great extent, folding like that of the herring. it has no teeth. the abdomen is obtuse and smooth; in this differing from the herring, shad, anchovy &c of the Malacapterygious Order & Class Clupea

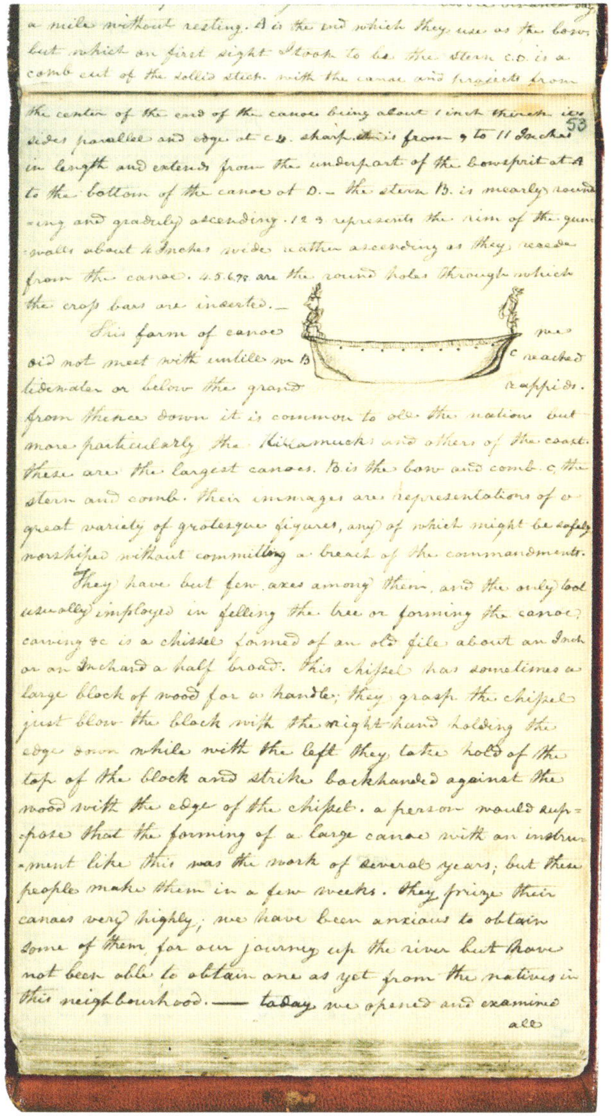

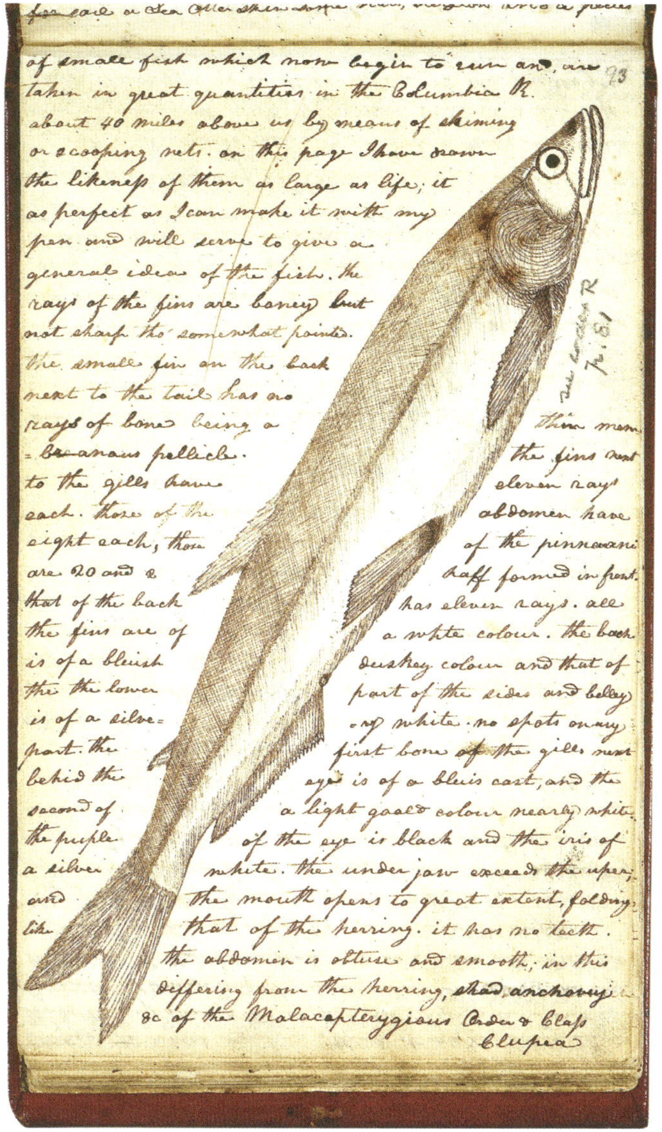

칼 린나이우스

Carl Linnaeus, 1707-1778

이 삭막한 황무지에서 나는 심한 고독을 느끼기 시작했고 동반자를 진심으로 바랐다.

1732년 5월 12일 스물다섯 살의 식물학자 칼 린나이우스(후일 귀족이 되어 '칼 폰 린네'라 불림)는 도시 웁살라를 뒤로 한 채 성큼성큼 북쪽으로 발걸음을 옮겼다. 스웨덴의 긴 겨울 내내 그는 난롯가에 앉아 식물학자이자 의학교수인 스승 올로프 루드베크가 들려주는 37년 전 라플란드 탐험 이야기에 귀를 기울였다. 이제 린나이우스가 그 야생의 땅에서 자연의 경이들을 발견할 차례라고 노교수는 열변을 토했다.

린나이우스는 먼저 발트해 연안으로 느긋하게 나갔다. 등에 진 가죽 배낭에는 가장 필수적인 장비들만 챙겼다. 그 안에는 단검과 소형 망원경, 지도 두 장, 웁살라 왕립과학협회에서 써준 추천서, 일기장, 말린 식물 표본을 끼워 넣을 수 있게 실로 제본한 종이 뭉치가 들어 있었다.

길도 없는 지방을 한참 걸어간 끝에 라플란드에 도착했고 곧 요크모크로 향했다. 그다음 라플란드 황야를 건너 라플란드 알프스에 올랐다. 그는 골짜기와 저지대를 탐험하고, 들판을 적시는 시내와 습지를 건너고, 등에서 얇은 얼음이 되어버리는 차가운 비를 맞아가며 산과 빙하를 가로질렀다. 어떤 밤에는 오한이나 몸이 덜덜 떨렸다. 운이 좋을 때는 사미족과 함께 순록의 혀와 달콤한 치즈를 먹고, 순록의 털로 속을 채운 베개에 머리를 누이기도 했다.

다섯 달의 여행 동안 린나이우스는 보트와 말을 타고 약 7,700km를 이동했고 1,600km 정도를 걸어서 완주했다. 그는 온갖 간난신고를 겪었다. 의심 많은 라플란드 사람한테 총을 맞기도 했고 강풍에 휩쓸려 낭떠러지에서 떨어질 뻔했다. 낙석에 압사당할 위기도 간신히 넘겼다. 이 모든 위기에도 불구하고 그는 100여 종의 신종 식물을 채집했으며 라플란드의 동식물군부터 사미족의 신앙과 일상생활에 이르기까지 모든 것을 탐험 일지 「이테르 라포니쿰」(라플란드 여행)에 상세한 기록과 스케치로 남겼다. 이 기록이 그의 첫 저서 『플로라 라포니카』(라플란드 식물)의 토대가 되었다.

린나이우스는 일찍부터 자연에 이끌렸다. 스웨덴 남부 스몰란드의 시골에서 목사의 아들로 태어난 그는 인근의 습지대와 초지를 탐험하지 않을 때면 아버지와 함께 목사관의 정원을 가꾸곤 했다. 그는 이 소일거리가 '어릴 적부터 내 마음을 줄곧 식물을 향한 무한한 애정으로 불타게 했다'고 기억했다. 정원 일은 젊은 식물학자의 필생의 작업에도 결정적인 영향을 미쳤다. 하루는 아들이 자꾸 식물 이름을 까먹어서 짜증이 난 아버지가 이름을 다 외우지 않으면 정원 일을 가르쳐주지 않겠다고 일렀다. 그 순간부터 린나이우스는 새로 알게 되는 식물 이름을 '열과 성을 다해' 빠짐없이 기억하기로 다짐했다고 회상했다. 훗날 그는 오늘날의 이명법二名法(생물종을 나타낼 때 라틴어로 속명 다음에 종명을 적는 방식)을 창안하여 현대 생물학 명명법의 토대를 다졌고 현대 분류학의 아버지로 알려지게 된다.

린나이우스는 계속해서 여행을 했고 1735년 의학 박사 학위를 땄으며 나중에 스웨덴 왕실의 의사로 임명되었다. 하지만 인생의 초점은 언제나 식물 연구와 교습이었다. 그는 제자들의 존경을 한 몸에 받았고, 그들이 학문을 추구하여 세계여행을 떠나도록 적극적으로 격려했다. 주간지 『타임』에서 선정한 역사상 다섯 번째로 영향력 있는 과학자인 그는 가히 '식물학의 왕자'라고 일컬어진다. 스위스 태생 철학자 장 자크 루소가 '지구상에서 그보다 더 위대한 사람을 알지 못한다'고 단언한 대로다.

아침 6시쯤에 우리는 옷가지에서 물을 짜내고
지친 팔다리를 말리면서 휴식했다.
몸뚱이의 한쪽 면은 찬 북풍에 바싹 마르고 반대편은
불에 바짝 달궈지는 동안 각다귀가 계속 물어댔다.
나는 이제 여행이라면 실컷 했다.

↘ 현재 런던 린나이우스 협회에 소장된 그의 라플란드 일지 『이테르 라포니쿰』은 다양한 동식물 그림을 담고 있으며, 젊은 식물학자의 명성을 닦는 데 중심 역할을 한 첫 저서 『플로라 라포니카』의 토대가 되었다. 이 일지는 보트를 저 나르는 사미족의 모습, 보트 구조에 관한 상세한 기술과 라플란드 지방 여행의 모든 측면을 담고 있다.

↗ 라플란드에서 본 분홍색 꽃을 피우는 관목이 특히 마음에 들었던 린나이우스는 이 식물에 '안드로메다 폴리폴리아Andromeda Polifolia'라는 학명을 붙여줬다. 그가 노트 맨 밑에 그린 것처럼, 오비디우스의 『변신 이야기』 중에서 바위에 묶여 바다의 용에게 제물로 바쳐진 안드로메다에 비유한 속명이다.

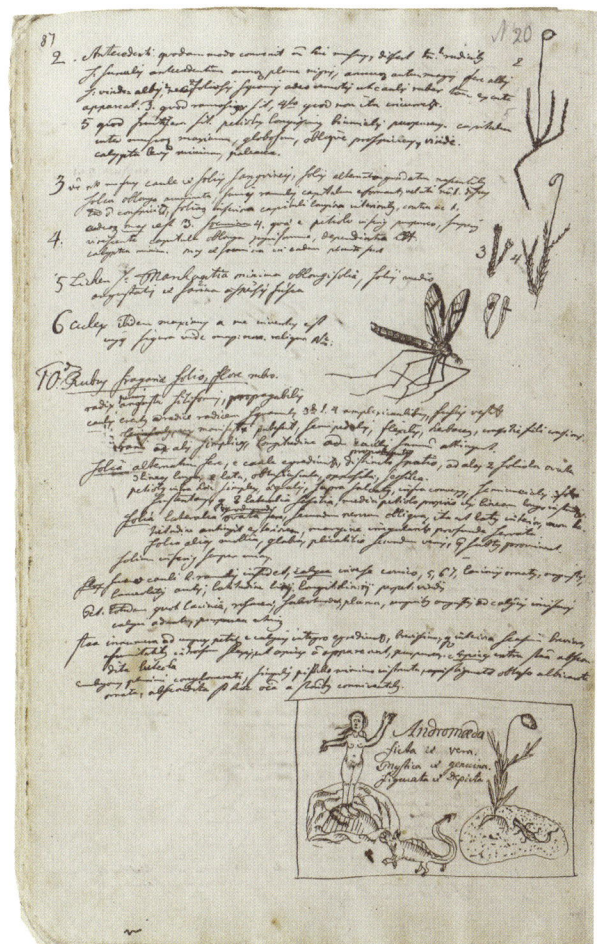

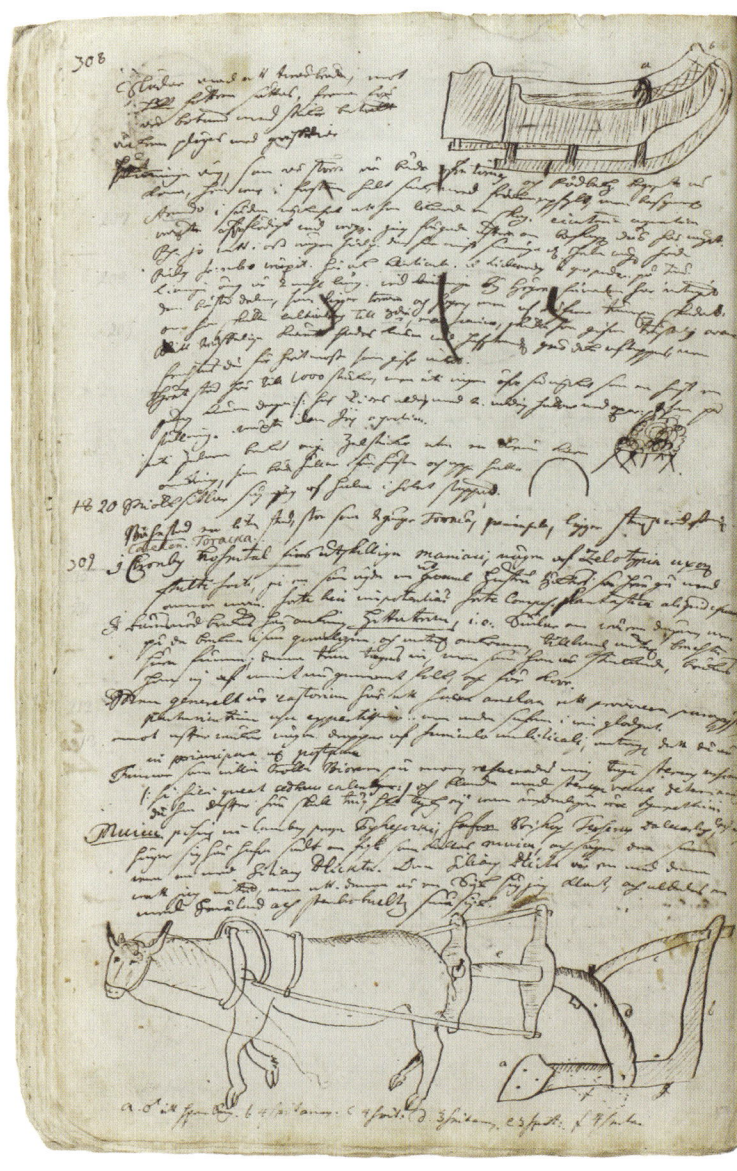

▽ 린나이우스의 라플란드 일지 일부. 일지에는 다음 쪽의 보드 게임 드로잉을 포함하여 자신이 본 모든 것을 향한 관심이 드러난다. 그는 과학 저술을 170편 넘게 출간했다. 사후에 그의 원고와 식물 표본을 비롯해 동식물학 컬렉션, 소장 도서는 모두 영국 식물학자 제임스 에드워드 스미스가 사들였고 나중에 런던 린나이우스 협회에 넘겨졌다. 오늘날 린나이우스 협회는 전 세계의 동식물군을 기록하는 데 린나이우스 본인이 그랬던 것처럼 계속해서 중심적인 역할을 하며, 생물다양성을 보존하는 데 기록 작업이 얼마나 중요한지 지속적으로 환기하고 있다.

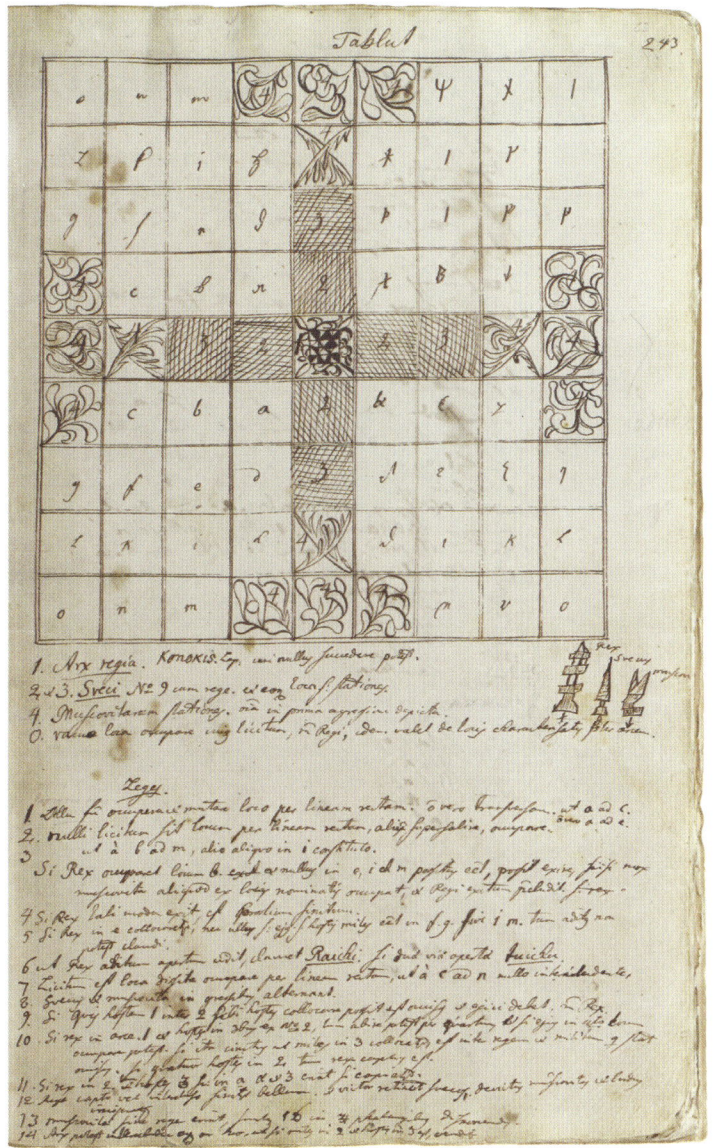

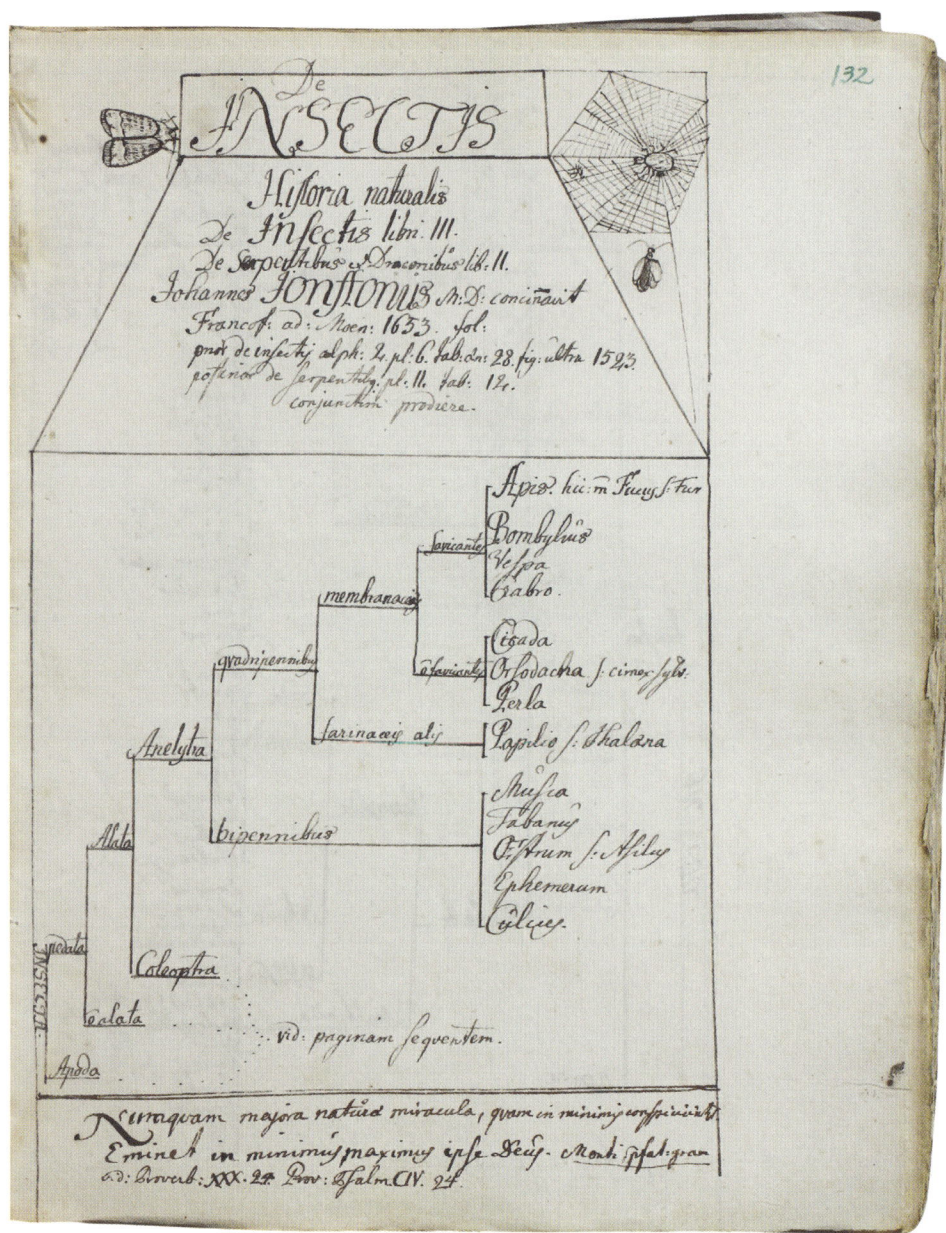

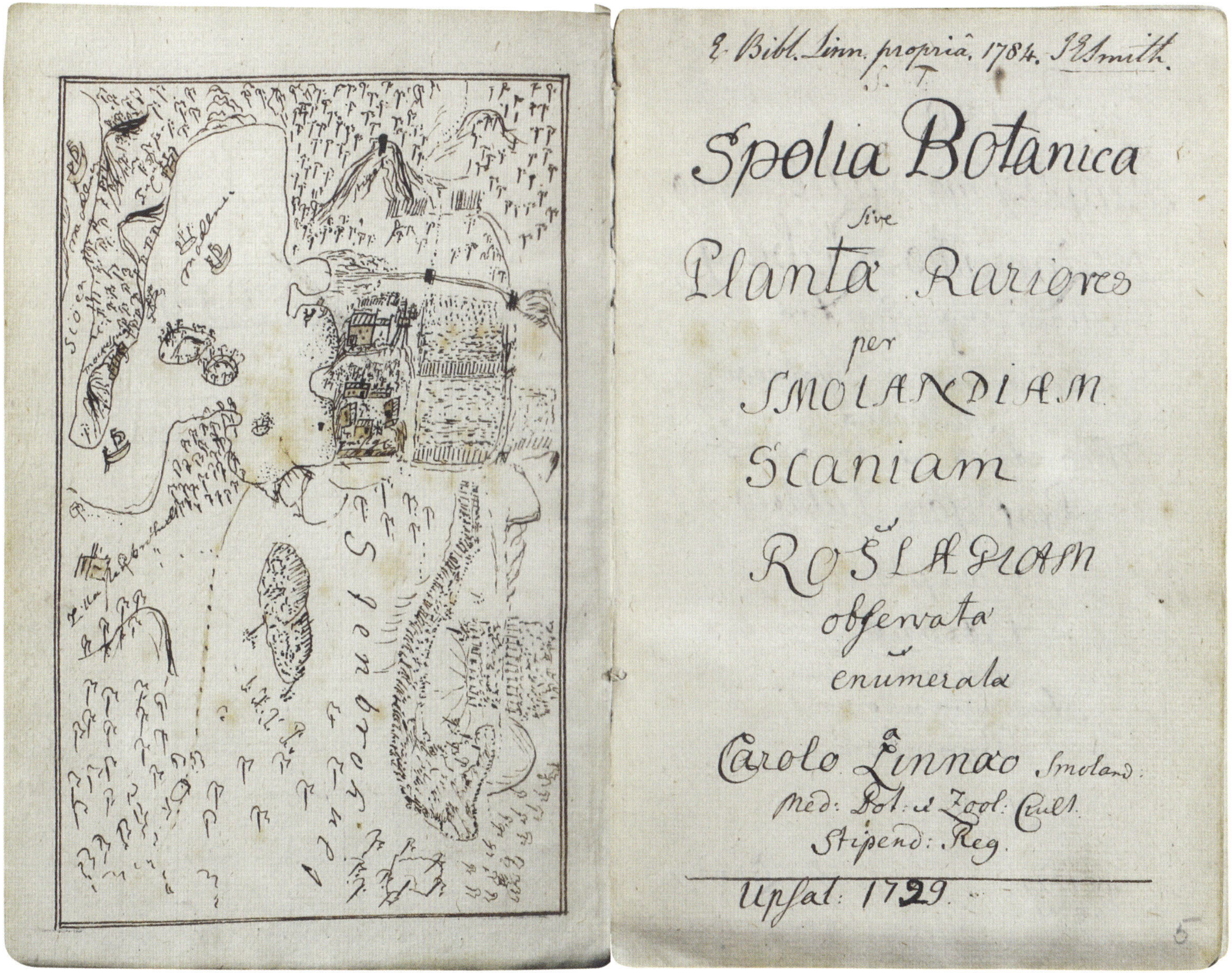

\ 린나이우스는 모든 생물에 두 가지 이름을 붙이자는 스위스 식물학자 가스파르 보앵의 주장을 옹호했다. 이명법 이론과 자신의 독특한 생식 분류 체계를 결합한 린나이우스는 전혀 새로운 분류 형식을 위한 주춧돌을 쌓았다. 처음에 동료 학자들은 그의 제안에 크게 반발했지만 결국 이명법이 표준이 된다. 곤충을 분류해놓은 페이지는 린나이우스의 『마누스크립타 메디카』(의학서)에서 나온 것이다. 소책자인 『스폴리아 보타니카』(식물 노획물)에서 린나이우스는 스웨덴의 세 지역(스몰란드, 스코네, 로슬라겐)에서 나온 식물을 서로 다른 세 가지 체계에 따라 분류했다.

데이비드 리빙스턴

David Livingstone, 1813-1873

유럽인은 결코 목격한 적 없는 것이었다.
하지만 그토록 사랑스러운 풍경은 틀림없이 하늘을 나는 천사들의 시선을 끌었을 것이다.

스코틀랜드 탐험가 겸 선교사인 데이비드 리빙스턴은 더위와 비, 진흙, 열병, 이질, 말라리아로 고생하고, 그에게 적대적인 부족민들은 물론 언제든 죽이거나 약탈할 태세인 노예 무역상들에게 시달렸다. 하지만 신앙과 강철 같은 의지로 이 모든 것을 이겨냈다. 그가 태어난 곳은 스코틀랜드 라나크셔 지역의 블랜타이어였다. 가난하지만 독실한 집안에서 자란 리빙스턴은 열 살이 되자 방적 공장에서 일했다. 27세에 의사 자격을 취득하고 성직에 임명되었으며, 런던 선교회가 새로운 선교 기지로 삼을 곳을 물색하며 남아프리카 내륙을 탐험하고 있었다.

가만히 쉬지 못하고 강박적이며 호기심이 넘치는 리빙스턴은 아프리카 대륙을 열어젖히는 일이 선교 사업을 진흥하는 수단임을 금방 깨달았다. 그는 칼라하리 사막을 가로질러 1851년 잠베지강에 도달했다. 초베 강변의 리니안티 늪지대에서 잠베지-콩고강 분수계分水界를 건넌 그는 서아프리카의 로안다로 갔고 거기서 다시 아프리카 동해안의 켈리마네로 오는 도중에 빅토리아 폭포를 발견했다. 8,000km에 이르는 그의 여정은 자타공인 유럽인 최초의 아프리카 대륙 횡단이었다.

리빙스턴의 생생한 탐험기는 영국과 미국에서 출간되어 선풍을 불러일으켰다. 그를 통해 미스터리에 싸인 '암흑의 대륙'이 드러났다. 사자의 공격에서 살아남고, 고열과 출혈, 탈진에도 아랑곳 않고 거대한 호수와 강, 울창한 숲과 푸르른 평원을 발견한 사람이 여기 있었다. 아직 남은 한 가지 목표 때문에 발걸음을 몰아붙였지만 결국 이루지 못했는데, 바로 나일강의 수원을 발견하는 일이었다.

60세가 거의 다 된 리빙스턴은 콩고 지역 노예무역의 중심지 가운데 하나인 니앙웨 마을에 도착했다. 1871년 7월 15일, '후덥지근하고 밝은 어느 아침'은 아랍 노예상인들이 현지 주민들을 향해 발포하면서 공포의 아침으로 탈바꿈했다. 리빙스턴은 몸을 피하고는 그 만행을 기록했다. '도망치는 사람들에게 연달아 총알이 쏟아졌다. … 사람들은 이미 시신이 된 이들을 붙들고 통곡하고 있었다. 오 주여, 당신의 나라가 임하시옵소서.' 마을 주민 수백 명이 학살당했다. 종이가 바닥난 바람에 그는 일기장과 잉크 대용으로 신문 쪼가리와 베리즙을 이용해야 했다. 그 상황에서 리빙스턴의 증언이 살아남은 게 놀라운 일이다.

영국에서 리빙스턴은 이미 죽었거나 적어도 '토착민처럼 되어버렸다'고 여겨졌다. 리빙스턴이 니앙웨에 있을 동안 신문기자 헨리 모턴 스탠리가 '사라진' 탐험가를 찾아 나섰다. 여덟 달 뒤 이 젊은 저널리스트는 탐험의 역사에서 가장 낯익은 얼굴 하나를 경탄의 눈길로 쳐다볼 수 있었다. 그들의 유명한 만남은 스탠리의 말을 통해 불후의 역사로 남게 되었다. 그가 리빙스턴에게 다가가서 건넨 말인 '리빙스턴 박사님이시죠? Dr Livingstone, I presume?'는 오늘날까지도 패러디된다. 스탠리는 리빙스턴의 귀중한 레츠 일기장(19세기 영국의 문구 제조업자이

자 인쇄업자인 토머스 레츠가 만들어 널리 보급된 일기장)과 편지, 지리학 보고서를 들고 영국으로 의기양양하게 귀환했다. 리빙스턴과의 만남을 묘사한 그의 기사는 최초로 대서양 양안에서 동시에 보도된 특종이었다.

리빙스턴은 1873년 5월 콩고강의 수원 인근에서 사망했다. 그는 인생 대부분을 아프리카 사람들 사이에서 여행하며 보냈다. 리빙스턴을 믿고 따랐던 사람들은 그의 심장을 주석 상자에 넣어 그가 죽은 나무 아래 묻었다. 시신은 방부처리 한 후 해안으로 가져가 배에 실어 영국으로 보냈다. 그의 시신은 온전한 예를 갖춰 웨스트민스터 사원에 안장되었다. 이로써 리빙스턴은 공장의 아동 노동자에서 국가적 영웅으로 지위가 상승했다.

CXIVI 15th July 1871
The reports of guns on the other side
of Lualaba tell of Dugumbe's men
murdering Kimburu and others for
slaves = Manilla is in it again = and
it is said that Tamanwa gave him
3 slaves to sack the ten villages we
saw in flames = he is meeting his doom
in spite of mixing blood and giving
nine slaves for the operation = I
Moenegunga was his victim [illegible]
[illegible] on making one [illegible] to go
with Dugumbe's people to be attacked
[illegible] blood [illegible]
Chitoka about 1500 people came
though many villages were burning
before us = I saw three of Dugumbe's
people with guns in the market place
[illegible] wondered but thought it ignorance
and retired when 50 yards off two guns
were fired and a general flight took
place - [illegible] thrown away in terror
[illegible] on the helpless canoes took
place = a long line of heads in the water
showed the numbers that would perish
for they could not swim two miles
shot after shot followed on the terrified
fugitives = great numbers died =
and a worthless Moslem asserted
that all was done by the people of the
English = this well spread through the
murderers are on the other side plundering
and shooting - It is awful - terrible
a dreadful world this = as I write
shot after shot falls on the fugitives
on the other side who are wailing loudly
over those they know are already
slain = Oh let thy kingdom come -

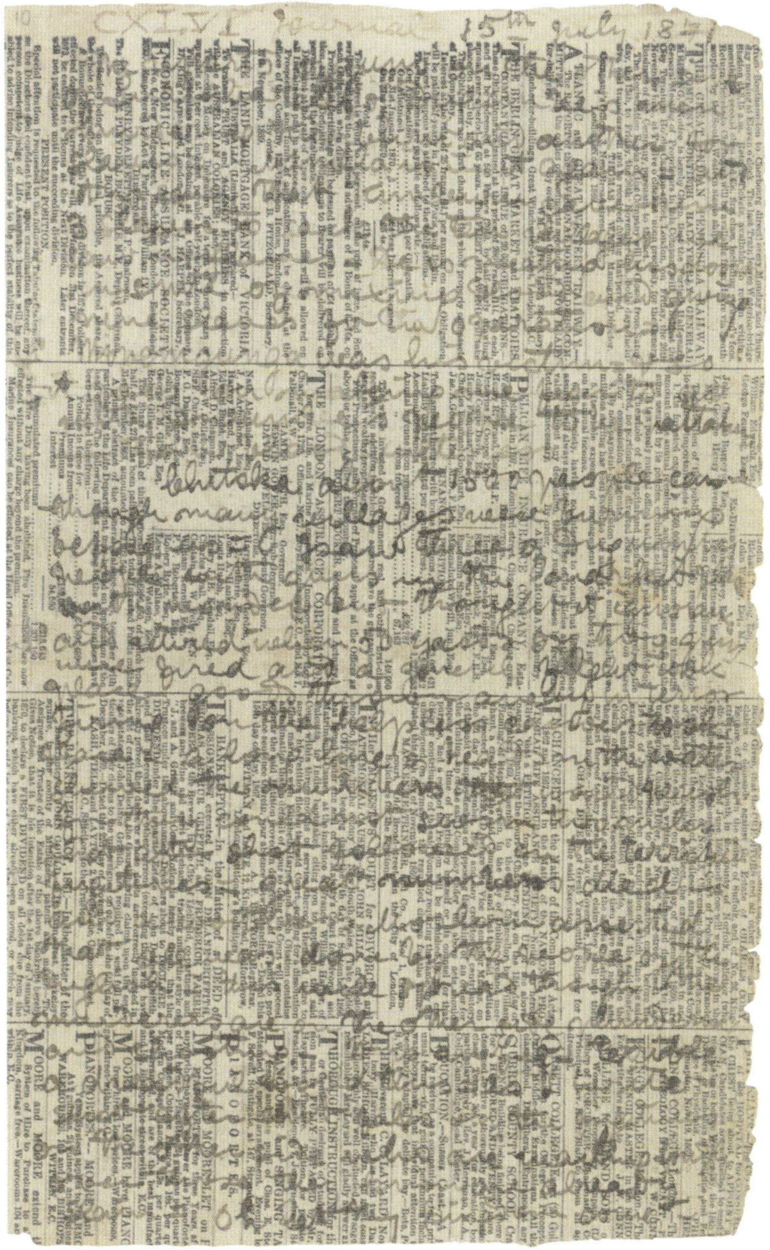

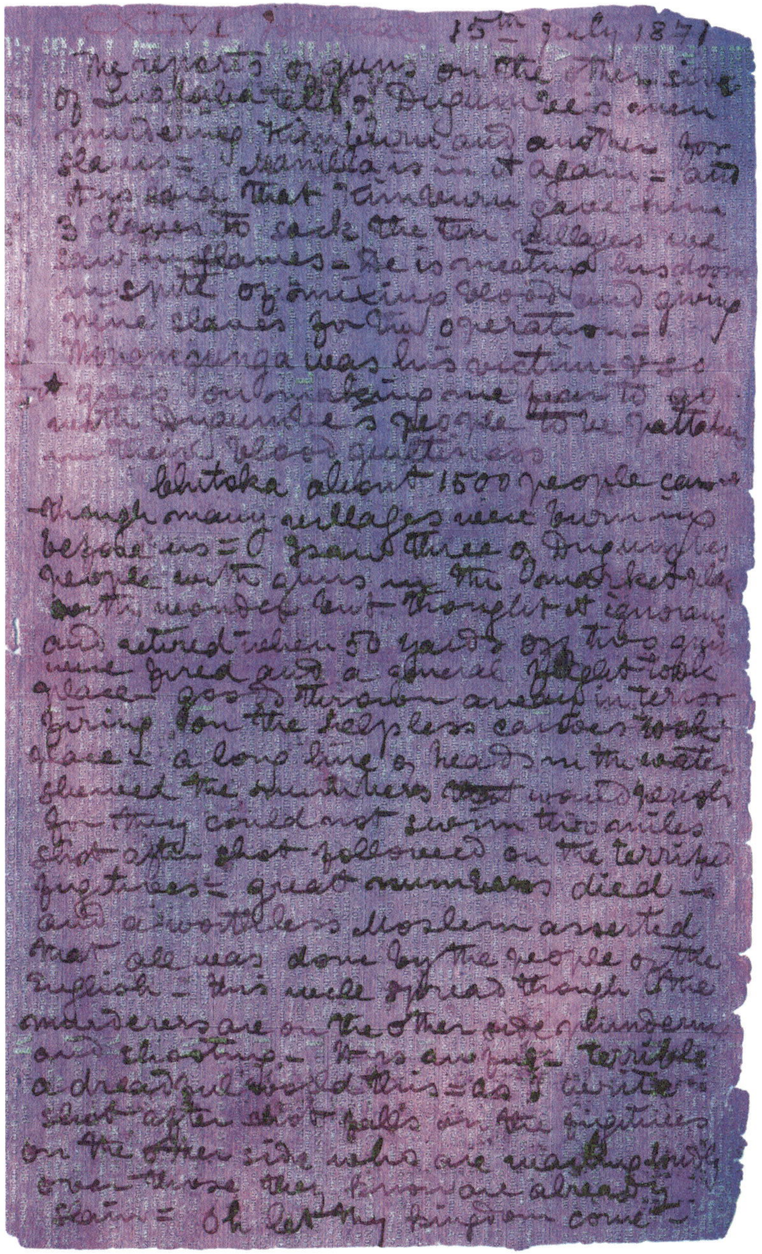

↖↗ 낡은 『스탠더드』 신문지에 베리즙으로 쓴 리빙스턴의 니앙웨 학살 목격담과 기사 옆에 실린 삽화. 기사는 동아프리카 노예 무역상들의 중추인 잔지바르 노예시장의 폐쇄를 이끌어냈다. 이 수고手稿는 바스라지기 쉬운 종이 위에 생소한 잉크로 쓰인 탓에 최근까지 읽을 수 없었다가 분광결상기술을 통해 해독되었다.

미시니에강의 합류 지점으로 내려가서 '쿵구'라고 하는 식용 곤충을 많이 얻었다. 바구니를 손에 쥐고 잽싸게 휘두르면 잡을 수 있다. 우리는 하류로 더 내려가서 쿵구로 만든 빵을 얻었다. 그것들은 벌떼처럼 웅웅거린다.

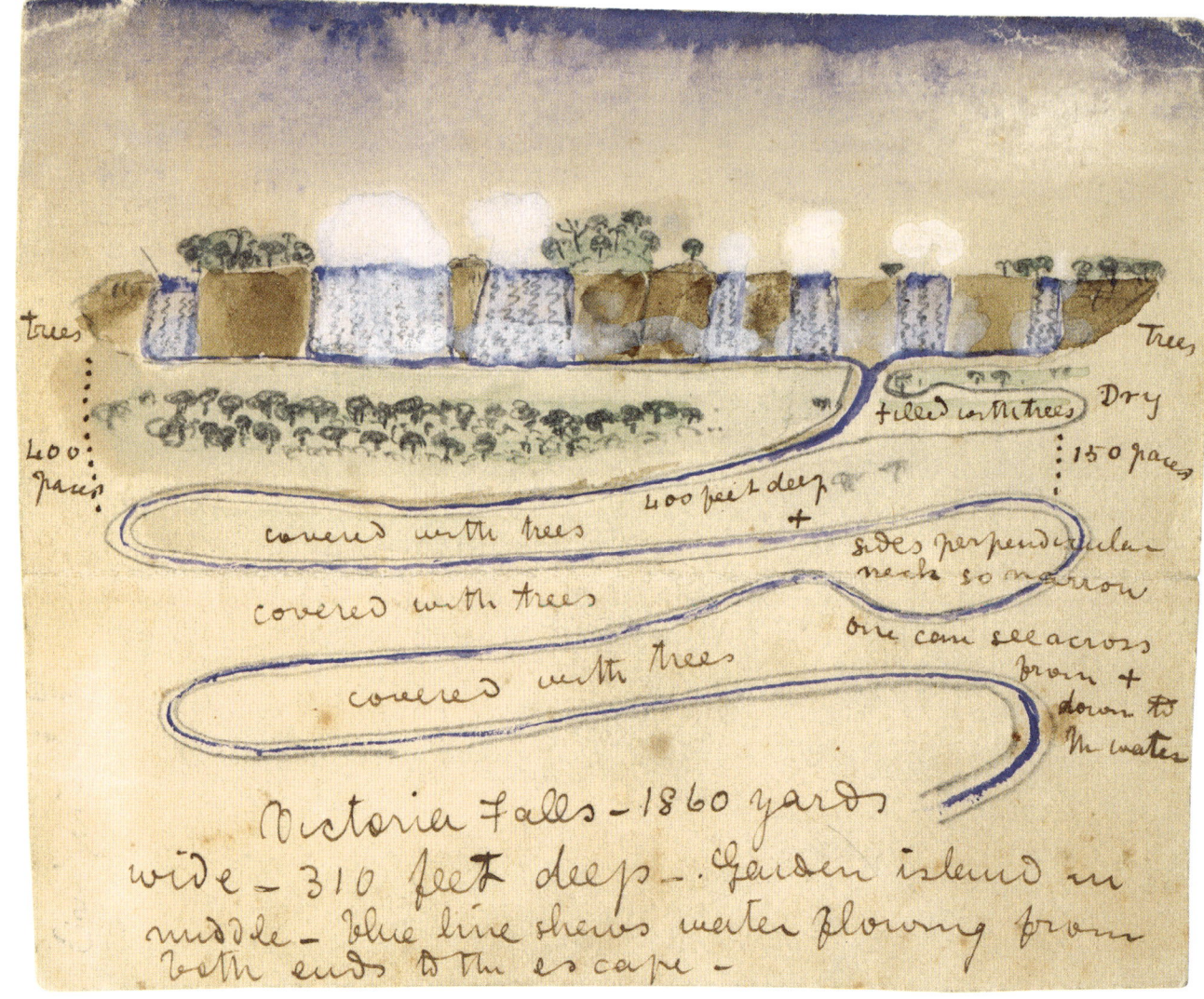

↗ 리빙스턴의 빅토리아 폭포 수채화는 1860년 8월 두 번째 방문 때 그린 것으로 추정된다. 이 그림에 잠베지강이 깎아낸 협곡의 모양과 높이, 폭을 기록했다.

↗ 성실한 일기 작가인 리빙스턴은 위도와 경도, 고도와 강수량 측정치, 지도로 페이지를 가득 채웠다. 왼쪽 그림은 1859년에 그린 시르와호수와 시레강 지도로서 잠베지 탐험 당시 그의 이동 경로다. 가능하면 어디서나, 곤충이든 식물이든 간에 모든 생물을 기록했다. 오른쪽 그림은 리빙스턴의 지리학 탐사를 이어간 스탠리가 빅토리아 호수가 백나일강의 수원임을 확인했던 1875년에 직접 그린 드로잉이다. 이는 호수의 윤곽선(푸른 선)이 꽤 정확하게 그려진 최초의 기록이다.

조지 로
George Lowe, 1924-2013

우리가 도착하기 전에 에베레스트는 여전히 꿈일 뿐이었다. 에베레스트는 의심과 불확실성의 장소였고 우리가 떠난 뒤에도 여전히 그렇게 남아 있었다. 흩날리는 눈은 며칠 안으로 우리의 발자국을 덮어버렸다.

등반가이자 사진작가인 조지 로는 1953년 에베레스트 최초 등정에서 핵심적인 역할을 했다. 그가 가파른 빙벽에서 보여준 실력은 그의 에너지와 유머 감각만큼이나 등반대에게 커다란 이점이었다. 그의 노력은 절친한 친구인 에드 힐러리가 5월 29일 정상을 밟는 데 큰 도움이 되었다. 로는 산소통 없이 에베레스트의 로체 사면(로체산의 서쪽 사면. 네팔 방면에서 에베레스트 정상을 오를 경우 반드시 지나가야 한다)을 오르는 등정 루트를 개척하고 나중에는 동료들을 위해 정상부 능선에 발판을 깎았다. 힐러리와 텐징이 정상에서 내려온 다음 그들을 처음 포옹한 사람은 로였다. 그는 높은 사우스콜에서 두 사람이 정상을 향해 올라가는 모습을 지켜보았고 하산할 때는 맞이하러 올라갔다. 힐러리는 활짝 미소를 짓고, 잠깐 쉰 다음 죽마고우를 바라보며 특유의 무미건조한 말투로 말했다. "이봐, 조지, 우리가 그 녀석을 해치웠어!"

로는 뉴질랜드 북섬의 소도시 헤이스팅스에서 과수 농부의 일곱째 자식으로 태어났다. 2차 세계대전 직후 서던알프스 산맥에서 일하던 중에 힐러리를 처음 만났고, 두 사람은 금방 친구가 되어 많은 봉우리를 함께 올랐다. 두 친구는 언젠가 폭풍이 그치기를 기다리며 산장에 갇혀 있는 동안 더 위대한 등반을 꿈꾸고 계획을 짜기 시작했다.

여행 내내 로는 가족들에게 편지를 썼다. 등반 초창기에 이 편지들은 일기를 대신해 소소한 이야기와 중요한 사건을 기억하는 스케치북 역할을 했다. 로가 에베레스트에서 쓴 편지 대다수는 누이인 베티에게 쓴 것으로, 베티는 편지를 가족들과 공유하기 위해 손으로 베껴 써서 여러 장의 사본을 만들었다. 그다음 그 편지 사본들은 현지 신문에서 자세히 보도되기 전까지 로의 많은 팬에게 등반의 최신 소식을 알려주었다. 하지만 이 편지들은 뉴스 그 이상이었다. 로는 자신과 힐러리가 살아 돌아와 이야기를 들려줄 수 없을 경우를 염두에 두고 그 편지들을 썼다.

로는 네팔의 카트만두에서 나와 산으로 행군하는 동안 에베레스트 등반에 대한 편지를 잔뜩 썼다. 때로는 시냇가에서 아침 햇볕을 쬐면서, 때로는 너무 흥분되어 잠이 안 올 때 밤늦도록 허리케인 램프(유리 갓을 둘러 강풍으로부터 불꽃을 보호해주는 램프) 옆에서 열심히 편지를 썼다. 에베레스트를 오르면서 편지 쓰기는 점점 어려워졌다. 5월 8일 제3캠프에서 그는 이렇게 썼다. '만년필에 잉크를 채우려고 방금까지 잉크병을 프리머스(휴대용 석유 화로의 상품명)에 녹여야 했어. 추위를 피할 수 있을 거라 생각해서 잉크병을 부츠 안에 넣어뒀는데 소용없었지. 여기서 밤 기온은 영하 30°F(약 영하 34.4℃)를 기록해.' 로체 사면을 절반쯤 올랐을 때 잉크가 바닥나자 그는 아래쪽 캠프에 무전을 쳤다. 곧 동료 한 명이 올라와 여분의 토마토주스 깡통 몇 개를 받고는 그 대가로 로가 몹시 탐내던 볼펜을 빌려줬다.

에베레스트 등정에 성공한 뒤 로와 힐러리는 비비언 푹스가 이끄는 남극대륙 횡단 원정에 초청되었다. 다재다능한 로는 필름과 사진 촬영 임무를 맡은 한편, 빙하 아래 대륙의 측면도를 그릴 수 있도록 수직 탐사 실험을 지원하고 여타 일상 업무도 수행했다. 머리를 설상차 지붕 밖으로 내밀고 서서 운전을 하는 와중에도 『전쟁과 평화』를 읽을 짬을 냈다.

로는 상냥한 영혼, 훌륭한 등반가, 멋진 사람이었다. 재미나고 관대하며 긍정적으로 살았고, 성공 앞에서도 겸손했다. 1958년, 탐험대원들의 목숨을 자주 위협하는 화이트아웃(극지에서 눈의

↗ 남극대륙 횡단 원정 당시 로의 일기장 표지와 본문. 별안간 발아래 쩍 갈라진 크레바스에 낀 설상차를 어떻게 건져내는지 그렸다. 그곳에서 겨울을 나는 동안 로는 오두막에 암실을 설치해 필름을 현상했고, 인화한 사진을 안전하게 보관하기 위해 일기장에 끼워두었다. 남극점에서는 필름 일부를 런던으로 공수했고 나머지는 스콧 기지에서 현상했다.

난반사로 인해 천지가 온통 백색이 되어 시야가 불분명해지고 방향 감각과 거리 감각이 없어지는 현상) 상황에서 로는 크레바스를 피해 가며 끝없는 빙원을 100일 가까이 차로 달린 뒤 녹초가 되었다. 기자들이 에베레스트와 남극대륙 가운데 어떤 여정이 더 좋았냐고 물었을 때 로는 "언제나 에베레스트죠"라고 미소 지으며 답했다. "여긴 너무 지루해요. 하루하루가 똑같습니다."

An attempt was made to fill in the hole. Within an hour of furious digging the change was unbelievable but true — Snow had been filled in to within five feet of the dangling underside.

Then a new & well worthwhile suggestion was made by Ralph. That of using the crevasse bridge to support the rear pontoons as Abel was pulled forwards & out. This was done in a couple of hours. — like this

Two cats in tandem ahead pulled Abel cleanly out

snow filled in

crevasse bridge just spanned the distance & was anchored by ropes & (dead-men)

(Tension wire to hold)

TRACK & RUIN RUMBLE

Sledges pulled away

Abel emerged, to everybody's delight & surprise quite undamaged. At 11 p.m. we camped.

Monday. 19th December. 1957.

Probing & moving. All in these last days in cloudless blazing hot sunshine — We were sunburnt to a soreness most uncomfortable.

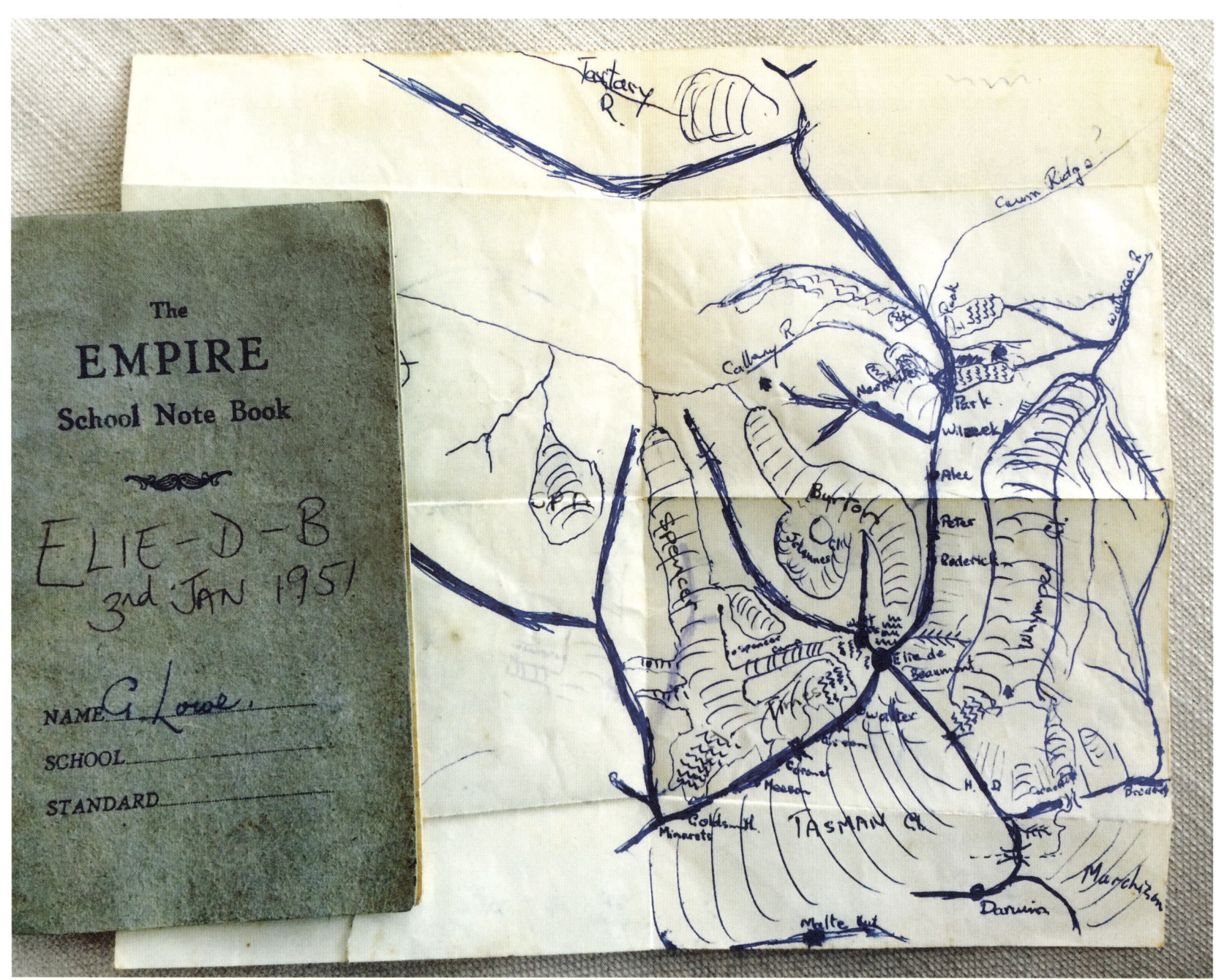

1951년 엘리드보몽산 등반 때 로의 노트와 약도. 당시 목표 지점은 한눈에 보이는 막시밀리안 능선이었다. 이 산봉우리 자락에 도달하는 데만도 무거운 짐을 지고 며칠에 걸쳐 탐험했다. 초창기 뉴질랜드 등반 가운데 하나로, 힐러리와 평생의 우정을 쌓게 되는 시작점이었다.

Base Camp.
2nd June

BRITISH MOUNT EVEREST EXPEDITION, 1953
(Himalayan Joint Committee of the Royal Geographical Society and the Alpine Club)

Dear Betty, Mum, Dad & All,
            This will be short as the mail-runner is off to-morrow with all the important despatches & cables.
    Probably at this hour or half day you will hear by radio of our success:— Ed & Tenzing reached the summit at 11.30 last Friday 29th May. I was watching them from S. Col & went up to meet them on their descent to camp. It was quite a terrific moment. N.Z. was well to the front — as well as the Lhotse face work I got onto S. Col where I spent 4 nights & 5 days & carried a 50 lb load to Camp IX at 27,900 ft.
    I hope to tell you in detail of the last ten days as we march out to Katmandu. We reached Base on 31st May & arrived absolutely played out & to-day — after two days of sleeping & eating we are just perking up.
    To-day is a great day we are all around the wireless listening to the coronation service. the crown is just being placed & there is quite a hush amongst the boys.

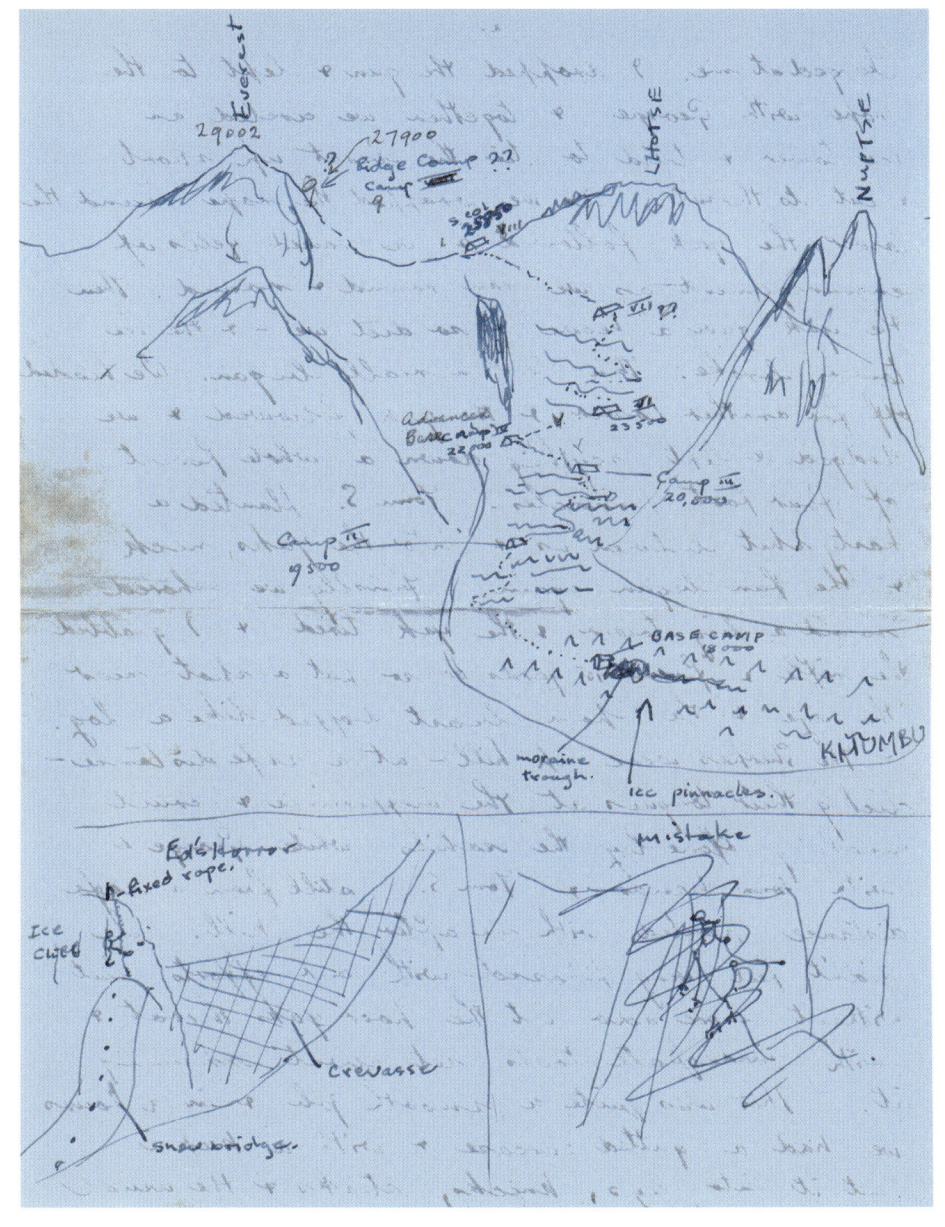

1953년 에베레스트 원정 당시 로는 베이스캠프에 돌아와 자신의 경험을 낱낱이 적을 수 있었다. 에베레스트에서 쓴 이 귀한 편지들은 역사가 될 등정의 생생한 이면을 증언한다.

비드-노이비드의
알렉산더 필립 막시밀리안 공

Maximilian de Wied, 1782-1867

이 커다란 천막은 붉게 칠해져 있었다.
천막 버팀목 꼭대기에는 머릿가죽 몇 장이 바람에 펄럭였다.

어두운 덤불에서 전사들이 튀어나왔다. 막시밀리안은 하천선河川船 갑판 위에서 이 낯선 이들이 무엇을 원하는지 밝혀주길 초조하게 기다렸다. 흰 들소 가죽옷을 걸치고 무장한 스물세 명은 수 부족 가운데에서도 가장 위험하기로 명성이 자자한 양크턴족이었다. 평화를 위해 왔음을 알린 타탄카-크타 족장은 막시밀리안과 그의 동행들하고 파이프 담배를 나눠 피우고, 전쟁 중인 이웃 부족과의 화해를 교섭해줄 것인지 그에게 물었다. 이틀 뒤에 유럽인 협상단은 '굉장히 키가 크고 잘생긴' 만단족 600명의 환영을 받았다. 만단족 전사들은 퓨마 가죽을 안장으로 깐 말을 타고 달리며, 엘크의 뿔로 만든 채찍을 들었다. 막시밀리안은 '신기하고 대단히 흥미로운 광경'이었다고 적었다.

미국 북서부에서 이 만남이 이루어졌을 때, 막시밀리안은 쉰 살의 독일 귀족으로서 이미 많은 모험을 겪은 뒤였다. 그는 프로이센 군대에서 소령으로 전투에 열두 차례 참가했고, 포로로 잡히기도 했으며, 무용으로 철십자 훈장을 받았다. 그는 1814년 나폴레옹 전쟁이 끝난 파리에서 5년간 남아메리카를 탐험하고 이제 막 귀환한 알렉산더 폰 훔볼트를 만났다. 이 덕망 높은 탐험가는 막시밀리안의 친구이자 멘토가 되어 그에게 심대한 영향을 주었다. 민족학과 동물학에 뜨거운 관심을 품은 막시밀리안은 군대를 떠나서 남아메리카를 탐험하기로 결심했다.

1815-17년 내내 막시밀리안은 브라질 동부의 원시림을 탐험하고 과학적 관측을 수행하는 데 헌신했다. 끊임없이 내리는 비, 열병과 씨름해가며 수천 점의 표본을 채집해 정리·분류하고 원주민과의 만남을 빠짐없이 기록했다. 유럽으로 돌아오자마자 막시밀리안은 자신이 발견한 내용을 글로 정리했는데 이 가운데 보토쿠도 부족의 언어와 관습을 다룬 논문 「브라질 여행」은 오늘날 19세기 초반 브라질에 관한 지식에 크게 이바지한 저술로 평가받는다.

그 후 1832년에는 미국 북서부의 '황폐한' 대초원과 산악 지방으로 떠났다. 구舊세계에서 밀려드는 이주의 물결이 그 지역의 동식물군과 원주민 부족을 덮쳐 뿌리 뽑기 전에 충실하게 기록으로 남길 심산이었다. 보스턴에서 화가인 카를 보드머와 영지의 사냥꾼 다피트 드라이도펠을 고용한 그는 보스턴에서 서쪽으로 향했다. 다음 2년 동안 세 사람은 미국모피회사 소유의 증기선을 타고 미주리강을 향항하면서 대륙을 가로질렀다. 오늘날 와이오밍 지역의 매켄지 요새에서는 어시니보인 인디언과 크리 인디언이 블랙풋 인디언의 야영지를 참혹하게 공격하는 것을 목격하기도 했다. 노스다코타에서 기아와 괴혈병으로 고생하던 막시밀리안은 아리카라족, 히다차족, 만단족의 문화를 연구하며 다섯 달을 보냈다. 때로 기온이 곤두박질치는 바람에 보드머가 초상화를 완성하려고 하는 사이 물감이 얼어버리기도 했다.

비록 거대한 표본 컬렉션이 선상의 화재로 재가 되어버리긴 했지만 막시밀리안은 결국 400점이 넘는 보드머의 그림과 회색곰 새끼 두 마리, 스무 종이 넘는 인디언 언어의 어휘, 수만 자에 달하는 일기를 가지고 귀환했다. 그의 작업은 천연두가 그레이트플레인스 토착민들을 휩쓸기 전, 활기 넘치던 인디언 부족들 다수의 전통과 관습을 담아낸 가장 온전하고 정확한 기록이다.

막시밀리안이 브라질을 탐험할 당시 그린 수축된 머릿가죽. 그는 흥미로운 것은 무조건 기록해야 한다고 믿는 기록 신봉자였다. 그가 발견한 신종이나 우연히 맞닥뜨린 원주민 부족 등 모든 것이 현장 일지와 노트에 상세히 담겼다.

↗ 막시밀리안은 1815-17년에 브라질 남동부 지역을 탐험한 뒤 토착 동식물군을 비롯해, 무엇보다 중요한 푸리족과 보토쿠도족에 관한 정보를 풍부하게 가져왔다.

↗ 그의 논문은 나중에 선구적인 민족지학 저술로 평가받았다. 1816년 10월에 그린 이 스케치들은 '히우그란지 두 벨몬트 강 항행'과 강에서 수영하는 보토쿠도족을 보여준다.

↗ 1816년 리오그란데 강둑에서 마코앵무 떼에 몰래 접근하는 사냥꾼

↗ 1817년 카마칸족의 춤

마거릿 미
Margaret Mee, 1909-1988

나를 놔두고 집에 가도 돼. 나는 재규어들과 함께 잠을 잔 적도 있는걸.

영국 식물 화가인 47세의 마거릿 미는 화구와 일기장, 여분의 옷가지, 리볼버를 캔버스 배낭에 챙긴 다음 희귀식물과 꽃을 찾아 아마존 분지로 향했다. 다음 몇 달에 걸쳐 그녀는 현지 안내인과 함께 통나무 카누를 타고 아마존강의 지류인 구루피강 유역을 여행하면서 이따금 발길을 멈추고 우듬지에서 자라는 식물상을 기록했다. 영감에 차서 상파울루로 돌아온 미는 남편에게 자신은 아마존 체질이라고 딱 잘라 말했다. 이후로 그녀는 자연 보존에 앞장서고, 서구 여성으로서는 아마존강을 가장 광범위하게 여행하며 브라질에서 거의 40년을 보냈다.

미술과 여행에 대한 그녀의 관심은 어린이 책의 삽화가인 친척 아주머니 넬, 그리고 약혼자가 청혼을 받아주길 기다리며 7년간 세계를 여행한 외할아버지 덕분에 일찍부터 싹텄다. 미는 2차 세계대전 동안 항공기 공장에서 제도사로 일하다가 종전이 선언되자 런던에서 미술을 공부했다. 그녀는 훗날 남편이 될 화가 그레빌 미와 함께 브라질을 처음 여행했다. 2년간의 휴가로 계획했던 이 일이 일생을 사로잡는 과업이 됐다. 브라질 남해안 산악 지대의 무성한 식물과 벌새를 그리려고 나간 짤막한 소풍은 더 긴 여행을 떠나고 싶다는 미의 욕구를 자극할 뿐이었다. 그녀는 결국 아마존 분지로 더 깊이 들어가게 된다.

미는 살아 있는 식물만 가지고 작업했으며, 열다섯 차례의 위험천만한 탐사 원정에서 발견한 식물을 능숙하게 묘사해냈다. 탐사에서 돌아올 때마다 생기 넘치는 풍경화와 식물 세밀화를 그려왔고, 이 세밀화 덕분에 정확한 동정(특정 생물의 분류학상 소속이나 명칭을 정하는 일)이 가능해졌다. 그 가운데는 학계에 처음 보고되는 종도 여럿 있었다. 그녀는 정확한 색채로 세심하게 묘사한 식물화들로 명성을 쌓았다. 미의 작품은 아마존의 식물과 그 서식지를 담은 아주 뛰어난 기록이다. 안타깝게도 이제 사라져가는 세계에 대한 기록이기도 하다. 미가 여행한 시기는 우림이 상업적으로 개발되기 시작한 시기와 일치한다. 그녀는 아마존에서 대규모 채굴과 남벌濫伐의 파괴적인 부작용에 경각심을 일으킨 최초의 환경론자로 손꼽힌다. 그녀가 그린 많은 식물이 지금은 멸종되었다.

아담하고 연약해 보이지만 그럼에도 미는 의지가 굳고 겁 없는 여행가였다. 그녀는 식물학의 보물을 찾아서 종종 위험하고 외딴 지역을 수천 킬로미터씩 홀로 여행했다. 여러 차례의 난파 사고에서 살아남았고, 간염과 말라리아, 기아 때문에 죽을 고비를 넘기기도 했다. 만취한 채굴꾼들을 리볼버로 쫓아내고, 흡혈박쥐와 쏘는 개미 떼, 흡혈 파리 떼의 공격을 견뎌냈다. 인공 고관절을 삽입하고 그중 하나는 교체까지 했지만 일흔 살을 한참 넘겨서도 여행을 이어갔다.

미는 하룻밤 사이에 피었다가 지는 희귀한 아마존의 밤나팔꽃을 그릴 날을 오랫동안 염원해왔다. 24년 동안 밤나팔꽃을 열심히 찾아다니다 1988년에 드디어 완벽한 표본을 발견했다. 꽃을 찾아 흥분한 그녀는 꽃봉오리가 열릴 때까지 끈기 있게 기다렸다. 마침내 꽃이 활짝 피자 형광 손전등에 의지한 채 진한 꽃향기와 보름달, 밤새의 울음소리에 취해 그림을 그렸다. 당시 그녀는 78세였다. 그로부터 고작 다섯 달이 지나 큐 왕립식물원에서 자신의 대형 전시회가 열리기 직전, 미는 잉글랜드에서 자동차 사고로 사망했다. 동료들은 그녀를 용감하고 다정하며, 아마존 우림의 부족들과 동식물군의 보존을 위해 지칠 줄 모르고 애쓴 사람으로 기억한다. 그녀의 유골은 밤나팔꽃 옆에 뿌려졌다.

스케치 도구를 전부 챙겨서 보트 꼭대기로 올라가야 했다. … 꽃봉오리 앞에 앉아서 꽃이 피길 기다렸다.
그러면 봉오리가 움직이면서 활짝 열리는 개화 과정을 지켜볼 수 있다.
황홀한 순간이었다.
봉오리가 열리면서 경이로운 향기가 뿜어져 나왔는데 …
꽃을 수분하는 [박각시] 나방을 유혹하는 향기다. …
보름달이 떠서 … 굉장했다.
그리고 내내 들려오던 밤새들의 울음소리.

↗ 미는 개화하기 직전인 아마존밤나팔꽃(달빛선인장속 위티종) 봉오리를 발견하려고 애쓰면서 24년을 보냈다. 드디어 78세 때 이 밤에만 피는 꽃의 개화 직전 봉오리를 찾아냈다. 그녀는 스케치 도구를 전부 챙겨서 보트 꼭대기로 올라가 개화를 기다렸다. 꽃이 움직이며 피어나는 모습을 지켜봤고 말라 시들기 전에 달빛 속에서 손전등에 의지해 정성스레 그렸다. 그녀가 회고한 대로 '굉장한' 순간이었다.

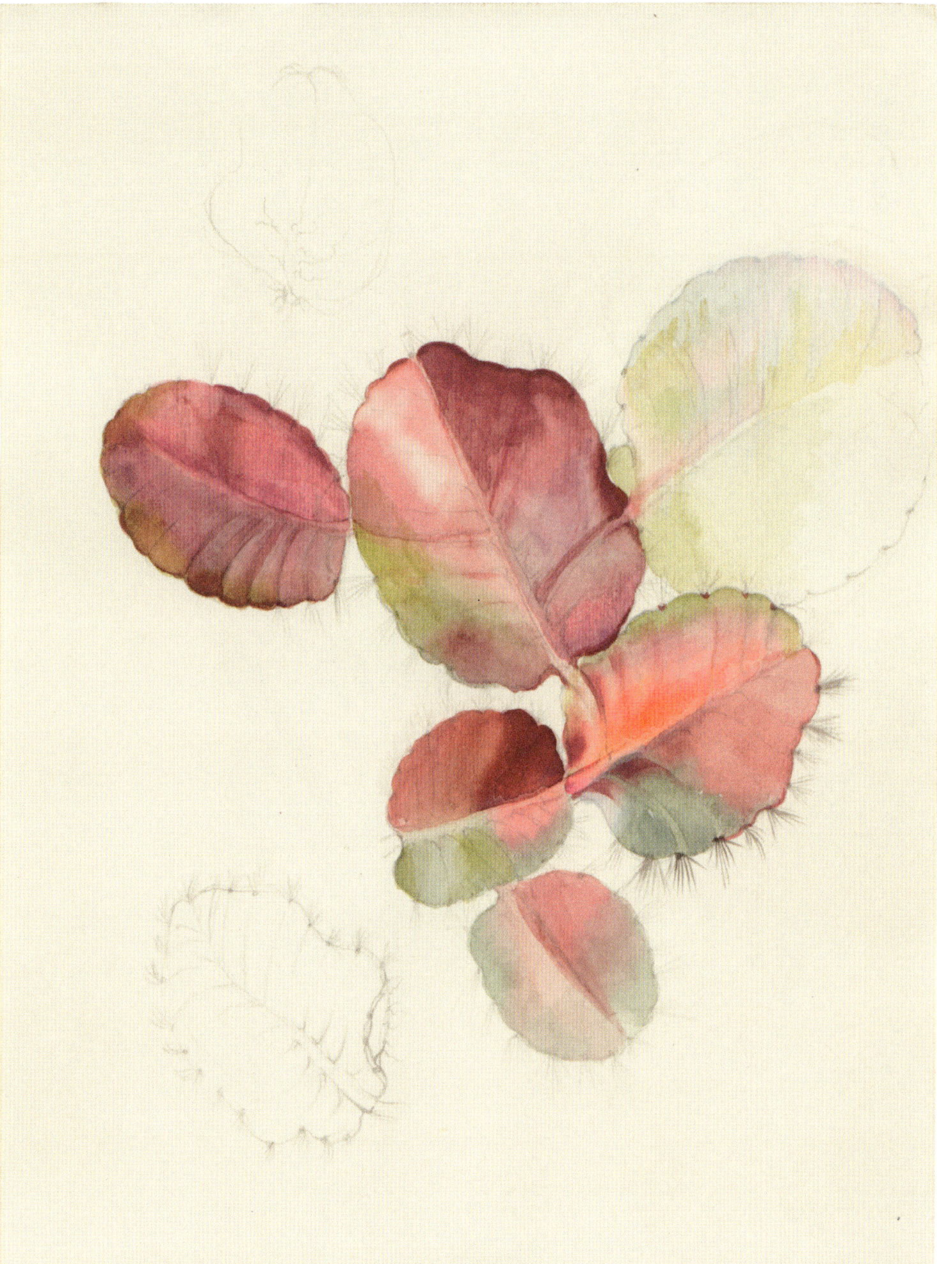

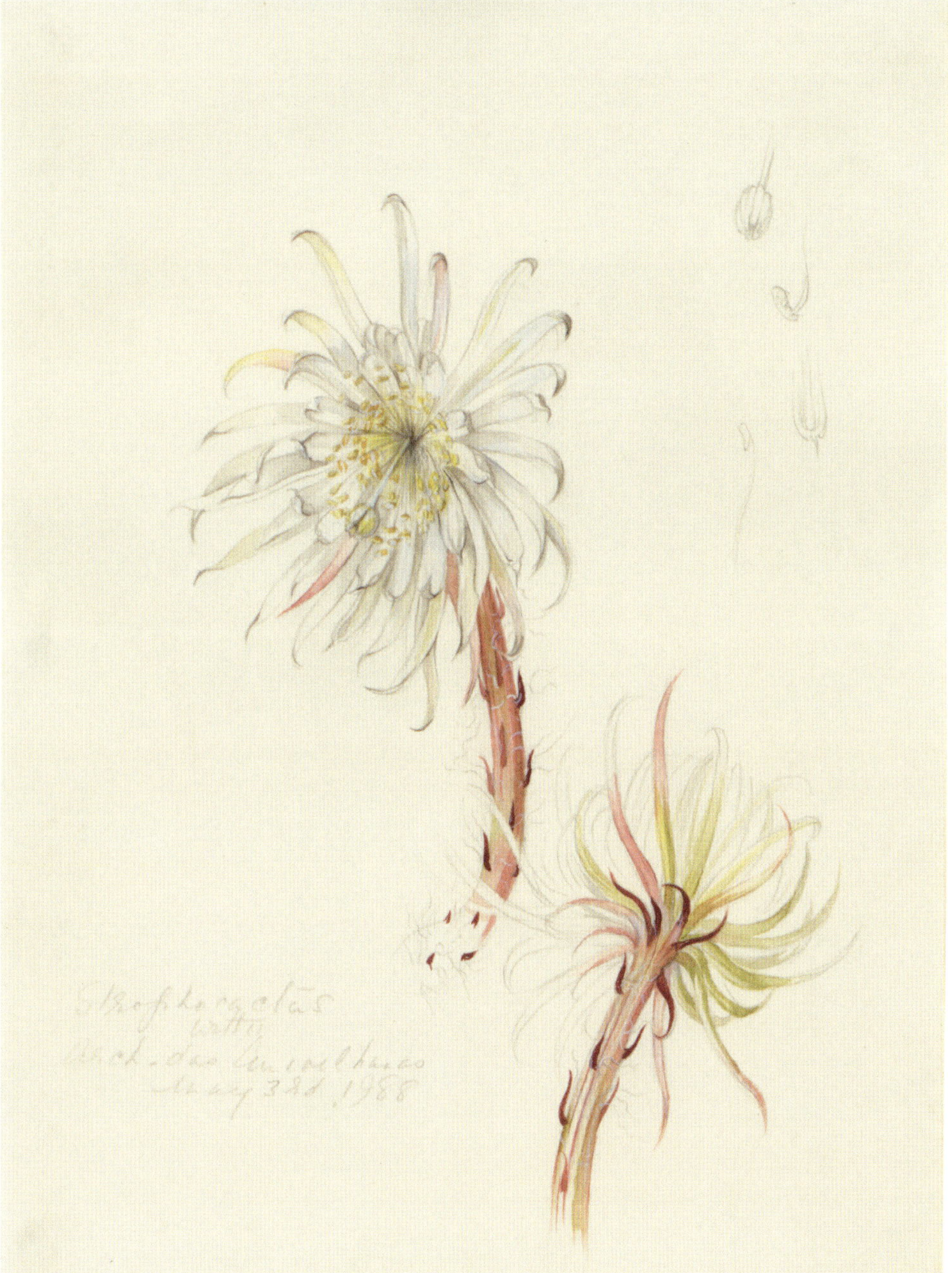
Strophocactus
wittii
Arch. das Anavilhanas
May 3rd 1988

↗ 1956년 첫 아마존 탐사 때 그린 그림. 미는 아마존 분지의 미로 같은 물길을 따라 자라는 식물을 드로잉과 그림, 스케치로 꾸준히 묘사했다. 현장에서 그림을 완성하는 일이 늘 가능한 건 아니었다. 변덕스러운 날씨나 카누의 침수로 인해 서둘러 스케치해야 할 때도 있었지만 대부분은 세심하게 설명을 달아놔서 추후 정교한 채색화로 완성할 수 있었다.

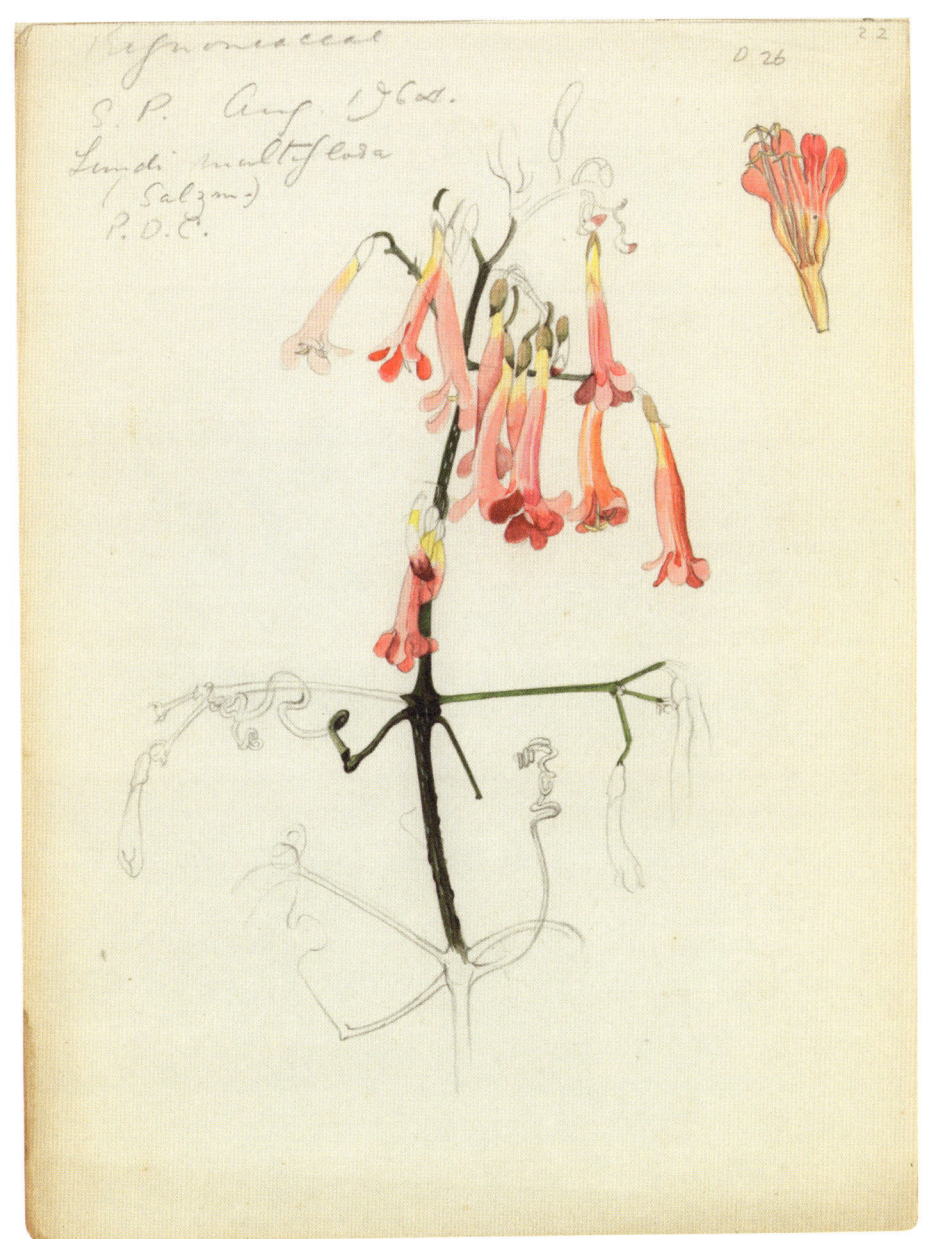

마리아 지빌라 메리안

Maria Sibylla Merian, 1647-1717

죽은 생물들은 더 이상 보내지 말아주시길 부탁드립니다.
죽은 것들은 제게 아무짝에도 쓸모가 없거든요.

열세 살 때 메리안은 이미 구할 수 있는 온갖 누에와 애벌레를 수집하면서 변태 과정을 관찰하고 그림을 그렸다. 어린 소녀 치고 특이한 취미 활동이라고 생각할지도 모르지만 메리안은 틀에 박히지 않은 삶을 살 운명이었다.

메리안은 미신이 만연한 시대에 살았다. 그녀가 프랑크푸르트에서 애벌레들을 들여다보고 있던 때, 다른 도시에서는 여자들을 마녀로 몰아 화형시키고 있었다. 그녀가 본격적으로 일을 시작했을 때만 해도, 상한 고기와 썩은 과일에서 생기는 곤충은 악마의 소산으로 여겼다. 그렇지 않다는 것을 입증하기 위해 벌레를 유심히 들여다볼 마음이나 흥미가 있는 사람은 거의 없었다. 메리안은 예외였다. 그녀의 어릴 적 관심은 훗날 곤충, 특히 애벌레와 나방, 나비에 대한 일생의 꿈으로 발전했다.

그녀는 열여덟 살에 결혼했지만 그 후로도 결연히 독립성을 지켰다. 성을 바꾸지 않았고, 사업체를 차려 자신감 있는 일단의 여성 수련생을 고용해 자신이 디자인한 꽃무늬를 손으로 그려 넣은 실크와 미술용품을 판매했다. 남편을 떠난 뒤에는 암스테르담에서 무역상과 자연학자가 채집한 아메리카산 식물과 나비, 곤충을 살펴보며 과학 삽화가로 일했다. 색이 바래거나 보존 상태가 안 좋은 표본은 살아 있는 대상에는 한참 못 미쳤다. 그녀는 죽은 표본 대신 생물이 살아 있을 때의 습성과 진짜 색깔을 관찰하고 싶었다.

어느덧 자신만의 현장 연구를 할 때가 왔다. 52세에 메리안은 두 딸을 데리고 네덜란드의 식민지 수리남으로 갔다. 남아메리카 북부 정글에 있는 그 '덥고 습한 땅'의 동식물군을 기록하기 위해서였다. 여행 가방에는 필수품들이 가득했다. 스케치북과 노트, 안료, 혼합재료… 그리고 그림의 색채를 잘 보존해줘서 가장 즐겨 쓰는 양피지(어미 뱃속에서 꺼낸 새끼 양의 가죽)를 챙겨 갔다. 그들은 2년 동안 표본을 모았다. 또한 먹이를 주고 키우면서 생물의 신비로운 변태 과정을 지켜봤다. 열대우림에서의 작업은 온대기후인 유럽에서보다 훨씬 힘들었지만, 그림마다 긴 설명을 달아 각 종의 습성과 서식지를 꼼꼼히 기록했다. 또 가능하면 언제든 식물과 과일, 곤충의 토착명과 그 쓸모를 배웠다.

1701년, 메리안은 말라리아 때문에 네덜란드로 돌아와야 했지만 귀국 즉시 대표작 『수리남 곤충의 변태』 제작에 착수했다. 이 책에는 식물과 곤충의 한살이가 이전에 묘사된 적 없는 방식으로 담겼으며 곤충을 실물 크기로 실었다. 화면을 가득 메운 그녀의 그림은 독보적이었다. 오늘날 일부 평자들은 작품의 뛰어난 예술성 탓에 오히려 그녀가 자연학자이자 곤충학자로서 근대 초기 과학에 기여한 바가 덜 조명되었다고 주장하기도 한다.

메리안은 자연의 특정 측면을 묘사하여 그리는 관습을 변화시키면서, 자연학자들이 동식물 간의 관계와 습성에 더 집중하도록 자극했다. 메리안의 얼굴은 지폐와 우표에 등장했고, 그녀의 이름을 딴 학교와 선박, 생물종도 있다. 하지만 그녀가 남긴 최고의 유산은 따로 있다. 언제나 눈을 크게 뜨고, 가장 작은 존재의 가치도 알아봐야 한다는 것, 무엇보다도 애벌레를 수집하는 소녀를 결코 과소평가하지 말라는 교훈이다.

메리안 생전에 많은 이들이 그녀가 극도로 성실하게 관찰하여 그린 그림을 허황되다고 여겼으며 심지어 '곤충 캐리커처'라고 무시했다. 오늘날 그녀의 작품은 세계적으로 귀중한 컬렉션이 되었다. 위 그림에서는 갓 부화한 새끼를 업은 두꺼비, 분홍 꽃이 핀 식물, 고동 두 마리를 묘사했다.

뒤엉켜 있는 가짜산호뱀과 카이만 악어

메리안은 특유의 개성으로 기기묘묘한 자연 생물을 묘사하여 유명해졌다. 그녀는 알을 낳는 나방, 좋아하는 식물을 먹는 애벌레, 먹잇감을 향해 혀를 내밀고 있는 나비와 도마뱀을 그렸다. 또한 각 종마다의 한살이를 모두 묘사했다. 그녀의 치밀한 관찰과 예술은 선구적이었으며 후대 자연철학자들을 위한 토대가 되었다.

↗ 시트론 열매 위에 엎드린 '롱기마누스앞장다리하늘소*Acrocinus longimanus*'와 주변 잎사귀에 달려 있는 나방, 쐐기벌레, 유충. 시트론이 남아메리카 대륙에 들어온 건 16세기였다. 메리안은 시트론 열매를 '설탕 시럽을 입혀 먹는다. 네덜란드에서는 생강 쿠키에 넣어서 굽는다'고 적었다. 아름다운 하늘소에 관해서는 이렇게 적었다. '시트론 열매에 엎드려 있는 이 알록달록한 곤충의 발생에 관해서는 잘 모르지만, 판화를 만들 때 그 희귀성을 감안하여 포함시켰다. 이 생물에 관한 더 깊은 연구는 기꺼이 다른 이들에게 맡기겠다.'

↗ 비단원숭이과로 추정되는 검은 원숭이가 열대 브라질에서 자생하는 수리남 체리를 들고 땅바닥에 앉아 있다. 작고 푸른 꽃은 유럽산 물망초를 닮았다.

잔 모리스
Jan Morris, 1926-2020

땅거미가 질 즈음, 에베레스트의 쿰부 아이스폴을 정신없이 가로질러 런던에 암호 메시지를 타전했다. 1953년 5월, 20세기 최대의 탐험 위업인 에베레스트 최초 등정 뉴스가 드디어 당도했다. 그리고 텐트 안에서 깜박이는 허리케인 램프의 불빛 옆에서 그 기사를 타이핑해 세계적인 특종을 따낸 사람은 잔 모리스였다. "솔직히 당시에는 그게 얼마나 큰일인지 몰랐습니다"라고 그녀는 기억한다. "심지어 등반에 큰 관심이 있는 것도 아니었죠. 하지만 결국 그 일이 제게는 제법 큰 사건, 인생을 바꾼 뜻밖의 행운이었어요. 눈앞에서 기회의 문이 활짝 열린 거죠. 저는 세상이 여전히 흥미진진하다고 여기지만 60년쯤 지나니 사실 저도 에베레스트가 지겨워지긴 하더군요. 사람들은 조만간 화성 여행을 떠나겠죠. 이젠 화성 여행이야말로 모든 것을 뒤바꿀 거예요!"

영국의 위대한 작가 모리스는 자신의 재능을 여러 나라의 문화, 사람, 도시의 역사 그리고 현대 생활을 그려내는 데 쏟았다. 그녀의 산문은 서정적이며 의미심장하고 대단히 시사적이다. 예를 들어, 단 한 문단으로 베네치아를 연상시키는 다음의 대목은 그녀의 솜씨를 완벽하게 보여준다. '옹이투성이지만 화려한 도시. 보트를 탄 채 성당을 왕관처럼 얹은 마지막 섬들에 가까이 접근하는 사이, 제트기 한 대가 굉음을 내며 햇살 속에서 튀어나오자 풍경 전체가 순간 아른거리는 듯했다. 분홍빛으로, 세월과 함께, 자기만족에 빠져, 슬픔으로, 기쁨으로.'

모리스는 인생의 첫 46년을 남자로 살았다. 학창 시절부터 자신이 잘못된 몸을 타고 났다고, 본인의 표현으로는 '장비가 잘못 갖춰졌다'고 느꼈다. 군에 정보장교로 입대하여 이탈리아와 팔레스타인, 마지막으로 트리에스테에서 근무했고 그 사이 여행과 모험에 대한 사랑이 커졌다. 전후에는 저널리즘 분야에서 경력을 쌓아 『타임스』의 통신원으로 일하다 1953년 영국의 에베레스트 등반대를 보도하는 임무를 맡았다. 뜻밖의 행운과 부지런함 덕분에, 모리스가 타전한 에베레스트 최초 등정 뉴스는 엘리자베스 여왕의 대관식에 딱 맞춰 도착했다. 이후 그녀의 지평은 무한히 넓어졌다. 그녀는 오만의 술탄과 함께 자동차를 타고 '미탐험 사막을 근사하게 내달리고' 1956년 수에즈 위기 때는 식견이 돋보이는 기사를 송고했다. 자동차를 타고 미국을 가로지르는 장거리 여행을 다룬 첫 책 『해안에서 해안까지』도 그해 출간되었다. 후일 『베네치아』의 성공으로 여행과 집필에만 전념할 수 있게 되었다.

대영제국의 흥망을 그리는 3부작짜리 대작 『팍스 브리타니카』를 작업하던 중, 모리스는 인생에서 가장 용감한 모험을 떠나기로 결심했다. 바로 남성에서 여성으로 성을 바꾸는 일이었다. 하지만 영국에서는 성전환수술을 받을 수 없어 모로코 카사블랑카에 갔다. 몇 년 뒤에 이 경험을 쓴 회고록 『난제』는 새로운 이름으로 낸 첫 책이었다(수술하기 전까지 그녀의 이름은 '제임스 모리스'였다). 현재 모리스는 웨일스에서 산과 바다를 양편에 두고 반려자인 엘리자베스와 함께 살고 있으며 지금까지 여행, 역사, 회고록, 소설 등 40권이 넘는 책을 썼다(책이 쓰일 당시 모리스는 살아 있었으나 2020년 11월에 타계했다).

"스스로를 여행 작가라고 생각하진 않아요", 그녀는 말한다. "나는 언제나 내가 본 것들에 대한 나의 반응을 써왔을 뿐입니다. 그 중심에는 호기심이 자리 잡고 있지만 내가 쓴 것의 상당 부분은 그저 나 자신에 관한 게 아닐까 싶네요. 난 참 운이 좋았어요." 나올 책이 한 권 더 남아 있다. '인생의 우화들'이란 제목으로 원고가 완성되었지만 사후에야 출간될 예정이다. 그녀는 미소를 띠며 말한다. "내가 저세상으로 가면 인쇄기가 돌아갈 겁니다."

너무 멀리 가지 않아도 쓸거리가 참 많다.

↗ 모리스는 저널리스트로 활동하는 내내 스크랩북을 만들었다. 힐러리와 텐징의 에베레스트 등정 기사는 암호로 『타임스』에 타전됐다. 밤에는 방수 판지에 인쇄한 그 기사를 노트와 함께 침낭 아래에다 보관했다.

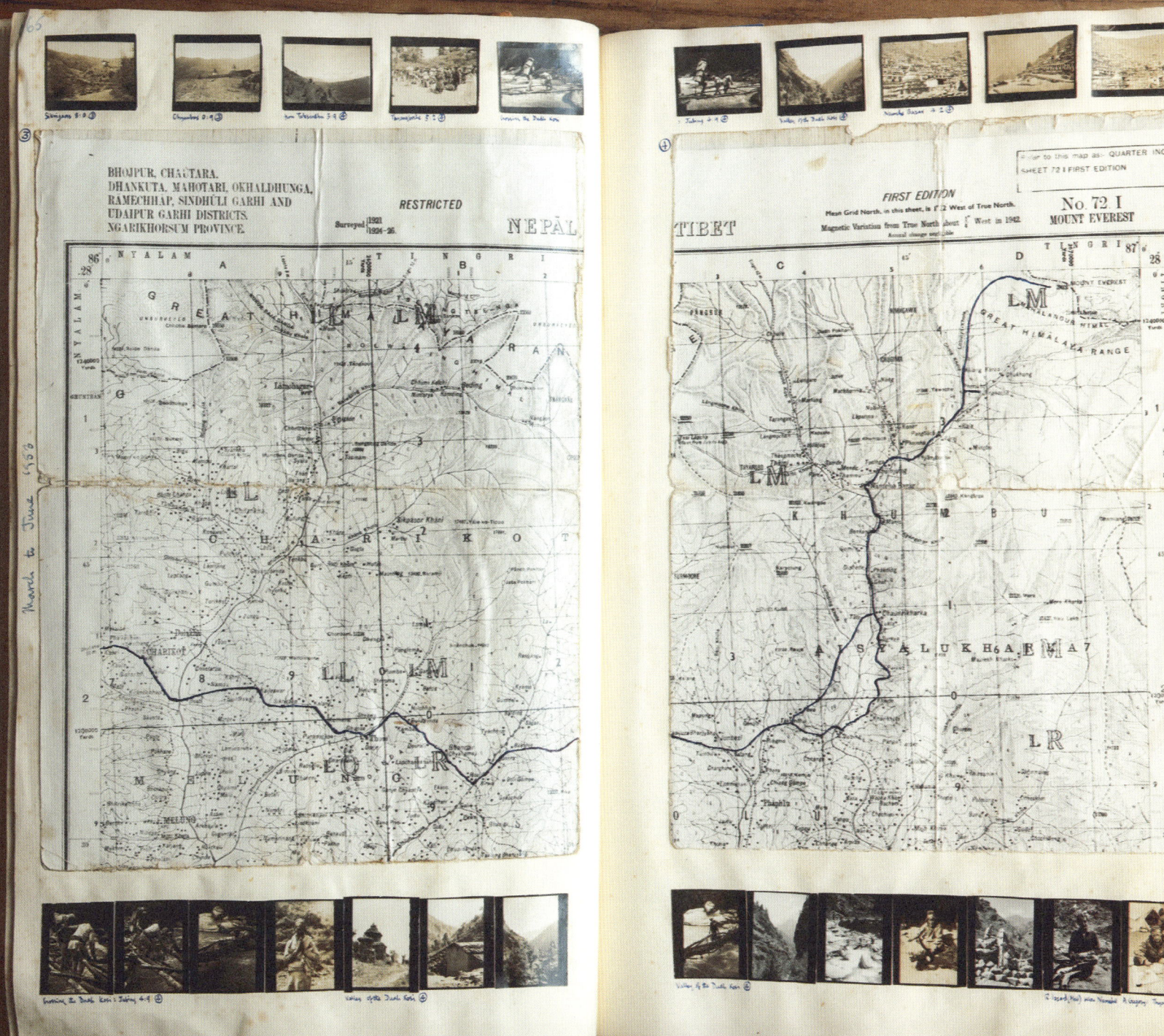

에드워드 로턴 모스

Edward Lawton Moss, 1843-1880

이 얼음의 황무지에는 압도적인 고독이 존재하며, 고독은 빙산에 떨어지는 달빛의 기묘한 효과를 크게 증폭시킨다.

에드워드 로턴 모스는 짧은 경력 동안 많은 생명을 구한 선구적인 의무 장교로, 붓과 펜을 다루는 실력도 대단히 뛰어났다. 1862년 세인트앤드루스 대학을 졸업한 그는 1864년에 영국 해군소속 외과의가 되었다. 고작 일주일 뒤 그가 불도그호를 타고 서인도제도를 항해하고 있을 때 배가 좌초했다. 이 사고에서 살아남은 그는 브리티시컬럼비아에 배속되었다. 또한 밴쿠버섬 이스콰이몰트 지역에 초창기 의료기관인 '왕립해군병원'을 설립하는 데 중심적인 역할을 했다.

1875년, 모스는 조지 스트롱 네어스 함장 휘하에 북극점으로 향하는 얼러트호의 선의船醫 겸 화가로 임명되었다. 썰매팀은 새로운 땅의 지도를 그리고 얼어붙은 북극해를 가로질러 당시 최북위까지 도달했다. 하지만 모스가 정기적으로 라임주스를 배급하고 신선한 고기를 확보하고자 노력했음에도 대원들은 괴혈병에 시달렸다. 뚫기 힘든 빙하에 가로막힌 그들은 일찍 귀환할 수밖에 없었다. 영국 해군은 긍정적인 모습을 홍보하고 싶었기에, 모스의 스케치와 수채화를 판화로 복제하여 언론에 대대적으로 보도했다. 그의 그림은 당시 유행했던 영사기 강연을 위해 슬라이드로도 제작되었다. 사진을 통해 극지 탐험의 영웅적 활약상이나 더 나아가 그 비극이 널리 알려지기 한참 전이다. 이후 모스는 지중해에 배치된 전함 리서치호에 배속되었고, 당시엔 고대 트로이라고 알려졌던 유적지 발굴에 참여했다. 1880년에는 버뮤다로 향하는 훈련용 프리깃함(주로 정찰과 호위 임무를 맡는 기동성이 뛰어난 전함) 아탈란타호에 합류했다. 아탈란타호는 귀환길에 승무원 전원과 함께 자취를 감췄다. 아무런 잔해도 발견되지 않았다. 모스는 고작 36세였다.

↗ 1876년 영국 북극 탐험대의 북극점 원정. 썰매팀이 짐이 실린 썰매를 유빙의 능선 너머로 끌고 가고 있다. 모스는 '불도그' 팀과 '마르코 폴로' 팀이 북쪽으로 고단한 발걸음을 옮기고 있을 때 이 스케치를 그렸다.

↗ 그린란드 디스코섬의 고드하운 항구. 원경에는 링게마르켄 절벽 뒤로 닻을 내린 원정대의 배들이 보인다. 모스는 스케치에 이런 설명을 덧붙였다. '빨간 매듭으로 머리를 틀어올린 것으로 보아 아직 미혼인 에스키모 여인들이 전경의 양배암(빙하의 이동으로 둥글게 표면이 깎인 바위의 무리) 주변 웅덩이에서 열심히 빨래를 하고 있다.'

운이 따르지 않는다면 배가 파손될 게 확실했으므로
그런 사태에 대비하여 만반의 준비를 갖췄다.
언제든 유빙에 내릴 수 있게 썰매와 식량을
갑판에 쌓아뒀고, 배를 포기해야 할 때가 오면
서둘러 주머니에 집어넣을 수 있게 노트와 스케치,
엄선한 표본들을 될 수 있는 한 작은 꾸러미로 싸뒀다.

↗ 원정대가 '유니파일러 하우스Unifiler House'라고 부른 얼음집
  내부에서 스케치 중인 모스. 유니파일러는 자기장을 검측하는
  자석이 달린 장비이다. 원정대가 검측을 위해 만든 서너 번째
  얼음집으로, 원정대 소속의 개 넬리가 내다보고 있는 긴
  입구를 거쳐 들어올 수 있다. 모스는 '돔과 벽이 솜털 같은 긴
  빙정氷晶으로 덮여 있다'고 적었다.

↗ 모스는 이 스케치 뒷면에 다음과 같이 적었다. '1875년 12월 북위 82도 27분 얼러트호, 동계 야영지. 정기 임무. 언덕 꼭대기에서 눈 퍼내기. 녹인 다음 씻고 요리하는 데 쓴다. 이 눈 언덕의 꼭대기에서 약 10인치를 퍼내면 소금기가 전혀 없는 물을 얻을 수 있다. 얼음 대신 눈을 이용하니 연료가 크게 절약된다. 이 임무는 해병대원들이 수행한다.'

프리드쇼프 난센

Fridtjof Nansen, 1861-1930

갑자기 사람의 고함을 들은 것 같았다. 3년 만에 처음 들어보는 낯선 소리였다. 그 순간 심장이 쿵쾅거리고 피가 거꾸로 솟는 듯했다.

바다와 하늘 사이에 떠 있는 프람호는 북극해에 갇힌 채 해류와 얼음의 흐름대로 표류했다. 배에 탄 사람들은 귀환하리란 보장도, 바깥세계와 연락할 수단도 없이 철저히 고립되어 있었다. 프람호의 원래 목적대로 북극점으로 흘러갈 가능성은 갈수록 희박해졌고, 설령 그렇게 된대도 5년은 더 걸릴 터였다. 이 원대한 모험에 나설 때 무척 낙관적이었던 난센은 이제 자신이 대원들을 곧장 연옥으로 끌고 온 듯한 느낌이 들었다. 극지의 긴 밤이 찾아오면 그는 선실로 들어가 그림을 그렸다.

1893-96년 북극점 탐험에 나섰을 때 난센은 이미 저명인사였다. 이 31세의 노르웨이인은 그린란드 서부 지역에서 이누이트족을 겨우내 연구하면서, 최초로 스키를 타고 그린란드를 횡단했다. 또한 동물학 박사학위를 취득한 후 중추신경계에 관한 획기적인 연구를 수행했다. 난센의 계획은 노보시비르스크제도 근처 빙하에서 특별 설계된 배를 타고 북극횡단해류를 이용해 북극점을 통과하는 것이었다. 난센의 독창적인 프람호 설계는 효과가 있었지만, 그와 대원들은 속절없이 항로에서 벗어났다.

극점에 도달하려는 최후의 시도로, 난센은 프람호를 오토 스베르드루프 선장에게 맡기고 얄마르 요한센과 함께 스키를 타고 북쪽으로 향했다. 그들은 최북위 도달 기록을 경신한 다음 방향을 돌려 645km쯤 떨어진 육지로 돌아올 수밖에 없었다. 난센은 아무리 지치더라도 매일 아내 에바와 딸 리브의 사진을 붙여둔 가죽 장정 일기장에 글 쓰는 것을 잊지 않았다.

혹한에 노출된 채 130일간 거의 아사 상태로 힘겹게 스키를 탄 끝에 그들은 프란츠요제프제도(오늘날 러시아의 프란차이오시파제도)에 도달했다. 중도에 항해용 정밀시계가 멈춘 탓에 경도 계산이 한참 빗나가서, 뛰어난 항법 덕분이라기보단 요행으로 도착한 것이었다. 육지에 오긴 했지만, 앞으로 겨울을 버틴 다음 카약을 타고 스피츠베르겐섬으로 가야 하는 여정이 남아 있었다. 하지만 행운은 두 사람 편이었다. 1896년 6월 17일, 프람호를 떠난 지 열다섯 달 뒤 난센은 낯선 목소리를 들었다. 플로라곶에 기지를 세운 영국인 탐험가 프레더릭 잭슨의 목소리였다. 6주 뒤에 난센과 요한센은 윈드워드호 선상에 있었다. 그들은 프람호가 노르웨이 근해로 들어오기 불과 며칠 일찍 고국으로 귀환했다.

해양과학자이자 활동가인 난센은 극지방을 잘 여행하는 유일한 방법은 '자연에 맞서기보다는 자연과 **더불어** 작업하는 것'이라고 믿었다. 그는 장비를 직접 설계하고 썰매에 스키와 돛을 활용하는 획기적인 방안을 구상했으며, 적정 배급량을 능숙하게 계산하고 이누이트족의 생존 기법을 통달했다. 많은 이들이 지금까지도 난센을 역사상 가장 위대한 극지 탐험가로 우러러본다. 그는 외교관과 인도주의자로도 활동했다. 1920년대에는 국제연맹의 후원 하에 '난센 여권'으로 45만 명이 넘는 전쟁포로와 무국적자의 송환 작업을 도왔다. 1922년에는 노벨평화상을 받았다. 노벨상 심사위원장은 이렇게 말했다. "어쩌면 가장 감명 깊은 점은 단 하나의 착상, 단 한 가지 생각에 거듭하여 스스로의 목숨을 걸고, 또 자신을 따라오도록 다른 사람들을 고무하는 그의 능력일 것입니다." 고난에 처한 자들의 옹호자인 난센은 진정한 영웅의 화신이었다.

↗ 1888년 이누이트족 엘리아스를 그린 연필 스케치. 난센은 내륙 빙하를 스키로 이동한 뒤 그린란드 서부 지역의 이누이트족과 함께 겨울을 보냈다. 그들과 똑같은 방식으로 생활하고 함께 이동하며 옷도 따라 입었고, 그들을 대단히 예찬했다. 그때 습득한 기술은 훗날 탐험의 밑거름이 된다.

↗ 1895년 1월 초, 지진이라도 난 듯 격렬한 진동이 얼음 사이에 갇힌 프람호를 오랫동안 흔들었다. 대원들은 배가 침몰할 경우를 대비해 보급품을 빙하에 내렸다. 그다음 으스스한 고요가 찾아왔다.
난센은 일기장에 햇무리를 스케치하고 '얼음은 고위도를 향해 일제 포격을 가했을 뿐이다. … 우리가 북쪽으로 이동하는 한 … 아무래도 좋다'고 적었다.

↗ 1893년 9월 22일 저녁과 해 질 녘을 담은 수채화 두 장. 극지의 긴 밤이 찾아오자 프람호는 총빙叢氷 사이로 이동했다. 단 며칠 만에 배는 유빙에 포위당했다.
난센은 북극횡단해류가 그들을 북극점 너머로 데려다주길 바랐다.

Kveld i Siivisen 22 september 1893.
Akvarelskisse

Ved solnedgang 22 september 1893.
Akvarelskisse

메리앤 노스

Marianne North, 1830-1890

> 난 커다란 부채꼴 잎사귀에 이젤을 기댄 다음 더할 나위 없이 안전하게 열매와 눈을 전부 그렸어. 조금이라도 미끄러지거나 손발에 쥐가 나기라도 했다면 그림과 나 둘 다 끝장났을 거야.

1867년에 처음으로 유화 수업을 받은 메리앤 노스는 금방 유화에 사로잡혔다. 그녀는 가능한 한 많은 식물종을 그리겠다는 사명으로 북쪽과 남쪽을 넓게 우회하면서 두 번이나 세계를 일주했다.

노스는 영국 하원 의원 프레더릭 노스의 큰딸이다. 그녀가 스물다섯 살 때 돌아가신 어머니는 딸에게 아버지를 보살피라는 유지遺旨를 남겼고, 이후 그녀가 자유를 찾기까지 수십 년이 걸렸다. 노스는 홀로 안락하게 살 만큼 재산이 충분해서 남편을 구할 필요성이나 구하려는 생각도 없었다. 아버지를 닮아 여행과 식물학에 관심이 많았던 노스는 '그곳 특유의 식생을 무성하고 풍성한 자연 상태에서 그리기 위해 열대 지방'을 찾아가기로 했다. 여기서 그녀는 찰스 다윈, 프랜시스 골턴, 식물학자 조지프 후커를 비롯해 유력한 집안의 친구들로부터 도움을 받았다.

1871년, 명사들의 소개장으로 무장한 노스는 장거리 여행에 착수하여 캐나다와 미국, 브라질에서 시간을 보냈다. 자메이카에서는 버려진 오래된 식물원 안에 집을 세낸 뒤 베란다 바깥의 난초와 시계꽃을 생생한 유화로 그렸다. 1873년과 1877년 사이에는 캘리포니아, 일본, 보르네오섬, 자바섬, 실론(오늘날 스리랑카)을 여행한 다음 인도를 광범위하게 여행했다. 다윈의 제안으로 보르네오섬을 거쳐 오스트레일리아와 태즈메이니아, 뉴질랜드로 간 다음 컬렉션의 공백을 채우기 위해 남아프리카와 세이셸(아프리카 동부 인도양에 있는 섬)로 갔다.

노스는 모험이나 타 문화를 경험하기 위해서가 아니라 전 세계의 희귀하고 다양한 식생을 유화로 포착하기 위해 혼자서 여행했다. 사람이 살기 힘든 지형이나 난관도 그녀를 막을 수 없었다. 그녀는 이젤과 파라솔을 세우고는 식물과 주변 환경을 세심히 기록하는 데 완전히 몰입했다. 건조되어 퇴색한 꽃송이 대신, 세계 곳곳의 생태계를 생생하고도 적확하게 묘사해서 돌아왔다.

런던 전시회를 성황리에 마친 노스는 자비를 들여 큐 왕립식물원에 자신의 그림을 전시하고 지친 방문객들에게 다과를 제공할 갤러리를 짓자고 제안했다. 오랜 친구인 조지프 후커는 노스의 제안에 동의했지만 다과 제공 시설만은 예외였다. 하지만 아무도 못 말리는 노스는 갤러리 문틀을 차나무와 커피나무 그림으로 장식했다. 근래에 개조한 메리앤 노스 갤러리는 지금도 방문객들이 800점이 넘는 정교한 그림을 통해 눈으로 세계 여행을 즐길 수 있는 곳이다.

↗ 창호지 문 너머로 멀리 내다보이는 일본 교토 풍경. 전경 오른쪽에는 가지를 다듬은 소나무 꼭대기들이 평평한 잔디밭처럼 보인다. 오른쪽 그림은 1878년 5월 인도 무수리 지역의 시장. 노스는 인도에서 2년간 머물며 그림 200여 점을 완성했다. 무수리는 '대략 3마일(약 4.8km) 길이 울퉁불퉁한 능선에 걸쳐 길게 흩어진 곳이다. 한쪽으로 넓은 던 밸리가 내려다보이고 다른 쪽으로는 겹겹이 굽이치는 산봉우리가 이어진다. 거대한 산맥 위로 비치는 변화무쌍한 빛과 그림자는 볼 때마다 늘 경이로웠다'.

해가 뜨면 밖으로 나가 정오가 될 때까지 온종일 그림을 그렸어.
그다음엔… 대개 언덕을 거닐면서 새로운 오솔길을 둘러보다가 어두워질 때 집으로 돌아오곤 했지.

↗ 1878년 인도 울와르에서 노스는 '사냥용 치타와 스라소니로 가득한 거리'를 우연히 발견하고 신나서 그 광경을 스케치했다. '야생동물들은 모조리 집 앞의 평상에 사슬로 묶여 있었고 … 그 녀석들 뒤로는 관리인들이 앉아 있거나 졸고 있었다.'

↗ 인도 바로다에서 화려하게 장식된 소 떼가 포차를 끄는 모습이 시선을 끌었다.
'해가 뜰 때 … 먼저 금은 대포가 오고 … 은 바퀴를 달고 은빛 휘장을 씌운 화려한 황소가 마하라니(인도 왕국을 다스리던 군주 마하라자의 아내)의 황금 포차가 끌고 온다.'

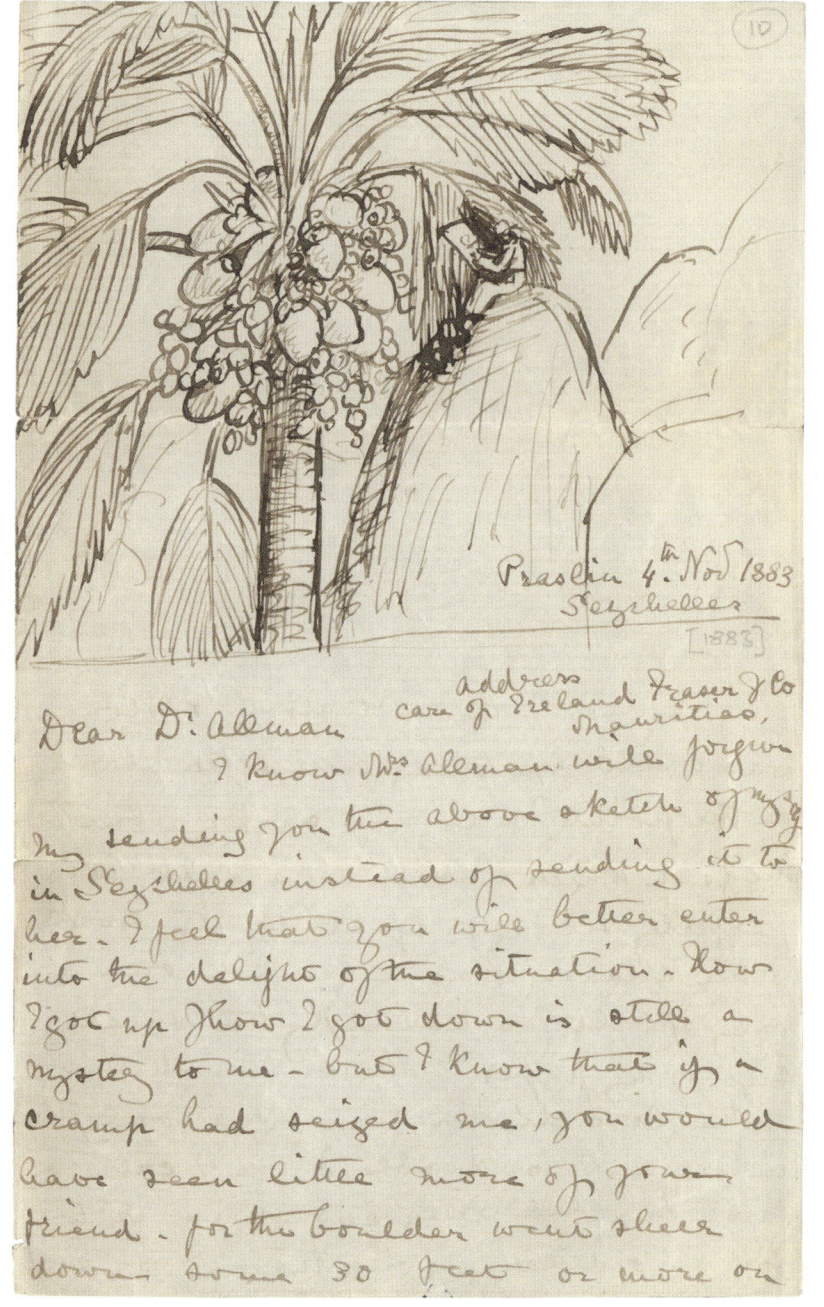

Praslin 4th Nov 1883
Seychelles
[1883]

Dear Dr Allman   address
care of Ireland Fraser & Co
Mauritius,

I know Mrs Allman will forgive my sending you the above sketch of myself in Seychelles instead of sending it to her. I feel that you will better enter into the delight of the situation. How I got up & how I got down is still a mystery to me — but I know that if a cramp had seized me, you would have seen little more of your friend — for the boulder went sheer down some 30 feet or more on

My reflections in the middle of the suns image in the mist surrounded by iridescent halo just before sunset at Tonglo 12000 feet above the sea — India

↘ 1883년 11월 세이셸에서 노스는 나무 열매를 더 가까이에서 보고 그리는 '즐거움을 더 잘 누리기 위해' 커다란 바위 위에 앉아 있는 자신을 그린 이 스케치를 편지와 함께 친구에게 보냈다. '내가 어떻게 오르내렸는지는 지금도 미스터리야. 하지만 쥐라도 났다면 네가 더는 네 친구를 보지 못했으리란 건 확실해.' 두번째 그림은 근래에야 발견되어 큐 왕립식물원에 기증된 인도 스케치북에 담긴 '해넘이 직전 옅은 안개 속 햇무리'에 둘러싸여 호수에 비친 자화상이다.

↗ 1879년 바로다의 인상적인 '왕실 코끼리' 유화. 이 코끼리들은 '몸 전체에 색이 칠해져 있고 약 5,000파운드어치 장식을 짊어지고 있다. 이 모든 광경을 도저히 안 그릴 수 없었다'. 동틀 무렵부터 계속 이 엄청난 행렬을 스케치한 뒤 그녀는 '땅거미가 질 때쯤 쓰러져 죽을 지경이었다'고 시인했다.

무한한 아름다움
토니 포스터

Tony Foster (1946-)

지난 30년간 세계 곳곳의 야생 환경에서 일련의 수채화 일기를 제작해온 명망 높은 영국 미술가다. 북극해부터 열대지방까지, 대체로 걸어서 또는 뗏목이나 카누를 타고 산과 협곡, 우림과 사막을 여행하는 그는 화구와 캠핑 장비를 모두 챙겨가 현장에서 작품을 창작한다. 왕립지리학회 회원인 포스터는 2001년 체리 키어턴 메달을 수상하여 방송인 데이비드 애튼버러, 지도학자 브래드퍼드 워시번, 더 근래에는 저명한 사진작가인 얀-아르튀스 베르트랑과 세바스치앙 살가도 같은 창조적인 탐험가들로 빛나는 명단에 나란히 이름을 올리게 됐다. 그의 여행은 여러 책과 전시회로 이어졌는데, 『세상 끝에서 그리다Painting at the Edge of the World』, 『루이스와 클라크를 좇아서After Lewis and Clark』, 『성지Sacred Places』 등이 있다.

↗ 포스터의 작품 대다수는 먼 오지의 야외에서 창작된다. 그는 작품이 전체적으로 완성될 때까지 처음 캠핑지에 계속 머물며 그림을 그린다. 고국에 있는 스튜디오의 넓은 서랍장에는 일생에 걸친 세심한 관찰의 결과물이 가득하다. 예술가로서 그의 모험의 정수가 보관되어 있다.

거의 30년 동안 나는 야생의 숭고한 아름다움에서 영감을 얻었다.
내 작품은 풍경을 묘사할 뿐만 아니라 느긋한 여행, 야생의 오지에서 살아가기, 사람들, 공예품,
동식물군과의 조우를 다룬다. 처음 여행을 시작했을 때는 여행이 모험처럼 느껴졌는데
이제는 일상에 더 가깝게 느껴진다.

나는 모든 예술가가 탐험가라고 생각하고 싶다. 보면 볼수록 발견할 것이 너무도 많음을 깨닫게 된다. 영감을 찾아나서는 데 야생의 땅보다 좋은 곳이 또 있을까? 야생의 자연을 목격하고 기록하는 데, 그다음 그 아름다움을 다른 이들도 누릴 수 있게 가져오는 데 인생을 바칠 수 있다는 것은 특권이다. 그러나 한편으로는 집을 오래 떠나 있어야 한다. 열대부터 북극권까지, 나는 지금껏 7여 년을 텐트에서 산 것 같다.

탐험을 시작한 그 순간부터 나의 예술은, 여행을 하고 그 경험을 물감으로 종이 위에 표현하는 일이었다. 각각의 그림은 끝나지 않는 시각적 일기, 내 야생 체험 연대기의 일부이다. 예술적 탐험에 나서면 소재는 끝이 없다. 처음 마주한 히말라야산맥, 숨은 골짜기, 길섶의 부싯돌 파편, 모래 속 뒤집힌 조개껍데기나 깃털 한 가닥, 울긋불긋하게 물든 낙엽 한 장이 전부 소재다. 때로는 작은 조각에 모든 게 담겨 있다. 오늘날 그토록 많은 여행가와 과거의 많은 탐험가처럼, 나는 여정이 목적지만큼 중요하다고 여긴다.

나의 열망은 이 야생의 공간에서 자라난다. 내 전시회를 찾는 사람들이 풍경의 아름다움에 감동받을 뿐 아니라 그 지역들이 파괴되지 않도록 보호해야 한다는 결심이 강해진다는 것을 알게 되면 정말로 기쁘다. 하지만 그것은 나의 단순한 바람보다 훨씬 큰 목표다. 나는 다른 사람들도 나처럼 탐험하도록 격려하기 위해 탐험한다. 만족스러운 체험을 위해 세상 끝까지 여행할 필요는 없다. 내가 사는 마을 너머 작은 습지로 그림을 그리러 가거나, 조금 더 멀리 해안을 따라 산책하는 것도 내겐 무척 즐거운 일이다. 야생에서든 집에서 엎어지면 코 닿을 거리든 간에 연습을 통해서 주변 환경이 내 안으로 흘러들게 할 수 있다. 그저 이리저리 돌아다니고 경이를 느껴라. 잠시 가만히 앉아서 심호흡을 하고 바라보라.

나는 주변의 모든 것을 흡수하려고 애쓴다. 카메라는 거의 안 가져가지만 일기장만큼은 확실하게 챙겨 간다. 변화무쌍한 경험에 맥락을 부여하면서, 하루도 빠짐없이 기록해야 한다. 자잘하고 일상적인 그 모든 디테일이 기록할 가치가 있다. 집으로 돌아와서 몇 주 혹은 여러 해 뒤에 그 기록이 스스로나 또 다른 누군가에게 유용할지도 모르는 법이니까. 비가 내리거나, 지친 몸으로 하루를 마무리하거나, 날이 어두워지고 있거나, 설령 아무 일도 없는 것 같더라도 연필을 집어 들고 종이 위에 흔적을 남겨라. 아무리 끔찍한 상황이라도 결코 따분하지는 않다. 뭔가를, 아무 거라도 좋으니 끄적거려라.

탐험은 또한 새로운 것을 시도하기 위해 자신을 밀어붙이는 일이다. 갈수록 힘겹고 외딴 곳으로 가게 될 수도 있지만 힘들게 예술 작품을 창조하는 것은 만족스러운 도전이기도 하다. 그건 한 장소에 시간을 바치는 일이다. 바로 그게 열쇠인 듯하다. 나는 한 지역을 천천히 공부함으로써 그곳의 신비에 더 깊은 통찰을 담아내려고 애쓴다. 만약 헬리콥터를 타고 가서 재빨리 스케치를 하거나 스냅숏을 찍은 다음 안락한 스튜디오로 돌아와 작업한다면, 과연 통찰을 담을 수 있을까? 시간은 경험과 궁극적으로는 권위도 부여해준다. 하지만 무엇보다도, 꽁꽁 얼거나 벌레에게 죽도록 물린 기억을 당신이 잊을 수만 있다면, 시간을 들이는 것은 진정한 행복을 가져다준다. 적막 속에서 그림을 그리고 있노라면 풀숲에서 갖가지 생명체가 모습을 드러낸다. 새가 날아와 내 옆에 앉고 연못 너머로 해가 솟아오르며 꽃이 활짝 핀다. 온두라스의 플라타노강 수원 근처에서는 이구아나가 내 뗏목 옆에서 헤엄치고, 수달이 큰 물고기와 몸싸움을 벌이며 햇살에 반짝이는 나비들이 춤을 춘다. 고함원숭이의 울음소리가 아침의 고요를 깨트린다.

근래에 그랜드캐니언에서 수채화를 완성했을 때, 나는 현장에서 한 달을 지내며 그

림을 그렸다. 밤이면 도화지를 말아서 금속 화구통에 안전히 넣어둔 채 텐트에서 쪽잠을 자면서 희미한 연필 스케치에 천천히 색깔을 덧입혔다. 여행하고 그림을 그리면서 이상적인 캠핑지를 찾아 세상 양극단의 풍경을 탐험하며 650km 넘게 걸었다. 2×1.2m 크기의 그랜드캐니언 수채화는 내 작품 중 가장 크다. 수중水中 작업에는 색다른 난관이 있다. 바다 밑바닥에 제대로 앉을 수 있게 중량 벨트를 추가로 착용한 채 스쿠버다이빙을 해서 해저로 들어가 산호 가장자리의 물고기를 그리려고 자리를 잡지만, 물속에 오래 머물수록 연필심은 불어나며 크레용은 쪼개지고 바스러진다. 잠깐이라도 손에 힘이 빠지면 연필은 사라지고, 색깔이 꼬리를 끌며 눈 깜짝할 사이에 수면 위로 올라가 버린다.

아름다움은 손에 잡히지 않고 변덕스럽지만 분명히 우리 주변 어디에나 있다. 세상에서 가장 파괴적인 힘, 이를 테면 물과 불이 중심을 차지하는 사물은 대부분 아름답기도 하다. 물은 화가에게 가장 어려운 주제 가운데 하나다. 모습이 다양하면서도 한편으론 형체가 없다. 부글거리는 간헐온천, 투명한 연못, 짙은 안개, 아주 오래된 빙하, 거센 급류. 물은 정확히 무슨 색깔인가? 그리고 물은 어떤 습성이 있는가? 그래서 나는 오랜 시간을 들여 물의 다양한 분위기와 움직임을 탐구한다. 내 이해가 틀릴 수도 있지만 어쨌든 시도해봐야 한다. 나는 예술가 존 러스킨과 선대의 무수한 다른 예술가들을 떠올린다. '우리에게 알아볼 수 있는 눈만 있다면, 자연은 매일매일 무한히 아름다운 그림을 우리에게 그려주고 있다.'

아름다움이란 관념은 말로 표현하기가 무척 어렵다. 하지만 야생에서 붓을 집어 들고 주변 환경에 완전히 몰입할 때면 그 단어의 진정한 정의에, 그리고 이 세상에서 가장 좋은 것에 조금은 더 가까이 다가간 느낌이 든다. 가장 좋은 것이란 어쩌면 끝없는 사막이나 툰드라 지대의 바람 없고 평온한 날이다. 아니면 숲속 깊은 협곡에 있는데 빗방울이 한두 방울 떨어지기 시작한 순간일 수도 있다. 나는 우산으로 손을 뻗는다. 계속 그림을 그린다. 또 어딘가에서는 폭풍이 몰아칠 기미가 보이거나 아니면 정오의 태양이 도화지 위에 얹은 물감을 바짝 말리고 있다. 얼음이 덮인 산비탈에 점차 먹구름이 끼며 눈이 내리거나 먼 능선 위로 태양이 막 솟아오르기 시작한다. 저 바깥, 우리 주변 곳곳에 아름다움이 있다.

포스터의 작품은 손바닥만 한 상자에 담긴 물감으로 창조된다. "내 이국적인 도구 세트는 사실 가장 기본적이죠"라고 그는 설명한다. "난 붓 몇 자루와 물감을 섞는 팔레트를 가져가는데 사실 아이스크림 통 뚜껑을 팔레트로 쓰고 있어요. 가장 중요한 건 작은 금속 물감 상자 두 개입니다. 하나는 잉글랜드 시골에서 볼 법한 흙빛 색조 물감이 가득한 영국제 물감 세트이고 다른 하나는 윈저 옐로, 퍼머넌트 로즈, 프렌치 울트라마린같이 눈이 시리게 선명한 색깔이 담긴 미국제 물감 세트입니다."

포스터는 매일 일기를 쓰며, 스튜디오에서 작품을 다듬을 수 있게 색깔 설명을 아주 자세히 작성한다. 또한 현장에서 가져온 자그마한 기념품을 모은다. 잔가지, 깃털, 조약돌, 물 샘플, 수공품 등이 한 장소에 대한 기록을 완성한다.

에드워드 노턴

Edward Norton, 1884-1954

나는 정신없이 스케치했다.
종이에 물감을 바르기가 무섭게 얼어버렸고 내 손가락도 마찬가지였다.

'뛰어난 기수, 명사수, 열성적인 낚시꾼, 엄청난 용기와 결의를 지닌 등반가.' 이상은 탐험가 에드워드 펠릭스 '테디' 노턴의 재능을 설명하는 말이다. 게다가 그는 뛰어난 수채화가이기도 해서 여행 중에 여러 권의 스케치북을 그림으로 채운 한편, 런던 자연사박물관을 위해 새와 꽃을 채집했다. 하지만 겸손하기까지 해서 가족을 제외하고는 그가 그림에 재능이 있다는 것을 아는 이는 거의 없었고, 이 스케치들이 빛을 보게 된 것은 근래에 와서다.

노턴의 할아버지는 선구적인 산악인이자 런던 알파인 클럽의 창립자인 앨프리드 윌리스 경이다. 어린 시절 노턴은 할아버지가 지은 산장 위, 프랑스 오트사부아 지역의 바위투성이 언덕에서 알프스산양을 쫓아다니며 등반을 시작했다. 나중에 그는 직업 군인이 되었고 1차 세계대전에 참전해 수훈을 세웠다. 그는 가능한 한 어디서나 등반을 했고 1922년에는 제2차 영국 에베레스트 등반대 대원이었다.

그는 조지 맬러리, 하워드 서머블과 함께 8,198m 고도에 올라 당시 최고도 등반 기록을 세웠다. 그때는 높은 고도대의 환경이 신체에 미치는 영향에 관해 알려진 게 거의 없었다. 세 사람은 위험한 신세계에 진입하고 있었다. 그들은 고도 8,000m 너머, 오늘날 산악인들이 '죽음의 지대'라 부르고 많은 이들에게는 생존하는 것만으로도 버거운 공간에 산소통 없이 도달한 최초의 사람들이었다.

1924년에 또 시도했을 때 패기 넘치는 등반대장 찰스 브루스가 병이 나자 노턴이 그 역할을 떠맡았고, 험악한 날씨와 여타 문제에도 불구하고 대원들을 정상으로 이끌었다. 순수 등반 스타일로 자연에 맞서 스스로를 시험하는 것을 선호했던 노턴은 이번에도 산소통 없이 올랐다. 그의 등반 파트너인 서머블은 더 이상 갈 수 없었다. 인후막이 얼어버리고 자기 살덩어리에 목이 막힌 그는 눈 위에 주저앉아 죽음을 기다렸다. 마침내 한바탕 피를 토한 끝에 목구멍이 뚫렸다. 노턴은 혼자서 8,573m까지 올라 에베레스트 북벽의 대협곡에 도달, 또 한 차례 무산소 최고도 등반 기록을 세웠으며 이 기록은 50년 넘게 깨지지 않았다. 며칠 뒤 맬러리와 앤드루 어빈이 다시금 정상 등정을 시도했지만 두 사람은 살아서 귀환하지 못했다.

대중과 언론의 관심을 한 몸에 받는 가운데 노턴은 이 비극에 깊은 배려심으로 대처했다. 그가 처음 한 일은 고인의 가족들에게 감동적이고 사적인 편지를 쓴 것이었다. 맬러리의 미망인에게 쓴 편지에는 이런 문장을 썼다. '누군가와 함께 무게 16파운드짜리 고산지 텐트에서 며칠, 몇 주씩 지내다 보면 그의 가장 깊은 내면의 영혼을 알게 될 수밖에 없지요. 저는 거의 당신만큼이나 맬러리가 어떤 사람이었는지 안다고 생각합니다. 그는 순수하고 고귀한 사람이었습니다.'

후년에도 자연을 향한 노턴의 사랑은 계속되었고, 유명세에 대한 반감도 마찬가지였다. 그는 올곧은 성품과 히말라야에 대한 지식으로 모두에게 존경받는 등반계 원로가 되었지만 알파인 클럽 회장 자리는 두 차례나 겸손히 사양했다. 하지만 존 헌트를 비롯해 새 세대의 등반가들에게 조언과 지도를 아끼지 않았고, 1953년에 헌트는 마침내 에베레스트 정상을 정복하는 등반대를 이끌게 되었다. 그리고 에베레스트에서 갓 내려온 뒤 노턴에게 다음과 같은 편지를 썼다. '당신께 이 영광의 큰 몫을 드립니다.'

오랫동안 가족 외에는 알려지지 않았던 이 스케치들은 히말라야 등정 여명기에 티베트 여행의 아름다움과 역경을 생생하게 증언한다. 에베레스트산 자체를 그릴 기회는 거의 없었지만 노턴은 산을 오르는 행군 도중에 짬을 내어 살을 에는 끝없는 고원 바람에도 아랑곳 않고 그림을 그렸다. 위 그림은 등반대원인 제프 브루스가 1924년 5월 11일에 동부 롱북 빙하의 눈보라 속에서 짐을 운반해주는 포터들에게 이야기하는 모습이다.

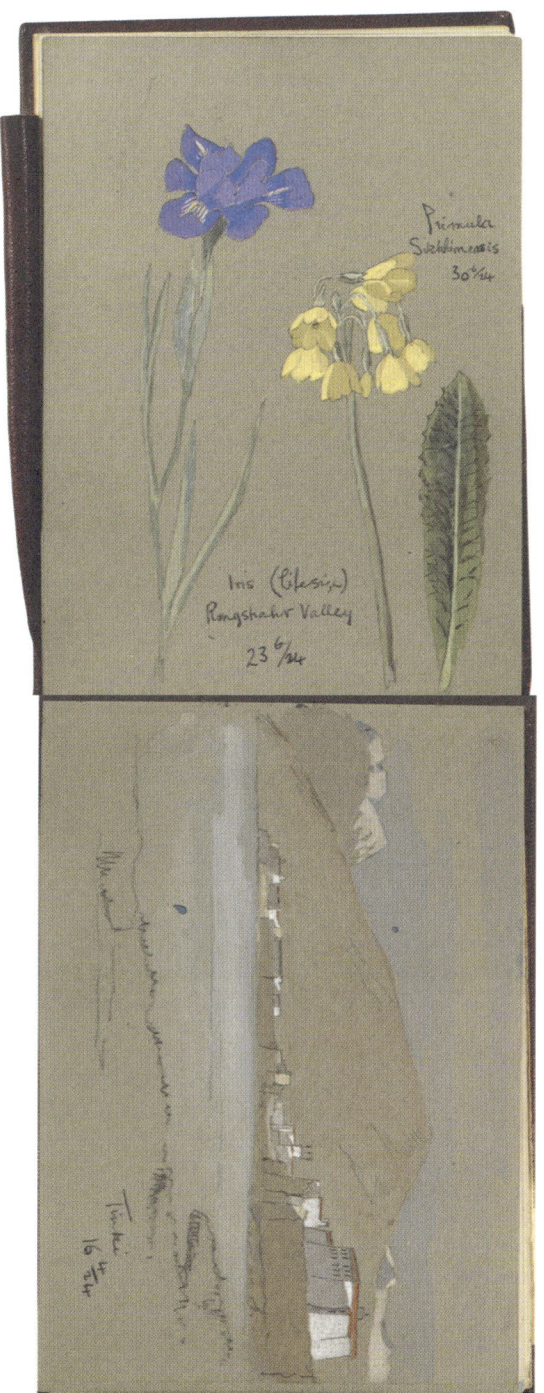

↗ 1924년 6월 26일 가우리샨카르봉이 안개 사이에 장엄하게 솟아 있다. 노턴은 구름으로 덮인 히말라야 봉우리를
그린 페이지 맞은편에 셰익스피어의 『로미오와 줄리엣』 대사를 적어 놨다.
'밤의 촛불이 다 타들어가자 명랑한 아침이 안개 낀 산꼭대기 위로 발돋움하네.' 밤이 지나고 아침이 밝아온다.

↗ 1922년 4월 27일, 팡라 고산지에 친 텐트와 이튿날 목격한 초오유산, 갸충캉산. 8,021m 높이의 초오유산은
세계에서 여섯 번째로 높은 봉우리이며 1954년에야 등정되었다.

노턴이 보고서에서 말하지 못한 것을 대신 전해야겠습니다.
우리가 그와 같은 멋진 리더를 얻었다는 것 말입니다.
그는 반도바스트(등반 준비 과정)를 하나부터 열까지 꿰고 있으며,
그의 눈길이 미치지 않는 곳은 없습니다.
모두가 그를 인간적으로 좋아했습니다. 그는 우리 모두를 행복하게 해주며,
언제나 흥미를 잃지 않고, 함께하기 편하면서도 위엄이 있어요.
아니, 그보다는 위엄을 잃는 법이 없습니다.
그는 대단한 모험가입니다.

— 조지 맬러리, 1924년 4월 편지

↗ 1924년 에베레스트 등반대원들을 그린 노턴의 애정 어린 스케치. 존 드 바스 해저드, 존 노엘, 제프 브루스, 조지 맬러리. 이후 맬러리는 정상 능선을 향해 조금씩 다가가는 모습을 마지막으로 시야에서 사라졌다.

↗ 1924년 4월 지캬웁 지역 위에서 바라본 에베레스트산. 높은 고도의 거센 강풍이 정상부에 구름을 일으킨다. 앞서 노턴은 일기에 '하늘은 구름 한 점 없이 파랗고, 땅은 갖가지 분홍, 노랑, 연보랏빛을 띠었다'고 썼다. '석탄산 가루치약, 쇳가루, 재거름 색깔의 산들, 빛나는 설산으로 첩첩이 둘러싸인 지평선.'

헨리 올드필드

Henry Oldfield, 1822-1871

양쪽 언덕은 울창한 정글로 무성하게 뒤덮였으며…
야생 그대로의 웅장한 한 폭의 그림 같았다.

1851년 12월 19일, 영국 외과의 헨리 올드필드는 코끼리 등에 올라 야생 코뿔소와 표범을 사냥하러 정글로 향했다. 그 옆에 나란히 코끼리를 타고 있는 사람은 막강하고도 논란이 많은 네팔의 군주, 장 바하두르 라나였다. 두 사람은 그날 저녁 늦게 담배를 피우고, 함께 웃고, 체스를 두고, 피리를 연주하고, 멀리서 들려오는 머스킷 총소리에 환호했다. 이러한 경험으로 올드필드는 훗날 독재자로 간주되는 인물과 우정을 돈독히 했고, 덕분에 외국인 금지 지역을 유례없이 자유롭게 접근할 수 있었다.

올드필드는 1846년 인도군 의무부대에 입대했고, 라나의 치세 초기에 카트만두의 영국 총독대리 관저에 배속되었다. 그는 네팔 군주의 신뢰를 얻어서 비공식 고문이자 시의侍醫가 되었다. 공식 허락을 받아 수백 킬로미터를 여행하면서 그 지방의 역사와 사회, 종교를 일기에 꼼꼼하게 기록했다. 또한 열정적인 화가로서 마을과 신전, 사원을 수채화로 세심하게 묘사했다.

그의 인상적인 글과 그림은 1880년 『니팔 인상』이란 두 권의 책으로 출간되어, 19세기 네팔을 묘사한 주요 영국 화가로서 그의 명성을 굳혀주었다. 마음은 언제나 호고好古가인 올드필드는 카트만두 계곡의 건물과 신전이 방치되고 망가지는 데 낙담했다. 비록 일부 건물은 근래 네팔 지진으로 파괴되어 복구가 불가능하지만, 건축학적으로 정확한 올드필드의 관찰은 그가 보존되기를 간절한 바란 그 건축물들의 복원 프로젝트에 좋은 지침을 제공하게 되었다.

↗ 네팔 박타푸르에 있는 가네샤(인도 신화 속 지혜와 학문의 신) 신전. 올드필드는 '한때는 기괴하게 생긴 목조·석조 조각상과 정교한 조각으로 화려하게 장식되었던 신전이 … 이제는 폐허가 되거나 정글의 무성한 식생에 뒤덮인' 광경을 보고 망연자실했다.

↗ 올드필드는 세밀한 건축학적 묘사와 일상 풍경을 결합하곤 했다. 카트만두의 둔사르 재판소는 파일 시장 뒤편에 방치되어 있다. 남쪽에는 파키르(이슬람이나 힌두교의 고행자, 탁발승) 거처와 황폐한 다른 사원들이 보인다.

↘ '칠룬데오'라고도 불리는 아소카 사원. 파툰 중심부에 있다. 올드필드는 이곳 사원들이 '아주 세심하고 정확한 솜씨로' 정교하게 마감되어 '대단히 흥미롭고 가치 있다'고 적었다.

↗ 카트만두 외곽에 있는 마하라자(인도 토후국의 군주, 제후를 가리키는 칭호) 장 바하두르의 궁전 타파탈리. 올드필드는 막강하고도 논란이 많은 그 마하라자와 친밀한 우정을 쌓아서 다른 외국인은 갈 수 없었던 장소를 방문할 수 있었다.

존 린턴 파머

John Linton Palmer, 1824-1903

라 페루즈는 [이스터섬 사람들이] 섬을 찾아온 사람들의 모자를 무척 좋아했다고 말한다. 이번에 보니 그들은 우리의 바지도 똑같이 탐냈다.

스케치북이 없었다면 린턴 파머는 역사에서 완전히 잊혔을지도 모른다. 설명이 들어간 그의 그림은 여섯 권의 커다란 화첩에 담겨 현재는 런던 왕립지리학회가 소중히 보관하고 있다. 그가 19세기 중반에 영국 해군 선의로 근무하며 방문한 지역들을 담은 멋진 시각 자료다.

파머는 24세 때 빅토리호의 보조 선의 대행으로 임관했다. 이후 그는 무수히 많은 배에서 근무하며 태평양, 동인도제도(옛날에는 카리브해 일대를 서인도제도, 지금의 동남아 일대와 인도양 주변을 동인도제도라는 막연한 명칭으로 불렀다), 중국, 남아메리카, 북극해를 탐험하게 된다. 1868년 그는 라파누이(이스터섬)로 항해하던 토파즈호의 선의였다. 토파즈호는 호아 하카나나이아로 알려진 '아름답게 완벽한' 석상을 이전시켜서 현재 대영박물관에 전시되어 있다. 파머는 라파누이의 지형과 석상, 족장들을 스케치와 수채화로 많이 묘사했고, 라파누이 주민들에 대해 '친근하고, 상냥하고, 명랑하고, 지독하게 게으르며, 화려한 옷과 장신구로 치장하는 것을 매우 좋아한다'고 적었다. '식인 풍습이 있었으며 … 일부 유해와 원주민의 증언으로 볼 때, 우리는 인신공양人身供養도 있었으리라고 추측했다.'

많은 해군 선의처럼 파머도 자연사와 민족학에 큰 관심이 있었다. 자유 시간을 이용해 북미대륙 태평양 북서부 해안 일대와 핏케언 제도, 타히티, 중국, 칠레, 파나마, 밴쿠버섬, 베링 해협 토착민 사회의 생활과 수공품, 환경을 기록했다. 관심과 교양을 갖춘 관찰자로서 파머는 과거 탐험가들의 서사와 자신의 경험을 대조해가며 서술하여, 급속히 변해가던 오지 문화에 대한 귀중한 기록을 제공했다.

↗ 파머의 화집은 그가 해군 선의로 근무할 때 방문했던 지역을 묘사한 수채화를 많이 담고 있다. 설명이 풍부한 이 그림들은 핏케언 제도, 라파누이, 타히티, 중국, 칠레, 파나마는 물론 북극해 변두리까지 다양한 지역들에 대한 관찰로 가득하다.

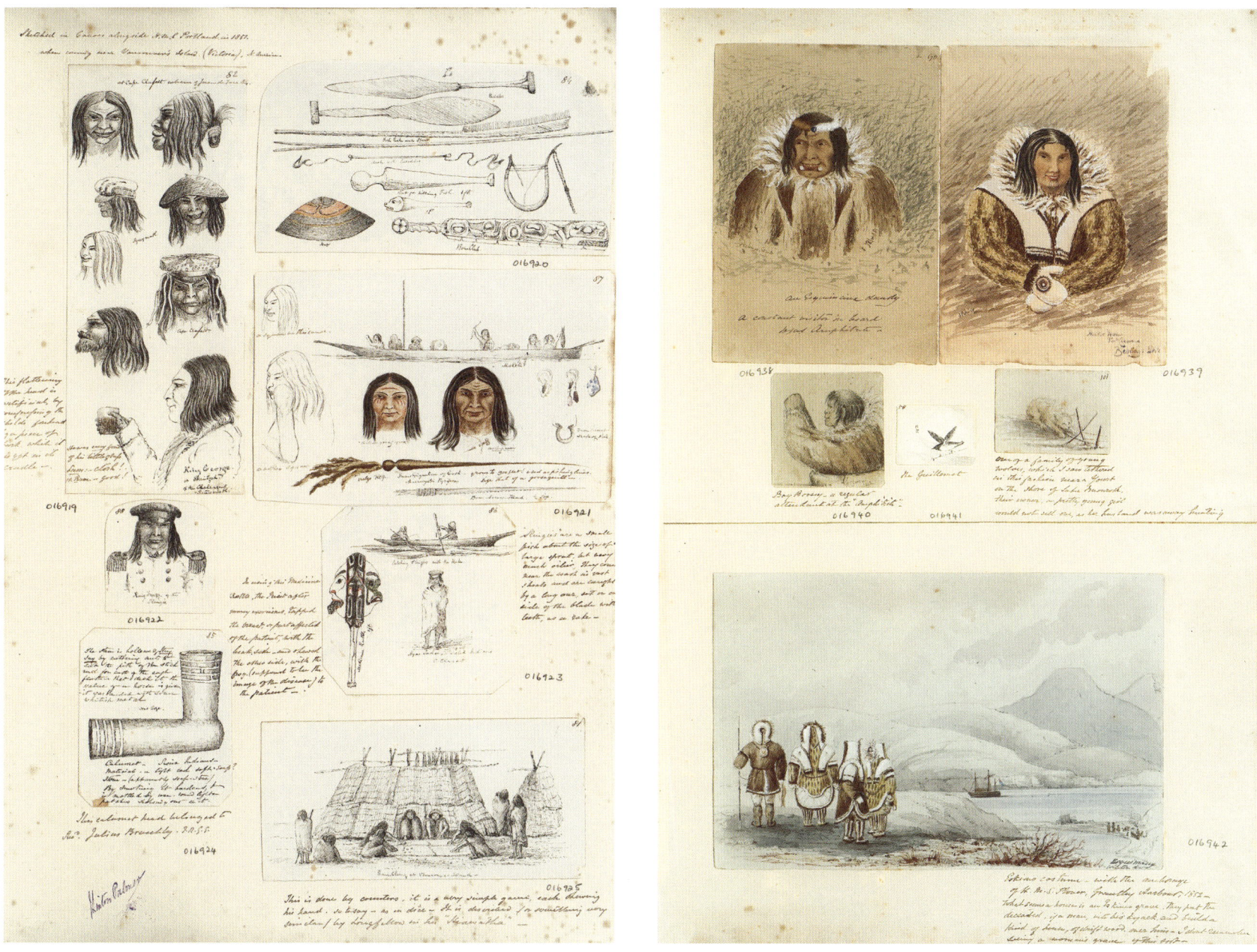

노, 고기잡이 갈퀴, 작살, 물고기를 때려잡는 뼈 곤봉을 비롯해 클러세트곶과 밴쿠버섬에서 만난 알래스카 원주민의 도구와 그들의 초상화. '에스키모 멋쟁이', '허스키 여인(시베리안 허스키를 닮았다는 뜻)', '술꾼 소년'이란 별명이 붙은 이들은 앰피트라이티호가 정박해 있는 동안 정기적으로 찾아왔다. 파머는 작은 바다오리와 '에스키모 의상'도 그렸다.

↖ 칠레 일상생활에 대한 그림으로 1865-69년 토파즈호의 태평양 항해 당시 완성되었다.

↗ 1868년 라파누이(이스터섬), 모투-이티에 있는 분화구. 파머는 석상을 직접 관찰한 기록을 많이 남겼다. '두상은 매우 평평하고, 이마 꼭대기는 왕관을 씌울 수 있게 잘려 나갔고 … 얼굴은 네모지고 거대하며, 엄하고, 무시하는 표정이다. 항상 위를 바라보고 있다. … 아름답게 완벽한 호아-하카-나나-이아(석상마다 이름이 있다) … 등과 머리에는 고동과 새 형상이 정교하게 새겨져 있다. 발견되었을 때는 붉은색과 흰색이 칠해져 있었지만 토파즈호로 옮기는 과정에서 안료가 벗겨져 나갔다.'

파머는 '이스터 사람들'의 신체 미술에 특히 이끌렸다. '문신은 남자보다 여자의 것이 훨씬 더 정교하며 온몸을 뒤덮고 … 남녀 모두 귀에 장신구를 달았다. 귓불에 구멍을 뚫어 아주 길게 잡아당긴다. 커다란 나무 장신구나 상어의 등뼈를 끼워 넣는다.'

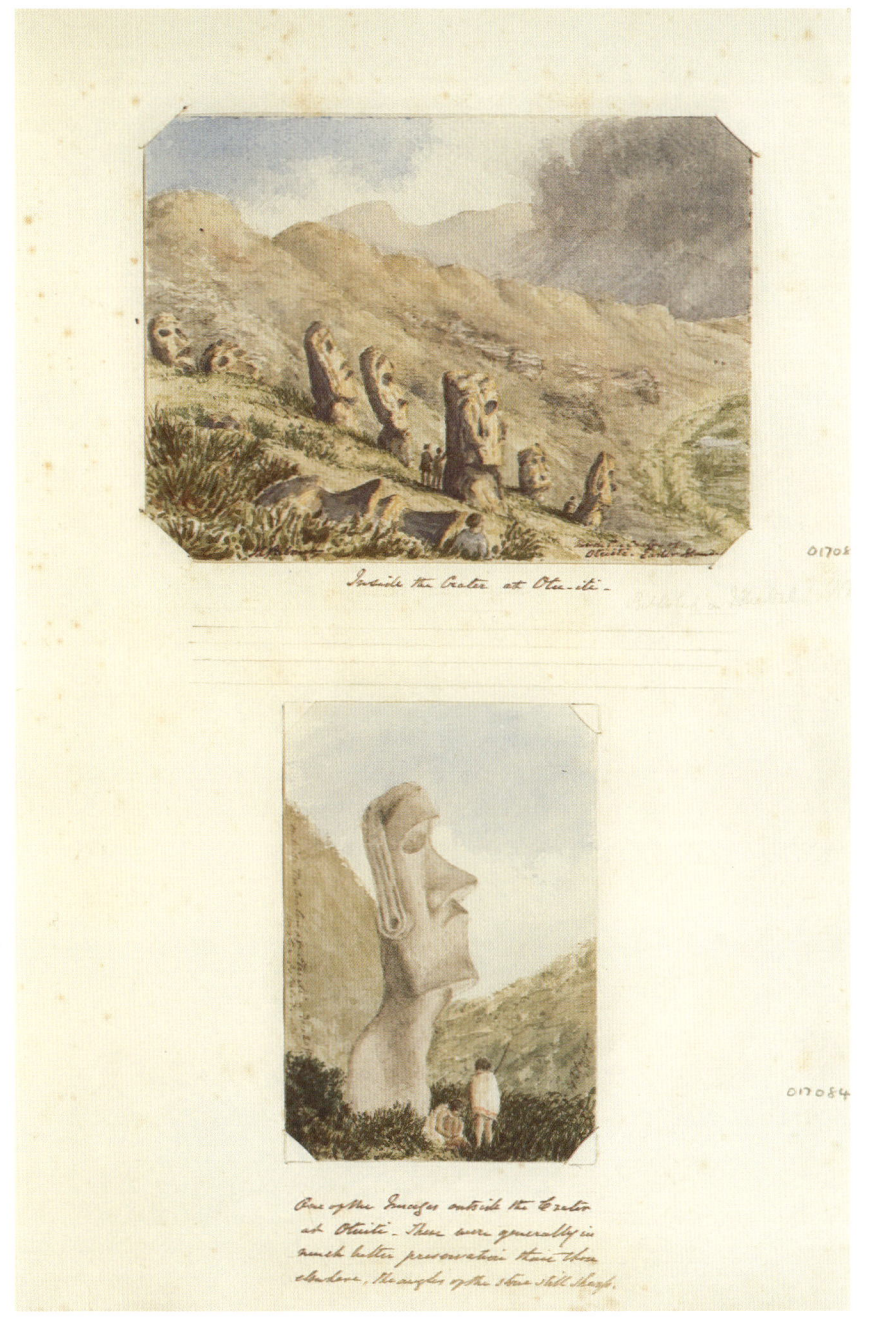

Inside the Crater at Otu-iti -

01708

017084

One of the Images outside the Crater at Otuiti - These were generally in much better preservation than those elsewhere, the angles of the stone still sharp.

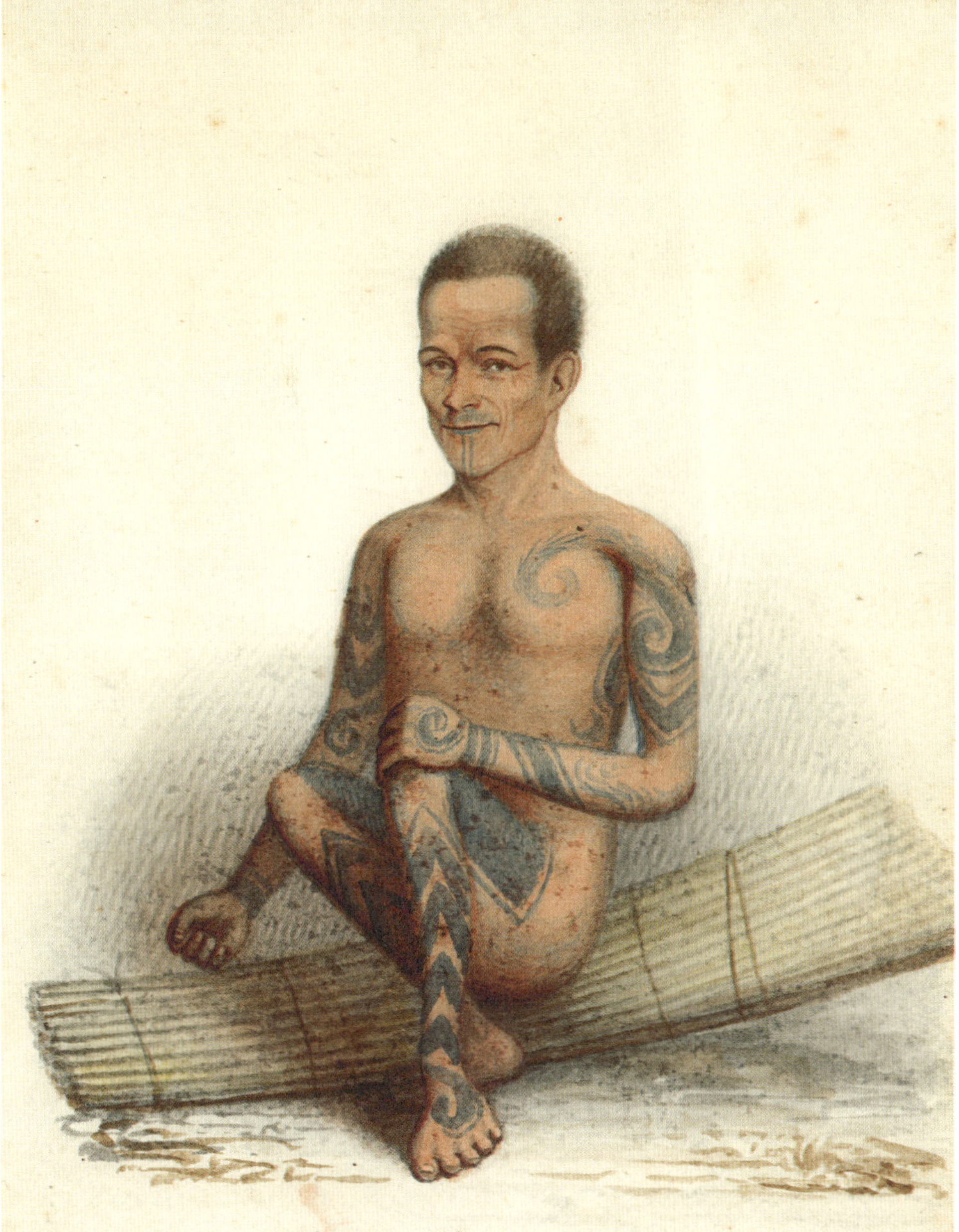

Easter Islander

시드니 파킨슨

Sydney Parkinson, 1745-1771

> 나는 신기한 나무와 여러 식물, 물고기, 새,
> 통째로 보존해서 고국으로 가져오기 쉽지 않은 생물을 아주 많이 그렸다.

스코틀랜드 퀘이커교도 양조업자의 아들로 태어난 시드니 파킨슨은 젊은 시절 런던에서 행복하게 꽃을 그리고 있다가 범상치 않은 실력으로 부유한 식물학자 조지프 뱅크스의 시선을 끌었다. 두 사람이 만난 곳은 '포도밭 종묘 구역', 즉 기본적으로 부유한 고객들을 위해 다양한 외래 식물을 수입하는 최초의 원예장 가운데 한 곳이었는데, 그때만 해도 파킨슨은 자신이 곧 세계 저편으로 여행하게 되리라고는 짐작도 못했을 것이다. 뱅크스는 처음에 파킨슨을 라플란드 채집 여행에 데려갈까 생각했지만 그보다 훨씬 더 본격적인 기회가 찾아왔다. 제임스 쿡이 세 차례의 위대한 태평양 항해 가운데 제1차 항해에 막 나설 참이었던 것이다. 뱅크스 본인도 탐사대의 한 자리를 꿰찼다.

1768년 8월 25일, 엔데버호는 근본적으로 해군성과 왕립학회의 협력 사업인 태평양 탐사를 위해 플리머스에서 출항했다. 주요 목표는 지구부터 태양까지의 거리를 계산하기 위해 필요한 금성의 태양면 통과 현상을 관찰하는 것이었다. 여기에 '테라 아우스트랄리스 인코그니타Terra Australis Incognita', 즉 전설상의 남반구 대륙을 찾아내라는 비밀 지령이 추가되었다. 그곳의 위치에 관해서는 수세기 동안 지도학자들의 추측이 분분했다.

뱅크스는 파킨슨을 또 다른 화가인 알렉산더 버컨과 함께 전속 화가로 고용하여 지형학적 풍광을 그리는 일을 맡겼다. 하지만 엔데버호가 타히티에 도착할 무렵 심한 간질을 앓던 버컨이 죽었다. 파킨슨은 뱅크스의 요구 사항을 만족시키기 위해 비좁은 선실에서 종종 밤늦게까지 스케치를 하며 쉴 새 없이 작업하게 된다. 오늘날의 탐험대 사진가와 다소 비슷하게, 파킨슨은 이제 흥미로운 것은 뭐든 빠짐없이 포착해야 했다. 그들이 발견한 땅의 풍경, 그들이 만난 사람들, 갑판으로 끌어올려진 무수한 자연사 표본이 전부 다 그의 손길을 기다렸다.

승무원들은 타히티에서 목가적인 넉 달을 보낸 뒤 뉴질랜드에서 힘겨운 실측 작업을 쉼 없이 수행하여 북섬과 남섬 해안선 전체를 그려냈고, 이로써 뉴질랜드가 거대한 남반구 대륙의 북쪽 끄트머리가 아님을 입증했다. 뭍에 오르는 탐험 여행은 제한되었지만 새로운 생물이 잡힐 때마다 파킨슨은 정신없이 그림을 그렸다. 일부 표본은 수채화로 상세하게 그려낼 수 있었지만 새로운 소재가 주체할 수 없이 많다 보니 대부분의 경우는 재빠른 소묘로 만족해야 했다. 대신 나중에, 어쩌면 긴 귀환 항해 동안이나 런던으로 돌아와 조용히 숙고하며 그림을 완성할 수 있도록 그는 많은 식물이 시들기 전에 색깔에 관한 설명을 스케치 옆에 재빨리 휘갈겨 적었다. 하지만 안타깝게도 파킨슨은 뜻을 이루지 못할 운명이었다.

1770년 4월에 탐험대는 보터니만에 닿았고, 파킨슨은 오스트레일리아 풍광과 그곳의 원주민과 캥거루를 관찰하고 그린 최초의 유럽인이 되었다. 쿡은 미지의 동해안을 거쳐 귀환하기로 결심했지만 6월 11일 엔데버호가 그레이트배리어리프에 좌초하여 배 바닥에 구멍이 났다. 배를 구해내 수리한 다음 안전하게 항해한 것은 뛰어난 뱃사람으로서 쿡이 해낸 최대의 위업이라 해도 될 터이다. 여기에 안타까운 속편은 바타비아에 정박한 동안 열병과 이질이 배를 휩쓴 것이었다. 엔데버호가 희망봉에 닿기 전까지 30명의 승선자가 사망했다. 우리의 젊은 화가도 그중 한 명이었다.

1771년 7월에 마침내 엔데버호는 과학계에 처음 보고되는 다수의 신종을 비롯해 식물 표본 3만여 점과 아름다운 그림을 잔뜩 싣고 영국으로 돌아왔지만 그 그림을 그린 부지런한 창작자는 없었다. 1월 27일 자 쿡의 일지는 간략하다. '뱅크스 씨 전속 자연사 화가 파킨슨 씨가 세상을 떠남.' 병사한 그는 다른 사람들과 마찬가지로 바다에 수장되었다.

↗ 파킨슨은 1770년 6월, 오늘날 퀸즐랜드의 쿡타운 인근 엔데버 강변에서 이 캥거루를 스케치했다. 유럽인이 이 동물을 묘사한 가장 초기 스케치다.

↗ 1768년 출항 시 현지의 정세로 인해 엔데버호는 브라질 리우 앞바다에 머물러야 했다. 파킨슨이 야생의 황금사자타마린(왼쪽)을 구경한 것이 이때였을 가능성이 크지만 그림 자체는 런던에서 포획됐던 것을 보고 그렸을 수도 있다. 황금사자타마린은 현재 멸종 위기종이다. 대극락조(오른쪽) 역시 뉴기니 야생에서 관찰한 것이다.

↗ 1770년 4월 28일 이후에 보터니만에서 그렸을 파킨슨의 연필 스케치. 두 원주민 가운데 한 사람은 가슴부터 어깨까지 십자기를 닮은 문신을 새겼으며, 다른 한 사람은 왼손에는 방패를 들고 오른손으로는 투창기로 창을 던지기 직전이다.

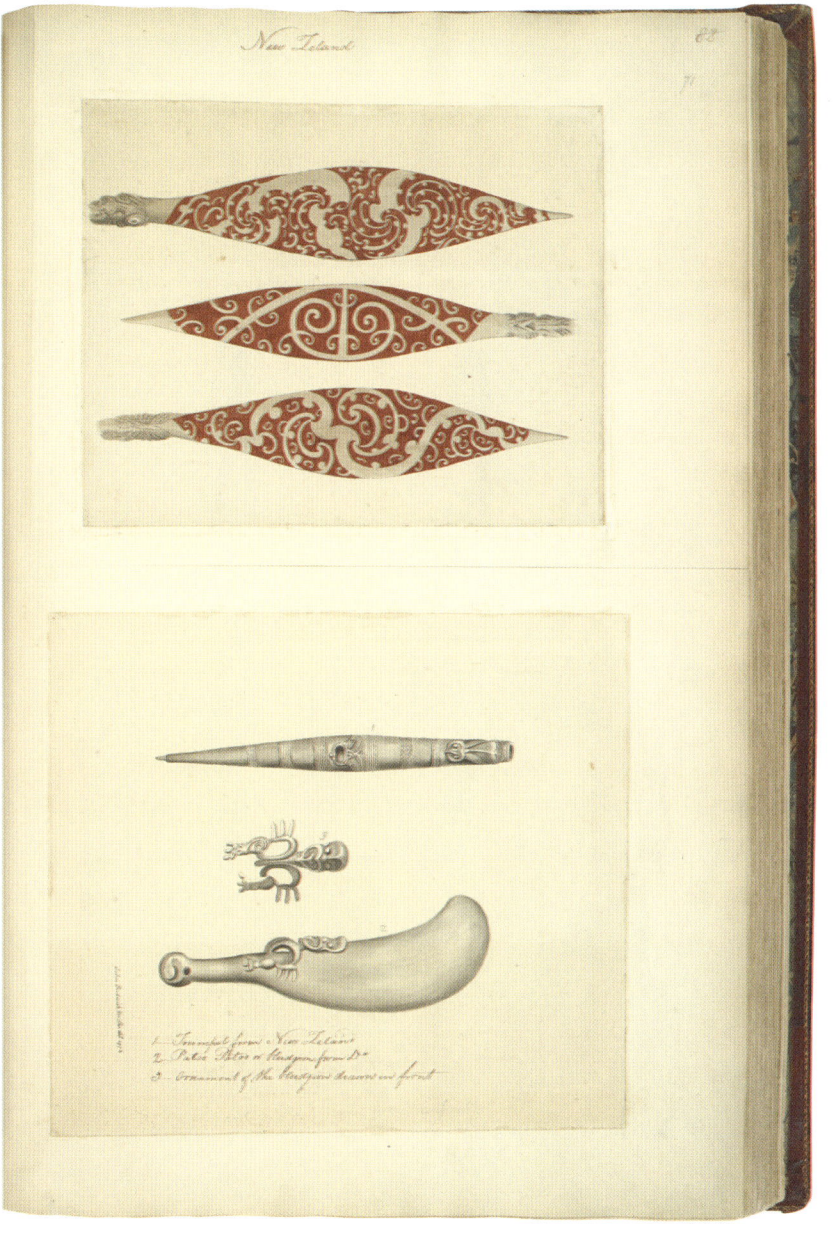

↗ 영국도서관에 소장된 이 멋진 화첩에는 쿡의 제1차 항해에서 나온 소묘가 담겨 있다. 왼쪽의 펜 스케치 네 장은 1769년 11월에 뉴질랜드, 브렛곶 앞바다에 정박한 엔데버호를 찾아온 마오리족의 엉덩이 문신을 묘사한 것이다. 승무원들은 타히티에서 처음 문신을 접했고, 파킨슨을 비롯해 일부는 자기 팔에 문신을 해보기도 했다. 오른쪽 그림 위쪽은 매우 정교한 무늬로 장식된 노이며 아래쪽은 1769년 10월 뉴질랜드에서 관찰한 경옥 곤봉과 악기이다.

티션 램지 필

Titian Ramsay Peale, 1799-1885

> 늑대들이 얼마나 겁이 없던지 간밤에 우리 야영지로 들어와 불가에 놔둔 갓 잡은 곰 가죽을 물어갔다.

1819년 6월 21일, 기선 한 척이 세인트루이스를 출발해 넓은 미주리강을 거슬러 가기 시작했다. 선상에는 뛰어난 예술적 소양으로 스티븐 롱 소령 탐험대에 한 자리를 꿰찬 열아홉 살의 자연학자이자 명사수, 티션 램지 필이 타고 있었다. 롱 탐험대의 목적은 그레이트플레인스 중앙과 남부 그리고 로키산맥의 프런트산맥을 탐험하고 기록하는 것이었다. 그곳은 아메리카 원주민과 그들의 생계가 달린 식생과 사냥감만이 사는 곳, 아직 때 묻지 않은 광대한 야생이었다.

필은 미국 초상화가 찰스 윌슨 필의 열여섯째이자 막내아들로 태어나 아버지의 예술적이고 과학적인 성향을 물려받았다. 열일곱 살 때 토머스 세이의 걸작 『아메리카의 곤충』에 처음으로 삽화를 실었다. 자연과학 아카데미 회원으로 선출되었고, 세이와 함께 조지아와 플로리다주로 첫 탐험을 떠났다. 2년 뒤에 그는 루이스와 클라크의 발자취를 따랐는데, 예전에는 아버지의 필라델피아 박물관을 위해 루이스와 클라크 탐험대의 채집 표본 목록화 작업을 돕기도 했었다.

하지만 롱의 모험은 그의 다재다능한 능력과 결의를 시험에 들게 했다. 기선이 난관에 봉착하자 필, 세이, 지질학자 오거스터스 제섭, 화가 새뮤얼 시모어는 육로로 이동하며 과학 자료를 수집할 수밖에 없었다. 하지만 대초원에는 맹렬한 열기가 쏟아졌고 이렇다 할 피난처도 없었다. 그들은 식량과 물 부족, 열사병, 탈진, 질병으로 고생하고 흡혈파리에 시달려야 했다.

하지만 고생을 제쳐둔다면 그들은 극소수를 제외하고는 누린 바 없는 드문 체험을 했다. 필은 칸사족과 수족의 부족장들과 마주 앉아 파이프 담배를 즐기고, 오마하, 오토에, 미주리, 아이오와 부족의 마을을 방문하여 기회가 날 때마다 그림을 그렸다. 능숙한 사냥꾼이자 박제가였던 그는 가죽과 표본을 보존 처리하여 집으로 부쳤다. 각종 곤충과 새, 나비 그림으로 노트를 채우고 루이스와 클라크 탐험대가 발견하기 전에는 알려지지 않았던 영양과 코요테 같은 동물을 스케치했다.

비록 이런 장르를 그렸던 다른 화가들만큼 유명하지는 않지만 필은 미 서부의 주민과 야생동물, 풍경을 최초로 지면에 포착해냈다. 말에 올라탄 채, 달려드는 들소를 향해 곧 활을 쏠 태세인 그레이트플레인스 인디언을 묘사한 그림은 나중에 동판화로 제작되어 1830년대에 널리 출간되었다. 그 그림은 '와일드 웨스트Wild West'의 전형적인 이미지가 되고, 무수한 예술가들에게 영향을 주게 된다.

더 많은 탐험을 한 뒤 필은 온전히 범선에만 의지한 마지막 세계 일주인 찰스 윌크스의 미합중국 탐사 원정(1838-42)에 자연학자로 참가했다. 19세기 중반 야심찬 미국 탐험대 가운데 하나였던 여섯 척의 선단은 북아메리카 북서부 해안 곳곳과 남극, 피지부터 하와이까지 태평양의 여러 섬을 탐험했다. 배가 난파하여 채집 컬렉션의 상당 부분을 잃었지만, 필은 총 2,150점의 새 박제품과 134종의 포유류 표본, 588종의 어류 표본을 가지고 귀환했다.

필은 후일 필라델피아 박물관의 큐레이터가 되었고, 초창기 사진으로 실험도 했다. 하지만 그는 무엇보다도 자연학자였다. 영국 탐험가 찰스 왓슨은 이렇게 말했다. "미국에서 티션 필의 절반만큼이라도 자연사를 열렬히 추구하거나 잘 아는 사람은 보지 못했습니다."

필은 그레이트플레인스와 로키산맥의 원주민 부족과 함께 여러 달을 보내며 그들의 소소한 일상을 그렸다.

↗ 위쪽 그림은 1830년 오토에 부족의 야영지, 아래는 말코손바닥사슴 사냥 여행에서 돌아오는 메인 부족민이 노를 젓고 있는 나무껍질 카누

↗ 플랫 강변의 봄 야영지

↗ 윌크스 탐험대는 필에게 남극과 태평양부터 북아메리카에 이르기까지 지구 곳곳을 목격하고 스케치할 기회를 주었다. 필은 타히티에서 그가 가장 좋아하는 취미활동, 즉 나비 채집 중인 자신의 모습을 그렸다. 부지런한 채집가이자 박제 전문가인 그는 새의 가죽부터 동물의 두개골까지, 모든 것을 그리고 측정하는 데 즐거움을 느꼈다.

액션으로 가득한 이 네 장의 스케치는 미주리강을 따라 오늘날의 네브래스카주에 살던 오토에 부족의 들소 사냥 기술을 보여준다. 이 스케치들은 나중에 책의 삽화로도 개작되었다. 뒤페이지는 그의 그림 중 일부다.

로버트 피어리

Robert Peary, 1856-1920

마침내 북극점!!! 3세기에 걸친 선망의 대상, 23년 동안 내 꿈이자 야망. 드디어 내 것이 됐다.

위 인용문은 모험과 발견의 역사상 가장 논쟁적이라 할 만한 노트에서 가져온 것이다. 연필로 쓴 이 문장으로 베테랑 극지 탐험가 로버트 피어리는 미국을 대표하여 북극점을 정복했다고 주장했다. 1909년 4월 6일의 일기로, 이날은 필생의 목표의 정점, 그가 수십 년간 간절히 바라온 일을 매듭짓는 날이었다. 그와 동료 대원들은 세상의 꼭대기에 의기양양하게 서 있다. 하지만 어쩌면 그게 아닐 수도 있다.

피어리의 기록에는 서로 맞지 않는 내용이 많다. 아주 중요한 4월 6일 자 일기는 사실 그날 현장에서 작성되지 않았다. 북극점 정복에 성공했음을 자축하는 그 일기는 나중에 다른 낱장 종이에 쓰인 뒤 원래의 일기장에 끼워졌다. 게다가 '제1호 루스벨트에서 … 까지 갔다가 귀환'이라는 일지의 제목은 이상하게도 미완성이다. 그가 주장하는 거의 초인적인 이동 속도, 놀라울 정도로 부족한 경도 관측 기록도 영 믿음이 가지 않는다. 이쯤 되면 피어리가 북극점에 도달한 게 아니라는 생각이 들 수밖에 없다.

오늘날, 어떤 여정의 완주나 실패의 증거는 쉽게 기록할 수 있다. 지구 주변을 도는 위성이 GPS 신호를 포착해 좌표와 이동 경로를 표시하고 심지어 영상을 보내온다. 비행기가 날아가 위치를 확인해주거나 곤경에 처한 탐험가를 구조해오기도 한다. 이렇게 기술이 진보하기 전에, 미지의 경계로 나간 이들에게 관찰 노트와 스케치, 사진, 지도는 모두 불가결한 기록이었고 그들이 어떤 지리적 대상을 발견을 했다는 증거였다. 신사가 하는 말이라고 다 믿을 수는 없었기 때문이다.

지리학적으로 그렇게 중대한 발견을 했다고 주장했으니 피어리는 마땅히 증거를 제시하고, 동료 전문가와 그를 후원했던 학회들의 검증을 받아야 했다. 그러나 면밀한 조사를 위해 일지를 내놓으라는 요청을 받았을 때 피어리는 응하지 않았다. 그는 딱 잘라 말했다. "다른 누구에게도 내 일지를 맡기고 싶지 않습니다. 내 손에서 떠나게 하고 싶지 않고 내 손에서 떠난 적도 없어요." 피어리는 고위층 친구를 둔, 무시할 수 없는 인물이었다. 그의 주장을 검증할 임무를 맡은 위원회는 그가 제출한 자료를 형식적으로만 살펴본 다음 반환할 수밖에 없었고, 자료는 은행 금고에 안전하게 보관되어 향후 70년 넘게 아무도 접근할 수 없었다.

피어리는 탐험하면서 맞닥뜨리는 생활의 난관에 익숙한 사람이었다. 젊은 시절, 대서양과 태평양을 잇는 지협 횡단 운하의 경로가 될 만한 길을 모색하기 위해 중앙아메리카 니카라과의 습지와 정글을 헤쳐 나간 적도 있었다. 여기서 성과를 거두지 못한 그는 북쪽으로 향했고, 거기서 그의 야심은 분명해졌다. 그는 첫 그린란드 원정이 끝난 뒤 집에 보낸 편지에 이렇게 썼다. '어머니, 저는 기필코 명성을 얻어야겠습니다.' 그는 다음 20년 동안 수백 킬로미터의 해안과 툰드라 지대의 지도를 그렸으며 그 과정에서 동상으로 발가락을 거의 다 잃어가면서까지 북극 탐험에 헌신했다. 마지막 극지 탐험에 나선 52세의 피어리는 성공을 확신했다. 하지만 극북을 목표로 삼은 미국인은 피어리만 있는 게 아니었다.

피어리가 북극점에 성조기를 꽂았다고 밝히기 고작 이틀 전, 예전에 그의 부하였던 프레더릭 쿡이 언론에 전문을 보내 자신이 꼬박 1년 전쯤에 그 전설적인 극점에 도달했다고 알렸다. 그 뉴스는 일파만파로 퍼졌다. 하지만 쿡에게는 주장을 뒷받침할 증빙 자료가 아무것도 없었다. 그의 '장비와 노트, 깃발'은 숨겨

져 있다가 사라졌다. 쿡은 나중에 석유 판촉 사업과 관련하여 사기죄로 수감되었다. 한편 피어리는 해군 소장이 되었으며 그의 탐험 기록을 검토하지 않은 여러 지리학회로부터 금메달을 받았다. 1984년, 마침내 그의 일지와 관찰 기록이 담긴 금고가 공개됐다. 조사 결과, 다수의 항해 전문가들은 피어리의 업적이 위대하긴 해도 그가 북극점에 도달한 건 아니라고 결론 내렸다.

↗ 피어리는 극지 탐험 때마다 아내 조가 비단에 꿰맨 성조기를 둘렀다. 그는 '최북단'에 도달하면 꼭 국기에서 한 조각씩 잘라내 자신이 발견한 내용을 기록한 노트와 함께 고이 보관했다. 국기는 일지와 관찰 기록만큼이나 피어리의 극지 탐험을 잘 보여주는 실례다.
오른쪽은 '마침내 북극점'이라고 적힌 낱장 페이지. 성취의 증거를 열거한 이 페이지는 피어리의 북극 노트에 끼워져 있었다.

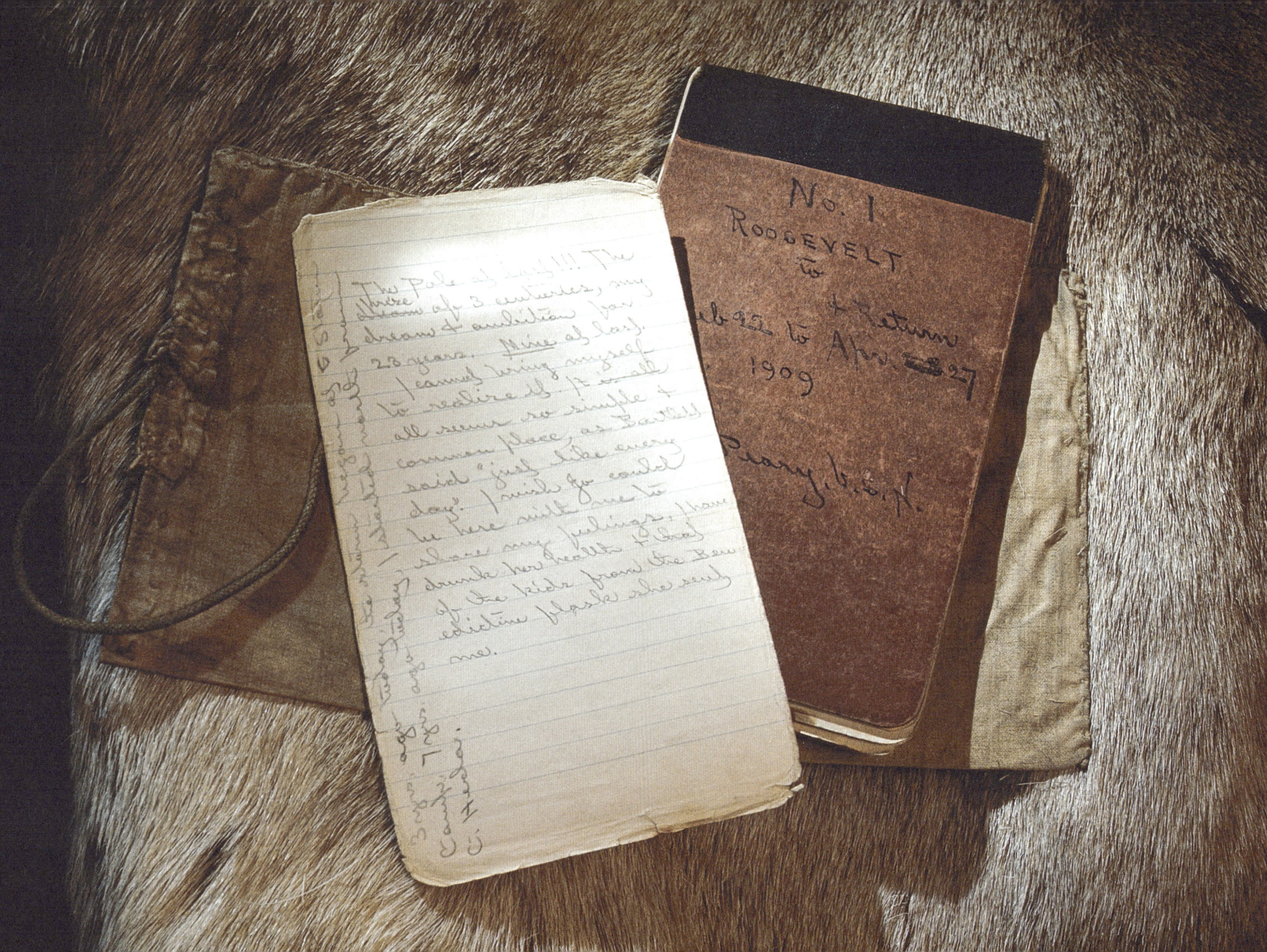

크누트 라스무센

Knud Rasmussen, 1879-1933

그린란드 서해안에서 덴마크 선교사와 그의 이누이트 부인 사이에서 태어난 크누트 라스무센은, 관습을 훌쩍 뛰어넘는 인생과 발견을 이룬 탐험가다. 그는 일찍이 칼라알리수트Kalaallisut라는 현지 방언을 배우고 거친 환경에서 썰매를 몰며 사냥을 했다. 여덟 살 때는 개썰매팀을, 열 살 때는 라이플을 처음으로 얻었다. 명성이나 영광에 무관심했던 라스무센은 끝없는 호기심과 원주민 생활 방식에 대한 진심 어린 존중 덕분에, 많은 서구인을 고생시킨 환경에서도 끄떡없었다.

그는 코펜하겐에서 잠깐 배우와 오페라 가수로 일하다가 자신의 마음은 언제나 북방에 있다는 것을 깨달았다. 이누이트족의 문화와 언어를 연구하기 위해 나선 1902-04년 첫 탐험의 테마는 향후 그의 모든 여행을 결정지었다. 시적인 기행문과 이누이트 설화에 대한 자세한 서술이 어우러진 첫 책을 마무리한 다음, 라스무센은 지구상 가장 북쪽 끄트머리 땅이란 뜻으로 '툴레'라 이름 붙인 곳에 교역 기지를 세우려고 나섰다. 그곳은 '툴레 원정'이라는 일곱 차례의 북극 탐험의 기지가 되었다. 툴레 원정의 주목표는 이누이트족의 영적인 삶을 조사하는 것이었으므로, 그는 앞선 여행가들의 발자취를 따르고 있을 때조차도 미답의 영역을 탐험하고 있었다. 라스무센은 지리학 이론과 씨름하고, 그린란드 북부 해안의 거의 알려지지 않은 영역을 지도로 그리고, 방대한 민족지학 자료를 수집했다. 이 자료들은 휘갈겨 쓴 그의 무수한 현장 노트에 담겨 있다.

라스무센의 가장 의미 있는 탐험은 1921-24년에 대규모로 이루어진 '제5차 툴레 원정'이었다. 구전을 채록하고 역사적인 유적지와 유물을 발굴하기 위해 연구팀을 먼저 북극권으로 데려다준 다음, 라스무센은 이누이트 동행 두 사람과 함께 개썰매를 타고 16개월간 북아메리카를 가로질러 알래스카 해안으로 갔다. 거기서 스쿠너(두 개 이상의 돛대를 갖춘 종범선)를 타고 베링해협을 건넌 다음 시베리아 해안을 따라 터를 잡은 오지의 부족을 탐험하겠다는 그의 꿈은, 비자 발급이 거부되면서 꺾이고 말았다. 하지만 그는 썰매로 북서항로를 완주한 첫 유럽인이었고, 무엇보다도 중요한 건 이누이트족의 기원을 탐사하고 그들이 공유하는 문화의 경이로운 복잡다단함을 제대로 인식한 최초의 인물이 되었다는 것이다.

그가 만난 이누이트 집단 가운데 일부는 한 번도 백인을 본 적이 없었다. 그는 그들이 들려준 이야기를 현장 노트에 받아 적었다. 당시 대다수의 이누이트는 종이가 뭔지 몰라서, 그게 신기한 동물의 아주 얇은 가죽이라고 생각했다. 라스무센이 받아 적은 이야기를 그들에게 다시 읽어주자 그들은 그 생물, 즉 노트가 '그토록 뛰어난 기억력을 갖고' 있는 데 깜짝 놀랐다. 라스무센은 네칠리크족과 함께 사냥과 여행을 하면서 그들의 타고난 지리 감각을 깨닫게 되었다. 네칠리크족은 라스무센이 건넨 연필로 주변 수백 킬로미터의 땅과 바다를 정확한 지도로 그려주었고, 이 지도는 그가 여행을 이어가는 데 무척 유용했다. 힘겹게 얻은 자료가 가득한 라스무센의 현장 노트 30권은 나중에 열 권의 책으로 출간되어, 현대 세계의 영향으로 이누이트족의 삶이 영영 바뀌어버리기 전에 그들의 생활 방식을 이해하는 데 헤아릴 수 없는 공헌을 했다.

라스무센은 1933년에 폐렴으로 세상을 떠났다. (현지에서는 인기 있는 별미지만 비위가 약한 사람에게는 맞지 않는) 물개 안에서 발

↗ 라스무센의 1917년 현장 일지에서 볼 수 있는 많은 소小지도 가운데 하나. 그는 그린란드 북부 지도에서 이미 알려진 지역과 미지의 지역을 상세히 구분해두었다.

효된 바다쇠오리 고기를 먹고 식중독에 걸려 몸이 약해져 있을 때였다. 그의 여행 철학 가운데 일부는 사람들과 멀찍이 분리되기보다는 항상 그들과 함께하는 것이었지만 이누이트 음식을 존중하는 마음은 안타깝게도 그의 죽음을 초래하고 말았다.

이 사람들이 아직 변하지 않았을 때 찾아오는 행운을 누리게 되어 기쁘다. …
이들은 종족과 언어뿐만 아니라 문화 형태에서 하나이며,
그 자체로 혹독한 자연에 맞서 견뎌내는 힘과 인간 삶 속 야생의 아름다움에 대한 증인이다.

↗ 라스무센이 그린란드 북부 연안 오지를 광범위하게 탐험할 당시 작성한 현장 노트 세 권. 시와 민족지학, 지도학 관련 내용으로 채워진 노트들은 나중에 책을 쓸 때 꼭 필요한 자료였다.

다른 많은 이들과 달리 북극점을 정복하기 위해서가 아니라 이누이트 문화를 살펴보기 위해 북쪽으로 찾아간 첫 대형 탐사 때 그린 스케치다. 영예를 추구하는 다른 탐험가들이 재빨리 이 땅을 지나쳐가는 동안 라스무센은 시간을 들여 이누이트족의 관습과 정신세계를 탐사했다. 그는 '그 깊이를 전부 가늠한 것은 아니다'라고 썼다. '한 종족을 탐험하는 데 끝이란 없다.'

12

iparalâtigit" Gûte kisiat ugperileratego
tamákua taimarmik soj kiunerugput.)

🐞 uvanga Juva tamák
isumavunga taimatussoK
taimanák orKarpounga
nalugako

tarssumenga takussuse
tamase satdlahitameangi
"lase tainaselo inuudnako,
"vase" asagase Jova

Fra Udflugten fra Godthaab
til Kangek

d. 30 Juni 1902 / Grønland

Jomer Lakeus Nielsen
ved Kangek.

필립 게오르크 폰 레크

Philip Georg Von Reck, 1711-1798

천둥 번개가 쳤다. 게다가 역풍이 강하게 불어서 …
우리는 감각이 없어진 팔다리를 덥히도록 불을 피운 다음 창공 아래 허허벌판에 엎드려 있었다.

1734년 3월, 제임스 오글소프가 영국령 아메리카 남부에 조지아 식민지를 수립한 직후, 일단의 독일 신교도들은 가톨릭이 지배하는 잘츠부르크에서 쫓겨난 루터파 신도를 위한 피난처로서 '에버니저'라는 새로운 소읍을 건설하기 위해 모였다. 그 가운데는 이 기이한 신세계의 '시각적 증거'를 가져오겠다는 뜻을 품은 스물다섯 살의 귀족, 필립 게오르크 폰 레크도 있었다.

열정적이고 매력적이지만 경험이 전무한 레크는 새로운 정착지로 적당한 장소를 찾아내는 임무를 맡았다. 그는 오글소프의 조지아 지도를 열심히 들여다본 뒤 '강이 흐르고 … 풀이 많고 토양이 비옥하며 시원한 샘이 있는' 곳으로 정착지를 정했다. 며칠 지나지 않아 레크는 이 새로운 고향으로 알맞은 지역을 찾아 들판에서 말을 타고 달리고, 강을 건너고자 쓰러진 통나무 위에서 아슬아슬하게 균형을 잡고, 아메리카 원주민과 모닥불에 둘러 앉아 야생 칠면조를 함께 나눴다. 하지만 잘츠부르크에서 온 종교 지도자들과 반목하게 되자 이내 직책에서 쫓겨났다. 더욱이 새로운 정착지로 고른 장소는 입지가 좋지 않았다. 마을은 서배너강 옆으로 옮겨가야 했다. 낙담한 레크는 유럽으로 돌아가 덴마크에서 관직을 얻었다.

레크의 시도는 뜻은 좋았지만 안 좋게 끝났다. 하지만 그의 스케치북과 일기는 유럽인이 새로운 땅에 정착하기 시작한 순간을 들여다볼 수 있는 유례없는 기회다. 그는 식민화의 초창기, 길을 낼 곳이나 다리를 지을 곳을 표시하기 위해 나무의 껍질을 벗겨놓은 표식들을 보았다. 또 그 지역의 동식물에 관한 최초의 기록을 남기고, 아메리카 원주민의 생활을 생생하게 기록했다. 무엇보다도 레크는 새로운 식민지의 희망과 젊은이다운 발견의 경이를 포착했다.

'유치 인디언 부족의 최고 지휘관 키파할그와.' 레크는 현지 주민에게 큰 흥미를 느꼈다. 그의 현장 연구는 1730년대 북아메리카를 엿볼 수 있는 중요한 기회다.

오늘날 조지아로 알려진 영역에서 사냥을 떠나는 부족

새로운 식민지의 정착 담당자로서 레크는 열매와 채소부터 원주민의 일상적 광경에 이르기까지 관심이 갈 만한 것은 뭐든 스케치북에 기록했다. 자연학자로서 공부한 적은 없지만 여기서 보다시피 그는 물뱀과 밤, 악어를 비롯해 여행에서 접한 식물과 야생동물에 매혹되었다. 그림 다수가 최초로 기록된 신종이었다.

레리흐는 예술가인 만큼 신비주의자이기도 했다. 그는 현세에서 가장 중요한 것은
'영혼과 문화의 힘'이며, 그 토대는 '친절함, 지식에 대한 열망과 아름다움에 대한
존중'이라고 주장했다.

↗ 1932년의 라훌, 킬라스 풍경

니콜라이 레리흐

Nicholas Roerich, 1874-1947

깊은 협곡과 기괴한 언덕이 구름 선까지 우뚝 솟아 있고
마을과 사원에서 피어오르는 연기가 구름 속으로 사라진다.

니콜라이 레리흐는 눈을 들어 히말라야를 응시했다. '굽이치는 안개 낀 산등성이 위로 황혼에 눈이 반짝반짝 빛난다. 한없이 아름답고 넘을 수 없는 이 눈부신 봉우리들이 우뚝 솟아 있다.' 젊은 시절부터 이 지역의 지리와 문화에 매혹되었던 그는 1923년에 아내와 아들을 데리고 시킴, 카슈미르, 라다크, 신장(중국), 시베리아, 알타이, 몽골, 티베트, 트랜스히말라야를 거치는 5년간의 여정에 나섰다. 레리흐는 고고학자로서 슬라브 문화와 인도 문화의 공통 원류를 탐색할 작정이었다. 철학자로서는 동양의 종교들을 이해하고 예수의 전설적인 동방 여정의 흔적을 발견하고 싶었다. 또한 그는 예술가로서 세계에서 가장 장대한 사막과 산악지대를 생생하게 그려내게 된다.

북인도에 다다랐을 무렵 레리흐는 이미 국제적으로 인정받는 문화 인사였다. 상트페테르부르크에서 태어난 그는 법학과 미술을 동시에 공부했다. 그러다 스칸디나비아, 영국, 미국을 여행하면서 디아길레프와 스트라빈스키를 위해 러시아 발레와 오페라의 무대를 디자인했다. 또한 여러 문화 기관을 설립했고 러시아의 까마득한 과거를 기리는 그만의 독특한 회화를 선보이는 대규모 순회 전시회를 개최했다. 하지만 그에게 예술적 영감을 가장 많이 불어넣는 것은 중앙아시아의 생기 넘치는 영성과 문화, 예술이었다.

1923-28년 레리흐 가족은 눈보라와 병고, 피로를 견디며 수백 킬로미터의 산길을 이동했다. 카슈미르에서는 도적떼를 물리치고 군드에서는 사기꾼이 그들의 말에 독초를 먹였으며, 살쾡이들이 아들의 침대 밑으로 슬그머니 기어들어왔다. 조지 고개에서는 레리흐의 카라반을 이끄는 사람들이 눈사태를 두려워해 카라반을 버리고 도망가려고 했다. 하지만 그들은 '장애물을 가능성으로 바꾸며' 향내와 야생 박하, 세이지, 살구 향기로 가득한 외딴 사원과 마을에서 기운을 회복하며 여행을 이어갔다. 여행이 끝날 때쯤 레리흐는 새로운 산봉우리와 고개를 기록하고 고고학적 기념비와 귀한 필사본 들을 발견했으며, 500점이 넘는 작품을 창작했다. 인도에 정착한 레리흐 가족은 히말라야 연구소를 설립했다. 1934년 그들은 내몽골과 만주, 중국으로 또 한 번 대장정에 나섰다.

일생 동안 레리흐는 창조적인 천재성과 비범한 여행들, 학문에 대한 헌신, 그리고 그의 엄청난 영적 존재감으로 널리 칭송받았다. 레리흐의 창조적인 유산은 그에 관한 무수한 기사, 저작, 글과 더불어 세계 각지에 소장된 7,000점이 넘는 그림이 말해준다. 하지만 어쩌면 그보다 더 중요한 것은 인류의 통합과 친선에 관한 레리흐의 가르침일 것이다. 예술과 문화로서 국제 평화를 증진하기 위한 그의 노력은 두 차례의 노벨평화상 후보 지명과 '레리흐 협약'으로 이어

↗ 1924년 히말라야 산골짜기 코안-인과 코나-조닌

졌다. 1935년 워싱턴 백악관에서 체결된 이 협약에 따라, 서명국들은 전쟁이나 내전 중이라도 병원은 공격하지 않듯이 박물관, 대학, 성당, 도서관을 공격하지 않기로 했다. 전시에 문화 기관들은 스스로 보호하는 수단으로 레리흐의 '평화의 깃발'을 달기로 했다. 레리흐는 말년을 서부 히말라야 쿨루 계곡에서 보냈다. 죽은 뒤 화장된 유해는 그가 사랑했던 히말라야산맥을 바라보는 비탈에 묻혔다.

내가 기억하는 한 어디에도 그처럼 탁 트이고 높이 치솟은 장벽은 없다. 이 탁월한 전망에서 바라보는 히말라야산맥의 웅장함은 특히 마음을 사로잡고, 이곳이 바로 '눈의 보금자리'라는 인상을 받게 된다.

여행 내내 레리흐는 현장에서 스케치를 하고 그림을 그렸다. 그의 힘찬 스케치는 보통 집에 돌아와서 그린 다른 작품들의 토대가 되었다. 여기 두 작품은 템페라(달걀노른자나 풀, 꿀 등을 접착제로 섞은 물감)화膤다. 1933년에 그린 왼쪽 그림은 판지를 댄 캔버스에, 오른쪽 그림은 나무판에 그렸다.

떼려야 뗄 수 없는 친구

데이비드 에인리

David Ainley

세계적으로 손꼽히는 극지 생태학자이다. 존스홉킨스 대학에서 동물 행동학으로 박사 학위를 받았고 해양조사선과 혹독한 조사 현장에서 작업하며 남극과 남빙양을 35차례 넘게 탐사했다. 현재는 로스섬에서 진행 중인 펭귄 개체군 통계 연구, 해양 글라이더와 원격조종장비를 이용해 고래목과 펭귄의 먹이 찾기를 연구하는 실험에 관여하고 있다. 지난 10년 동안 인간으로부터, 특히 산업화된 조업이라는 가장 당면한 위협으로부터 로스해를 보호하기 위해 노력해왔으며, 이 같은 노력은 영화 〈마지막 대양The Last Ocean〉에서 조명되었다. 관찰 노트를 바탕으로 남극의 펭귄과 물개, 고래의 생태에 관해 120편이 넘는 과학 논문을 썼다. 캘리포니아주 샌프란시스코에 살고 있다.

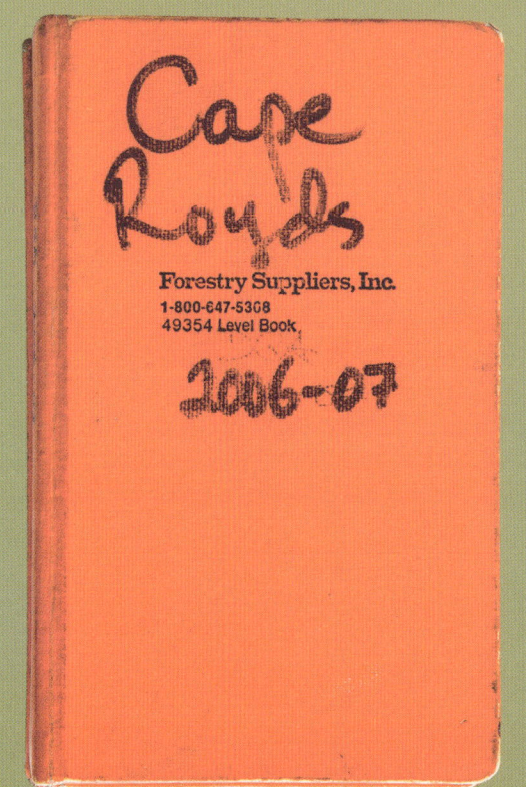 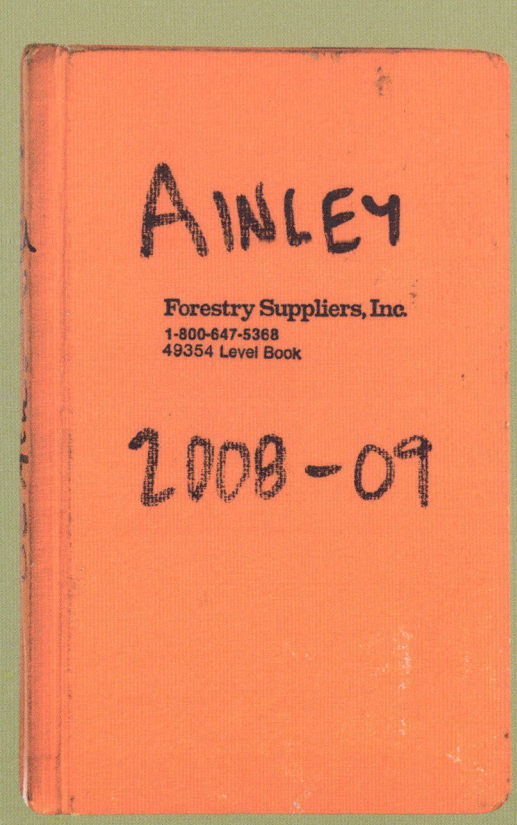

↗ 표지 색깔이 선명한 현장 노트는 여름에 남극 펭귄 서식지의 암석과 새똥 사이에서 작업할 때 유용하다. 갈색 노트라면 잘못 놔뒀다가는 다시 찾아내는 데 정말 골치가 아플 것이다.

생태학 학부생 시절, 나는 파충류학자가 가르치는 수업을 듣고 관찰 내용을 기록으로 남길 필요가 있다는 것을 배웠다. 내 현장일지는 특정 표본이 발견된 날짜, 시간, 장소, 서식 환경 등의 맥락을 연결시키는 무수한 기록으로 가득한 일종의 자연 카탈로그다. 스킹크(도마뱀과의 일종), 울타리도마뱀, 뱀, 내가 채집하거나 골똘히 살펴본 것은 뭐든 적었다. 하지만 대학원에서는 극지 척추동물 연구에 몰두했다. 표본을 모아서 연구하는 일은 남극 탐험의 황금기가 저물면서 진즉에 구식이 되어 자취를 감췄다. 나의 카탈로그 같은 것은 별나고 예스럽게 여겨졌고, 그것은 정치적으로 올바르지 못한 것, 과학이 오로지 엽총과 표본 보존용 병으로만 수행되던 지나간 시절의 유물을 대변했다.

그럼에도 불구하고 나는 생태학자 알도 레오폴드의 『모래 군의 열두 달』 같은 책과 내 어린 시절 영웅이었던 탐험가 메리웨더 루이스의 경험에 영감을 받았다. 루이스가 야생의 황야에서 터득한 교훈 덕분에 나는 계속 노트를 고집했다. 루이스가 미국 서부 탐험에 나설 때 그의 멘토 토머스 제퍼슨은 '기록되지 않은 지식은 잃어버린 지식이다'라고 충고했다. 이 충고가 계속 내 귓가에 맴돌면서 나는 단 하나도 놓쳐서는 안 된다는 것을 알았다. 로스섬에서 아델리펭귄 연구에 착수할 때 나는 관찰 내용과 데이터를 기록할 가죽 장정 현장 노트를 받았다. 학창 시절 공책에 끼적거리던 것에서 한참 발전한 셈이었다. 내 현장 노트는 순식간에 연구팀의 중요 장비가 되었다. 많은 표지 안쪽 내지에 기록한 데이터는 무엇보다 소중해졌다.

로스해 빙하 사이에서 여러 해를 보내면서 점점 쌓인 현장 노트는 내게 가장 소중한 물건이다. 현장 노트 작성은 습관이 되었다. 내가 작업하는 북극권 지역에서는 책 말고도 연필을 깎을 칼이 꼭 있어야 한다는 사실을 금방 깨달았는데, 어떤 펜이든 안에 든 잉크가 대개 얼어버리기 때문이다. 또한 몇 차례 염려스러운 경험을 통해서 현장 노트는 '분실 불가능' 해야 한다는 사실도 알게 되었다. 한번은 야외에 나가서 그물로 도둑갈매기를 잡으려고 하다가 노트를 잘못 놔둔 적이 있었다. 새는 이쪽으로 급강하하고 파카 주머니에서 삐져나온 노트는 저쪽으로 날아가 버리면 현장 연구가 웬 육상 훈련으로 둔갑하기도 한다. 왔던 길을 고생스레 되짚어간 뒤에야 나는 펭귄 군집 속 무수한 돌덩어리와 얼어붙은 새똥 사이에서 분간하기 힘든 갈색 표지 노트를 되찾을 수 있었다. 그제야 나는 크게 안도했다. 내가 얼마나 행복했는지 여러분은 상상도 못할 것이다. 결국에 나는 선명한 오렌지색 표지로 장정된 현장 노트를 사용했다. 오렌지색 노트는 극지의 눈 속에서 그야말로 완벽하게 눈에 잘 띄었다.

내 현장 노트는 스콧 함장이나 여타 초창기 극지 탐험가들의 노트처럼 문학적 가치가 있는 작품이라기보다는 장소와 날짜, 시간 같은 데이터의 체계적인 기록, 아문센의 짤막한 썰매 여행 일지나 어쩌면 선박 항해 일지에 규칙적으로 적는 내용에 가깝다. 나는 기상 상태도 별도의 표에 기록한다. 현장 연구 시즌 초창기에는 관찰 내용을 순서대로 적었지만 몇 주가 지난 뒤에는 펭귄 개체들에게 반복적으로 관찰되는 내용이나 고래, 바닷새 숫자를 가지고 상세한 표를 작성하기 시작했다. 그와 동시에 각 현장 연구 시즌이 하루하루, 또 날씨에 따라서 어떻게 진행되어 왔는지 감을 잡을 수 있도록 매일 활동 일지를 작성하면서 서서히 나의 관찰 데이터가 축적되었다. 나는 때로 작은 기억 지도도 그렸다. 방향 정립을 위해서이거나 아니면 어떤 생각이 떠올랐는데 잊고 싶지 않으면 기억 지도 안으로 들어간다. 현란한 오렌지색 작은 노트는 시간의 보물창고이자, 집에 돌아왔을 때는 작업의 핵심이 되었다.

로이즈곶의 섀클턴 오두막 그늘에서 우리 연구팀은 이제 펭귄들이 어디서 사냥하고 얼마나 깊이 잠수하는지 알 수 있도록 펭귄들에게 위성 추적 장치를 부착한다. 일부 펭귄에는 컴퓨터 칩을 달아서 식별이 가능하고 무게도 기록된다. 우리 캠프는 용암 자갈 위, 펭귄 군집에서 제법 멀리 떨어져 있어서 텐트 로프를 잡아당기는 호기심 많은 펭귄들에게 그리 자주 시달리지 않는다. 섀클턴의 역사적인 오두막 안에는 모직 스웨터와 통조림, 낡은 나무 상자 등이 가지런히 놓여 있다. 우리보다 앞서 왔던 사람들에 대한 손에 잡히는 기억들이다. 물론 우리에게는 이제 고어텍스와 태양광 발전이 있지만 오두막 바깥의 환경은 변함없이 난관을 야기한다. 내 현장 연구의 대부분은 여전히 펭귄과 직접 시간을 보내는 일이다. 펭귄의 습성에서 자그마한 변화도 놓치지 않고 조용히 지켜보며 패턴을 찾아내며 그다음 머릿속으로 여러 퍼즐조각을 맞추려고 노력하는 작업이다.

우리는 이 펭귄들의 미래를 결정지을 산업화된 어업, 기후변화 관련 현상을 연구해 왔다. 생태계가 취약한 로스해는 얼마 전까지만 해도 최후의 청정 해역이었다. 보호도 중요하지만 그만큼 잘 이해해야 한다. 지금 이곳에 절실한 환경 보존 문제에 올바르게 접근하려면, 이 균형 잡힌 생태 시스템에 관해 얻을 수 있는 모든 지식이 필요하다.

두말할 필요도 없이, 남극에서 35회가 넘는 연구 시즌을 보낸 뒤 나의 책장에는 현장 노트가 잔뜩 쌓여 있다. 거기에 적힌 많은 내용들이 이제는 컴퓨터 스프레드시트에 무한히 기록되고 디지털 픽셀로 저장되어 전 세계의 동료들과 즉각 공유될 수 있다. 그럼에도 불구하고, 정말로 데이터가 살아 있는 매일의 맥락은 현장 노트를 천천히 한 장 한 장 다시 넘겨볼 때만 드러난다. 본질적으로 내게 떼려야 뗄 수 없는 '친구'가 된 대상들을 다시 찾는 것은 즐거운 과정이다. 내가 세상 끝자락에서 하는 것과 똑같은 정기 업무를 간편하게 도와주는 온갖 기술이 발전했음에도 불구하고, 때로 당신에게 정말로 필요한 것은 맑은 날씨와 노트 한 권, 잘 깎은 연필이 전부다.

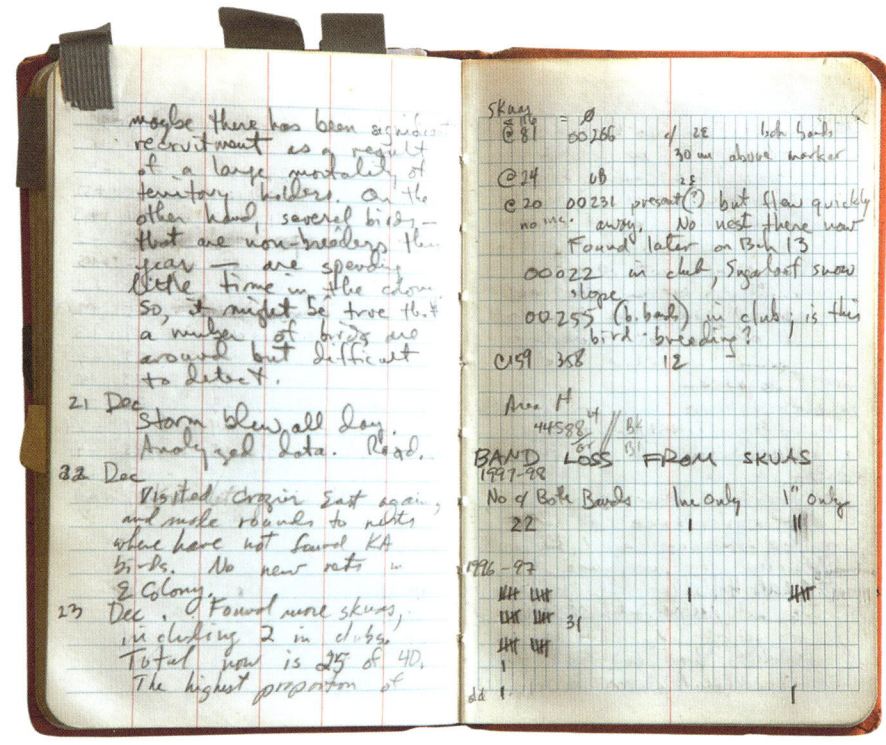

↗ 현장일지의 페이지마다 관찰 내용과 데이터가 기록되어 있다.

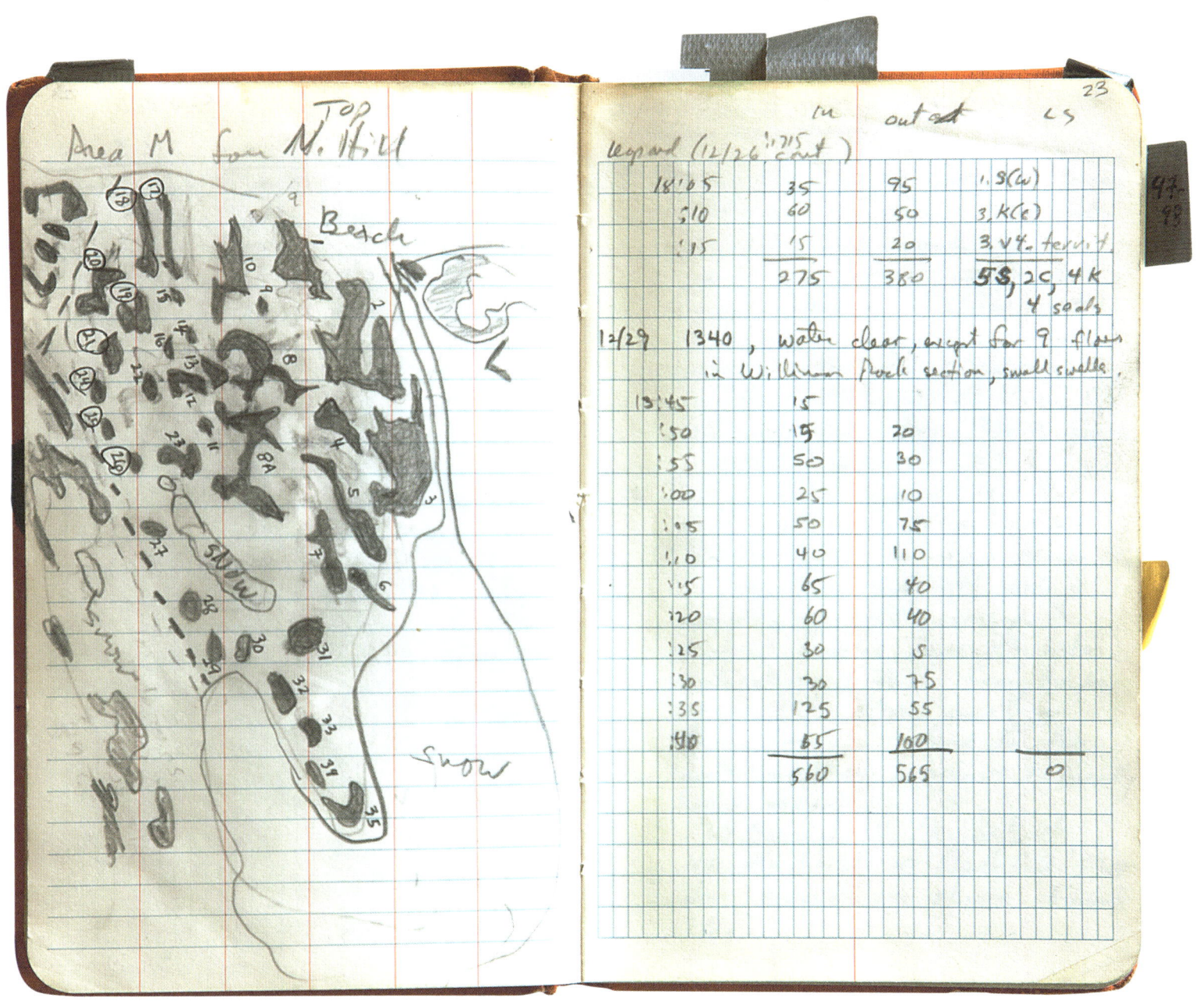

에이리는 관찰과 기록 작업을 부지런히 수행하면서 펭귄 군집을 관리하기 쉽게 몇몇 구역으로 나누었다. 이것은 대부분 혹독한 환경에서 힘겹게 축적한 데이터. 여름철은 짧고, 해는 금방 저문다. 그는 재빨리, 하지만 신중하게 작업해야 한다.

로버트 팰컨 스콧

Robert Falcon Scott, 1868-1912

우리는 끝까지 버틸 것이지만 물론 갈수록 쇠약해지고 있고, 끝은 그리 멀지 않으리라. 안타깝다. 하지만 더 이상 글을 쓸 수 없을 것 같다.

어쩌면 로버트 팰컨 스콧은 그가 한 탐험 때문이 아니라 상상도 할 수 없는 상황에서 글을 쓰는 능력 덕분에 길이 기억될 만하다고 말할 수 있지 않을까? 근래에는 무능하고 심지어는 무모했다는 악평에 시달리고 있지만, 그러한 비판들은 남극대륙에서 적잖은 업적을 쌓은 사람에게 부당한 처사다. 스콧이 잘못을 저지른 것은(그를 뒤따른 다른 사람들과 마찬가지로) 사실이지만, 그의 용기까지 부인하기는 어렵다. 몇몇 작은 일들이 그에게 유리하기만 했으면 비극이 승리로 바뀌었을 수도 있다는 점을 이해한다면 더욱이 그렇다. 결국에는 유독 극심했던 폭풍이 스콧과 동료들의 생존 기회를 앗아갔다. 눈보라가 텐트를 때리는 동안 그는 손가락이 얼어서 더는 연필을 쥘 수 없을 때까지 글을 썼다. 주변에서는 동료들이 하나둘 죽어갔다. 결국에는 혼자만 남았다. 어쩌다 그렇게 되었을까?

스콧은 열세 살 때 해군 훈련선 브리타니아호에 입대했다. 1901년, 이 특별할 것 없는 무명의 어뢰 장교는 50년 넘게 이어질 영국 최초의 남극 원정을 이끄는 자리에 선발되면서 일약 유명인사가 되었다. 함께 여행한 많은 이들과 달리 스콧은 극지방에 강박적으로 사로잡혀 있지 않았고, 떠나기 몇 달 전부터야 극지방 관련 서적을 읽기 시작했다고 시인했다. 남극점에는 도달하지 못했지만 1901-04년의 디스커버리 원정에서는 여전히 많은 부분이 미지로 남았던 대륙을 이해하는 데 귀중한 공헌을 하고, 고위도 지방에서 두 번의 겨울을 나면서 대성공을 거두었다. 귀국하자마자 함장으로 진급한 스콧은 후일 운명적인 제2차 원정을 이끌었고, 테라노바호를 타고 남쪽으로 향하여 1911년 1월 22일, 다시금 남극대륙 연안의 로스섬에 다다랐다.

1912년 1월 16일, 77일 동안 광막한 백색의 황무지를 1,290km 넘게 이동한 끝에 스콧과 동료들(에드워드 윌슨, 헨리 바워스, 에드거 에번스, 로런스 오츠)은 처참한 광경과 맞닥뜨렸다. 바로 검은 깃발이었다. 그 주변은 썰매가 지나간 흔적과 개 발자국 천지였다. 스콧은 그날 밤 '그것으로 모든 사정을 알 수 있었다'고 썼다. '노르웨이인들이 우리보다 한발 앞서 남극점에 도달했다. 끔찍이도 실망스러운 일이며 나의 성실한 동료들이 정말 안됐다. … 내일이면 극점까지 행군한 다음 전속력으로 귀환해야 한다. 꿈은 버려야 한다. 고된 귀환길이 될 것이다.'

그들은 귀환하지 못할 운명이었다. 보급품은 점차 줄어들었고 날씨는 나빠졌다. 시간이 점점 줄어들고 있었다. 에번스는 행군 도중 쓰러졌고 오츠는 동료들을 위해 목숨을 버렸다. 밖에서는 성난 눈보라가 맹렬히 몰아치고 있는 가운데 윌슨과 바워스는 텐트 안에 꼼짝없이 갇혔다. 세 사람은 나중에라도 발견되기를 바라며 남은 힘을 모아 가족들에게 마지막으로 편지를 남겼다. 스콧은 최후까지 일기를 써 내려갔다. 그의 마지막 일기는 그가 죽은 날짜로 짐작되는 3월 29일로 시작해 '부디 우리 가족들을 보살펴주길'이란 문장으로 끝난다.

여덟 달 뒤인 1922년 11월, 수색대가 텐트를 찾아냈고 죽은 대원들의 최후의 소망이 실현되었다. 그들의 편지와 일기는 절박하게 소식을 기다리고 있던 고국의 가족들에게 건네졌다. 스콧의 글은 남극의 얼음 너머로 반향을 낳았고, 대중은 안타까운 죽음에 깊이 슬퍼했다. 그들의 실패는 고귀한 희생으로 탈바

꿈했다. 어쩌면 그 가운데에서도 스콧이 아내에게 쓴 마지막 편지가 가장 가슴 찢어지는 편지일 것이다. 편지에는 모든 희망이 사라졌을 때 의연하게 죽음에 맞서려는 사람이 있었다. 그는 편지 첫머리에 '나의 미망인에게'라고 적었다.

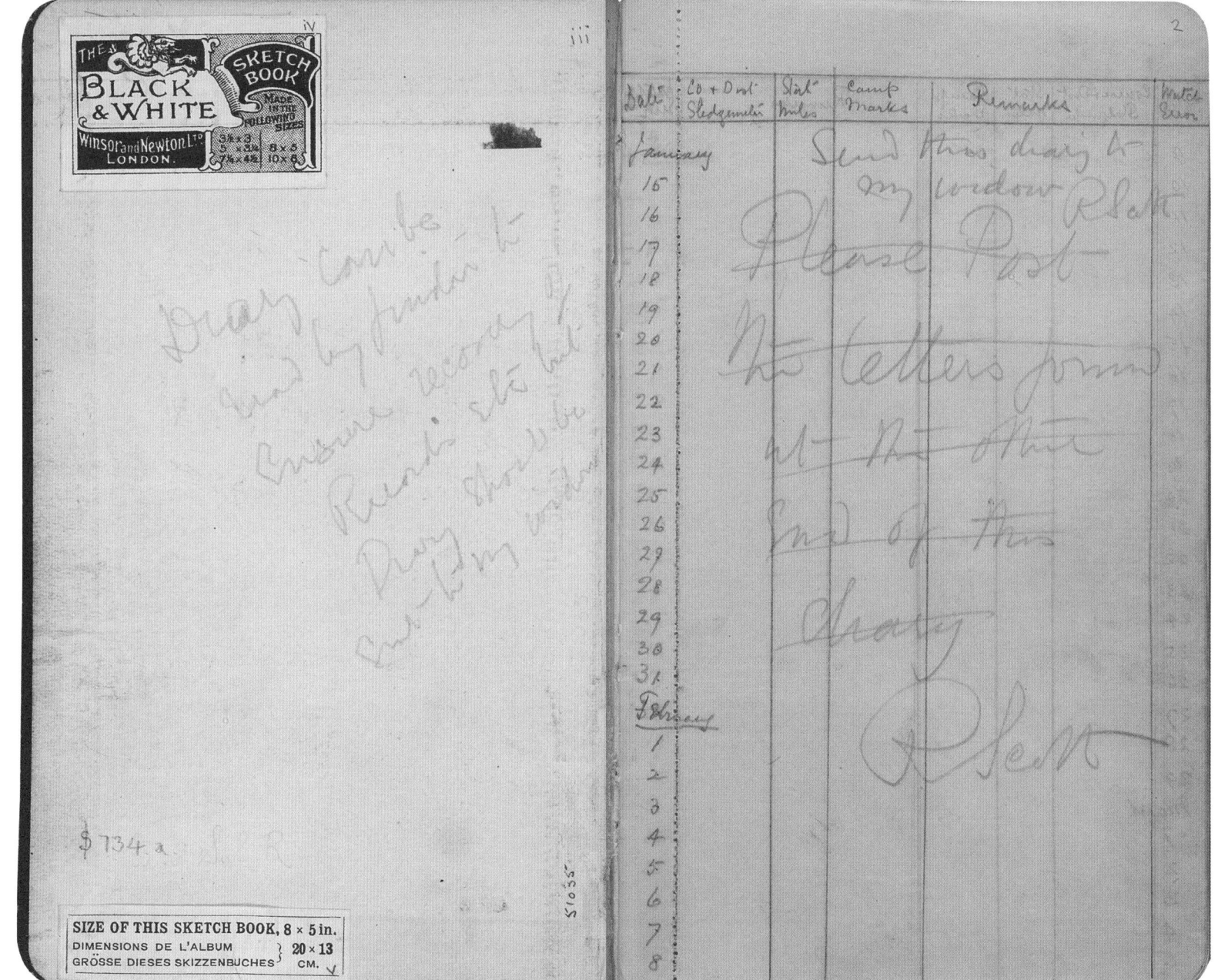

↖ 아마도 가장 유명한 일기일 듯한 스콧 함장의 마지막 일기장. 1912년 그의 시신과 함께 발견되었다. 성스러운 유물과도 같은 이 일기장 안쪽의 비스러지기 쉬운 내지에 비극이 담겨 있다.

↗ 스콧은 배와 오두막에서 커다란 4절짜리 책에 매일 일기를 썼다. 썰매로 이동하는 동안에는 더 작은 20.3×12.7cm, 96쪽짜리 스케치북에 연필로 일기를 적었는데 오른쪽 면을 전부 쓴 다음 때로는 뒷면인 왼쪽 면까지 채웠다. '남방 여행'의 썰매 일기가 담긴 초록색 캔버스 천 지갑은 눈 속 텐트에 파묻혀 있던 스콧과 동료들을 발견한 수색대에 의해 침낭 아래서 발견되었다.

36

We are certainly descending in altitude — certainly also the Norwegians found an easy way up.

Wednesday Jan 17th Camp 69 T. -22 at start Night -21

The POLE

Yes, but under very different circumstances from those expected. We have had a horrible day — add to our disappointment a head wind 4 to 5, with a temperature -22, and companions labouring on with cold feet and hands.
We started at 7.30, none of us having slept much after the shock of our discovery. We followed the Norwegian sledge tracks for some way; as far as we make out there are only two men. In about 3 miles we passed two small cairns. Then the weather overcast, and the tracks being increasingly drifted up and obviously going too far to the West, we decided to make straight for the Pole according to our calculations.
At 12.30 Evans had such cold hands we camped for lunch — an excellent 'week-end one.' We had marched 7.4 miles. Lat. sight gave 89° 53' 37". We started out and did 6½ miles due south. To-night little Bowers is laying himself out to get sights in terrible difficult circumstances;

37

the wind is blowing hard, T. -21, and there is that curious damp, cold feeling in the air which chills one to the bone in no time. We have been descending again, I think, but there looks to be a rise ahead; otherwise there is very little that is different from the awful monotony of past days. Great God! this is an awful place and terrible enough for us to have laboured to it without the reward of priority. Well, it is something to have got here, and the wind may be our friend tomorrow. We have had a fat Polar hoosh in spite of our chagrin, and feel comfortable inside — added a small stick of chocolate and the queer taste of a cigarette brought by Wilson. Now for the run home and a desperate struggle to get the news through first. I wonder if we can do it.

Thursday Morning Jan 18th — Decided after summing up all observations that we were 3.5 miles away from the Pole — one mile beyond it and 3 to the right — more or less in this direction Bowers saw a cairn or tent. We have just arrived at this tent, 2 miles from our camp, therefore about 1½ miles from the Pole. In the tent we find a record of 5 Norwegians having been here

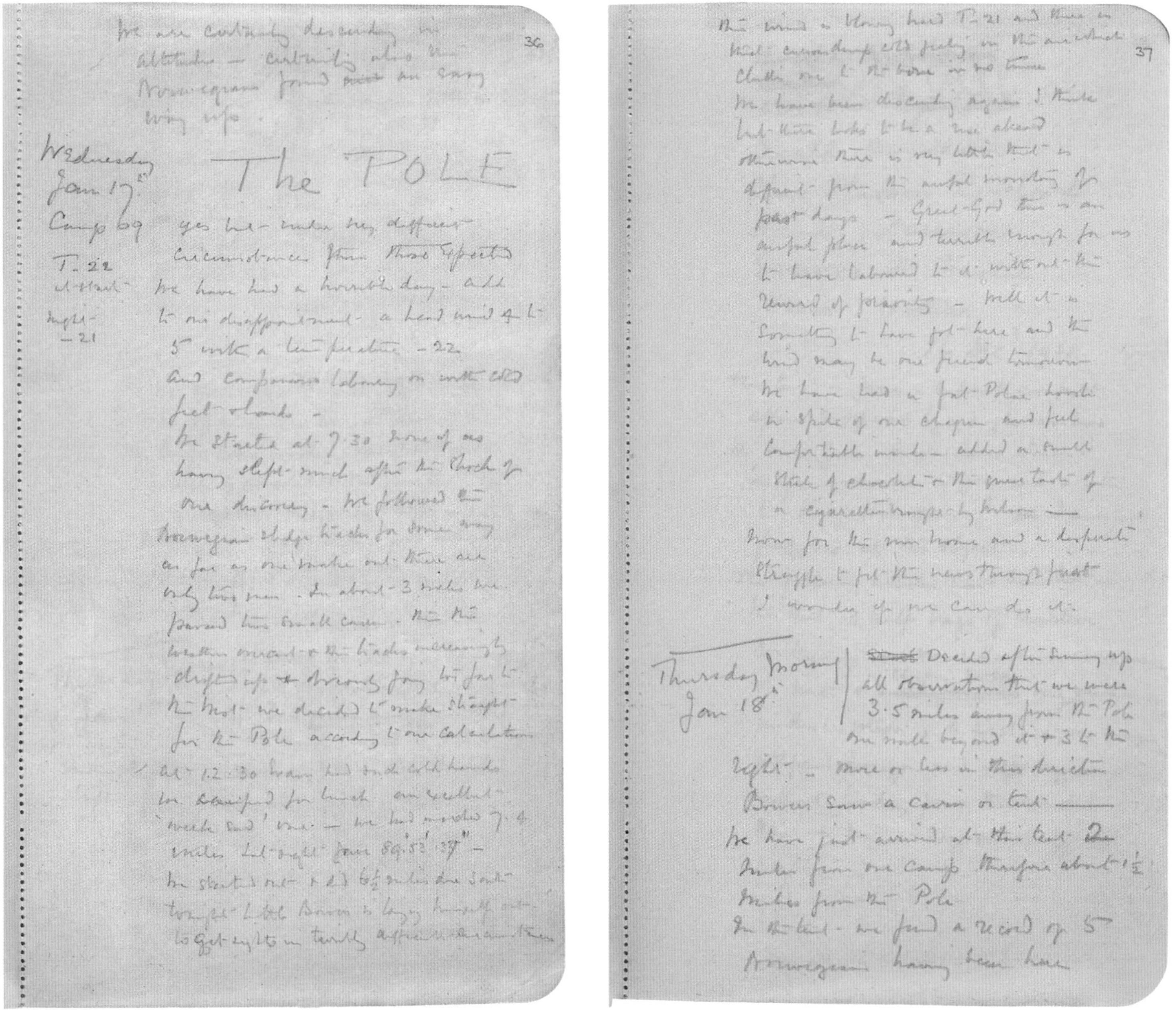

↖ 1912년 1월 17일과 18일의 일기. 17일 자 일기는 '남극점. 하지만 기대한 바와는 매우 다른 상황에서 도착. 너무 피로운 하루였다—우리의 실망감은 말할 것도 없고, 풍력 4내지 5급의 맞바람에, 기온은 영하 22도. 동료들은 꽁꽁 언 손발로 힘겹게 움직였다. 그 끔찍한 발견으로 충격을 받은 뒤 모두가 잠 못 이뤘으므로 우리는 7시 30분에 출발했다. … 세상에! 이곳은 가장 먼저라는 보답 없이 애써 찾아오기엔 끔찍하고 무시무시한 곳이다. … 이제는 서둘러 돌아가야 한다. 먼저 소식을 전하기 위한 필사적인 몸부림. 우리가 해낼 수 있을지 모르겠다.'

↗ 1912년 3월 29일 스콧의 마지막 일기. '매일같이 우리는 11마일 떨어진 보급 창고로 출발할 준비가 되어 있지만 텐트 바깥의 광경은 휘몰아치는 눈보라다. 당분간 더 나은 상황을 기대하기 어려울 것 같다. 우리는 끝까지 버틸 것이지만 물론 갈수록 쇠약해지고 있고, 끝은 그리 멀지 않으리라. 안타깝다. 하지만 더 이상 글을 쓸 수 없을 것 같다. R. 스콧.' 그다음 스콧은 마지막으로 덧붙였다. '마지막 일기. 부디 우리 가족들을 보살펴 주길.'

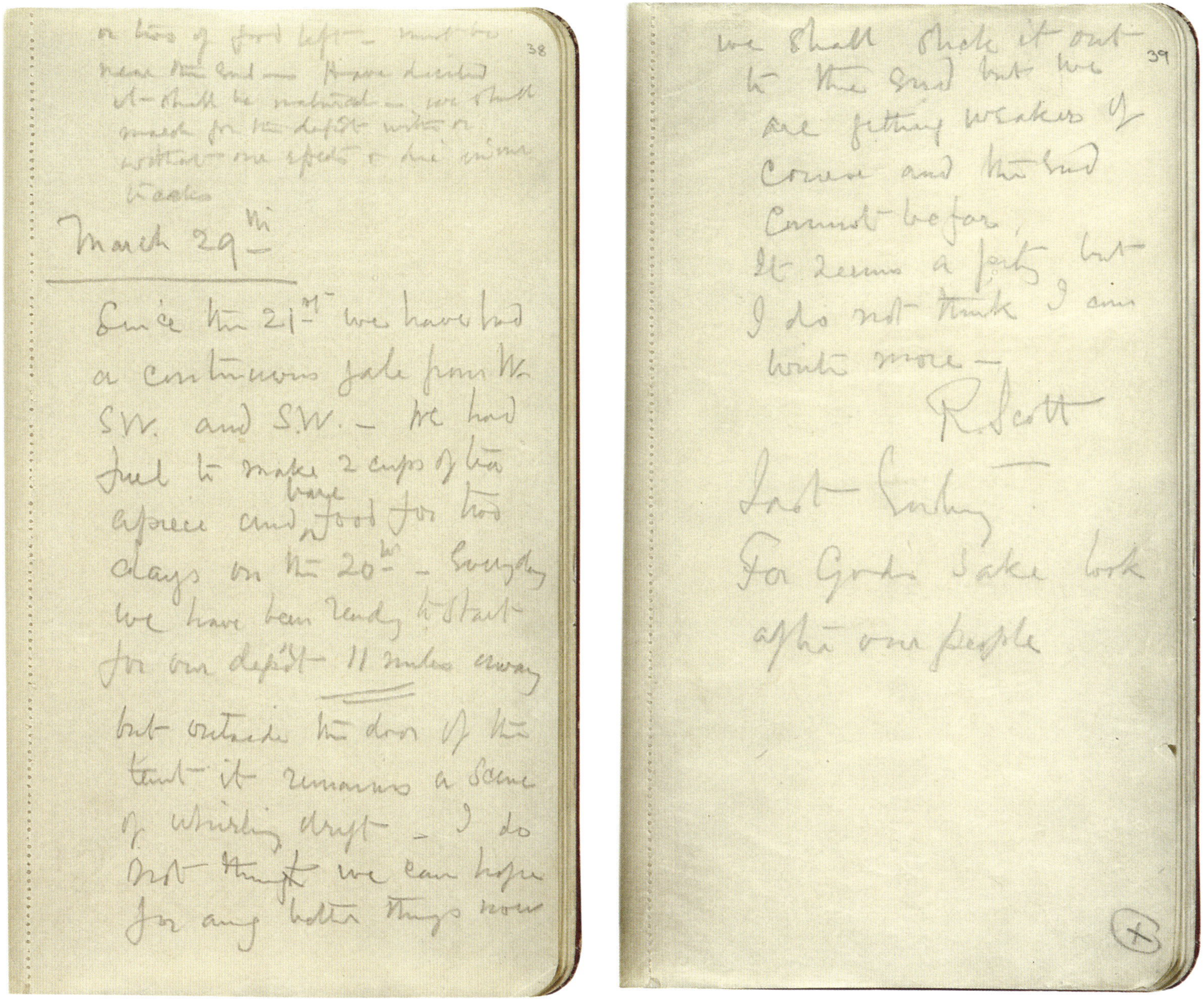

or tins of food left — must be near the end. Have decided it shall be natural — we shall march for the depôt with or without our effects & die in our tracks

March 29th

Since the 21st we have had a continuous gale from W.S.W. and S.W. — We had fuel to make 2 cups of tea apiece and bare food for two days on the 20th. Every day we have been ready to start for our depôt 11 miles away but outside the door of the tent it remains a scene of whirling drift. I do not think we can hope for any better things now

We shall stick it out to the end but we are getting weaker of course and the end cannot be far.

It seems a pity but I do not think I can write more —

R. Scott

Last Entry
For God's sake look after our people

어니스트 섀클턴

Ernest Shackleton, 1874-1922

황무지에 몰아치는 폭풍에 맞서지 않는 한
나는 아무한테도 쓸모가 없는 듯한 느낌이 든다.

어니스트 섀클턴이 남극대륙으로 향할 무렵인 1908년 1월, 그가 뉴질랜드 사람들의 열정을 어찌나 자극했는지 무려 5만 명의 군중이 리틀턴가로 나와 남극으로 향하는 탐험가들의 마지막 모습을 지켜보며 행운을 빌었다. 승선한 과학자 중 한 명인 레이먼드 프리스틀리에 따르면, 섀클턴의 모험을 향한 대중의 열광이 워낙 대단했던 탓에 탐험대를 배웅하는 선단 옆으로 선박 님로드호가 지나갈 때 환호성을 보내려는 승객들이 한쪽 갑판으로 몰려들자 선체가 옆으로 기울어 여러 선박이 위험할 정도였다고 한다.

일 년 뒤에 섀클턴은 프랭크 와일드, 에릭 마셜, 제임슨 보이드 애덤스와 함께 그 누구보다 지구 끝에 가까이 있었다. 1월 9일에 섀클턴은 이렇게 썼다. '우리는 마지막 힘을 짜냈지만 결과는 남위 88도 23분, 동경 162도이다.' 기운이 바닥나 춥고 굶주린 대원들이 깃발을 펼쳐 남극 고원에 꽂았다. 그들은 남극점까지 반경 156km 범위 안에 있었지만, 님로드호까지의 고된 귀환 여정에서 무사히 생환할 수 있을지 불확실한 상황에서 더 나갈 수는 없는 일이었다. 섀클턴은 살아서 다음을 기약하자는 현명한 결정을 내렸다. 그는 나중에 말했다. '죽은 사자보다는 산 당나귀가 낫다.'

섀클턴과 동료들은 정말 아슬아슬하게 생환했다. 비록 주목표는 아쉽게 달성하지 못했지만 탐험대는 당시 최남위에 도달하는 신기록을 세우고, 자남극점의 위치를 찾아냈으며, 에러버스산을 최초로 등정했다. 님로드 탐험대는 마치 남극점 자체를 정복하기라도 한 듯 열렬한 환영을 받으며 귀환했다. 이 활약상으로 기사 작위를 받은 섀클턴은 순회강연을 다니며 다해서 2만 명의 청중을 끌어 모았다.

'대장' 섀클턴은 훗날 미래에 대한 이상이 넘치는 위대한 리더로 여겨졌지만, 한편으로는 실패자이자 재정상으로 문제가 많은 인물이기도 했다. 노다지를 찾아냈다고 확신한 섀클턴은 강연료를 좋은 취지의 운동에 쾌척하고 연달아 투자에 실패했다. 1913년에 이르자 그는 파산 상태였고, 다시 모험에 나서고 싶어 몸이 근질근질했다. 남극점과 북극점은 이미 정복되었고, 스콧 함장은 나라의 비극적인 영웅이 되었다. 섀클턴에게 새롭고 더 대담한 목표가 필요하다는 것이 분명해졌다. 바로 남극대륙의 최초 횡단이었다.

1914년 8월, 섀클턴의 인듀어런스호는 남쪽으로 향했지만 금방 얼음 속에 갇히고 말았다. 인듀어런스호가 얼음에 짓눌려 침몰하면서 탐험대원들은 다섯 달 동안 유빙에서 표류하다가 세 척의 구명보트에 나눠 타고 황량한 엘레판타섬에 가까스로 도착할 수 있었다. 뭍에 닿기가 무섭게 섀클턴은 다섯 동료와 함께 다시금 갑판 없는 보트를 타고 망망대해로 나가 사우스조지아섬까지 1,290km에 달하는 여정에 올랐다.

그들이 15일간 폭풍에 시달리며 위험천만하게 남빙양을 건너 사우스조지아섬에 도달한 뒤, 내륙의 험준한 산악지대를 가로질러 트롬니스의 포경 기지까지 도달한 것은 극지 역사에서

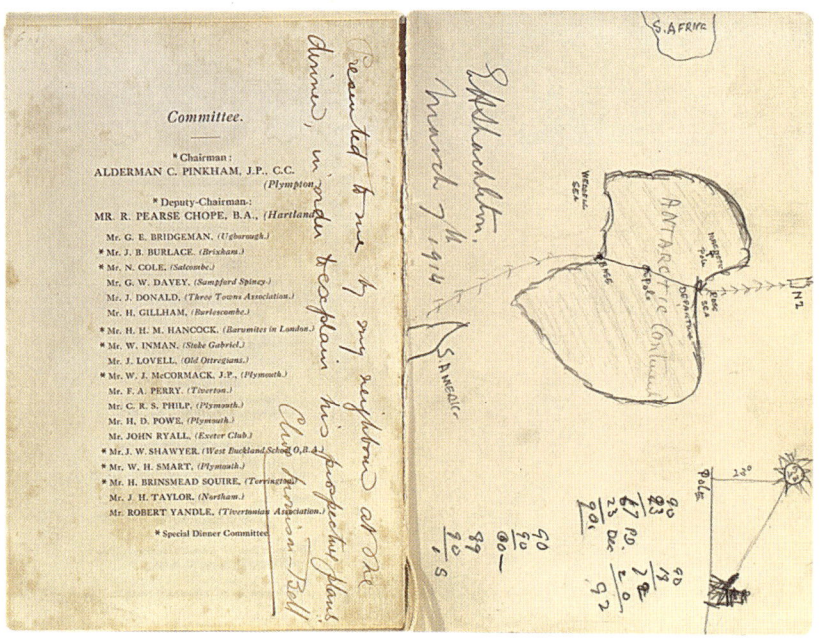

굉장히 놀라운 위업이다.

섀클턴은 1921년 9월 18일에 마지막으로 잉글랜드 해안을 떠났다. 1922년 1월 4일 섀클턴은 깊은 생각에 잠겨 있었다. 퀘스트호는 사우스조지아섬의 정박지 그리트비켄에 닻을 내렸고, 섀클턴은 절친한 와일드, 프랭크 워슬리와 함께 인듀어런스 원정의 마지막 순간을 되새겼다. 그날 밤 그는 치명적인 심장마비를 겪었다. 죽기 몇 시간 전에 그는 일기장에 마지막으로 글을 썼다. '점차 어둠이 깔릴 때 만 위에 보석처럼 외롭게 반짝이는 별을 봤다.' 잠시도 가만히 있을 줄 몰랐던 카리스마 넘치는 아일랜드인 섀클턴은 마침내 안식을 찾았다.

오후 5시쯤 마침내 끝이 왔다.
배는 끝장났다. 인간이 만든 어느 배도 그런 압력을
견딜 수는 없었을 것이다. 나는 승선인 전원에게
유빙으로 내려가라고 지시했다.

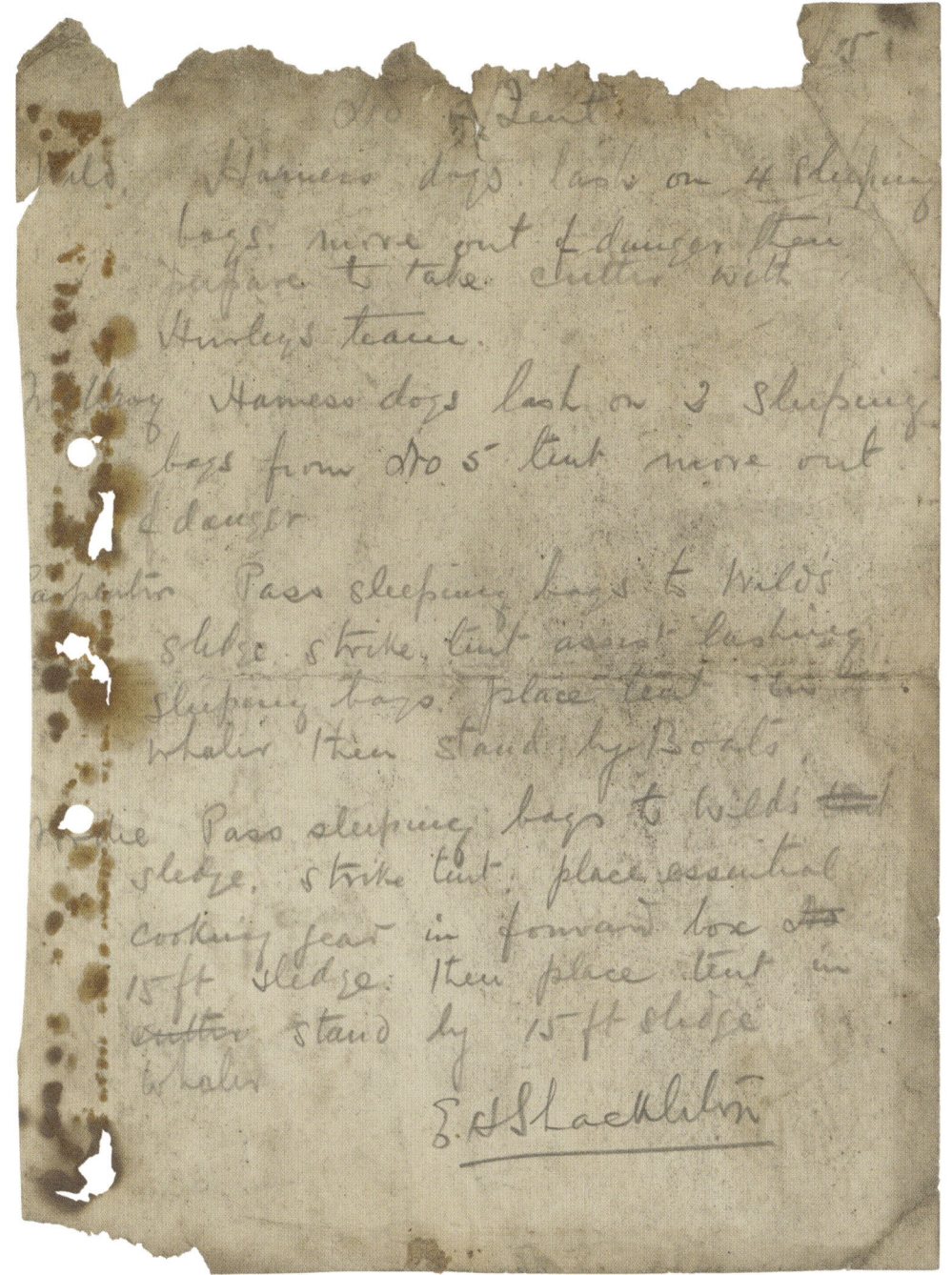

↖ 후세를 위해 고이 보존된 1914년 3월의 어느 만찬 메뉴판.
섀클턴이 옆자리에 앉은 사람에게 남극대륙을 횡단하는 야심찬
계획을 설명하기 위해 그린 간단한 스케치가 보인다. 사정이
고약해져서 이번에 섀클턴은 남극대륙에 아예 발도 디디지
못했다. 하지만 인듀어런스호의 항해는 극지 탐험의 역사에서
온갖 역경을 극복하고 생존해낸 위대한 이야기로 길이 남게
된다.

↗ 1915년 10월 27일. 섀클턴은 배를 버리라는 명령을 내렸다.
인듀어런스호가 얼음의 압력을 견디지 못하고 부서지면서
탐험대원들은 육지에서 멀리 떨어진 유빙에 갇혀 오도 가도
못하게 되었다. 섀클턴은 캠프를 차린 유빙이 갈라질 경우 각자
어떻게 해야 하는지 자세히 설명하고 그 지시 사항을 적은
사본을 텐트마다 붙여 놨다. 종이의 갈색 얼룩은 해양포유류의
지방을 태우는 난로 연기에 그을린 흔적이다.

제프 소머스

Geoff Somers, 1950-

모든 여행은 한 인간으로서 너를 변화시킨다. 집에 무사히 돌아오면 결국
가장 즐겁게 떠올리는 순간은 언제나 가장 힘든 탐험에서 가장 비참했던 순간이다.

뛰어난 여행가인 소머스는 태양이 작열하는 사막을 건너고 울창한 정글을 헤쳐 가며, 얼음에 뒤덮인 황무지를 가로지르는 원정을 이끌었다. 하지만 그는 뭐니 뭐니 해도 남극대륙 전체를 최장축으로 가로지르는 탐험으로 가장 유명하다. 허스키 개썰매팀을 이용해 7개월간 거의 6,200km를 이동하는 여정이었다. 이를 위해 개썰매팀은 그린란드 빙상을 남쪽에서 북쪽까지 종단하는 훈련을 거쳤다. 이 두 모험에서 소머스는 물류와 경로 탐색, 선두 개썰매를 모는 일을 모두 책임졌다. 하지만 더 나아가 극지 여행가로서 그의 성취는 경계나 국적을 초월했다. 1990년 남극 횡단은 세계의 시선을 이 얼어붙은 대륙에 집중시키기 위해 각기 다른 나라 출신 여섯 명을 한자리에 모았다는 점에서 전 인류를 아우르는 위업이었다.

소머스의 다섯 동료는 미국의 환경 옹호가이자 팀의 리더가 된 윌 스티거, 스키를 타고 남극점에 단독 도달했으며 거기서 믿기 힘든 우연으로 스티거를 만난 프랑스 의사 장루이 에티엔, 중국 빙하학자로서 눈과 얼음을 매일 측정한 친다허, 일본에서 온 개 조련사로서 네 발 동행들의 건강을 책임지는 결정적 임무를 맡았던 게이조 후나츠, 세계 오지에서 오존과 기상 데이터를 수집하는 데 평생을 바친 남극 베테랑 소련 과학자 빅토르 보야르스키였다. 남극대륙 최장 횡단은 과연 남극 탐험답게 힘든 여정이었다.

사람과 개 모두 무사히 전진하기 위해 거의 감당 불가능할 정도의 사투를 벌였다. "위험에 처한 적이 한두 번이 아니었죠"라고 소머스는 시인한다. "하지만 우리는 거기에 관해서는 정말로 신경 쓰지 않았습니다. 두 달간 발에 동상이 걸린 개 두 마리를 보살펴야 했거든요. 비행기가 와서 데려갈 수 있을 때까지 그 녀석들을 재킷으로 꽁꽁 싸맸습니다. 남극은 멍청이를 곱게 봐주지 않습니다. 여기서는 일이 매우, 매우 꼬일 수도 있어요. 최악의 강풍이 몰아쳤을 때 우리와 바깥세상 사이에는 두 겹의 캔버스 천밖에 없었습니다. 텐트가 날아가는 데는 2초도 안 걸리는데 그럼 꼼짝없이 죽게 됩니다."

걸어서, 또 연의 풍력을 받아 스키로, 소머스는 지금까지 북극과 남극에서 약 22,500km를 이동했다. 그는 여러 사람들을 이끌고 여섯 차례 북극점까지 갔고 남극점에도 십여 차례 다녀왔다. 여기에는 스콧 함장의 운명적 여정을 재연하기 위해 극지 탐험의 영웅적 시대에 최대한 근접한 복장과 장비를 착용하고 떠난 모험도 있다. 물론 스콧과 달리 소머스는 불상사에 대비하여 현대적 기술과 항공기, 무선 통신의 혜택을 받을 수 있었다.

소머스는 또한 세계 곳곳의 아웃워드바운드(야외에서의 도전적 모험을 통해 청소년에게 사회성·리더십을 가르치는 국제기구) 학교에서도 활동했다. 부이사장으로서 그는 말레이시아 사바에 아웃워드바운드 학교 설립을 도왔고, 외딴 정글을 관통하여 보르네오섬을 가로지르는 등 여러 열대우림을 탐험했다. 오스트레일리아에서는 야생에서 데려온 낙타 세 마리를 이끌고 퍼스에서 시작해 이 놀라운 대륙의 '붉은 심장부' 울루루까지 사막을 가로질러 갔다. 세계 각지의 오지에 있지 않을 때면 그는 잉글랜드 레이크지방의 자택에서 지내며, 방대한 일기장과 노트를 뒤적여가며 회상록을 쓰고 새로운 탐험을 기획한다.

↘ 모험과 탐험으로 점철된 일생에서 비롯한 눈더미처럼 쌓인 일기장과 노트들. 노트마다 다채롭고도 일상적인 세부사항이 가득하다. 여기에는 탐험의 실생활에 필요한 기상 상태와 필수 보급품 리스트도 포함된다.

존 헤닝 스피크

John Hanning Speke, 1827-1864

내가 혹여 다시 여행을 한다면 원주민 말고는 아무도 믿지 않을 것이다.
아프리카의 기후는 외지인들이 견디기엔 너무 힘들기 때문이다.

1855년 4월 19일 새벽, 야영지의 고요가 비명과 총소리, 전투 함성으로 산산조각 났다. 텐트에서 뛰쳐나온 스피크는 야영지를 습격한 소말리인들 가운데 두 명을 재빨리 해치웠지만 이내 가슴에 커다란 곤봉을 얻어맞고 쓰러졌다. 새벽이 되자 야영지는 약탈을 당해 버려졌다. 탐험대원 가운데 한 명은 죽고 스피크는 포로로 잡혀서 소말리인들에게 조롱거리가 되었다가 잔인하게 창에 찔렸다가 하며 수난을 당했다.

허벅지 두 군데를 관통하는 상처를 비롯해 여러 군데 깊은 자상을 입었지만, 놀랍게도 스피크는 무장한 40명 사이에서 몸싸움을 벌이며 도망쳐 나오는 데 성공했다. '스피크 중위의 탈출은 어느 모로 보나 대단했다'고 수수께끼 같은 탐험대장 리처드 버턴은 썼다. 하지만 후일 두 사람은 철천지원수가 된다.

스피크는 벵골 보병대에서 장교로 10년간 복무한 뒤 아프리카에 있는 버턴에게 합류했다. 그는 모험심과 호기심이 넘치기도 했지만 사냥도 좋아했기에 아프리카 탐험에 이끌렸다. 하지만 토착 풍습에 대한 경험이 일천했던 그는 아프리카 여행의 현실을 금방 깨달았다. 이렇다 할 발견은 거의 못한 채 그로서는 이해할 수 없던 씨족 간 분쟁에 휘말렸다. 하르 오웰 부족에게 캠프가 습격당하자 탐험에 대한 희망이 사라졌다. 스피크는 1855년 6월 의병제대하여 잉글랜드로 귀환했다. 그와 버턴이 아프리카 내륙을 더 탐험하고 오랫동안 찾았던 나일강의 수원을 알아낼 목표를 띠고 재결합하기까지는 2년이 걸리게 된다.

탐험 여덟 달째에 접어들어 버턴은 말라리아로 씨름하고 있었다. 버턴이 몸을 가눌 수 없게 되자 스피크는 자체 탐험대를 이끌기로 했고, 마침내 발견한 어느 호수 남단에 빅토리아호라고 이름 붙였다. 현지 갈등 때문에 주변을 철저하게 탐험할 수는 없었지만 스피크는 나일강의 수원을 발견했다고 확신했다.

1858년 5월 스피크는 왕립지리학회의 지지를 받아 자신의 발견을 공개했지만 버턴에게는 청천벽력 같은 발표였다. 2년 뒤 스피크는 자신의 주장을 입증하고자 제임스 그랜트와 함께 아프리카로 돌아왔다. 그가 맞닥뜨린 지리적 장애는, 그가 거쳐 가야 하는 영역의 주인인 라이벌 부족들 간의 지난한 협상 과정에 비하면 아무것도 아니었다. 스피크는 힘센 족장 무테사, 루마니카와 여러 달을 함께 지내며 신뢰를 쌓고 그 지역에 관한 지식을 얻어 일기와 스케치북에 상세히 기록했다. 마침내 탐험을 계속해도 좋다는 허락이 떨어졌다. 1862년 7월 28일, 스피크는 나일강이 빅토리아호에서 발원하는 지점을 정확히 지목하고 그 지점을 리펀 폭포라고 이름 붙였다.

스피크는 런던으로 돌아왔고, 그를 치하하기 위해 왕립지리학회가 특별히 마련한 자리에서 떠들썩하게 환대받았다. 하지만 찬사는 오래가지 못했다. 버턴이 스피크를 '망상에 사로잡힌 별 볼일 없는 인물'이라 부르며 그의 측량 결과에 반론을 제기했다. 또 그의 발견이 그랜트에 의해 검증되지 않았음을 역설했는데, 그랜트가 몸이 아파서 여정의 막판은 동행하지 못했던 것이다. 1864년 9월 15일, 버턴과 스피크 사이에 예정된 토론회가 열리기 전날 스피크가 시신으로 발견되었다. 사냥 중에 오발로 총상을 입어 사망했지만 혹자들은 자살이었다고 보기도 한다. 지리학자와 측량가로서 스피크에게는 결점이 많지만 그가 나일강 수원을 발견했다는 사실은 이후 헨리 모턴 스탠리와 여타 사람들의 탐험을 통해 입증되었다.

↗ 탐험가이면서 대형동물 사냥꾼이었던 스피크는 자신이 '과학이나 식사를 위해서 언제나 뭔가를 쏘고 싶어 한다'고 적었는데 아마도 그래서 흰코뿔소와 아프리카코뿔소에 흥미를 느꼈던 것 같다. 하지만 스피크는 현지 생활과 풍경도 그렸다.

음뷔가, 블루마운틴의 전망

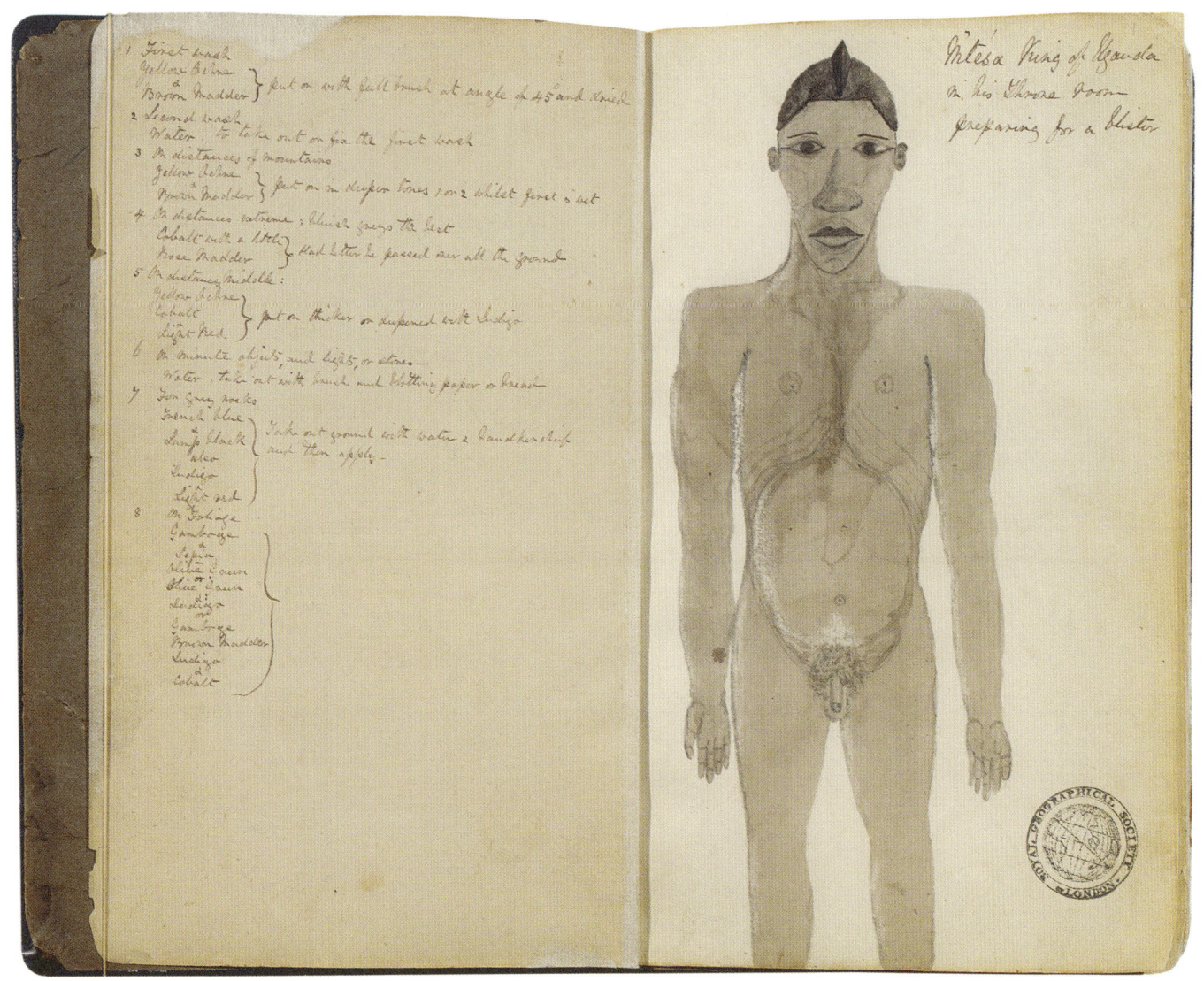

내 첫 번째 임무는 그 지역의 지도를 그리는 것이었다. … 스케치를 하고 일기 쓰는 것을 뺀 나머지는 가장 귀찮은 일인데, 지질학과 농불학 표본을 수집하는 일이다.

스피크의 일기와 스케치북은 오늘날의 우간다인 부간다 왕국과 그곳 주민을 직접 보고 기록한 최초의 기록이다. 그는 자신이 만난 씨족 통치자들을 진정한 아프리카 귀족계급으로 여기며 대단히 흥미를 느꼈다.

↖ 스피크가 지나가야 했던 가장 강력한 부뇨로 왕국의 지배자, 무테사

↗ 스피크는 일기에 그의 보금자리와 더불어 우간다 어디서나 볼 수 있는 소를 그렸다.

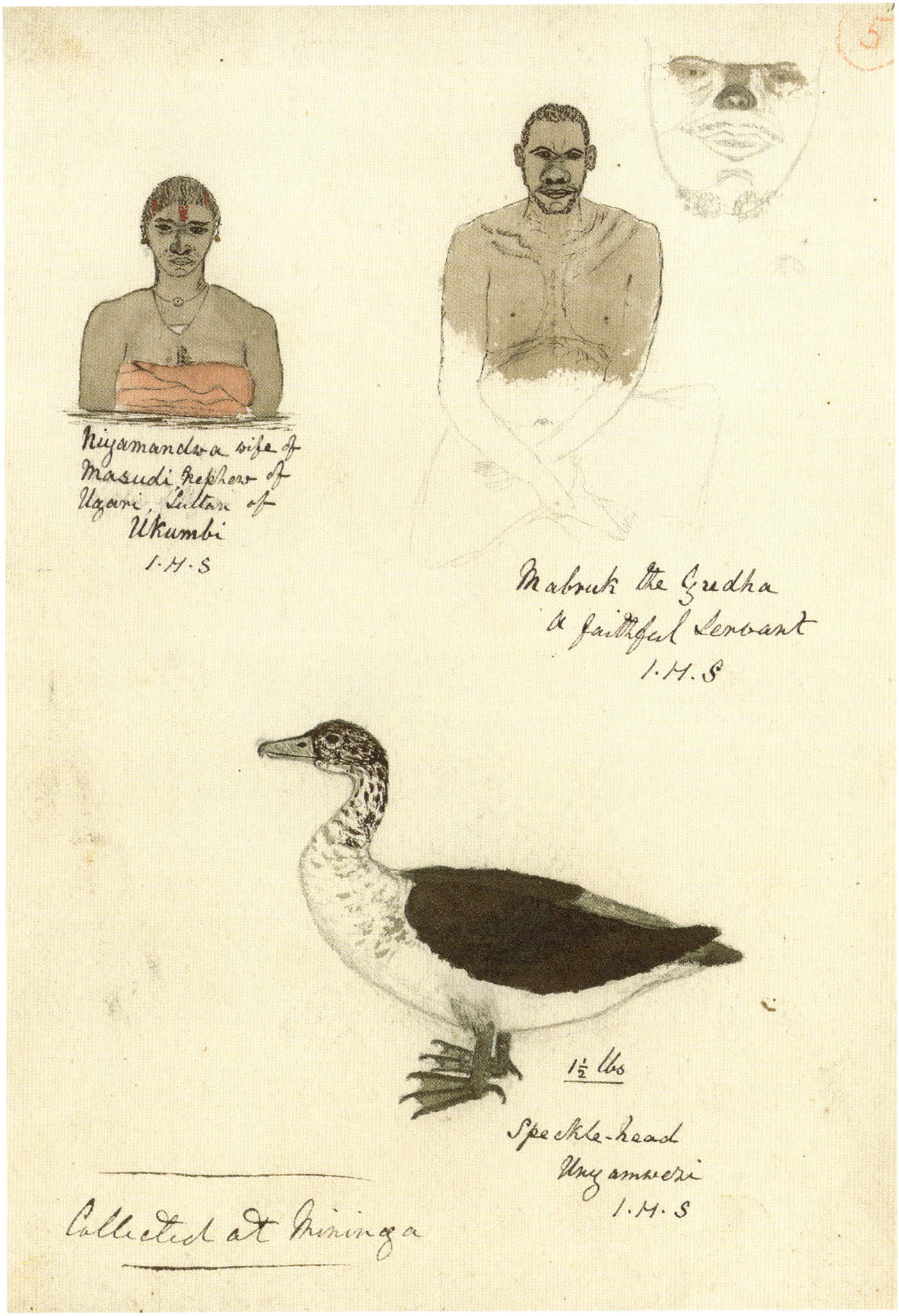

Nyamandwa wife of
Masudi nephew of
Ugari, Sultan of
Ukumbi
I.H.S

Mabruk the Gudha
a faithful Servant
I.H.S

1½ lbs
Speckle-head
Unyamwezi
I.H.S

Collected at Mininga

M'tesa's Palace
1862
I.H.S

Uganda Cow

257

프레야 스타크

Freya Stark, 1893-1993

> 내가 가본 적이 없다는 점, 그리고 지식이 무지보다 낫다는 점 말고
> 그곳에 가야 할 이유는 없다.

'그러고는 멋진 일이 일어났다!' 프레야 스타크는 사막에 처음으로 들어서면서 적었다. 낙타들이 하나씩 모습을 드러내다가 마침내 그녀는 대략 500마리의 키 큰 가축 떼와 몰이꾼들에게 둘러싸이게 되었다. '나는 일종의 황홀경에 빠져 그 짐승들 사이에 서 있었다. 낙타 떼는 움직인다기보다는 흘러가는 것처럼 보였고, 말로 표현할 수 없을 만큼 어떤 신선하고 평화롭고 자유로운 분위기가 느껴지면서 … 사막에 대한 첫 인상이 그렇게 충격적인 아름다움으로 다가와 곧장 나를 사로잡으리라고는 상상도 못했다.' 후일 스타크는 대단히 존경 받는 아랍 전문가이자 널리 인정받는 여행 작가가 된다.

자유분방한 영국인 부모 아래 파리에서 태어난 스타크는 어린 시절 대부분을 북부 이탈리아에서 보냈다. 병약한 아이에게 『천일야화』는 탈출구가 되었다. 1차 세계대전이 발발하자 스타크는 이탈리아 전선에서 자원봉사 간호사로 일하다가 호구지책으로 미술품 밀매업자가 되었다. 하지만 동방이 그녀를 부르고 있었다. 1927년 사막 여행을 처음 맛보기 위해 오늘날 레바논의 수도인 베이루트에 도착했을 무렵 그녀는 이미 아랍어로 대화할 수 있었고 페르시아어도 배우는 중이었다.

스타크에겐 그녀의 선배인 '사막의 여왕' 거트루드 벨의 재산이나 귀족적인 몸가짐이 없었지만 그 못지않게 용감했다. 계엄령이 내려진 이란 루리스탄으로 잠입하여 드루즈 반란 지도자들과 만나기도 하고, 첩자라는 의심을 사 프랑스 당국에 체포되었다가 그들을 구슬려 풀려난 다음 서구 여행자들은 간 적 없는 레바논과 시리아 오지로 들어갔다. 찰라 고개를 건너 알라무트강을 따라 이란을 통과하는 길에 그 지역 지도들의 오류를 수정했다. 그 와중에 하렘의 어느 아이한테서 옮은 홍역과 이질, 뎅기열, 말라리아를 이겨냈다. 라미아사르의 황야에서는 구두가 너무 미끄러워 스타킹만 신은 채 급경사면을 넘어가 전설적인 아사신 밀교 집단의 요새를 발견했다. 정확한 지도와 여행기로 스타크는 왕립지리학회와 왕립아시아학회에서 메달을 받았다.

여행하는 내내 스타크는 일기보다 편지를 썼다. 나무나 유적지 그늘 아래서 쓴 이 편지들에 인상적인 경험을 묘사하여 어머니와 출판인에게 보냈다. 이는 후일 스물대여섯 권의 책으로 발전했는데, 이제는 그 다수가 기행문학의 고전으로 꼽힌다. 괴짜에다 직설적이고 당당한 그녀는 유쾌하고 모험심 넘치는 성격만큼이나 대담한 차림새로 이목을 끌었다. 아랍식 복장과 고급 여성복을 섞어 입었으며 어린 시절의 사고로 남은 흉터를 가리고자 큰 모자를 써서 어디서나 시선을 끌었다. 벨처럼 스타크도 영국 정보부에서 2차 세계대전 동안 열심히 선전 활동에 참여했다.

전후에는 중앙아시아와 아프가니스탄, 중국, 히말라야를 찾았다. 60대에는 터키 남부를 통과해 알렉산드로스 대왕이 갔던 길을 되짚어 갔다. 80대에는 뗏목을 타고 유프라테스강을 내려갔다. 스타크는 92세까지 여행을 멈추지 않았다. 1972년에는 대영제국 훈작사로 서훈되었다. 그녀는 100살 때 이탈리아 북동부 자택에서 세상을 떠났다. 이탈리아 신문들은 부고에서 그녀를 라 레지나 노마데, 즉 '방랑의 여왕'이라고 불렀고, 영국에서는 작가 로렌스 더럴이 그녀를 가리켜 '여행의 시인 … 가히 우리 시대 가장 놀라운 여성'이라고 일컬었다. 스타크는 자신을 더 겸손한 언어로 표현했다. "내 자신을 이 세상의 순례자이자 잠시 머물다 가는 사람이라고 생각하고 싶어요."

↗ 스타크는 일기나 노트 대신 편지를 쓰는 쪽이었다. 현장에서 작성된 이 상세한 묘사들은 어머니와 그녀의 출판인 존 머리 앞으로 보내져 나중에 인기 있는 여행기로 출간되었다. 이 생기 넘치는 기행문에서 그녀는 격동의 시대 중동에서 유목민과 카라반, 하렘의 낭만적인 세계를 포착했다. 열렬한 사진 작가였던 그녀는 여행 내내 방대한 사진 기록도 남겼다. 이 사진은 1930년 이란 알라무트에서 찍은 아사신의 바위다.

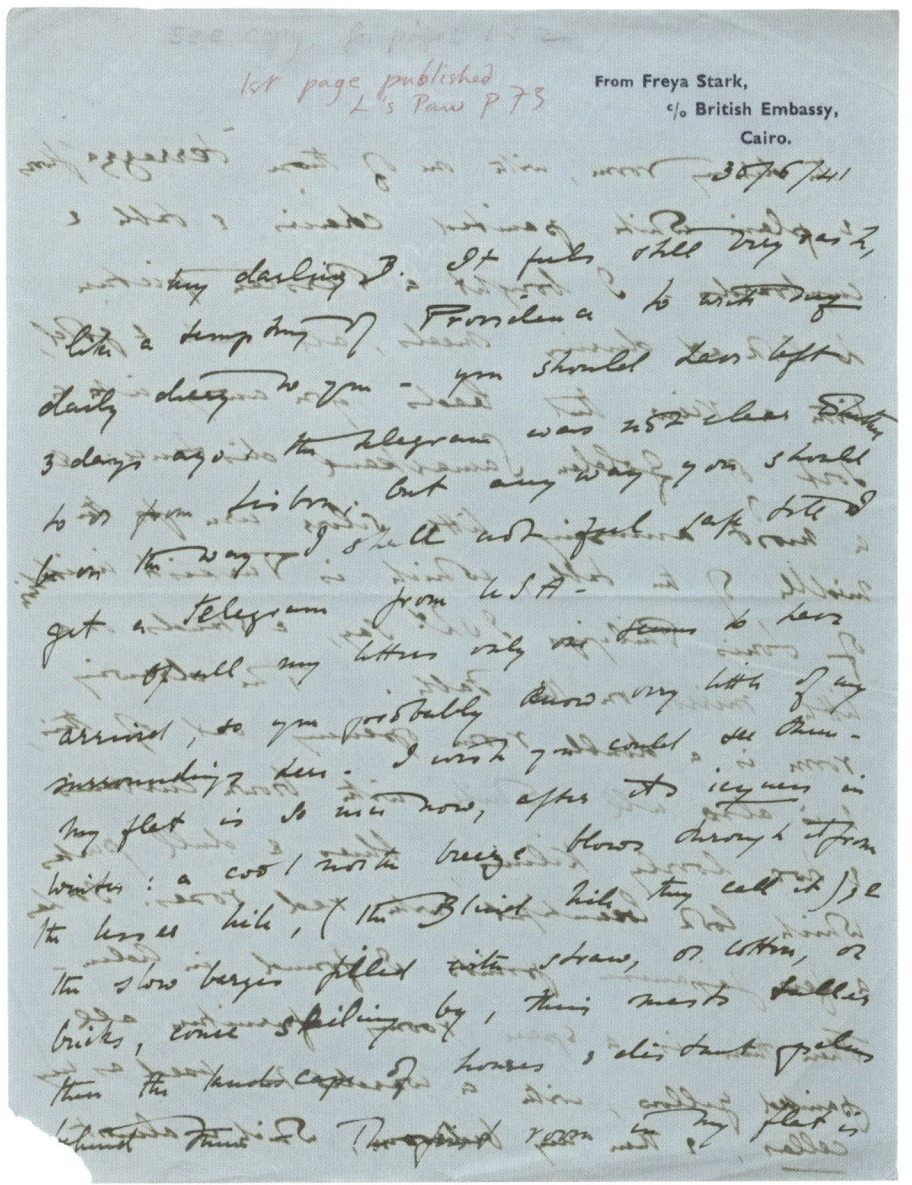

낯선 마을에서 홀로 깨어날 때의 기분은 특히나 좋다.
사방에서 모험이 기다리고 있다.

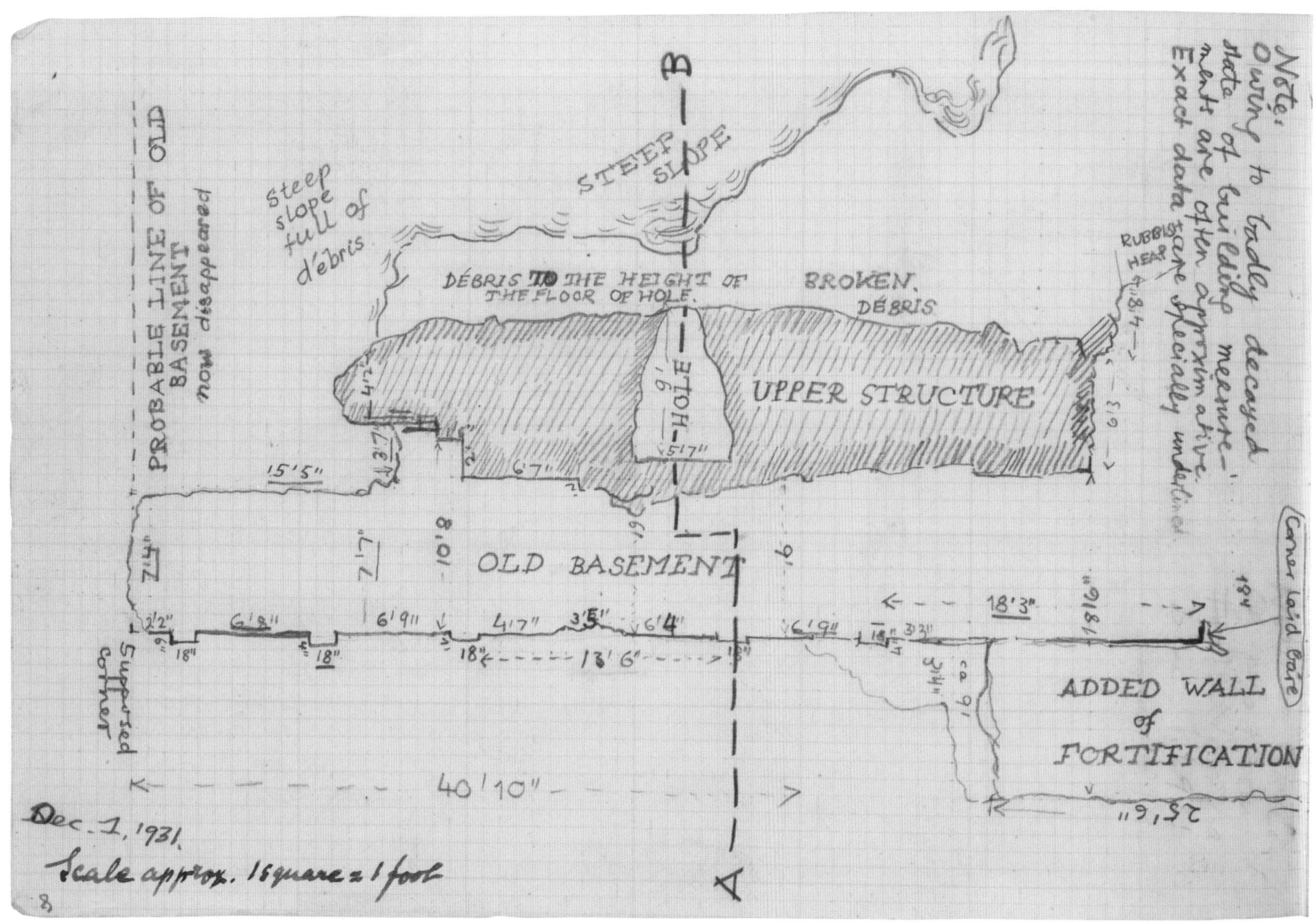

마크 오렐 스타인

Marc Aurel Stein, 1862-1943

매일같이 들이닥치는 모래 폭풍, 점점 강해지는 열기와 햇살에 나는 물론 다른 사람들도 작업에 무척 애를 먹고 있었다. 사막에서 철수할 때가 온 것이다.

1차 세계대전이 발발하기 수십 년 전부터 유럽의 많은 탐험가와 고고학자가 중앙아시아를 찾았다. 하지만 그중에서도 단연한 사람이 돋보인다. 바로 영국-헝가리계 지리학자 마크 오렐 스타인이다. 오랫동안 잊힌 불교 문명의 흔적을 가장 먼저 발견하려는 치열한 경쟁이 펼쳐지는 가운데 스타인은 40,250km 거리를 종종 경악스러운 여건 속에서 쉬지 않고 행군했다. 도중에 지리학적·민족학적 조사를 수행하고 중국 사막 아래 수천 년간 감춰져 있던 사원과 무덤을 하나하나 파헤쳤다. 끈질기고 집요하며, 엄청난 호기심과 지성을 과시하는 인물인 스타인의 이름은 실크로드와 함께 영원히 기억될 것이다. 중국과 지중해 연안을 잇는 전설적인 이 통상로는 동서양의 문명이 만나는 교차점이자 문화와 종교, 기술이 전달되는 통로였다.

인도에서 이미 측량 실력을 발휘한 바 있는 스타인은 1900-16년 사이에 중앙아시아로 세 차례 대장정을 떠났다. 그의 발견들은 전례 없는 것이었다. 힌두쿠시산맥을 넘은 그는 타클라마칸 사막을 탐험한 최초의 고고학자이자 선사시대 이란 유적을 최초로 조사했다. 또한 그는 인더스 코히스탄에 들어간 최초의 유럽인이자 우나 지역에 있는 산을 알렉산드로스 대왕의 아오르노스 공성전 유적지로 지목한 최초의 인물이었다. 중국 둔황의 오아시스 지역에서는 천불동(막고굴)을 발견했다. 스타인이 영국으로 부친 4만 개의 두루마리 가운데는 서기 868년 것으로 세계 최고最古의 인쇄본인 금강경 사본도 있었다.

스타인은 호리호리한 체구였지만 자신의 목표를 좇아서 극도의 고난을 견디고 생존이 힘든 지형에 맞섰다. 사막 곳곳이 너무도 건조하고 생명체가 살지 않아서, 심지어 7년 전 여행했을 당시 자신이 남겼던 발자국을 찾아낼 수 있을 정도였다. '언제나 메마른 이 땅 위에서 시간은 파괴의 힘을 모조리 상실해버린 것 같다'고 그는 감탄했다. 그가 발굴한 유물은 건조한 기후 덕분에 수세기 동안 고스란히 보존되어 흠집 하나 없었다.

스타인은 사막에서 유물을 실어가기 위해 잔뜩 짐을 짊어진 낙타 떼로 유명해졌다. 그는 이 고대 유물이 있어야 할 장소는 유물을 보존·연구·전시할 수 있는 서양의 박물관이라고 믿었다. 인도에서 유사한 유적지들이 훼손되는 현실을 두 눈으로 목격했기에, 자신이 유물을 가져간 것은 훼손이나 도굴에서 보호하는 일이었다고 생각했다. 인도에서는 4000년 된 불교 사원의 벽돌이나 석재가 도로를 건설하거나 철도 바닥의 자갈로 깔기 위해 실려 가고 있었다. 그는 자신이 명성이나 보물찾기에 혈안이 되어서가 아니라 고대 문명에 대한 이해를 넓히기 위해서 발굴했을 뿐이라고 주장했다.

하지만 엄청난 규모의 여행과 학문적 공헌에도 불구하고, 나중에 자국의 역사적 유물 '절도'에 대한 중국 정부의 공분을 산 데다 유명세를 기피하는 성격 탓에 스타인의 명성은 그늘에 묻혔다. 하지만 그가 죽은 직후 어느 신문에서 '우리 시대 가장 위대한 탐험가'로 일컬어지기도 한 스타인은 영국 기사 작위를 비롯해 무수한 국제적 영예를 안았다.

스타인은 또 다른 대형 탐험을 며칠 앞두고 1943년 10월 26일 아프가니스탄에서 세상을 떠났다. 향년 81세였다. 카불의 기독교도 묘지에 있는 그의 묘비명은 다음과 같다. '그는 인도, 중국령 투르키스탄, 페르시아, 이라크에서 힘겨운 여정을 통해 지식의 경계를 넓혔다. … 대단히 사랑 받았던 사람.'

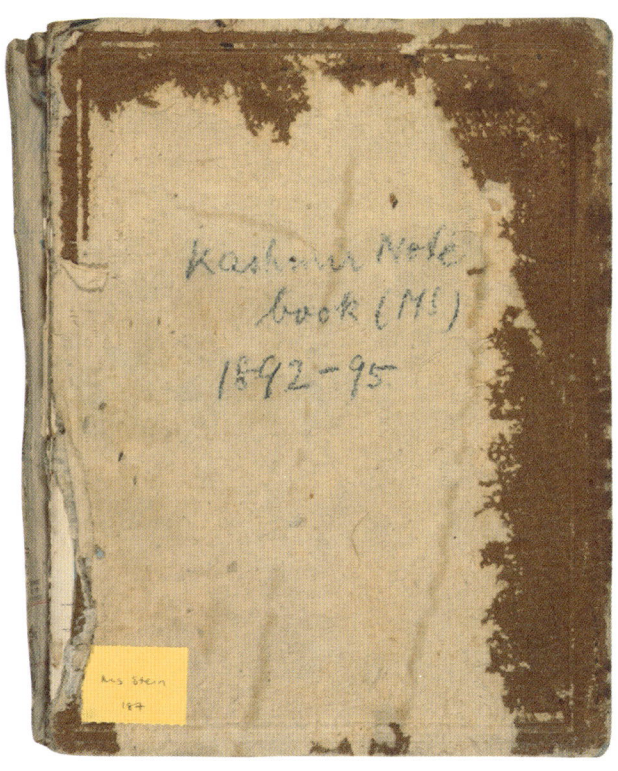

↗ 스타인에게 잃어버린 문명을 발견하고 이해하는 일은, 어떤 고난을 치르더라도 추구할 만한 일이었다. 그는 거의 망각된 곳이기 때문에 발굴 현장으로 일부러 중국 사막을 골랐다. 그는 선구자가 되는 것을 좋아했다. 그렇게 멀리 떨어져 있고 거친 환경에서는 경쟁이 별로 없었다. 스타인의 닳고 닳은 노트는 그가 고국으로 보내는 보물만큼 소중했다.

↙ 카슈미르 여행 당시 현지에서는 '무르티'로 알려진, 감달라 계곡의 사원 유적을 그린 스케치이다. 이 초창기 조사 활동으로 스타인은 훗날 중앙아시아에서의 위대한 여행에 필요한 기술을 갈고 닦을 수 있었다.

아벌 타스만

Abel Tasman, 1603-1659

뱃사람 아벌 얀스존 타스만은 머나먼 곳으로의 항해를 좋아하는 네덜란드 상선 선장이었다. 태즈메이니아와 통가, 피지 바닷가에 도달한 최초의 유럽 탐험가로 알려진 그는 최초로 뉴질랜드를 '발견한' 사람으로 흔히 일컬어지지만 물론 마오리족이 수 세기째 그곳에 살고 있었다. 타스만은 그곳에서의 짧막한 체류를 기릴 만한 것을 별로 남기지 않았다. 해도 도입부의 지명 몇 개, 광대한 대양에 삐뚤삐뚤하게 그린 선으로 그는 여전히 미완성인 세계 지도에 첫 붓 자국을 남겼다.

1634년 첫 항해 당시 네덜란드 동인도회사에 고용되어 있던 타스만은 반란자와 밀수꾼을 찾아 인도네시아 앞바다를 순찰하면서 항해술을 연마했다. 1639년에는 '금은의 섬'을 찾아 일본 동쪽으로 떠났다. 무역 원정을 잇달아 성공한 뒤 네덜란드의 모든 항해 가운데 가장 야심찬 항해, 바로 남반구에 있다고 추정되는 거대한 땅덩어리의 수수께끼를 풀기 위해 그곳의 광활한 해역을 탐험하는 임무를 맡았다. 태평양을 가로질러 칠레까지 갈 수 있는 항로가 존재할까? 남아메리카 해안으로 가는 도중에 이용할 만한 육지가 있을까?

그는 1642년 8월에 기선 헤임스커르크호와 무장 수송선 제이한호를 끌고 바타비아(자카르타)에 있는 동인도회사 기지를 떠났다. 두 배는 모리셔스에 닿은 후 남쪽으로 향했다가 동쪽으로 뱃머리를 돌려서 11월 24일에 남위 42도 20분에서 육지를 목격했다. 타스만은 육지의 남쪽 바닷가를 따라 항해한 뒤 바타비아 총독의 이름을 따서 '판 디먼스 란트'라고 이름 붙였다. 하지만 더 자세한 조사는 하지 않기로 결정하고 계속 동쪽으로 향했다. 12월 13일에는 뉴질랜드 남섬에 닿았고, 북쪽 해안을 탐험하면서 북섬과 남섬 사이 해협에 진입했지만 그곳이 만이라

> 이 땅은 매우 좋은 고장인 듯하며 우리는 이곳이 미지의 남쪽 대륙 본토 연안이라고 믿는다.

고 생각했다. 12월 19일 바로 여기서 이 네덜란드인 선장은 현지의 은가티 투마타코키리 부족과 폭력적으로 조우한 뒤 나중에 그곳에 '살인자들의 만'이란 이름을 붙였다.

타스만의 배들이 오늘날의 골든베이에 정박해 있을 때 마오리족의 카누가 다가왔다. 타스만은 그들이 '거친 목소리와 튼튼한 뼈대'를 가졌다고 적었다. 마오리족은 헤임스커르크호의 작은 보트를 들이받고 노와 곤봉으로 선원들을 공격했다. 세 사람이 죽고 한 사람은 치명상을 입었다. 그러나 두 배에서 발포를 하자 원주민의 카누는 대포와 머스킷 사정거리 밖 바닷가로 신속히 돌아갔다. 타스만이 닻을 올리고 출항하자마자 카누 열한 척이 다시 접근했지만 사격을 받아 선두 카누에 있던 마오리족 한 명이 산탄에 맞아 쓰러졌다.

타스만은 자신이 거대한 남반구 대륙의 서쪽 해안을 발견했다고 믿고서, 네덜란드 주 의회를 기려 '스타턴 란트'라고 이름 지은 뒤 1월에 뉴질랜드 해안을 떠났다. 그는 열 달간의 항해를 마치고 6월 14일에 바타비아에 도착하여, 그 땅은 구경하지 않은 채 사실상 오스트레일리아를 일주했다. 타스만은 오스트레일리아의 북부 해안선이 어디까지인지 알아보기 위해 이듬해 다시 남쪽으로 모험을 떠났지만 그의 후원자들에게 부를 안겨 줄 만한 땅을 발견하지 못해 실패로 끝났다. 1647년, 이번에는 시암의 섬으로 가는 임무를 맡아 다시 무역선단을 지휘하게 되었지만 동시에 필리핀에서 에스파냐인들과 싸우는 임무도 떠맡았다. 이듬해 타스만은 술에 취해 있을 때 명령에 불복종하는 선원 두 명의 목을 매달려 했다가 평판이 실추되었다. 바다가 여전히 자신을 불렀으므로 그는 자기 소유의 소형 화물선 선장으로 물러났지만, 탐험가로서의 나날은 끝이 났다.

태즈메이니아 남단, '안토니 판 디먼스 란트' 해안선 실측도. 타스만은 1642년에 최초로 이 해안선을 따라 항해했다. 오른쪽의 해안 측면도는 뱃사람의 일지에 빠질 수 없는 일부다. 많은 사람들이 항해 중에 이런 식으로 그림을 그렸을 테지만 그중 이사크 힐스만스가 가장 뛰어났다. 타스만의 여러 스케치와 '최종적인' 일지가 모여 나중에 책으로 엮어 출간됐다. 타스만은 제도사에게 내용을 구술한 다음 완성된 결과물에 서명했다.

육지와 섬, 곶, 굽이, 협만, 여울, 모래톱, 절벽, 바위 등 …
발견하거나 지나가는 모든 곳을 바르게 지도로 그리고 묘사하며,
그 생김새와 모양도 적절하게 그림으로 그려야 한다.

1643년 1월 5일, 그들은 북섬의 북서쪽에서 일단의 섬을 발견하고는 1월 6일 주현절 전야에 그곳에 닻을 내리고 '동방박사 세 사람'이라고 이름 붙였다. 민물을 구하기 위해 상륙하려고 했지만 바위투성이 해안과 높은 파도, 그리고 '거칠고 큰 목소리'로 소리를 지르며 절벽 꼭대기에서 돌을 던지는 30명가량의 주민들 때문에 포기했다.

↗ 뉴질랜드는 타스만이 남섬 서해안에 도착했을 때 유럽인에게 최초로 목격되었다. 동승한 이사크 힐스만스는 푸나카이키 바로 북쪽에서 오늘날의 파울윈드곶인 로키포인트까지의 해안선을 스케치했다. 이 그림들은 유럽인과 마오리 원주민 간 저 운명적인 만남에서 일어난 여러 사건을 상상해서 그린 것이다. 이 그림을 포함해 다른 스케치는 유럽인이 이 땅과 마오리족을 최초로 표현한 것으로서, 유럽인의 인식에 중대한 영향을 미쳤다. 이 당시나 항해 중에 그린 드로잉은 일체 소실되었으며 아마 이 그림들이 현존하는 가장 초창기 드로잉일 것이다. 진상을 온전히 파악하기는 불가능하다.

Aldus Vethoont het drie Coningen Eijlandt als ghij het Noord West 4 Mijlen van u hebt

Aldus vethoont hem 't drie Coningen Eijlandt als ghij aende Noort West zijnde op 40 vadenen ten ancker leght dit Eijlandt hebben bij de naem getgeven van drie Coninghen Eijlandt op dat wij aldaer op drie Coningen avont ten ancker gecomen zijn en op drie coningen dach weder van daen 't zeijlt zijn gegaen

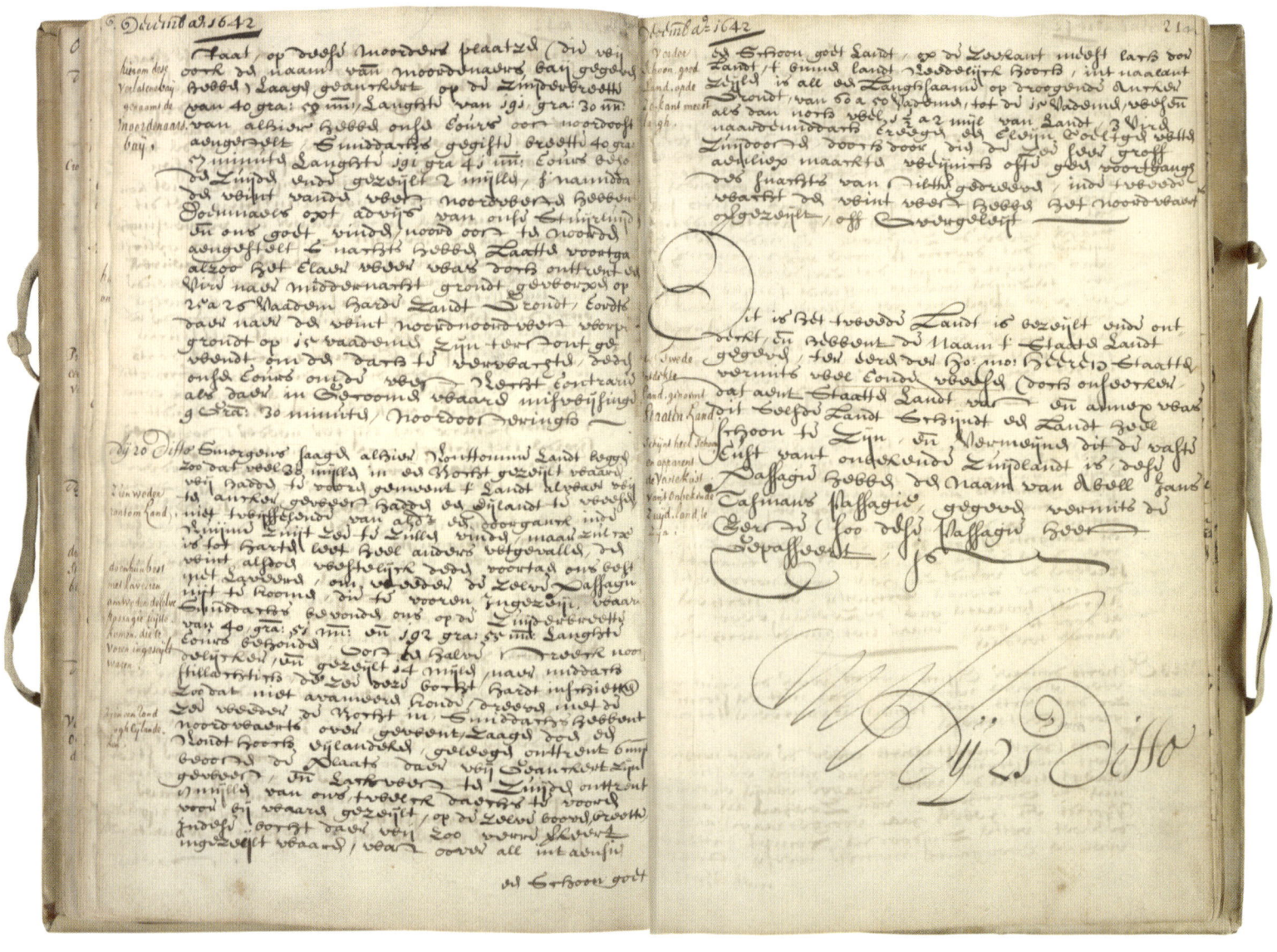

타스만이 제1차 항해 때 쓴 일기 원본은 소실되었지만 나중에 작성된 판본 두 개는 남아 있다. 뉴사우스웨일스 주립 도서관에 소장된 '하위데코퍼르' 사본은 그중 하나다. 나머지 하나는 네덜란드 헤이그 국립 기록보관소에 소장되어 있다.

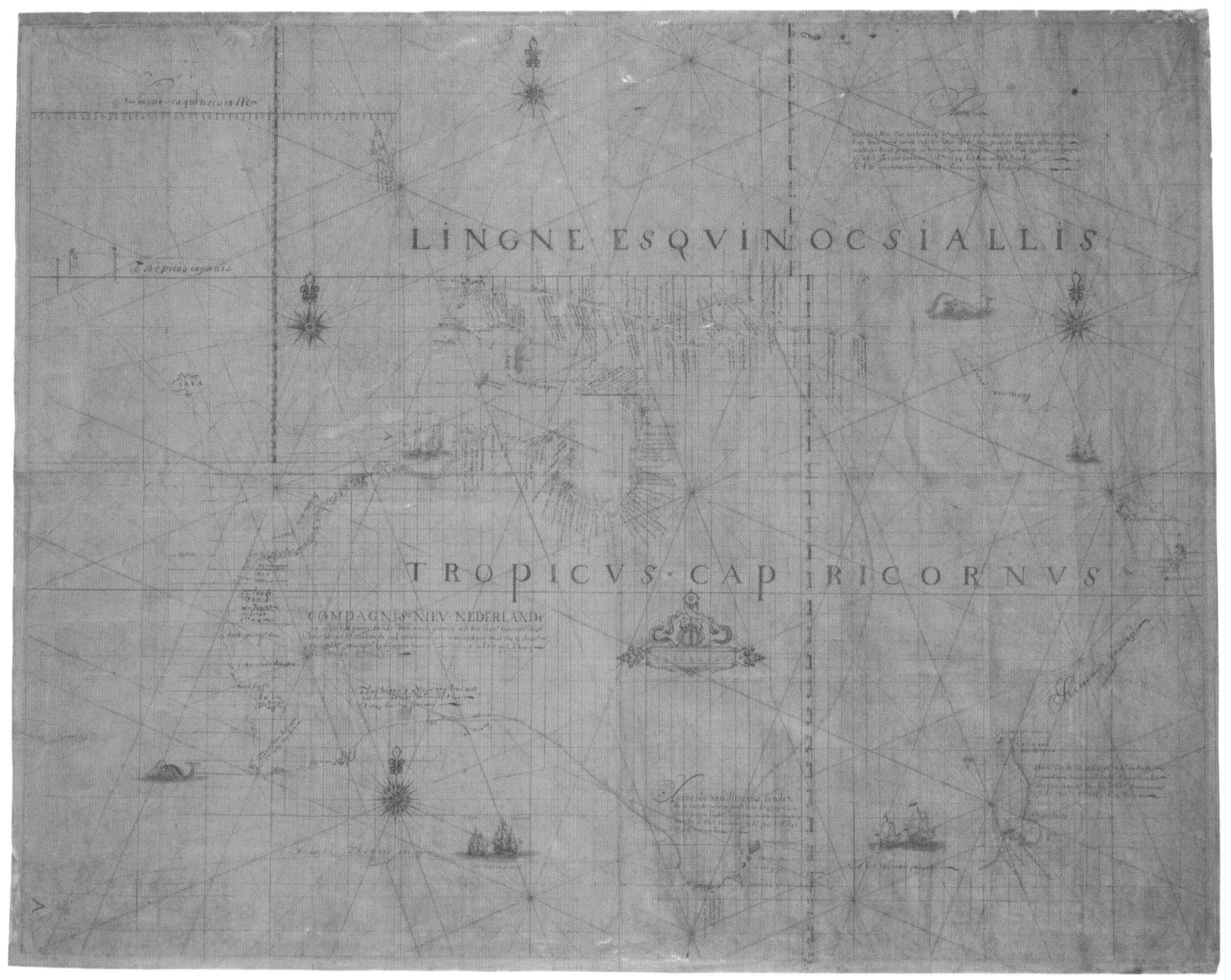

↗ 지도의 제목은 '이 작품은 주후主後 1644년 아벌 얀센 타스만의 개인적 관찰과 더불어 여러 글들을 취합한 것이다'라고 번역되지만 지금은 이 지도가 타스만이 작성한 것도, 1644년 것도 아니라고 여겨진다. 하지만 타스만의 경로에 대한 몇 안 되는 직접적 기록으로 여전히 매우 중요하다.

존 턴불 톰슨

John Turnbull Thomson, 1821-1884

매일같이 새로운 지방을 찾아가고, 흥미롭고 새로운 대상을 발견하는 일에는
뭔가 기분을 들뜨게 하는 구석이 있다. 우리는 이제 백인이 사는 범위 바깥에 있으며,
이 지방에 사람이라고는 눈 씻고 봐도 없다.

탐험가-측량사로 변신한 이 기술자의 이야기는 뉴질랜드 남부 탐험의 이야기이기도 하다. 비록 제임스 쿡 같은 항해가들이 처음으로 이 새로운 땅의 해안선을 해도에 그렸지만 존 턴불 톰슨 같은 이들이 남은 공백을 채우기 위해 내륙으로 뛰어들었다. 억세고 수완이 비상하며 짐말을 몰고 온갖 날씨를 견뎌 가며 수천 킬로미터를 이동하는 그들은 강물을 거슬러 가고 험준한 황야에서 산맥을 넘나들며 지도를 그리고 스케치를 했다.

잉글랜드에서 태어난 톰슨은 열여섯 살 때 동인도 측량국에 고용되어 말레이로 이주했고, 페낭의 정글에서 측량을 하며 거칠고 외롭게 생활했다. 1841년, 뛰어난 재능에 힘입어 싱가포르로 간 다음 12년 동안 싱가포르 식민지를 측량하고 도로, 병원, 다리 건설 작업을 도우며 두각을 나타냈다. 토목 분야에서 그의 가장 뛰어난 업적은 지금도 싱가포르 해협의 바위섬에 서 있는 호스버러 등대이지만, 이 과업으로 건강을 해친 톰슨은 요양 차 영국으로 돌아왔다. 기후가 더 온화한 지방을 물색한 그는 결국 1856년 뉴질랜드에 도착했고, 오타고 지역의 수석 측량사 자리를 제안받았다.

그의 첫 임무는 신도시 인버카길이 들어설 터를 정하고 도시를 구획하는 일이었는데, 톰슨은 시내 중심가를 넓게 배치하고 특별 보유지를 많이 지정했다. 유럽인은 좀처럼 들어간 적 없는 내륙으로 두 차례 장기 측량 답사를 떠나면서 더 흥미진진한 도전이 눈앞에 나타났다. 톰슨은 마타우라에서 마오리 족장 레코를 만났는데, 그가 자기 집 흙바닥에 남부 지역 지도를 그려줬다고 한다. 그 지식은 톰슨에게 길라잡이가 된다. 그는 사우스랜드의 너른 지역을 지도로 그리고 태즈먼강의 상류수를 탐험하는 한편, 장엄한 쿡산과 1857년 그가 발견해 이름 붙인 '우뚝 솟고 눈 덮인' 아스피링산을 측량했다. 마오리족에게는 '빛나는 흰 봉우리'란 뜻의 티티테아로 알려진 아스피링산은 50년이 더 지나서야 처음으로 등정된다.

더니딘으로 돌아온 톰슨은 다리를 더 건설하고 첫 책 『극동 인상기』를 썼지만, 가장 중요한 일은 1860년에 정확한 오타고 지도를 최초로 펴낸 것이었다. 이것은 **진짜** 탐험이었다. 힘겹게 얻은 데이터와 관찰 기록으로 빼곡한 작은 현장 노트들은, 새로운 지방의 경계를 분명히 하고 그곳에 기회를 가져와 궁극적으로는 700만 에이커의 땅을 목양과 정착을 위해 열어젖혔다. 1861년에 투아페카에서 금이 발견되면서 변화는 빨라졌다. 지도 위로 새로운 도로들이 뻗어나갔고 곳곳에 토지 소유권이 표시되었다.

독학으로 그림을 배운 톰슨은 현장 노트의 스케치를 바탕으로 갖가지 그림을 그리는 다작의 아마추어 화가이기도 했다. 그 스케치들은 다년간 그에게 영감의 원천이 되었다. 금성의 태양면 통과를 관측하기 위한 국제적 협력에 자극을 받아 뉴질랜드에서 과학을 향한 관심이 새롭게 일자, 정부는 웰링턴에 본부를 둔 국립측량국을 신설했다. 톰슨은 1876년에 뉴질랜드 초대 측량국장이 되었다. 나중에는 자신이 건립을 도왔던 도시 인버카길로 물러나, 직접 설계한 집에서 아홉 딸과 다 같이 살면서 가족과의 은퇴 생활을 즐겼다. 그는 그림과 사색, 집필로 행복한 말년을 보냈다.

↘ 톰슨은 스케치 안에 자신을 그려 넣곤 했다. 맨 왼쪽에 앉아서 '툴로 블랑가 언덕' 전망을 그리고 있는 사람이 톰슨이다. 오늘날 페이버산이라고 부르는 이 언덕에는 1845년에 신호소와 깃대, 관측소가 설치되었다.

↗ 1857년 2월 17일에 오타고 남부 '돔 마운틴'에서 행복하게 측량 중인 그를 볼 수 있다. 옆에 앉아 있는 딱한 동행은 코트를 캠프에 두고 왔다. 이 측량 답사 동안 그는 '경위의(측량기구의 일종. 그림에서 삼각대 같이 생긴 것)와 옷 보따리를 짊어지고, 밀가루 포대를 진 짐말을 몰면서 험한 지형을 2,400km 넘게 걸어서 이동했다.'

톰슨은 이 탐험 인생의 단편들을 1877년에 그렸다. 오타고와 사우스랜드의 선구적인 측량 작업을 묘사한 첫 번째 수채화는 '1858년 1월 2일, 호크둔산, 눈에 파묻히다', 두 번째는 '1857년 12월 17일 롱슬립산을 오르다', 마지막은 '1857년 11월 10일, 호스 레인지 횡단'이다.

콜린 더브런
Colin Thubron, 1939-

손가락으로 지도를 따라가는 와중에 때로 희망과 본능, 도취적인 확신에서 하나의 여정이 탄생한다. '좋았어, 여기랑 여기… 그리고 여기.' 이것들은 세상의 신경 말단이다.

탐험은 끝나지 않는다. 어떤 이들에게는 세상에서 발견할 곳이 거의 남아 있지 않은 것처럼 보일 수도 있지만, 탐험에 대해 그렇게 협소한 시각은 무기력할 뿐이다. 나라, 도시, 개인 들은 지속적으로 변화하고 있으며, 발걸음을 뗄 때마다 새롭게 체험하고 관찰할 것이 보인다. 지도는 인쇄되는 와중에도 구식이 되고 만다. 도전이란 언제나 현장의 난관에서 가치 있는 뭔가를 이끌어내는 것이다. 오늘날 그것은 종이 위에 남은 펜 자국처럼 간단하면서 유용한 과학적 발견일 수도 있다. 어떤 방법이든 저마다 우리의 사고방식을 바꾸는 힘이 있다.

콜린 더브런은 글과 통찰로써 전 세계 사람들과 문화에 대한 우리의 이해에 중요한 공헌을 해온 여행가다. 그의 책은 독자를 즐겁게 하고 고무하는 능력으로 이전의 어느 탐험가 못지않게 대중에게 다가간다. 로버트 바이런, 프레야 스타크, 패트릭 리 퍼머처럼 그가 우러러보는 작가들과는 긴 세월의 간극이 있지만 더브런은 그들의 개성, 모험적인 호기심, 풍성하고 우아한 산문의 재능을 공유한다.

그는 당대 사람들이 위협적이라고 여겼던 세계들, 즉 중국, 러시아, 이슬람에 이끌렸다. "나의 바람은 언제나 지도를 인간화하는 것이었습니다. 이 문화들을 더 온전하게 이해하고 거기에 접근할 수 없는 다른 이들과 공유하는 일이지요. 그게 근본적 충동이에요. 다른 이들은 이런 곳에서 겪게 될 힘든 여정 앞에서 어쩔 줄 모를 수도 있지만 저는 오히려 정반대입니다. 외딴 곳이거나 오해받고 있는 곳일수록 더 좋아요. 유혹적이죠. 나는 러시아어와 중국어를 붙들고 반평생 씨름해왔습니다. 언어를 배우려고 애쓰는 게 무엇보다 중요하죠. 제 경험의 낯섦과 다채로움을 조금은 되살릴 수 있다면 여행의 수고가 보답받았다고 느껴요."

더브런은 출판인과 프리랜스 영화제작자로 일하다가 작가로서의 인생에 '용기를 내 눈 딱 감고 뛰어들었다'. "도박이나 다름없었지만 글을 쓰고 싶다는 욕망이 걷잡을 수 없었죠. 그래서 다마스쿠스로 가서 어느 아랍인 가족과 함께 생활하게 되었습니다. 그때가 스물다섯 살이었어요. 전 모험을 감행했고 그것이 미래를 열어줬지요."『다마스쿠스를 비추다』는 1967년에 출간되었으며 이후로 중동에 관한 책들을 더 많이 집필했지만, 브레즈네프 시대에 자동차를 타고 러시아 서부를 횡단한 여정이야말로 상투적인 공간을 뛰어넘어 기꺼이 세상을 떠도는 작가라는 명성을 그에게 가져다주었다. 여기에는 매혹과 위험의 요소가 항상 존재한다.『실크로드』에 상세히 묘사된 11,265km의 여정에서는 특히 그렇다. 티베트의 성스러운 카일라스산으로 떠난 길은 그의 더 내밀한 문제를 전달할 기회가 되기도 했다. "어머니가 돌아가시면서 가족 중에 저만 남게 되었습니다. 나는 이 같은 변화의 흐름을 기려야만 한다고, 걷는 길을 통해 상실의 아픔을 살아가야만 한다고 느꼈습니다."

그의 작업 방식은 다마스쿠스 이래로 변한 게 거의 없다. 매일 노트에 손으로 글을 쓰는 그는 '여행이 계속되면서 노트를 분실할지도 모른다는 공포감도 덩달아 커진다'고 털어놨다. "노트는 무엇과도 바꿀 수 없어요. 몇 달이 지나면 잊어버릴 걸 아니까 전부 노트에 적습니다. 몇 문단을 길게 써내려갈 때도 있고 단편적인 인상을 적을 때도 있죠. 우연한 만남, 대화 한 토막, 누군가의 눈썹 모양, 열차 뒤칸의 냄새, 바위의 질감. 이것들은 우리 주변의 풍경에 대한 전체적인 감각만큼 중요합니다. 노트에 담긴 자잘한 것들이야말로 삶을 그려냅니다."

하나의 긴 여정은 각고의 노력 끝에 고무 밴드로 묶은 한 뭉치 종이로 점차 환원된다. 현장에서 출발하여 원고를 거쳐 한 권의 책이 탄생한다. "글이 술술 써진다는 생각은 환상이죠. 붙잡고 죽어라 씨름해야 합니다. 원고는 온통 고친 것투성이예요. 하지만 그 모든 일은 내 노트에서 시작합니다. 역사, 풍경, 사람들과의 우연한 대화, 그 모든 것이 노트 안에서 자리를 찾고, 집에 돌아와서 기억을 되살릴 때 그 노트들이 꼭 필요하죠… 나의 여행은 이 페이지들 위에서 계속되는 셈입니다."

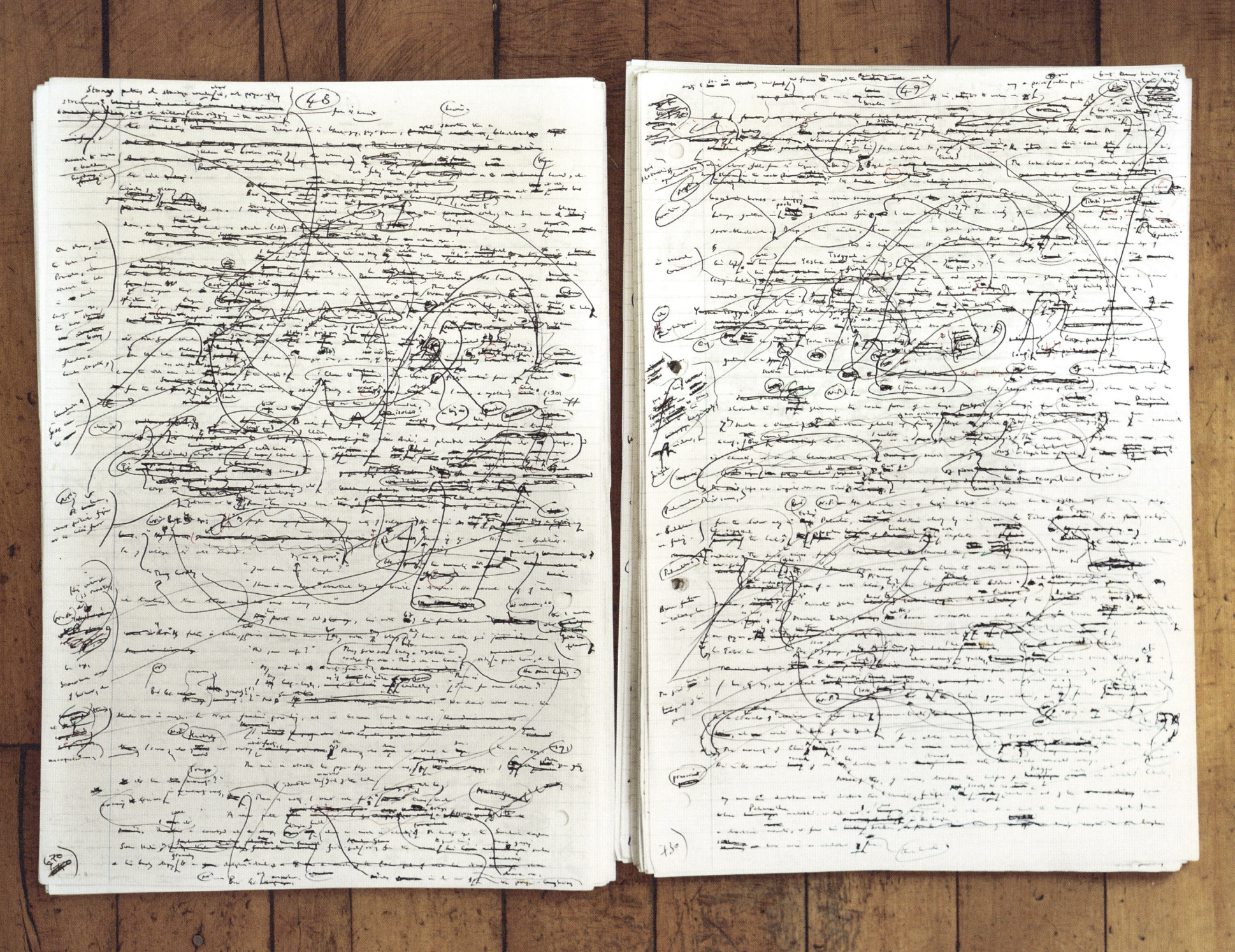

알렉산드린 티네
Alexandeine Tinne, 1835-1869

여행하는 동안 내게 무슨 일이 생긴다면, 내가 죽임을 당하기라도 한다면, 그런 일은 제법 가능성이 있는데… 당신은 애석해할 필요가 없어요. 난 나이 든다는 것의 행복을 이해해본 적이 없어요.

1850년대 후반, 아프리카는 스피크, 버턴, 리빙스턴 같은 아프리카 탐험의 위인들이 나일강 수원의 최초 발견자라는 영예를 차지하려고 다투는 과정에서 치열한 지리학적 탐사의 초점이 되었다. 그 가운데 네덜란드 귀족 여성이자 탐험가인 알렉산드린 티네는 별로 알려지지 않은 인물이다. 야심만만하고 화려한 인맥을 거느렸으며 활달하고 낙천적인 그녀는 다른 탐험가들과 동일한 목표를 추구하면서 자신의 성공을 믿어 의심치 않았다. 오늘날에는 거의 기억되지 않지만 그녀에겐 여느 남성 탐험가 못지않은 결의와 패기가 있었다.

네덜란드에서 가장 부유하고 왕실과 가까운 집안에서 태어난 티네는 헤이그에서 나고 자랐다. 열아홉 살에 이미 유럽의 여러 지역을 방문했고, 이제 이집트 여행을 떠날 참이었다. 어머니와 함께 낙타와 당나귀를 타고 홍해까지 갔고, 다마스쿠스를 방문했으며, 시리아와 레바논, 그리고 성지를 순회했다. 3년 뒤에 티네는 나일강의 수원을 발견하기 위해 수단으로 또 한 차례 대규모 여행을 떠났다. 티네가 하르툼을 출발하자 탐험가 새뮤얼 베이커 화이트는 '정신이 나간 게 틀림없어!'라고 썼다. '젊은 아가씨가 혼자서 딘카 부족과 함께 [여행하다니] … 원주민들은 갓난아기처럼 홀딱 벗고 있는데.' 화이트는 티네의 안위보다는 조신하지 못함을 걱정하는 눈치였다. 티네는 어머니와 친척 아주머니와 함께 기선을 타고 백나일강 상류로 유럽의 어느 여성보다도 멀리 거슬러 올라갔다.

하지만 나일강 수원에 도달할 가능성이 희박해지자 티네는 대신 나일강의 지류인 바르엘가잘의 습지대를 배를 타고 탐험한 다음 차드호 방면 내륙을 육로로 탐험하기로 결심했다. 하지만 그들은 목적지에 닿지 못할 운명이었다. 폭우에 몇 달째 발이 묶인 가운데 티네의 어머니와 하인들이 병이 났다. 그들은 하나둘씩 죽어갔고, 뒤이어 친척 아주머니도 죽었다. 비탄에 잠겨 자책하던 티네는 카이로로 갔다가 배를 타고 지중해를 일주했다. 1869년 그녀는 사하라 사막을 건너는 최초의 서양 여성이 되겠다는 뜻을 품고 다시금 여행에 나섰다.

티네는 가볍게 여행할 필요를 못 느꼈다. 나일강에서 여행할 때는 그녀의 짐을 나르기 위해 보트 세 척이 필요했는데, 그 가운데는 탐험에 필요한 일반적인 장비 외에도 중국산 도자기 찻잔 세트, 은제 식기, 이젤과 화구, 카메라와 현상 도구, 책이 한 짐이나 있었다. 이제는 육로로 이동하던 그녀의 카라반은 낙타 100여 마리가 짐을 잔뜩 지고 있어 눈길을 끌었다. 여행이 두 달째에 접어들었을 때 투아레그족 족장인 부 베케르가 '금발의 술탄 공주'의 커다란 물탱크에 금이 가득 들어있다는 소문을 듣고 사람을 보내 알아보게 했다. 어느 오아시스에서 부 베케르의 전사들과 티네의 하인들 간에 싸움이 일어났다. 티네가 손을 들어 싸움을 말리고자 평화적인 의도로 끼어들었다. 하지만 그녀가 총을 뺀다고 생각한 투아레그족 전사가 그녀의 손목을 벴다. 카라반은 약탈당하고 여러 사람들이 죽임을 당했으며, 사막에 홀로 버려진 티네는 피를 흘리며 서서히 죽어갔다.

약탈에서 살아남은 수단 출신 하인이 티네의 피살을 당국에 알렸다. 티네의 시신은 수습되지 못했다. 젊은 특권층 여성으로서 일기나 글을 펴낸 적 없는 티네의 유산은 망각 속에 묻혔다. 그럼에도 불구하고 그녀는 동료들 사이에서 존경을 받았다. 추도사에서 데이비드 리빙스턴은 "제가 네덜란드 숙녀, 티네 양보다 더 높이 평가하는 사람은 없습니다. 그녀는 … 모든 난관에도 아랑곳 않고 고결하게 견뎌냈습니다"라고 말했다.

↗ 당시 이집트와 북아프리카, 근동을 가로질러 여행하던 티네는 식물과 곤충 표본을 모으고, 모든 것을 수채화와 산문을 통해 관찰하면서 사람과 장소, 고고학적 유물을 솜씨 좋게 그려냈다.

↗ 그녀가 사막에 차린 막사 가운데 하나다. 티네는 인생의 적잖은 시간을 집을 떠나 지냈다.

티네의 '베이루트의 침실'. 그녀는 나일강의 수원을 발견하러 떠나기 전 1856년에 베이루트에 한동안 머물렀다.

전체적으로 나는 내 삶에 만족한다.
잘 살아왔고… 재미있게 지냈다.
일찍 죽고 싶은 생각은 없지만 일찍 죽는다
해도 상관없다. 짧지만 행복한 인생이었어!
이제 저 미지의 땅에 다녀왔으니
어쩌면 부나방처럼 본능에 이끌려
언젠가 그곳을 다시 찾겠지.

↖ 짐이 많은 티네의 카라반은 눈에 띄게 호사스러웠고, 결국 그녀는 서른세 살에 투아레그족의 손에 처참한 죽음을 맞이하게 된다. 그 많은 낙타들은 순전히 그녀의 압지(종이 위에 쓴 잉크가 번지지 않도록 눌러서 흡수하는 종이)와 방대한 식물 표본 컬렉션을 나르기 위해 이용되었다.

↗ 일부 사람들에게 '금발의 술탄 공주'로 알려진 티네는 당대의 다른 귀족 여성들에게 부과된 인습을 훨씬 뛰어넘어 먼 곳까지 여행할 수 있었다. 1855년 어느 무도회에 참석한 모습, 그리고 1년 뒤 베두인 텐트 안에 있는 모습이 나란히 그려져 있다.

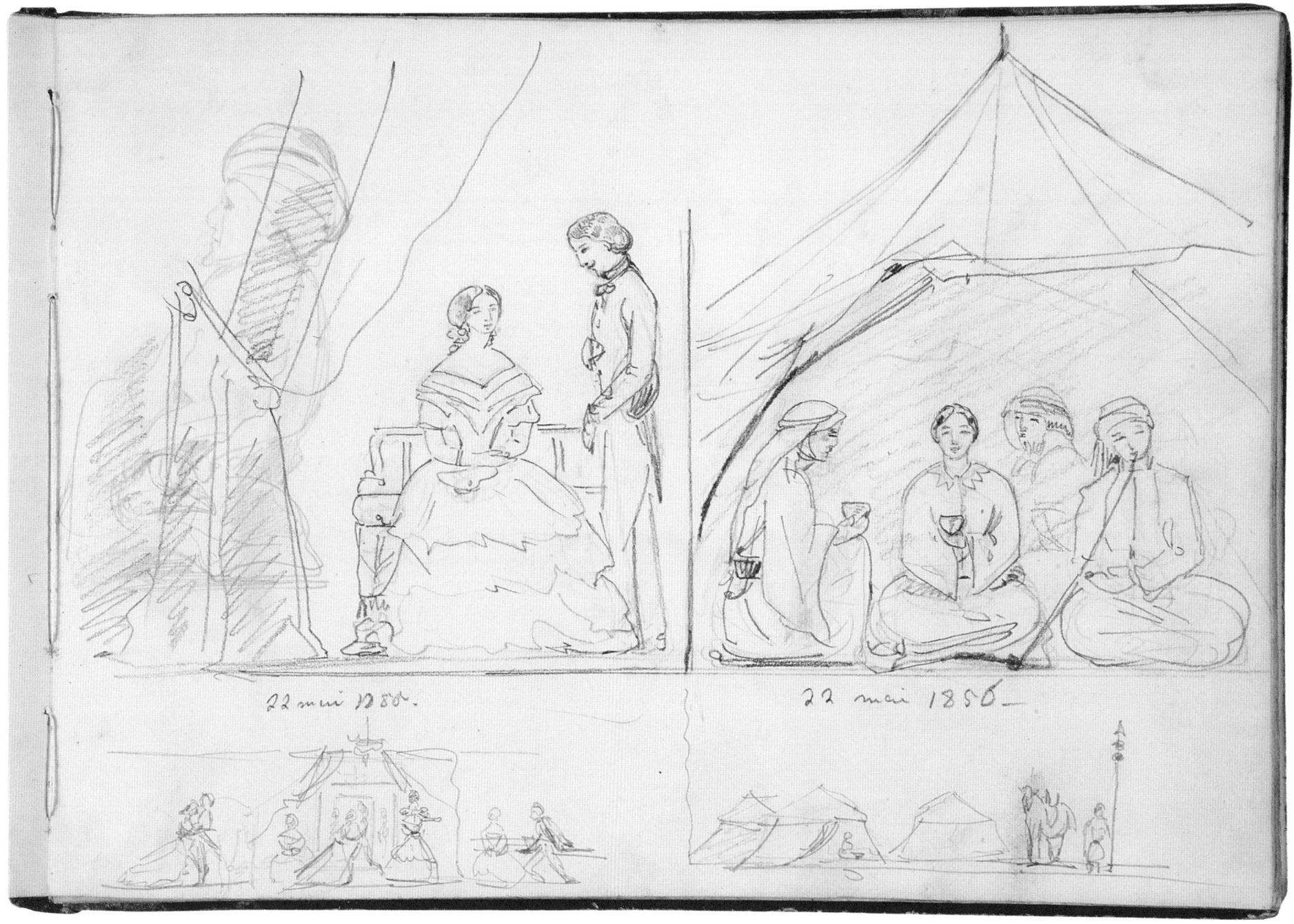

한 획을 그어라

웨이드 데이비스

Wade Davis (1953-)

브리티시컬럼비아 BC 대학 인류학 교수이자, '위험에 처한 문화와 생태계' BC 리더십의 의장이다. 1999년부터 2013년까지 내셔널지오그래픽 소사이어티NGS의 상주 탐험가였고, 현재는 NGS 탐험가 협의회 회원이다. 『나는 좀비를 만났다The Serpent and the Rainbow』, 『웨이파인더The Wayfinders』, 『세상 끝 천개의 얼굴Light at the Edge of the World』, 『시간 밖의 문명Shadows in the Sun』 등 17권의 책을 낸 작가인 그는 하버드 대학에서 인류학, 생물학 학위와 더불어 민속식물학 박사 학위를 받았다. 인류학과 환경 보호 분야에 대한 공헌으로 캐나다 왕립지리학회에서 금메달을 수상했고 탐험가 클럽이 수여하는 최고의 상인 탐험가 메달을 비롯해 많은 영예를 안았다. 최근에 나온 『적막 속으로Into the Silence』는 2012년 영어 논픽션 도서에 주는 최고의 상인 새뮤얼 존슨 상을 수상했다.

↗ 모든 일기마다 마무리된 여행 이야기, 어쩌면 완료된 경로들이 담겨 있지만 모든 여정은 세월을 거치며 변화하고 언제든 새로운 발견이 드러날 수 있다. 데이비스가 우리에게 상기하듯이 말이다. "탐험가로서 저는 언제나 다양한 문화 속에서 찾을 수 있는 저 위대하고 경이로운 이야기들, 우리에게 인류의 경험에 관해 가르쳐주는 이야기들을 발견하고 싶었습니다. 이런 의미에서 우리가 눈과 마음을 열고 여행을 한다면 탐험은 결코 끝나지 않을 것입니다."

탐험은 물질적인 것을 넘어서는 힘을 지니고 있다.
그것은 새로운 발견뿐만 아니라 새로운 사고방식으로도 정의될 수 있을 것이다.
예를 들어 우주여행의 진정한 목적은, 아니면 적어도 우주여행의 가장 심대하고
항구적인 결과는 그로써 획득한 부富가 아니라 실현된 비전에,
우리의 삶을 영원히 바꿀 관점의 변화에 있다.

1974년 겨울의 어느 아침, 나는 기숙사 룸메이트인 데이비드와 함께 하버드 광장의 한 카페에 앉아 있었다. 마침 『내셔널지오그래픽』 세계 지도가 우리 코앞에 걸려 있었다. 데이비드는 지도를 쳐다본 다음 나를 보더니 팔을 들어 북극권을 가리켰다. 그가 다시 나를 쳐다봤고, 쭉 뻗은 내 팔은 아마존 유역에 가닿았다. 그때 내 손가락이 이탈리아를 찍었다면 나는 르네상스 학자가 되었을지도 모를 일이다. 며칠 안으로 내 친구는 북극권으로 떠나게 된다. 나로 말하자면, 아마존으로 가기로 결심했으니 만나야 할 사람이 딱 한 명 있었다. 1938년 멕시코 오악사카에서 이른바 마법 버섯을 발견하며 사이키델릭〔환각 체험을 바탕으로 1960년대에 발전한 하위문화. 몽환적·초현실적인 요소, 무아지경의 분위기가 특징이다〕 시대의 불을 댕긴 전설적인 식물 탐험가, 리처드 에번스 슐츠였다. 그로부터 3년 뒤에 그는 콜롬비아 아마존 북서부로 자취를 감췄는데, 미답의 강을 따라 여행하며 12년간 미지의 문화권 속에 머물렀다. 그동안 슐츠는 우림의 경이에 내내 사로잡혀 살았다.

나는 하버드 식물 박물관 4층, 높은 곳에 위치한 슐츠의 연구실에서 그를 만나 오래전에 그가 했던 것처럼 아마존에 가서 식물을 채집하고 싶다고 설명했다. 스무 살을 갓 넘은 나는 남아메리카에서 관해서 아는 게 거의 없었고, 하물며 식물은 더욱 몰랐다. 그는 나의 자격 요건에 관해서는 묻지 않은 채 높이 쌓인 식물 표본집 너머로 나를 물끄러미 보더니만 한 마디 던졌다. "그래, 언제 떠나고 싶은가?"

2주 뒤에 나는 남아메리카로 떠나 거기서 15개월간 머물렀다. 하지만 떠나기 직전에 몇 가지 조언을 기대하며 먼저 그의 사무실에 들렀다. 그는 세 가지 핵심적인 조언을 해주었다. 첫째, 높이 올라오는 가죽 부츠를 피해야 하는데, 모든 뱀들은 하나같이 가죽 부츠의 상단을 공격하기 때문이다. 둘째, 그는 내게 피스 헬멧〔더운 나라에서 습기와 강한 햇살을 막기 위해 쓰는 가볍고 단단한 모자〕을 권했는데, 그가 아마존을 탐험했던 12년간 피스 헬멧 덕분에 이중초점 안경을 잃어버린 적이 없다는 것이다. 마지막으로 그는 아마존 샤먼들의 환각제 가운데 가장 강력한 약물인 아야와스카를 시도해보기 전에는 돌아올 생각을 말라고 충고했다. 그다음 그는 내게 두 장의 소개서를 건넸다. 알고 보니 그 소개서들은 하늘에서 내려준 것이라고 해도 될 정도였으니, 콜롬비아와 그 너머에서 슐츠의 명성이 그토록 대단했던 것이다.

나는 편도 승차권을 사서 아무 계획도 없이 남아메리카로 떠났다. 내 짐은 옷가지를 담은 작은 배낭과 책 딱 두 권, 조지 H. 로런스의 『관속 식물 분류』와 월트 휘트먼의 『풀잎』뿐이었다. 나는 일기장을 펼쳐 속표지에 '이해를 위해 불편을 감수하라'라고 적었다. 당시에 나는 지고의 행복이란 자신을 세상에 부끄럼 없이 완전히 열어젖힘으로써 도달할 수 있는 객관적 상태라고 믿었다. 비유적으로 또 문자 그대로 나는 모든 시냇물을, 심지어 노상의 타이어 자국에 고인 물도 들이마셨다. 당연히 수시로 몸이 아팠지만 심지어 그것마저도 과정의 일부인 것 같았다. 말라리아와 이질의 고열은 점점 심해지다가 밤을 지나 동이 트면 가라앉았다. 모든 모험은 또 다른 모험으로 이어졌다. 언젠가는 단 하루 전에야 통보를 받아 다리엔 지협을 건너기 위해 출발했다. 습지와 우림에서 거의 한 달을 보낸 뒤에, 먹을 것도 쉴 곳도 없이 2주 동안 길을 헤맸다. 마침내 안전한 곳에 도착했고, 파나마시티에서 소형 비행기에 간신히 올라탔다. 누더기가 된 옷을 걸친 채 옆자리 승객의 토사물을 뒤집어쓰고 주머니에는 단돈 3달러밖에 없었지만, 그때만큼 내가 살아 있다는 느낌을 받은 적도 없다.

다리엔 지협 종단은 이전까지 감히 상상할 수 없었던 삶, 아무런 경계가 없는 영혼의 영역을 자유롭게 오가는 탐험과 발견의 삶을 추구하도록 자극했다. 물론 흥미진진함도 있겠지만, 단지 모험에 그치는 게 아니라 탈바꿈으로서의 여행, 성스러운 공간을 가로지르는 움직임으로서의 여행 말이다. 나는 자신을 어느 기회 앞으로 가져가면, 다시 말해 앞으로 나가는 것 말고는 도리가 없는 상황, 성공 외에는 아무런 선택지가 없는 상황에 스스로를 두면 몇 달 전만 해도 도달 불가능해 보였을 새로운 관계와 경험의 단계로 끌어올리는 탄력을 스스로 만들어낸다는 것을 알게 되었다. 심연으로 몸을 내던졌는데 알고 보니 그게 깃털 이불임을 발견하는 것이다.

그 시간 내내 나의 정신적 지주는 펜이요, 나의 위안거리는 일기였다. 일기는 여러 측면에서 나를 현실에서 멀어지지 않게 해주는 유일한 수단이었다. 나중에 내 과학 노트들은 누구나 예상하다시피 식물학적 관찰과 민족지학적 경험의 상세한 서술 및 지리적 묘사를 담아 꽤 체계적으로 작성되었다. 하지만 콜라주로 장식된 초창기 일기장, 곳곳에 혼란스러운 생각을 쏟아내고 이따금 통찰을 드러내기도 하며, 경외감을 자아내는 날것의 경험을 담은 첫 일기 두 권은 개인적 탐구에 나선 젊은이의 두서없고 감정적인 단상들이었다.

나중에 나는 여행을 과학적 탐구라기보다는 목표에 한걸음씩 다가가는 순례로 이해하게 되었다. 하지만 그 목표란 어떤 장소가 아니라 마음의 상태이며, 목적지가 아니라 순례자가 궁극적으로 추구하는 깨달음과 해방으로 가는 길이다. 언젠가 헤밍웨이는 작가에게 가장 중요한 준비 작업은 흥미로운 인생을 사는 것, 세상이 꼭 들어야만 하는 이야기를 가지고 있는 것이라고 말했다. 당시에 나는 작가가 되고 싶은 열망은 없었지만 흥미로운 인생을 살고 싶은 마음은 간절했다.

그 인생의 여정에서 나는 여러 가지 교훈을 얻었다. 인생은 단선적이지도, 뻔하지도 않다. 커리어는 무슨 코트처럼 걸칠 수 있는 게 아니다. 그건 내 발걸음마다, 선택과 경험마다 내 주변에서 유기적으로 자라나는 것이다. 그 하나하나가 쌓이면서 이루어진다. 내 수준에 못 미치는 일이란 없다. 스스로 그렇게 만들지 않는 한 어떤 것도 시간 낭비가 아니다. 콜롬비아 보고타의 나이 지긋한 어느 택시 운전사가, 인도의 방랑하는 성자나 사하라의 어느 신비주의자 성인 못지않게 가르침을 줄 수도 있다. 세상 밖에는 심지어 내가 가르침을 받았다는 것을 깨닫지 못할 만큼 너무도 많은 스승들이 있다.

우리가 하는 일이란 세상을 바라보고 경험하는 렌즈, 그것도 한동안만 이용하는 렌즈에 불과하다. 목표는 살아가는 것 그 자체이며 한 사람의 사명은 어느 것도 궁극적으로 계획되거나 예비될 수 없고, 인간의 삶처럼 복잡한 것의 결과를 예측할 청사진은 없음을 온전히 깨닫는 것이다. 만약 우리가 상상한 적 없는 세상이 제시하는 약속에 열려 있다면, 마법이 일어나고 삶은 형태를 갖춘다.

그 첫 장기 여행 당시 콜롬비아 산악지대에서 지내는 동안 나는 페드로라는 어느 캄사족 샤먼을 만났다. 그는 결코 잊지 못할 이야기를 들려줬다. "인생 초년에 너는 과거의 그늘 아래 산다. 너무 어려서 뭘 해야 할지 모른 채 말이다. 말년에는 너무 나이 들어 세상이 네 등 뒤로 다가오고 있음을 이해하지 못하지. 초년과 말년 사이에 네 인생을 밝게 비춰줄 작고 가는 한 줄기 빛이 있다."

긴 인생을 되돌아볼 때 지금까지 스스로 선택해왔음을 안다면 억울해할 이유는 별로 없다. 쓰라림은 강요된 선택을 후회하며 되돌아보는 사람들에게 찾아오는 것이다. 가장 창의적인 도전은 자신의 삶의 설계자가 되기 위한 몸부림이다. 여행을 통해서 나는 작가가 되었고, 작가가 되는 경이를 통해서 인내를, 타협하지 않는 것을, 내 운명에 나를 찾을 시간을 주는 법을 배웠다. 그리고 그것은 모두 저 첫 일기와 함께, '이해를 위해 불편을 감수'한다는 약속과 함께 시작되었다.

↗ 캐나다 브리티시컬럼비아의 자택에서 데이비스는 비범했던 탐험 인생의 추억과 물건들에 둘러싸여 있다. 그의 일기장은 무엇과도 바꿀 수 없는 물건이다. 부적이자 기념품, 오랜 친구이자 믿음직한 동반자다. 힘든 탐사, 울창한 정글에서 길을 탐색하는 즐거움과 난관을 묘사하는 통찰이 담겨 있지만, 한편으로 멋진 사람들과 그들 문화와의 만남으로 보답받는 기쁨이 담겨 있다.

올리비아 통

Olivia Tonge, 1858-1949

민물 게는 숙녀의 페티코트로 슬그머니 기어 올라와
집게발로 허벅지를 무는 것으로 알려져 있다.

1908년 올리비아 프랜시스 통은 원저앤뉴튼 스케치북을 집어 들어 '기묘한 단편'을 썼다. '옛날에 어느 할머니가 있었어. 마흔 살하고도 열 살 가까이 더 먹어 아주 늙었을 때 어느 날 이렇게 말했지. 야, 나는 그림을 그릴 테야… 그리고 참말이지 아무도 할머니를 막을 수 없었다네.' 그녀는 익숙한 삶을 뒤로 한 채 인도로 첫 대모험을 떠날 작정이었다.

글러모건셔에서 태어난 통(결혼 전 성은 피츠모리스)은 오스트레일리아를 탐험한 비글호의 보조 측량사였던 아버지의 이야기를 들으며 자랐다. 아버지는 열성적인 자연학자이자 풍경화가였고, 딸에게도 이 방면의 재능을 북돋았다. 지독한 근시였던 통은 아버지처럼 풍경에 대한 애정을 키울 수는 없었지만 그 대신 꽃, 새, 파충류를 그리는 데 재빨리 실력을 쌓았다. 쉰 살에 남편을 여의고 자식들은 장성하자 통의 인생에 새 막이 열렸다. 그녀는 인도와 오늘날의 파키스탄 지역을 두 차례 여행했고, 3년에 걸쳐 신드, 캘커타, 다르질링, 무수리, 러크나우, 카르시양과 카라치를 차례로 방문했다.

통은 열여섯 권의 스케치북에 정묘하고도 광범위한 시각적 기록을 담았다. 인도 문화, 공예품, 동식물군을 사적인 설명과 병치했다. 예를 들어 두꺼비가 섬세하고 정교한 보석 장신구 옆에 쭈그리고 있고, 새 한마리가 갑옷 허리띠 위에 앉아 있다. 통은 동시대에 가장 널리 여행한 예술가나 가장 다작한 예술가에 속하지 않음에도 자신이 여행한 땅의 활기를 아름답게 포착했다.

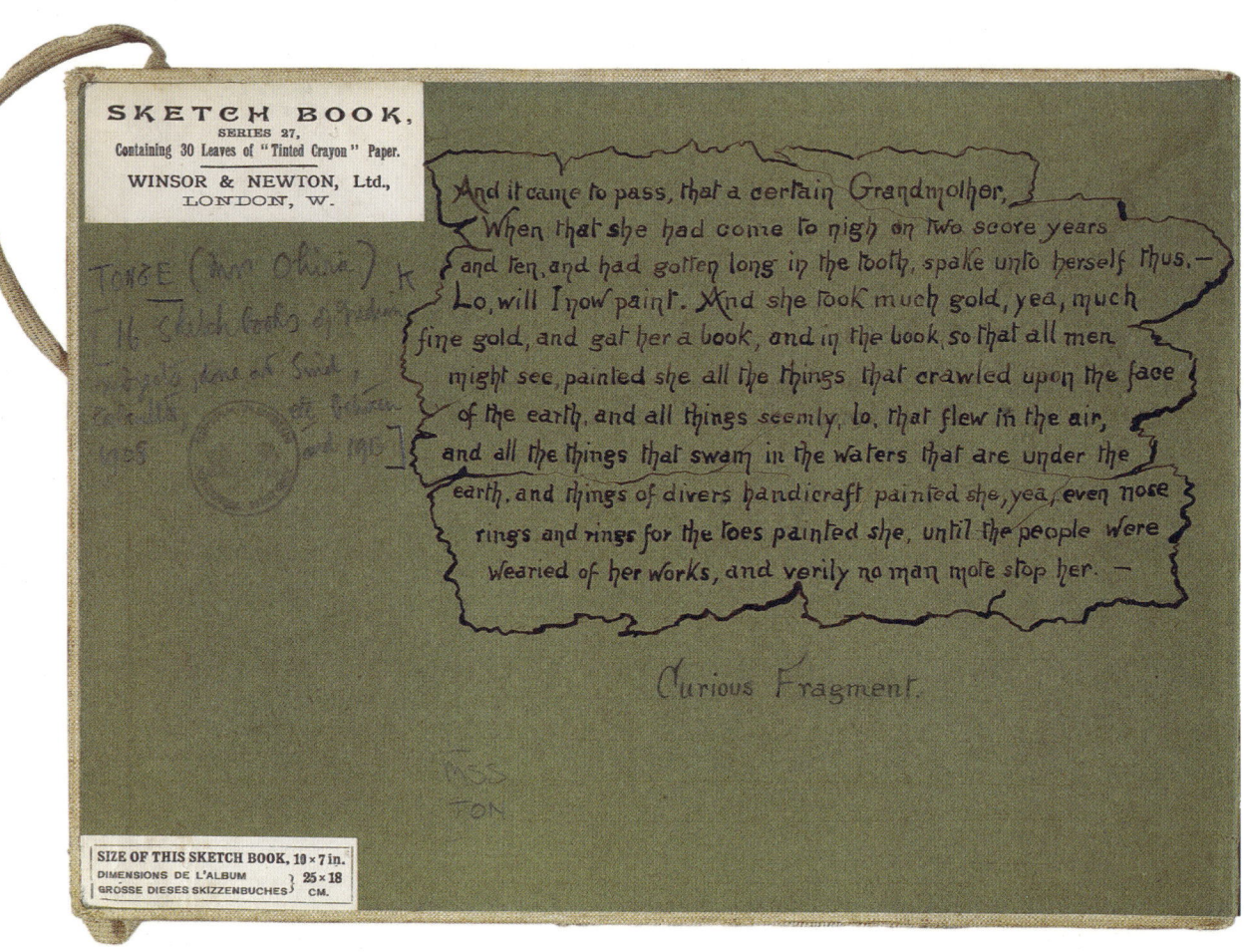

↘ 통은 스케치북 표지 안쪽에 이 글을 썼다. 일기라기보다는 여행에 대한 시각적 기록인 스케치북에는 '제비의 비행처럼 우아하게 헤엄치며', '살아 있는 먹이를 먹고, 상어의 속도로 먹잇감을 쫓는' 바닷게처럼 자신의 시선을 끈 것은 뭐든 담았다. 그녀의 그림은 특이한 요소들과 개인적인 감상을 결합하기에 딱 좋다. 뒷장의 그림들은 보석 장신구와 개구리, 두꺼비, 그리고 '인도 노상강도 또는 사람을 잡아먹는 악어'인데 인도 악어에는 '꽤 온순하며 수세기를 산다'는 설명을 적어 놓았다.

우에무라 나오미

Uemura Naomi, 1941-1984

찬란한 고독 가운데에서도 … 그것은 나를 시험하는 것이며,
내가 질색하는 한 가지는 다른 사람들 앞에서 나를 시험해야 하는 것이다.

1984년 2월 26일, 두 등반가가 북아메리카 최고봉인 알래스카 매킨리산의 높은 등성이에 있는 눈 동굴에서 일기를 발견했다. 그 일기는 2주 전에 매킨리 정상에 일본 국기를 꽂은 뒤 실종된 우에무라 나오미의 것이었다. 일기와 나란히 우에무라의 '자력 구조' 장치도 발견되었다. 어깨에 매는 대나무 막대기는, 크레바스에 빠질 경우 펼쳐서 스스로 빠져나올 수 있게 도와주는 장치였다. 어떤 의미에서 그는 제 성공의 희생양이었는데, 혹시 그의 자존심을 상하게 할까 봐 구조팀이 더 일찍 나서지 못했기 때문이다. 최고의 등반가이자 극지 여행가인 우에무라가 곤경에 빠진다는 것은 생각도 못할 일이었다.

우에무라는 일본 히다카에서 벼농사를 짓는 아버지의 여섯째이자 막내아들로 태어났다. 그가 나중에 농담한 바에 따르면 메이지 대학 재학 시절에 '깡마른 몸집을 키워볼' 요량으로 산악 등반을 시작했다고 한다. 숫기 없는 성격에 고독을 즐겼던 그는 등반에 푹 빠졌다. 얼마 안 가서는 이전까지 팀으로만 시도되던 등정을 혼자 해내면서 유명해졌다. 킬리만자로, 아콩카과, 몽블랑, 마터호른을 단독 등반하고, 일본을 걸어서 단독 종주했다. 6,000km에 이르는 아마존강을 단독 래프팅하고, 1970년 일본 최초의 에베레스트 등반대와 함께 에베레스트 정상을 밟았으며 매킨리산 단독 등정도 최초로 해냈다.

1978년 우에무라는 북극점 단독 도달을 시도하고자 엘즈미어섬 북부에서 허스키 열아홉 마리를 데리고 해빙을 건너려고 나섰다. 57일 뒤 북극점에 도달할 때까지 그는 수백 개의 프레셔 리지(유빙끼리 충돌하여 생기는 얼음 장벽)를 헤쳐 나갔고 얇은 얼음 때문에 개를 잃을 뻔했다. 또한 북극곰의 습격에서 살아남았다. 북극곰은 개 사료를 모두 먹어치우고 텐트를 망가트렸으며, 우에무라가 안에서 잠자고 있던 침낭을 찢어버렸다. 이튿날 북극곰이 다시 나타났을 때 우에무라는 총으로 쏴서 그 고기를 배고픈 개들에게 주었다.

그는 장비를 최소한으로 줄여서 점점 더 가볍고 빠르게 이동했다. 텐트 대신 눈 동굴 안에서 자고, 차가운 식량을 먹기로 작정해서 연료도 거의 가지고 다니지 않았다. 어쩌면 그것이 조난의 원인이었을 수도 있다. 1984년 우에무라는 매킨리산을 다시 찾았다. 1970년에 이미 정상을 단독 등정했지만, 이제 그의 목표는 겨울철에 그곳을 오르는 것이었다. 순조롭게 재빨리 등정한 그는 자신의 43세 생일에 정상을 밟아 목표를 이뤘다. 나중에 무전으로 일본 사진가들에게 연락한 그는 기뻐하며 캠프로 하산하고 있는 중이라고 말했다. 이튿날 소형 비행기가 그를 마지막으로 목격한 뒤, 짙은 먹구름이 매킨리산을 집어삼켰.

그가 남긴 일기장은 최후의 정상 등정을 시도하기 전 혹독한 여건을 보여준다. 크레바스 추락, 영하 40℃의 기온, 꽁꽁 언 식량을 녹일 연료의 부족…. 하지만 목표에 계속 정신을 집중하고자 불렀던 노래들을 적어둔 그 일기에는 유머와 내면의 강인함도 담겨 있다. 우에무라의 시신은 여전히 산 어딘가에 누워 있고, 그의 영혼도 그곳에 머물고 있는 듯하다. 1988년 알래스카 등반가 버넌 티저스는 겨울에 매킨리산 정상에 올랐다가 최초로 무사히 귀환했다. 폭풍을 피해 눈 동굴 안에 피신해 있는 동안 티저스는 일본어로 선배에게 인사를 건넨 뒤 '그의 영혼이 그곳에 있다는 느낌을 받았다'고 고백했다. 우에무라는 도전하려고 마음먹었던 것을 모두 완수했으니, 이 위대한 산은 이 특

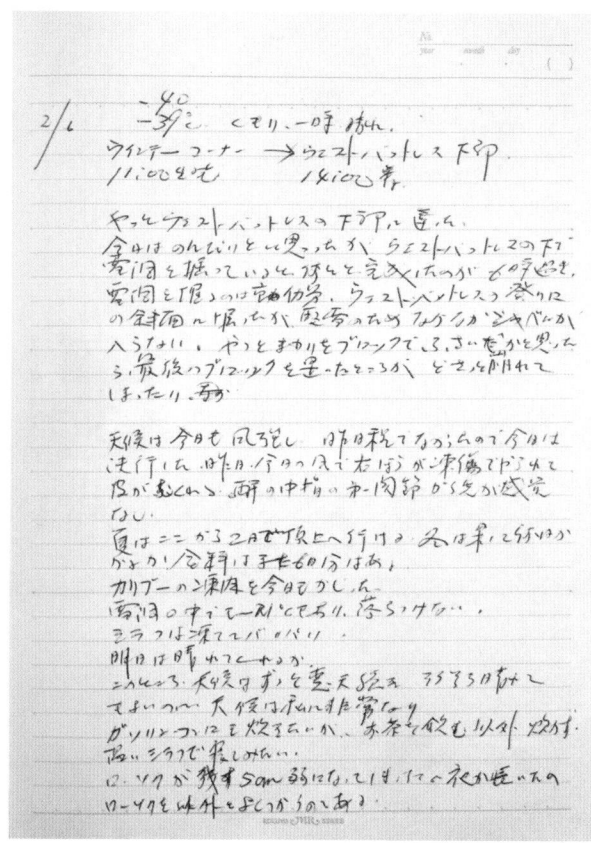

▲ 1984년 2월, 정상 등정에 성공한 우에무라가 매킨리산에서 실종된 뒤에 발견된 '동굴 일기'의 한 페이지. 그의 시신은 영영 찾지 못했다.

출한 여행가이자 조용하고 겸손한 사람에게 어울리는 마지막 안식처일지도 모른다. 언젠가 그가 "저기 바깥에 있는 바위에 서면, 나는 너무도 행복한 기분이 듭니다"라고 말한 대로다.

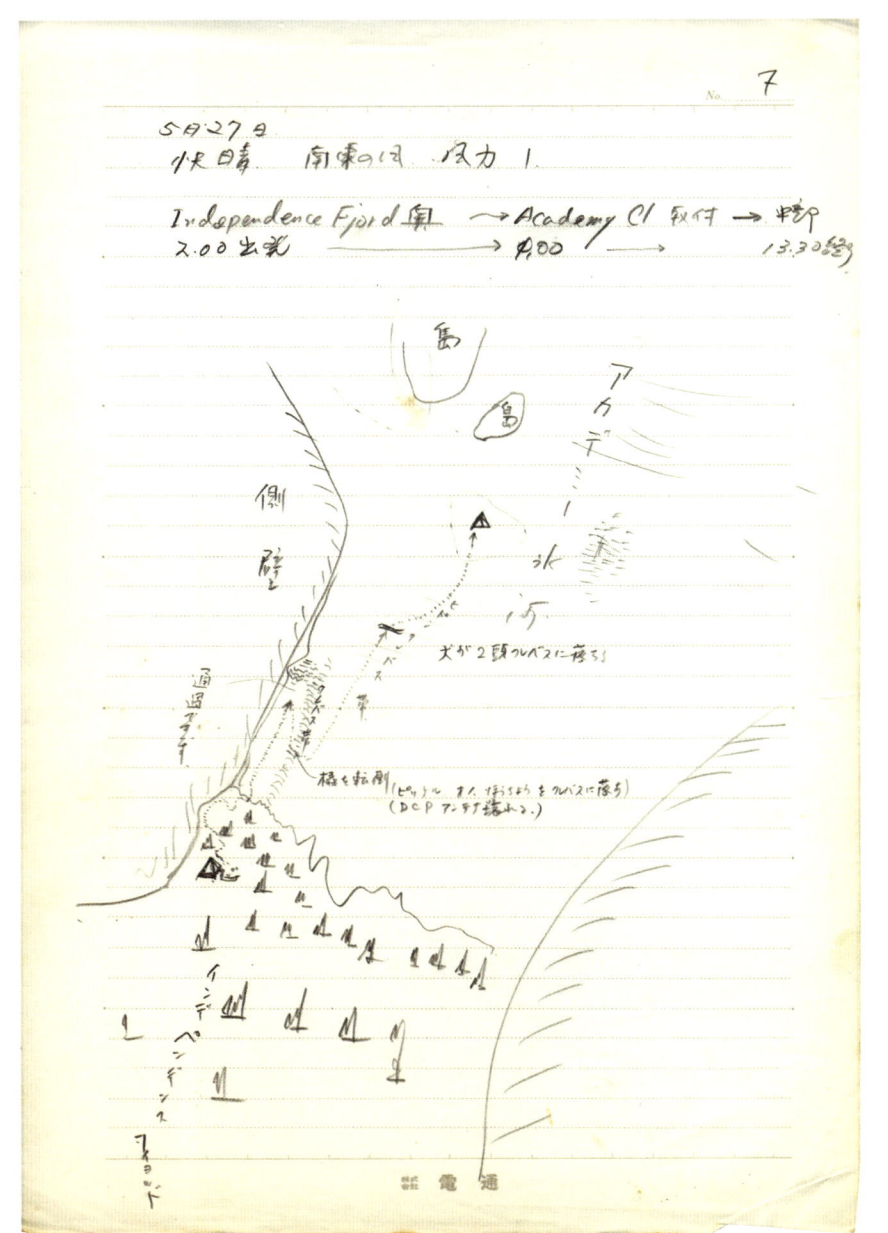
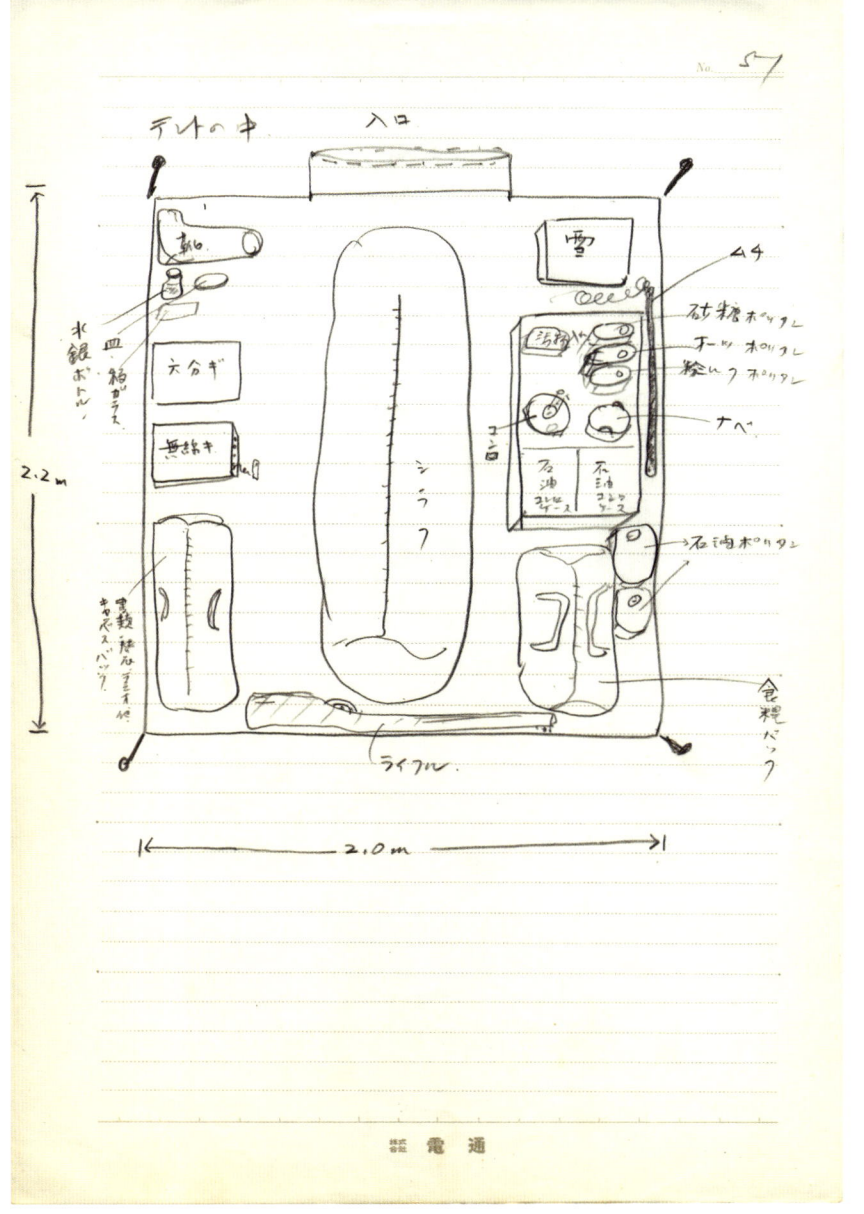

↗ 이 스케치들은 북쪽에서 남쪽으로, 그린란드 빙상 단독 종단 당시 우에무라의 일기에서 나온 것이다. 1978년 5월 우에무라는 인디펜던스 피오르에서 아카데미 빙하에 올랐다. 점선은 크레바스 지대를 가리키며, 점선 중간에 보이는 짧고 검은 선 두 개는 개 두 마리를 잃은 크레바스 지점을 가리킨다.
두 번째 스케치는 우에무라의 텐트 배치도로서, 중앙에는 침낭이 있고 머리맡에는 언제든 집을 수 있게 라이플을 놔두었다.

고드프리 비니

Godfrey Vigne, 1801-1863

수렵용 재킷은 무수한 호주머니 덕분에 언제나 최상의 여행복이며, 나는 호주머니 구석에 언제나 따뜻한 양말과 슬리퍼를 넣어 다녔다.

예술에 대한 열정을 채우고자 종종 변장을 한 채 탐험을 한, 용감하고 부유했던 변호사 고드프리 토머스 비니에 관해서는 알려진 것이 별로 없다. 그는 1831년에 아메리카와 캐나다 곳곳을 6개월간 둘러본 후 여행기를 펴내 처음으로 대중의 주목을 받았지만, 이 책에서 그가 한 자리를 차지하게 된 것은 그의 다음 모험 덕분이다.

1832년 잉글랜드를 떠나 인도로 향하는 배에 오른 비니는 다음 7년간 서부 히말라야를 여행하며 보냈다. 그는 카슈미르와 라다크를 널리 여행하고 티베트와 아프가니스탄에도 들어가봤다. 그해 봄에 카불에 당도했던 늠름한 스코틀랜드 탐험가 알렉산더 번스처럼, 비니도 서구인들이 좀처럼 구경한 적 없는 위험한 지방을 여행한 선구자로 여겨질 만하다.

비니는 그림을 그려서 위기 상황을 모면했는데, 보통 경계심을 품은 마을 주민이나 화가 난 족장도 수채화로 그려진 자신의 얼굴을 보고는 '노발대발 하다가 키득키득' 웃곤 했다. '나는 간단한 초상화를 두세 장 그려주고 약을 조금 나눠줘서 그들의 기분을 풀어주었다.' 아프가니스탄에 전운이 감돌자 비니는 눈에 띄지 않게 빠져나왔다. 어딜 가나 시선을 집중시키는 번스는 나중에 성난 군중에게 난자당하고 말았다.

무사히 귀환하자마자 비니는 이 대대적인 여행을 두 권의 책에 담았다. 『카불과 아프가니스탄 여행』, 『카슈미르 여행』은 1840년과 1842년에 각각 출판됐다. 이 책들은 다른 나라들, 특히 영국과 러시아가 중앙아시아에서 패권을 다투기 시작하던 바로 그 시점에 그 지역에 대한 귀중한 정보를 제공했다. 대중들은 그의 책을 읽고 제국의 주변부를 직접 보고 싶다는 열망을

↖ 1833년 3월, 페르시아로 가는 여행길에서 비니는 코사피나르 고개를 넘는 노새 카라반에 합류했다.

↙ 오늘날 이란 북부에 있는 헤자르 참 계곡. 찰루스강이 그림 같은 협곡 사이로 흘러가며 비니는 '숲으로 뒤덮인 산맥 사이로 즐겁게 떠돌았다'.

품었으며 몇 년 뒤 비니의 여행기와 그림은 런던 레스터 광장 한복판에 있는 카슈미르를 묘사한 거대한 원형 파노라마에 영감을 주었다.

하지만 방랑벽을 억제할 수 없는 비니는 이미 다른 모험을 찾아 떠나고 없었다. 그는 서인도제도의 외딴 섬에서도 니카라과와 멕시코의 정글에서만큼 행복했지만 1863년, 자신의 다음 책이 나오는 것을 보기 전에 세상을 떠났다. 여행길에서 그의 최대 호사는 '빠트려선 안 될 품위의 동반자'라고 부른 휴대용 의자로서, 좌석에 스케치 도구와 온도계, 육분의, 차를 끓일 도구들이 달려 있었다. 그는 자신을 '직업적인 작가도 임무를 받은 여행객도' 아닌, 그저 재미로 정치적이고 위험한 지역을 돌아다니는 사람으로 묘사했다. 실제로 그에게 '전설적인 낯선 땅을 방랑하며' 그 길에서 만난 사람들을 붓과 펜으로 묘사하고 싶다는 단순한 바람 말고는 별다른 동기가 없었던 듯하다.

비니가 여행 중에 만난 사람들을 그린 초상화를 통해 현지의 풍습과 인물을 내밀하게 엿볼 수 있다. 초상화는 그가 궁지에 빠졌을 때 흔히 긴장을 누그러뜨리는 역할을 하여 유용했다.

↗ 로하니족 족장 아미르 칸으로. 비니는 원정에 합류한 그를 1836년 카불에서 그렸다.

↗ 시아파 키질바시 가문의 수장인 무르타자 칸은 가즈니 근처에서 비니를 만나 카불까지 동행했다.

↗ 무르타자 칸의 신부

↗ 비니는 1836년에 도스트 모하마드의 궁정에서 페르시아 장군 압둘 사무트를 만나 즉시 그를 싫어하게 되었지만, 자신의 안위를 생각해서 그의 초상을 그리고 그가 요구하는 대로 브랜디를 내줄 수밖에 없었다. 압둘 사무트는 나중에 카불에서 부하라로 옮겨가 악명 높은 에미르의 오른팔이 되었고, 무수한 잔학 행위에도 가담했다고 전해진다.

앨프리드 러셀 월리스

Alfred Russel Wallace, 1823-1913

모든 것이 사라져버렸다.
내가 밟은 미지의 땅을 설명해주거나 내가 목격한 야생의 광경에 대한
기억을 되살려줄 단 하나의 표본도 남지 않은 것이다!

배가 불타는 사이, 앨프리드 러셀 월리스는 서둘러 구명보트에 올라타서 곤충과 식물, 새 표본 수천 점과 일기장이 불길에 휩싸이다가 이내 배와 함께 흔적도 없이 가라앉는 것을 바라보며 낙심했다. 그의 손에는 지도 한 장과 노트 몇 권, 그림 몇 장을 담은 작은 주석 상자밖에 없었다. 브라질 네그루강을 따라 탐사하며 보낸 4년의 세월 끝에 유일하게 남은 기록이었다.

측량사이자 독학의 자연학자인 월리스는 1848년에 곤충학자 헨리 월터 베이츠와 함께 아마존강 하구에 도착했다. 20대 중반인 두 친구는 잉글랜드 수집가들에게 표본을 팔아서 남아메리카 탐험 자금을 마련할 생각이었다. 약 일 년 뒤 두 친구는 갈라졌고, 월리스는 유럽 자연학자들이 탐험한 적 없는 네그루강 상류로 향했다. 그는 채집 활동을 즐거워했다. '내 컬렉션에 추가한 희귀하고 신기한 곤충을 볼 때면 얼마나 기쁜지! 학질瘧疾에 거의 몸을 가눌 수 없을 때도 숲으로 기어들어가 아름다운 미지의 생물종으로 보답 받은 적이 헤아릴 수 없이 많다.'

1852년에 이르자 열대 탐험 생활로 건강에 무리가 온 월리스는 아마존 지역을 떠나야만 했다. 말라리아로 여러 차례 죽을 고비를 넘겼고, 장전된 총을 잘못 다뤄 손의 일부를 날려버렸으며, 파라로 돌아왔더니 자신과 합류하고자 브라질로 온 동생이 황열병으로 세상을 떠났음을 알게 되었다. 월리스는 깊은 슬픔에 잠긴 채 헬렌호를 타고 고향으로 향했다. 26일 뒤에 헬렌호는 불길에 휩싸였고, 그의 소중한 표본들은 화장되고 말았다.

월리스는 이에 굴하지 않고 일 년 반 뒤에 잉글랜드를 떠나 말레이 군도로 향했다. 그는 그 해역의 주요 섬을 거의 빠짐없이 찾아가며 8년을 보냈다. 이번에는 무려 12만 6,500점의 자연사 표본을 가져오게 되는데, 그중에는 200종이 넘는 신종 조류 표본과 1,000종이 넘는 신종 곤충 표본도 있었다.

말레이 군도는 종 분포를 연구하기에 지리학적으로 안성맞춤인 무대였다. 롬복섬과 발리섬 사이 깊은 해협을 건넌 뒤 양쪽의 육지 동물과 새가 눈에 띄게 상이함을 알아차렸고, 자신이 두 동물학적 영역의 경계를 건넜다는 사실을 깨달았다. 한쪽에는 아시아에 전형적인 동물이, 한쪽에는 오스트랄라시아에 전형적인 동물이 있었다. 이 보이지 않는 경계선은 오늘날 '월리스선'으로 알려져 있다. 군도는 훗날 월리스가 '내 삶을 지배하는 중심적 사건'이라고 묘사할 일의 무대가 된다.

1858년, 말라리아로 고열에 시달리던 월리스는 불현듯 깨달음을 얻었다. 그는 공책을 펼쳐서 종의 기원에 관해 떠오르는 생각을 적었다. 회복되는 동안 이 착상을 발전시켜서 완성한 논문을 찰스 다윈에게 보냈다. 다윈은 월리스의 가설에 깜짝 놀랐다. 그도 20년 전에 동일한 착상을 했지만 가장 가까운 친구들한테만 이 생각을 털어놨었다. 그해 후반에 두 자연학자는 자연 선택에 의한 진화 이론의 공동 주창자로 소개되었다.

월리스는 만만찮은 과학적 논의들에 헌신하며 향후 50년을 보냈다. 그는 궁핍한 측량사에서 출발해 선도적인 진화 이론가, 선구적인 생물지리학자, 다작을 남긴 작가가 되었다. 언제나 다윈의 그늘에 가려지지만 겸손하며 온화하며 고결한 월리스는 애정을 담아 '과학의 대大원로'로 불린다.

↗ 월리스는 말레이 군도 일대를 8년 가까이 여행했는데, 그가 토착 배를 타고 이동한 거리는 22,530km에 이른다. 위 사진은 그가 1858년에 작성한 새와 곤충에 관한 노트이다. 이곳에서 보낸 시간은 훗날 과학자로서의 착상에 근간이 되었다.

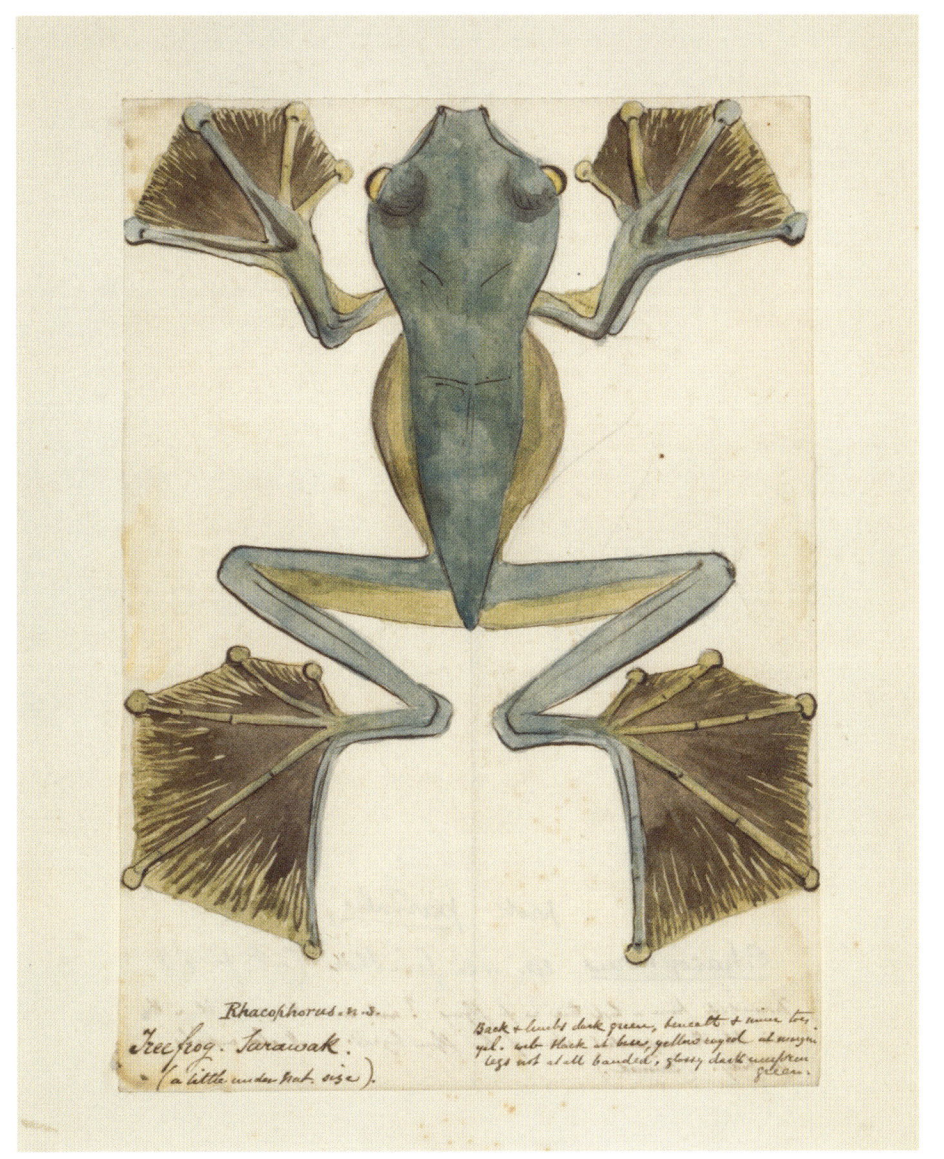

1855년 사라왁에서 월리스가 손수 그린 청개구리*Rhacophrous nigropalmatus* 채색화. 월리스는 '가장 기이하고 흥미로운 (양서류) 가운데 하나는 커다란 청개구리였다. … 이것은 날개구리로 알려진 최초의 사례인 듯하다'라고 썼다.

사라왁의 시문존 탄전 개간지에 있는 열대우림 나무 한 그루. 이 지역은 월리스가 관찰과 채집에서 대단한 성과를 거둔 지역 가운데 하나다. '하루는 76종을 채집했는데 그 가운데 34종이 내가 처음 보는 종이었다. 4월 말에 이르자 1,000종이 넘는 표본을 구했다.'

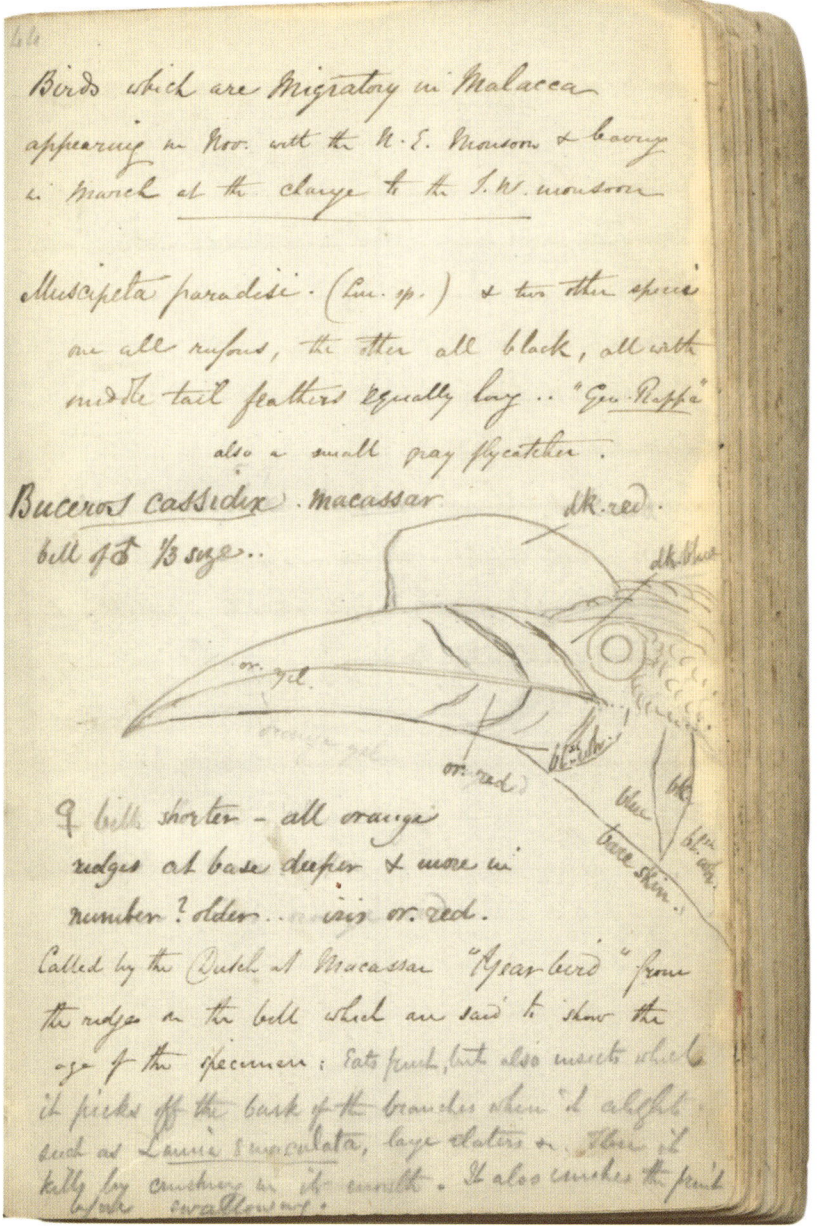

/ 1855년 사라왁에서 그린 암컷 코뿔새*Buceros rhinoceros*. 마카사르에서 작성한 노트에는 또 다른 멋진 코뿔새 스케치를 비롯해 관찰한 새들에 관한 더 상세한 내용이 적혀 있다.

해 질 녘 석양에 의지해 글을 쓰고 있는 지금도 서까래 사이로
흡혈박쥐가 파닥거리며 날아다니고 있다 …
이따금 으스스한 소리를 내며 내 귓가를 휙 스쳐 지나간다.

이제는 화첩에 안전하게 제본된 이 스케치들은 1848-52년 브라질 탐험을 마치고 돌아오는 길에 승선한 헬렌호에 불이 나서 가라앉을 때 가까스로 건져 올린 몇 안 되는 귀중한 물건들이다. 각종 그림과 방대한 채집 컬렉션은 모두 불길에 사라졌다.

제임스 월리스

James Wallis, 1785-1858

> 길도 없는 숲에서 나를 안내해준 … 지금은 세상을 떠난 잭을,
> 나와 피부색이 같은 수많은 동포들보다 더 따뜻한 마음으로 기억한다.

1816년 오스트레일리아의 뉴캐슬은 갓 생겨난 음울한 소읍이었다. 그곳은 250명가량의 위험한 죄수들이 사는 유형지였다. 삭막한 막사 안 비좁은 간이침대에 세 명씩 누워 잤다. 여름은 숨 막히게 더웠다. 눈에놀이와 모기가 죄수들을 괴롭혔으며 이질과 열병, 콜레라가 주기적으로 창궐했다. 죄수들의 머릿속에 맴도는 생각은 탈출뿐이었다. 하지만 아일랜드 출신의 직업 군인 제임스 월리스에게 뉴캐슬은 기회의 땅이었다.

1816년 6월부터 1818년 12월까지, 월리스 대위는 유형지의 사령관으로서 정착지 확장 계획을 야심차게 실시했다. 부하 병사와 죄수들이 머물 새로운 석조 병영을 건립하는 한편, 병원과 작업장, 학교, 교회도 지었다. 성직자를 구할 수 없었으므로 본인이 직접 예배를 집전했다. 새로운 환경을 기꺼이 받아들이는 월리스는 곧 현지 원주민들과 긴밀한 관계를 맺었는데, 특히 아와바칼족 족장과 친분을 쌓게 되었다. 월리스는 '부리곤' 또는 '잭'이라고 부르는 그 족장과 함께 사냥이나 탐험을 떠나곤 했다.

근무 중이 아닐 때면 월리스는 그림을 그리며 시간을 보냈다. 그가 오스트레일리아에 도착한 지 200년 뒤, 그의 화첩이 캐나다 온타리오주 찬장 바닥에서 발견되었다. 원주민, 동식물군, 풍경을 그린 이 잊힌 화첩은 그의 신부에게 줄 선물로 만들었던 것인데, 이제는 신생 식민 정착지에 대한 중요한 회화적 기록이 되었다. 월리스의 역사적 공헌은 이제는 번영한 뉴캐슬에 대한 가장 초기 묘사이자, 더 넓은 의미에서 갓 생겨나고 있던 나라와 그곳의 원주민 부족들에 대한 초상으로서 마침내 인정을 얻고 있다.

↗ '뉴사우스웨일스의 물고기.' 월리스 대위는 자신의 신부에게 줄 선물로, 공들여 그린 현지 동식물군과 원주민 그림을 모아 화첩을 만들었다.

월리스는 뉴사우스웨일스 원주민과 가까워졌다. 색으로 알려진 부리곤과 특히 친해졌는데, 이 그림에서 왼쪽에 보이는 사람이다. 중앙의 인물은 전사 복장을 갖췄다. 월리스의 그림은 자신이 그리는 대상과의 친근함을 드러내는데, 당대에는 극히 드문 경우였다.

존 화이트

John White, -1593

짐승과 새, 물고기, 나무, 마을 등에 관해
묘사해 오도록 … 실력 있는 화가도 데려가야 한다.

존 화이트의 특이한 삶에 관해서는 알려진 게 거의 없지만, 그가 매우 재능 있는 화가이며 또한 용감한 화가였다는 사실을 비롯해 몇 가지는 분명하다. 그의 뛰어난 수채화는 엘리자베스 시대의 아메리카를 처음 엿볼 기회를 제공했으며, 200여 년간 신세계에 대한 시각을 규정하게 되었다.

1540년대에 태어난 화이트는 1577년 5월에 사략선장私掠船 마틴 프로비셔가 금은보화가 있는 아시아로 갈 수 있는 북서항로를 탐색하는 항해에 동참하여 처음 모험을 맛봤다. 비록 최초로 목격한 그곳 주민과 보물에 관한 꿈같은 이야기만 듣고 돌아왔을 뿐이지만 그들은 그린란드와 배핀섬 해안을 탐험했다. 화이트는 이누이트족과의 산발적인 싸움을 기록하는데, 안타깝게도 이 일은 훗날 서로 다른 세계들이 충돌할 때 유럽인과 원주민 부족 간에 무수히 발생하게 될 치명적인 조우의 최초의 사례가 될 운명이었다.

'아메리카'는 (콜럼버스가 아니라) 카리브해 너머에 '노부스 오르비스', 즉 신세계가 있다는 사실을 깨달은 피렌체 뱃사람 아메리고 베스푸치에게 발견의 공로가 돌아가면서 1507년에 처음 지도상에 표시되었다. 화이트가 1585년 월터 롤리가 추진한 버지니아 원정의 화가로 임명되었을 때 그의 임무는 종이와 물감으로 그 지역의 모든 것을 포착하는 것이었다. 화이트의 예술을 통해 우리는 적대적인 지역에 새로운 공동체를 건설하기 위해 모든 위험을 무릅쓰고, 새로운 육지에 다가가면서 만나는 갖은 역경을 이겨내고, 언제 어디서나 새로운 생명체를 목격하는 날것의 경험을 들여다볼 수 있다. 그는 연필로 스케치를 하고, 진사辰砂(황하수은으로 이루어진 적색 광물 가루), 인디고(쪽빛 염료), 대자代赭(적철석이 함유되어 적갈색을 띠는 안료), 은박을 이용해 채색했다. 그가 그린 날치, 거북이, 해파리, 반딧불, 철갑상어, 참게에는 독특하고 풍요로운 새로운 에덴이 있었다.

언어학자이자 측량사인 토머스 해리엇이 화이트와 동행했는데, 두 사람은 함께 연안과 인근 정주지를 탐험하며 야생동물을 기록했으며 오늘날 노스캐롤라이나에 해당하는 지역의 해안선을 자세하게 그렸다. 화이트의 예술은 식민지 정착과 플랜테이션 건립 사업에 대한 투자를 촉진하고 정착민을 끌어 모으는 데 이용됐다. 그는 롤리를 위해, 그리고 여왕 엘리자베스 1세에게 정보를 전달하고 감명시키기 위해 공들여 이미지를 제작했다. 선구적인 자연 관찰일 뿐 아니라 선전물로서의 예술이었다.

화이트의 뒤를 따른 많은 이들이 한낱 조야하고 야만적인 미개인을 그린 데 반해, 숲에 살며 알곤킨어를 쓰는 인디언에 대한 화이트의 묘사는 섬세하며 후대의 정형화된 이미지에서 자유롭다. 화이트가 묘사하는 인디언들은 땅을 일구고 둑과 그물, 작살을 활용한 효과적인 기술로 물고기를 잡고, 조직화된 정주지에서 산다. 화이트가 잉글랜드로 돌아온 뒤, 최초 정착민들이 먹고 살기 위해 안간힘을 쓰며 무력에 의존하게 되자 그가 수채화로 기록한 인디언들과의 우호 관계는 깨졌다. 1586년에 식민지는 버려졌고 프랜시스 드레이크 제독이 남은 생존자들을 철수시켰다.

1587년, 화이트는 100명이 넘는 식민 개척민들을 데리고 버지니아로 다시 출항했다. 로어노크 체서피크만에 수립된 두 번째 정착지의 총독이 된 그는 작은 요새를 세웠다. 손녀인 버지니아 데어가 그곳에서 태어났지만 화이트는 손녀와 딸을 남겨둔 채 보급 물자를 가져오려고 다른 이들과 함께 절박한 항해에

↗ 1577년 프로비셔만 '블러디 포인트'에서의 산발적인 싸움을 다룬 그림. 탐험가들이 새로운 땅을 발견하고 자기 것으로 삼으면서 발생하게 된 유럽인과 원주민 간의 치명적인 여러 접촉 가운데 최초 사례다. 여기서 영국인들은 절벽 위에서 화살을 쏘는 이누이트에게 총을 쏘고 있다.

나서야 했다. 그는 몇 달 안으로 돌아올 수 있기를 바랐지만 에스파냐와의 전쟁이 다가오면서 1590년까지 돌아오지 못했는데, 그때에 이르자 정착지에서 사람의 흔적은 사라져버렸다. 로어노크의 '사라진 식민지'의 수수께끼는 아직까지 풀리지 않았다.

↗ 신세계를 묘사한 초기 해도 가운데 하나로, 북아메리카 동해안을 체서피크만부터 플로리다키스까지 기록했다. 1585년에 이 해도를 그린 존 화이트는 주요한 해안 지형지물을 모두 표시했으며, 월터 롤리의 문장紋章과 더불어 돌고래와 고래, 여타 바다짐승을 묘사했다.

↗ 화이트는 노스캐롤라이나 알곤킨 인디언의 언어와 생활방식을 기록했으며, 이는 아메리카대륙의 인류 정착지를 묘사한 가장 초창기 이미지다. 1585년 세코탄족 마을을 그린 이 그림은 그들의 일상생활과 윤작 농사뿐 아니라 하단 오른쪽에 보기 드물게 종교적 의례도 묘사했다. 이 의례는 '풋옥수수 축제'로 짐작된다.

↗ '포메오크족 족장 헤로완의 아내와 여덟 살이나 열 살 먹은 그의 딸.' 아이는 엘리자베스 시대 복식을 입은 인형을 들고 있다. 해리엇은 자신이 만난 아이들이 '잉글랜드에서 가져온 인형과 꼭두각시를 대단히 좋아한다'고 언급했다.

↗ 제의적인 춤을 묘사한 놀라운 그림으로, 역시 '풋옥수수 축제'를 묘사한 게 아닌가 싶다. 화이트의 임무는 신세계의 천혜 자원과 그곳 주민들의 특징을 '실물에 가깝게 그리는 것'이었다.

거기서부터 해안을 따라 육지의 북쪽 곶을 돌아서 귀환하여, 1586년 우리가 출발했던 장소에 다시 당도했다. … 나무 한 그루가 서 있는 모래 언덕에 다가가 보니, 그 꼭대기에는 기이하게도 로마자 'C R O'가 또렷하게 새겨져 있었다. 우리는 곧 그 글자들이 정착민을 찾을 수 있는 장소를 의미한다는 것을 알았다. 내가 마지막으로 그곳을 떠날 때 그들과 나 사이에 미리 정해둔 비밀 표식이었다.

↘ 화이트의 수채화는 런던 대영박물관에 소장되어 있다. 아메리카, 그리고 그곳 주민과 미지의 생물이 유럽인에 의해 단지 지평선 저 멀리 보이는 일련의 나무 정도로 인식되던 시절에 그려졌다고 생각하면 놀랍기 그지없다. 여기에 실린 것은 동부갈색펠리컨, '참게', 그리고 커다란 포르투갈전함해파리(투명한 몸이 꼭 카라벨선처럼 생겼다고 선원들이 붙인 이름)다. 이 해파리의 파란 촉수에 쏘이면 치명적일 수 있다.

1910—MAY

24. ○ Full Moon 5.39 a.m.

	23 M	24 T	25 W	26 TH	27 F	28 S	29 S

Temps
Thurs
————
12½m
grog
————
87° 45

We turned out as usual at 5·45 a.m. and there was some delay in getting off as Teddie Evans & his party of Crean & Lashley came along with us for a mile before turning back to go home. I was very sorry for Teddie Evans as he has spent 2½ years in working for a place on this polar journey. We are now 5 & as we have only 4 pairs of ski Bowers has to go on foot just behind Scott & myself.

Oates — Scott
      Bowers
Evans — Wilson

Our sledge is a pretty high pack.
— tent
— 5 sl. bags
Cooker
instrument box — biscuit boxes — tank

We had a perfect day without wind, calm & hot sun — but temp -16·8° though so warm. I took a bit of sun bath in the evening. The surface was bad, hoary sandy drifts and

About an hour later.
Nov. 14. 11 —

에드워드 윌슨

Edward Wilson, 1872-1912

부드러운 눈에 발이 푹푹 빠지니까 걷는 게 매우 지친다.
침낭과 아침, 저녁 식사는 이런 여건에서 살아가는 보람을 느끼게 해주는 즐거움이다.

도구 상자에 소중히 넣어둔 작은 가죽 가방에서 그들은 썰매 여행 일기와 스케치북 두 권, 아내에게 보내는 마지막 편지를 발견했다. 텐트 밖에서는 눈보라가 무섭게 몰아치는 가운데 윌슨이 써 내려간 마지막 생각이 거기 담겨 있었다. 8개월 동안 세 시신은 멈춰버린 시간 속에 누워 있었다. 탐험에는 이런 비참한 죽음을 감수할 만한 가치가 있는 것일까?

첼트넘에서 동네 의사의 둘째 아들로 태어난 윌슨은 자연과학을 공부하기 위해 케임브리지 대학에 입학했다. 그가 학창 시절에 쓰던 방은 각종 소묘와 무수한 새의 뼈, 두개골이 어지러이 널려 있었다고 전해진다. 독학으로 쌓은 그림 실력은 조류학에 대한 열정과 더불어 날로 발전했다. 윌슨은 스콧의 디스커버리 원정에 보조 외과의이자 미술가, 척추동물학자로서 참가했다. 그리고 1901년 8월, 결혼한 지 고작 3주 만에 배를 타고 남쪽으로 향했다. 그는 대영박물관에서 박제 기술을 포함해 물개 가죽과 뼈대를 관찰하는 법을 배우며 스케치를 시작했다.

신앙심이 깊었던 윌슨은 동료들을 진심으로 아끼고 이해심이 많아 원정 당시 가장 사랑받는 대원이었다. 그는 정감 있게 '빌 아저씨'로 통했고, 스콧은 정신적 지주와 귀감이 되는 윌슨에게 크게 의지했다. 윌슨은 긴긴 겨울밤에 상대적으로 따뜻한 오두막과 선실에서 촛불과 가스등 옆에 앉아 스케치를 토대로 무수히 많은 그림을 그렸다. 여름이면 야외에서 스케치를 했고, 온종일 썰매를 끌고 나서 설맹 상태가 되다시피 하면 '남극에서의 스케치 작업은 전혀 즐겁지 않은데 … 모든 손가락의 움직임이 서툴고 금세 너무 차가워져 손가락이 어디 달렸는지, 그게 손가락인지도 모르게 되기 때문'이라고 토로하기도 했다.

디스커버리 원정에서 돌아온 뒤 윌슨의 작품 전시회가 런던 브루턴 갤러리에서 열렸다. 윌슨은 '남극의 미묘한 색깔과 아름다움을 정확하게 전달한' 초창기 사람들 가운데 한 명이었으며 '이 기록들은 대개 사진처럼 정확하면서 훨씬 더 보기 좋다'는 호평을 들었다. 관람객 중에는 60년도 더 전에 자연학자로서 제임스 클라크 로스와 남극에 동행했던 88세의 후커도 있었다. 그는 '남극 스케치를 보려고 찾아왔다'. "그림들은 그 수효와 뛰어난 솜씨, 흥미로움에서 대단하다. … 윌슨 박사가 그린 새의 머리와 몸은 조류학적으로 완벽하다. 그야말로 살아 있다."

뇌조 질병 조사위원회의 야외 관측자로 임명된 윌슨은 스코틀랜드 황야에서 여러 해를 보내며, 천 마리가 넘는 새를 고생스레 해부한 다음 그림으로 그렸다. 1910년에 그는 테라노바 원정의 공식 미술가이자 동물학자, 과학 팀장으로서 친구인 스콧 함장과 함께 남극으로 돌아왔다. 1911년 6월에 그는 동료들을 이끌고 한겨울에 크로지어곶에 있는 황제펭귄 군집을 찾아갔는데, 시기 탓에 대부분의 시간 동안 칠흑 같은 어둠 속에서 이동했다. 후일 '세상 최악의 여정'이라고 불린 대단한 시도였다. 그 모든 고생이 황제 펭귄 알 세 개를 가져오기 위해서였다.

이후 윌슨은 두말할 필요 없이 남극점 정복을 위한 최종 원정대의 일원이 되었다. 1912년 3월 남극점에서 돌아오는 길에 그는 로스빙붕 위 텐트 안, 스콧 옆에서 숨을 거뒀다. 마지막 나날에 스콧은 윌슨의 아내에게 편지를 썼다. '이 편지가 당신에게 닿을 때면 저는 빌과 함께 이 세상에 없을 것입니다. … 그는 용감하고 진실한 사람으로, 생전과 마찬가지로 최고의 동료이자 가장 든든한 친구로서 죽었습니다.'

↘ 윌슨의 일기와 썰매 여행 스케치북은 우리를 그 운명적인 여정으로 곧장 데려간다. 1911년 11월 14일 멋진 햇무리를 보았지만 색칠할 시간이 없어 스케치 위에 설명을 상세하게 적어두었다.

↗ 상단에 쓰인 '온 힘을 다해'는 무거운 썰매를 직접 끄는 매일의 고역을 보여준다.

아침이면 언 양말을 신고, 언 장갑을 끼고,
서리가 덮여 축축한 풀로 속을 채운 꽁꽁 언 부츠를 신고서
아프도록 차가운 발로 실컷 고생하다가 다시 빠짐없이 짐을 싸서
썰매에 단단히 맨 다음 출발하여 짐 나르는 짐승의 작업으로 몸을 데운다.
이 모든 일에는 매혹적인 구석이 없지 않지만
안락하다고 할 수는 없는 일이다.

↖ 열렬한 조류학자인 윌슨은 두 차례 남극 탐사원정에서 황제펭귄을 즐겨 그렸다. 1902년 4월 8일 황제펭귄 약 열네 마리가 얼음 저편에 보이자 대원들은 달려 나가 배에 가까운 쪽으로 펭귄들을 몬 다음 과학의 이름으로 잡아 죽였다. '어떤 식으로든 기분 좋은 일이 아니었다'라고 윌슨은 일기에 썼다. '하지만 많든 적든 지금껏 아무도 이 새를 본 적이 없기 때문에 결코 놓칠 수 없는 기회였다. 최대한 좋은 표본 컬렉션을 가져가는 게 우리의 의무다.'

↗ 1911년 6월 27일부터 8월 1일, 에번스곶에서 크로지어곶까지 갔다가 돌아온 엄청난 여정을 담은 윌슨의 약도. 나중에 기행문학의 고전이 된 『세상 최악의 여정』으로 유명해진 비범한 위업이었다. 윌슨은 신선한 황제펭귄 알을 구하기 위해, 남극 한겨울에 두 동료를 데리고 내륙 깊숙한 곳까지 갔다. 기온이 영하 57℃까지 곤두박질치는 가운데 텐트를 잃어버린 그들은 어둠 속에서 위험천만하고 필사적인 여정을 이어갔다. 체리-개러드는 나중에 이렇게 썼다. '남극 탐험은 상상하는 것만큼, 또 들리는 것만큼 그렇게 끔찍하진 않다. 하지만 이 여정은 우리의 언어를 뛰어넘는다. 어떤 말로도 그 참상을 표현할 수 없다.'

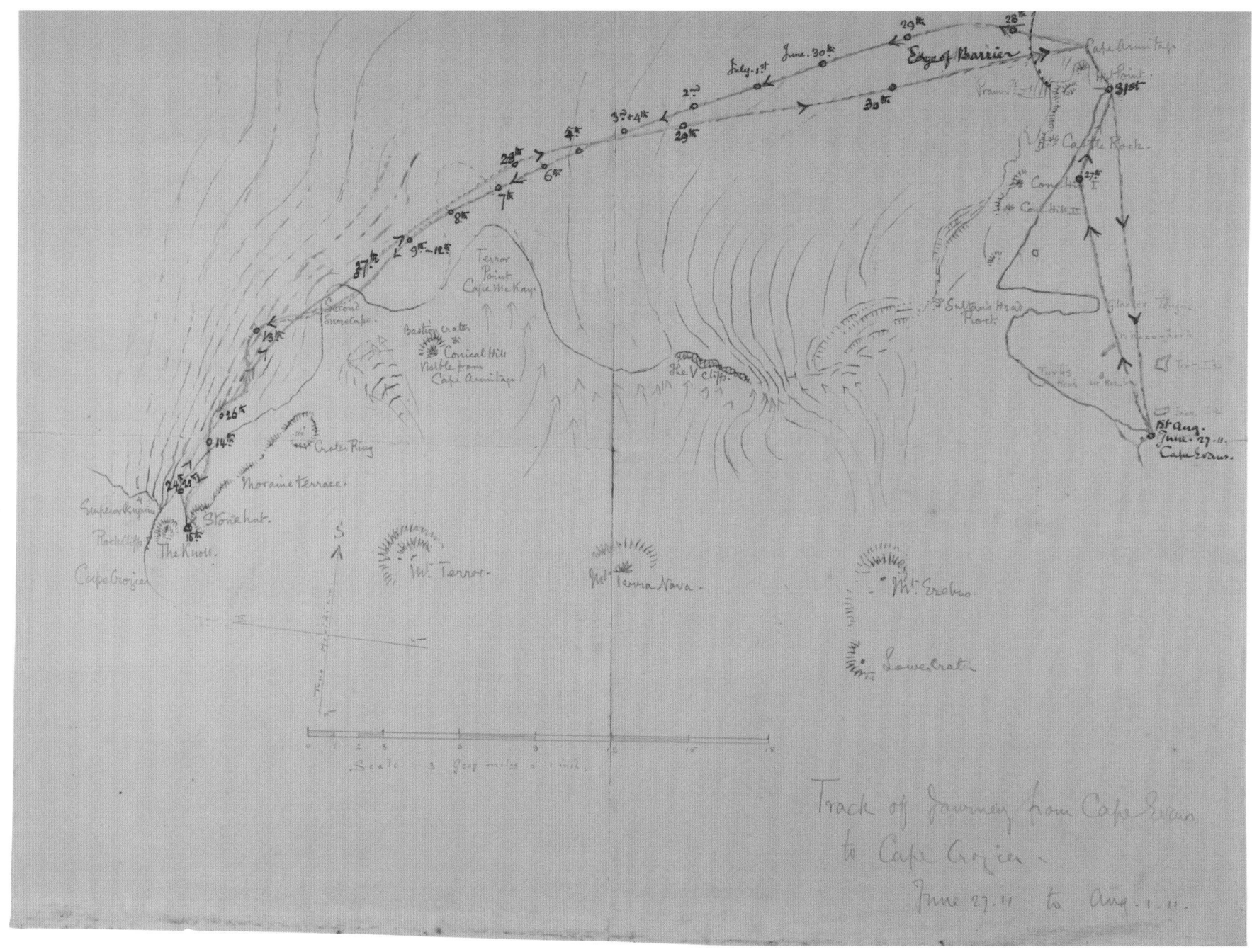

↗ 1911년 8월 13일에 그린 활화산 에러버스산. 낮이 점차 길어지고 빛이 돌아오고 있다. 곧 준비 작업이 시작되고, 최종 원정대는 에번스곶의 안전한 기지를 떠날 것이다. 그들은 결코 돌아오지 못했다.

↗ 1911년 4월, 추운 날씨 속에서 윌슨은 오늘날 맥머도 기지가 내려다보이는 옵저베이션힐 아래 펼쳐진 해빙을 스케치했다. 맥머도 기지는 그림에서도 보이는 작은 곶으로, 윌슨의 첫 남극 원정 당시의 근거지였다. 윌슨은 스케치에 복잡한 색깔 설명을 꼼꼼히 적어 두어 나중에 따뜻한 오두막에서 채색 버전을 완성할 수 있었다.

↗ 강풍에 피라미드 텐트를 설치하는 것은 까다로운 작업이지만 일단 안으로 들어오면 비교적 아늑하다. 여기서 윌슨은, 세 사람이 순록 가죽 침낭을 함께 덮고 있고 프라이머스에서 나오는 따뜻한 공기로 장비가 녹을 수 있게 텐트 꼭대기에 매달려 있는 모습을 그렸다. 이 스케치들은 1902년 윌슨의 첫 원정 때 그린 것이지만 장비는 1911년 스콧과 함께 남극점 도달을 시도했을 때와 별로 다르지 않다.

↗ 1912년 1월 16일에 목격한 운명적인 광경. 윌슨은 '우리는 검은 깃발, 그리고 북동과 남서 방향 양쪽으로 노르웨이인들의 썰매와 개가 지나간 흔적과 맞닥뜨렸다'고 적었다. 이튿날 윌슨과 다른 대원들은 남극점 위에 섰다. 황량한 풍경에서 그들은 캠프와 개 발자국, 바람에 찢긴 깃발, 텐트의 흔적을 발견했다. 그들이 보기 두려워했던 확실한 증거가 있었다. 노르웨이 원정대가 그들보다 먼저 도착했던 것이다.

더 읽을 책

로알 아문센
Amundsen, Roald, *The North West Passage*, Constable, 1908
— *The South Pole*, John Murray, 1912
— *My Life as an Explorer*, Heinemann, 1927
Kløver, Geir (ed.), *The Roald Amundsen Diaries*, Fram Museum, 2010

존 제임스 오듀본
Audubon, John James, *Ornithological Biography* (A. Black, 1838)
— *The Birds of America*, Audubon, 1840 (『북미의 새』, 김성호 해설, 그림씨, 2018)

존 올조
Auldjo, John, *Narrative of an Ascent to the Summit of Mont Blanc*, Longman & Co., 1828
— *Sketches of Vesuvius*, Longman & Co., 1833

토머스 베인스
Baines, Thomas, *Explorations in South West Africa*, Longman & Co., 1864
— *Shifts and Expedients of Camp Life, Travel, and Exploration*, Horace Cox, 1871
Wallis, J. P. R. (ed.), *The Northern Goldfields Diaries of Thomas Baines*, Chatto & Windus, 1946

헨리 월터 베이츠
Bates, Henry Walter, *The Naturalist on the River Amazons*, John Murray, 1863
Crawforth, Anthony, *The Butterfly Hunter*, University of Buckingham Press, 2009

루트비히 베커
Darragh, Thomas (ed.), *A Letter From Australia*, Garravembi Press, 1993
Tipping, Marjorie (ed.), *Ludwig Becker*, Melbourne University Press, 1979

윌리엄 비비
Beebe, William, *Galapagos*, Putnam, 1924
— *The Arcturus Adventure*, Putnam, 1926
— *Half Mile Down*, Harcourt, Brace, 1934

거트루드 벨
Bell, Gertrude, *The Desert and the Sown*, Heinemann, 1907
— *Amurath to Amurath*, Heinemann, 1911
The Letters of Gertrude Bell, Selected and Edited by Lady Bell, Benn, 1927
Howell, Georgina, *Daughter of the Desert*, Macmillan, 2006

프란츠 보아스
Boas, Franz, *The Indian Tribes of the Lower Fraser River*, Spottiswoode, 1894
— *Race, Language and Culture*, University of Chicago Press, 1940
Müller-Wille, Ludger, *The Franz Boas Enigma*, Baraka Books, 2014

크리스 보닝턴
Bonington, Chris, *Everest*, Penguin, 1975
— *Mountaineer*, Baton Wicks, 1996
— *Quest for Adventure*, Hodder & Stoughton, 1981 / (『세계의 대탐험』, 이정임·정미나 역, 생각의나무, 2007)
— *Boundless Horizons*, Weidenfeld & Nicolson, 2000

얀 브란더스
Bruijn, Max de and Raben, Remco (eds), *The World of Jan Brandes, 1743–1808*, Waanders, 2004

길리언 프랜스
Prance, Ghillean, *Leaves*, Thames & Hudson, 1985
— *Rainforests of the World*, Harvill, 1998
— *That Glorious Forest*, New York Botanical Garden, 2014

아델라 브레톤
Giles, Sue and Stewart, Jennifer, *The Art of Ruins*, City of Bristol Museum, 1989
McVicker, Mary, *Adela Breton*, University of New Mexico Press, 2005

윌리엄 버첼
Burchell, William, *Travels in the Interior of Southern Africa*, Longmans, 1822

하워드 카터
Carter, Howard and Mace, A. C., *The Discovery of the Tomb of Tut-Ankh-Amen*, Cassell, 1923 (『투탕카멘의 무덤』, 김훈 역, 해냄, 2004)
— *Tutankhamen*, Libri, 1998
Herbert, George, Earl of Carnarvon, *Five Years' Explorations at Thebes*, Henry Frowde, 1912
James, T. G. H., *Howard Carter*, Tauris, 2006

브루스 채트윈
Chatwin, Bruce, *In Patagonia*, Penguin, 1977 / (『파타고니아』, 김훈 역, 현암사, 2012)
— *The Songlines*, Viking, 1987 (『송라인』, 김희진 역, 현암사, 2012)
Chatwin, Elizabeth and Shakespeare, Nicholas (eds), *Under the Sun*, Jonathan Cape, 2010

제임스 쿡
Aughton, Peter, *Endeavour*, Cassell, 2002
Beaglehole, J. C. (ed.), *The Journals of Captain James Cook on His Voyages of Discovery*, Cambridge University Press, 1955–74
— *The Life of Captain James Cook*, Black, 1974

윌리엄 히턴 쿠퍼
Cooper, W. Heaton, *The Hills of Lakeland*, Warne, 1938
— *The Tarns of Lakeland*, Warne, 1946
— *The Lakes*, Warne, 1966
— *Mountain Painter*, Peters, 1984

찰스 다윈
Darwin, Charles, *Voyage of the Beagle*, Colburn, 1839 (『찰스 다윈의 비글호 항해기』, 장순근 역, 리잼, 2013)
Barlow, Nora (ed.), *Charles Darwin's Diary of the Voyage of H.M.S. 'Beagle'*, Cambridge University Press, 1933
Hodge, Jonathan and Radick, Gregory (eds), *The Cambridge Companion to Darwin*, Cambridge University Press, 2003
Keynes, Richard, *The Beagle Record*, Cambridge University Press, 1979

아멜리아 에드워즈
Edwards, Amelia, *A Thousand Miles up the Nile*, Longmans, 1877
Rees, Joan, *Writing on the Nile*, Institute for Advanced Research, 1992

찰스 에번스
Evans, Charles, *Eye on Everest*, Dobson, 1955

래널프 파인스
Fiennes, Ranulph, *Hell on Ice*, Hodder & Stoughton, 1979
— *To the Ends of the Earth*, Hodder & Stoughton, 1983
— *Mad, Bad and Dangerous to Know*, Hodder & Stoughton, 2007

마거릿 폰테인
Fountaine, Margaret, *Love Among the Butterflies*, Collins, 1980
— *Butterflies and Late Loves*, Collins, 1986

비비언 푹스
Fuchs, Vivian and Hillary, Edmund, *The Crossing of Antarctica*, Cassell, 1958
— *Of Ice and Men*, Nelson, 1982

오이겐 폰 게라르트
Guerard, Eugene von, *Tinted Lithographs Illustrative of the Landscape Scenery of Victoria, New South Wales, South Australia and Tasmania*, Hamel & Ferguson, 1867
Pullin, Ruth, *Nature Revealed*, National Gallery of Victoria, 2011

로빈 한버리-테니슨
Hanbury-Tenison, Robin, *The Rough and the Smooth*, Hale, 1969
— *Mulu*, Weidenfeld & Nicolson, 1980
— *Worlds Apart*, Arrow, 1984

찰스 턴불 해리슨
Rossiter, Heather (ed.), *Mawson's Forgotten Men*, Murdoch, 2011

스벤 헤딘
Hedin, Sven, *My Life As an Explorer*, Cassell, 1926 (『마지막 탐험가』, 윤준·이현숙 역, 뜰, 2010)
— *Silk Road*, Routledge, 1938
— *History of the Expedition in Asia, 1927–1935*, Elanders, 1943

월리 허버트
Herbert, Wally, *Across the Top of the World*, Longmans, 1969
— *Hunters of the Polar North*, Time-Life Books, 1981
— *The Noose of Laurels*, Hodder & Stoughton, 1989
— *The Polar World*, Polarworld, 2007
— Lewis-Jones, Huw, *Across the Arctic Ocean*, Thames &

Hudson, 2015

토르 헤위에르달
Heyerdahl, Thor, *The Kon-Tiki Expedition*, Allen & Unwin, 1950
— *Early Man and the Ocean*, Vintage, 1980
— *Easter Island: The Mystery Solved*, Stoddart, 1989

에드 힐러리
Hillary, Edmund, *High Adventure*, Hodder & Stoughton, 1955
— *No Latitude for Error*, Hodder & Stoughton, 1961
— *View from the Summit*, Doubleday, 1999
Hunt, John, *The Ascent of Everest*, Hodder & Stoughton, 1953

윌리엄 호지스
Quilley, Geoff and Bonehill, John (eds), *William Hodges*, Yale University Press, 2004
Smith, Bernard, *European Vision and the South Pacific*, Yale University Press, 1985

엑토르 오로
Horeau, Hector, *Panorama d'Egypte et de Nubie*, 1841

알렉산더 폰 훔볼트
Humboldt, Alexander von, *Personal Narrative of Travels to the Equinoctial Regions of the New Continent During the Years 1799–1824*, Longman, 1822
Helferich, Gerard, *Humboldt's Cosmos*, Gotham Books, 2004
Wulf, Andrea, *The Invention of Nature*, John Murray, 2015 (『자연의 발명』, 양병찬 역, 생각의힘, 2021)

앨런 빈
Bean, Alan, *Apollo: An Eyewitness Account*, Greenwich Workshop Press, 2002
— *Painting Apollo*, Smithsonian, 2009

메리웨더 루이스
Devoto, Bernard (ed.), *The Journals of Lewis and Clark*, Houghton Mifflin, 1953
Gilman, Carolyn, *Lewis and Clark*, Smithsonian, 2003

칼 린나이우스
Blunt, Wilfrid, *The Compleat Naturalist*, Frances Lincoln, 2002
Jarvis, Charles, *Order Out of Chaos*, Linnean Society of London, 2007
Koerner, Lisbet, *Linnaeus*, Harvard University Press, 2001
Smith, James Edward (ed.), *Lachesis Lapponica*, Cochrane, 1811

데이비드 리빙스턴
Livingstone, David, *Missionary Travels and Researches in South Africa*, John Murray, 1857
Jeal, Tim, *Livingstone*, Yale University Press, 2013
Pettitt, Claire, *Dr Livingstone, I Presume?*, Profile, 2007
Waller, Horace (ed.), *The Last Journals of David Livingstone in Central Africa*, John Murray, 1874

조지 로
Lowe, George, *Because It Is There*, Cassell, 1959
Lewis-Jones, Huw, *The Conquest of Everest*, Thames & Hudson, 2013 (『에베레스트 정복』, 조금희 역, 하루재클럽, 2015)
— *The Crossing of Antarctica*, Thames & Hudson, 2014
Lewis-Jones, Huw (ed.), *Letters from Everest*, Polarworld, 2013

막시밀리안 공
Wied-Neuwied, Prince Maximilian de, *Voyage au Bresil*, Bertrand, 1822
— *Travels in the Interior of North America*, Ackermann, 1843

마거릿 미
Mee, Margaret, *Flowers of the Brazilian Rainforests*, Tryon Gallery, 1969

— *Return to the Amazon*, Stationery Office, 1996
Mayo, Simon, *Margaret Mee's Amazon* (Royal Botanic Gardens, 1988)

마리아 지빌라 메리안
Merian, Maria Sibylla, *The Surinam Album*, Folio Society, 2006 (『곤충, 책』, 윤효진 역, 양문, 2004)
Stearn, W. T., *The Wondrous Transformations of Caterpillars*, Scolar Press, 1978
Wettengl, K. (ed.), *Maria Sibylla Merian 1647-1717*, Hatje Cantz, 1997

잔 모리스
Morris, Jan, *Coronation Everest*, Faber & Faber, 1958
— *Venice*, Faber & Faber, 1960
— *Wales*, Viking, 1998
— *A Writer's World*, Faber & Faber, 2004 (『잔 모리스의 50년간의 세계여행』, 박유안 역, 바람구두, 2011)

에드워드 로턴 모스
Moss, Edward Lawton, *Shores of the Polar Sea*, M. Ward, 1878
Appleton, Paul, *Resurrecting Dr Moss*, University of Calgary, 2008

프리드쇼프 난센
Nansen, Fridtjof, *The First Crossing of Greenland*, Longman, 1892
— *Farthest North*, George Newnes, 1898
Huntford, Roland, *Nansen*, Duckworth, 1997

메리앤 노스
North, Marianne, *Recollections of a Happy Life*, Macmillan, 1892
Birkett, Dea, *Spinsters Abroad*, Blackwell, 1989
Middleton, Dorothy, *Victorian Lady Travellers*, Routledge, 1965

토니 포스터
Foster, Tony, *Sacred Places*, Foster Wilderness Foundation, 2015
Robinson, Duncan and Kennedy, Robert F. (eds), *Painting at the Edge of the World*, University of Washington Press, 2008

에드워드 노턴
Norton, Edward, *The Fight for Everest*, E. Arnold & Co., 1925
Norton, Christopher (ed.), *Everest Revealed*, History Press, 2014

헨리 올드필드
Oldfield, Henry Ambrose, *Sketches from Nipal*, W. H. Allen & Co., 1880

존 린턴 파머
Palmer, J. Linton, 'A Visit to Easter Island, or Rapa Nui, in 1868', *The Journal of the Royal Geographical Society of London*, 40, 1870, 167–81

시드니 파킨슨
Parkinson, Sydney, *Journal of a Voyage to the South Seas*, Charles Dilly, 1784
Joppien, Rüdiger and Smith, Bernard (eds), *The Art of Captain Cook's Voyages*, Yale University Press, 1985–87

티션 램지 필
Poesch, Jessie, *Titian Ramsay Peale, 1799-1885*, American Philosophical Society, 1961
Wild, Peter, Barclay, Donald, and Maguire, James (eds), *Different Travellers, Different Eyes*, Texas Christian University Press, 2001

로버트 피어리
Peary, Robert, *The North Pole*, Stokes, 1910
Bryce, Robert, *Cook & Peary*, Stackpole, 1997
Henderson, Bruce, *True North*, Norton, 2005

Herbert, Wally, *The Noose of Laurels*, Hodder & Stoughton, 1989

크누트 라스무센
Rasmussen, Knud, *People of the Polar North*, Kegan Paul & Co., 1908
— *Across Arctic America*, G. P. Putnam's, 1927
Bown, Stephen, *White Eskimo*, Douglas & McIntyre, 2016

필리프 게오르크 폰 레크
von Reck, Philip Georg, *An Extract of the Journals of Commissary von Reck*, Christian Knowledge Society, 1734
Hvidt, Kristian (ed.), *Von Reck's Voyage*, Library of Georgia, 1980

니콜라이 레리흐
Roerich, Nicholas, *Altai-Himalaya, A Travel Diary*, Frederick A. Stokes Co., 1929
— *Heart of Asia*, Roerich Museum, 1930

데이비드 에인리
Ainley, David, *Breeding Biology of the Adélie Penguin*, University of California Press, 1983
— *The Adélie Penguin: Bellwether of Climate Change*, Columbia University Press, 2002

로버트 팰컨 스콧
Scott, Robert Falcon, *The Voyage of the Discovery*, Smith, Elder, 1905 (『세상 끝 최악의 탐험 그리고 최고의 기록』, 박미경 역, 나비의활주로, 2017)
— *Scott's Last Expedition*, Smith, Elder, 1913
Fiennes, Ranulph, *Captain Scott*, Hodder & Stoughton, 2003
Jones, Max (ed.), *Journals*, Oxford University Press, 2008

어니스트 섀클턴
Shackleton, Ernest, *The Heart of the Antarctic*, Heinemann, 1909
— *South*, Heinemann, 1919 (『어니스트 섀클턴 자서전 SOUTH』, 최종옥 역, 뜨인돌, 2004)
Fisher, Margery and James, *Shackleton*, Barrie, 1957
Hurley, Frank, *Argonauts of the South*, Putnam's, 1925

제프 서머스
Somers, Geoff, *Antarctica*, Polarworld, forthcoming
Steger, Will, and Bowermaster, Jon, *Crossing Antarctica*, Bantam, 1992

존 해닝 스피크
Speke, John Hanning, *Journal of the Discovery of the Source of the Nile*, Blackwood, 1863
— *What Led to the Discovery of the Nile*, W. Blackwood & Sons, 1864
Maitland, Alexander, *Speke and the Discovery of the Source of the Nile*, Constable, 1971

프레야 스타크
Stark, Freya, *Baghdad Sketches*, John Murray, 1937
— *A Winter in Arabia*, John Murray, 1940
— *Beyond Euphrates*, John Murray, 1951
— *Dust in the Lion's Paw*, John Murray, 1961
Geniesse, Jane Fletcher, *Passionate Nomad*, Chatto & Windus, 1999 (『정열의 방랑자』, 이은주 역, 달과소, 2005)

마크 오렐 스타인
Stein, Marc Aurel, *Sand-Buried Ruins of Khotan*, Unwin, 1903
— *Ruins of Desert Cathay*, Cambridge University Press, 2014
Mirsky, Jeanette, *Aurel Stein Archaeological Explorer*, University of Chicago Press, 1977
Whitfield, Susan, *Aurel Stein on the Silk Road*, British Museum, 2004

아벌 타스만
Duyker, Edward (ed.), *The Discovery of New Zealand*, Tasmanian Government, 1992
Heeres, J. E. (ed.), *Abel Janszoon Tasman's Journal of His Discovery of Van Diemen's Land and New Zealand in 1642*, Muller, 1898

존 턴불 톰슨
Thomson, John Turnbull, *Some Glimpses into Life in the Far East*, Richardson, 1865
— *Glimpses into Life in Malayan Lands*, Oxford University Press, 1984
— 'Extracts from a Journal Kept during the Performance of a Reconnaissance Survey of the Southern Districts of the Province of Otago', *The Journal of the Royal Geographical Society of London*, 28, 1858, 298–332

콜린 더브런
Thubron, Colin, *The Lost Heart of Asia*, Heinemann, 1994
— *In Siberia*, Chatto & Windus, 1999 (『시베리아』, 황의방 역, 마인드큐브, 2018)
— *Shadow of the Silk Road*, Chatto & Windus, 2006 (『실크로드』, 황의방 역, 마인드큐브, 2018)
— *To a Mountain in Tibet*, Chatto & Windus, 2011

알렉산드린 티네
Gladstone, Penelope, *Travels of Alexine*, John Murray, 1970
McLoone, Margo, *Women Explorers in Africa*, Capstone Press, 2000
Tinne, John A., *Geographical Notes of Expeditions in Central Africa by Three Dutch Ladies*, Brakell, 1864
Willink, Robert Joost, *The Fateful Journey*, Amsterdam University Press, 2011

웨이드 데이비스
Davis, Wade, *The Serpent and the Rainbow*, Warner, 1985 (『나는 좀비를 만났다』, 김학영 역, 메디치미디어, 2013)
— *One River*, Simon & Schuster, 1996
— *Shadows in the Sun*, Island Press, 1998 (『시간 밖의 문명』, 임자경 역, 무우수, 2006)
— *Light at the Edge of the World*, Douglas & McIntyre, 2001 (『세상 천 개의 얼굴』, 김훈 역, 다빈치, 2011)
— *Sacred Headwaters*, Greystone, 2012

올리비아 통
Gates, Barbara T., *Kindred Nature*, University of Chicago Press, 1998
Magee, Judith, *Art of Nature*, Natural History Museum, 2009

우에무라 나오미
Uemura, Naomi, and Talmadge, Eric, *Homage to Naomi Uemura*, Bungeishunju, 1991

고드프리 비니
Vigne, Godfrey Thomas, *Six Months in America*, Whittaker, Treacher, 1832
— *A Personal Narrative of a Visit to Ghuzni*, Whittaker, Treacher, 1840
— *Travels in Kashmir*, Colburn, 1842
— *Travels in Mexico*, Allen, 1863

앨프리드 러셀 월리스
Wallace, Alfred Russel, *The Malay Archipelago*, Macmillan & Co., 1869 (『말레이 제도』, 노승영 역, 지오북, 2017)
— *Narrative of Travels on the Amazon and Rio Negro*, Lock, 1889
Hemming, John, *Naturalists in Paradise*, Thames & Hudson, 2015
Marchant, James (ed.), *Alfred Russel Wallace*, Cassell, 1916
Raby, Peter, *Alfred Russel Wallace*, Chatto & Windus, 2001

제임스 월리스
Wallis, James, *Captain Wallis' Most Interesting and Historical Account of New South Wales and Its Settlements*, Folio Press, 1821

존 화이트
Burrage, Henry (ed.), *Early English and French Voyages*, Scribner's, 1906
Hulton, Paul, *America, 1585*, British Museum, 1984
Sloan, Kim, *A New World*, British Museum, 2007

에드워드 윌슨
Cherry-Garrard, Apsley, *The Worst Journey in the World*, Constable, 1922
King, Harry (ed.), *Diary of the 'Terra Nova' Expedition*, Blandford, 1972
King, Harry (ed.), *South Pole Odyssey*, Blandford, 1982
Roberts, Brian (ed.), *Edward Wilson's Birds of the Antarctic*, Blandford, 1967
Savours, Ann (ed.), *Diary of the 'Discovery' Expedition*, Blandford, 1966

일러스트레이션 크레딧

a = 상, b = 하, c = 중앙, l = 좌, r = 우

© David Ainley 242, 244, 245
akg-images 145, 168, 170, 171, 172, 173
Alpine Club Photo Library, London 28, 29, 30, 31
American Museum of Natural History, New York.
Courtesy of the Division of Anthropology 57
American Philosophical Society, Philadelphia 2br, 4, 56, 58, 59, 150, 151, 152, 153, 222, 223, 224, 225, 226, 227
Auckland War Memorial Museum – Tāmaki Paenga Hira, Sir Edmund Hillary Archive (MS-2010-1) 132, 133
Audubon, M. R., Audubon and his Journals (New York: Scribner's Sons, 1897) 24
Photography Cristian Barnett 272, 273
Bates, H. W., The Naturalist on the River Amazons (London: John Murray, 1863) 40
© Alan Bean 146, 149
Staatsbibliothek zu Berlin 144
The Bodleian Library, University of Oxford 87 (MS Eng e3685, MS Eng e3725); Courtesy British Academy, London 260 (MS Stein 324, fol. 86), 261 (MS Stein 187)
Chris Bonington Picture Library 61
Bristol Museums, Galleries & Archives 72, 73, 74, 75
The British Library Board, London 88 (Add MS 15500, f11), 89 (Add 15500, f1), 91 (Add 27886, ff176v – 177), 92 (Add 31360, f32r), 93 (Add 7085, f17), 195 (WD3223) 196 (WD3244), 197 (WD3260), 199 (WD3261), 210 (WD3317), 211 (WD3278), 212 (WD3308), 213 (WD2833), 220 (Add 9345, f14v), 221 (Add 23920, f66r, Add 23920, f71r), 306l (Add 47459, f202v); © Falcon Scott 246, 247, 248, 249 (Add 51035)
The Trustees of the British Museum, London 178, 179, 180, 181, 182, 183, 300, 301, 302, 303, 304, 305
© Bungeishunju 288
Reproduced by kind permission of the Syndics of Cambridge University Library 98, 99
Royal Library, National Library of Denmark, Copenhagen 2al, 20, 230, 231, 232, 233, 234, 235, 236, 237
Academy of Natural Sciences at Drexel University, Philadelphia. ANSP Entomology, Peale Collection 16
Dutch National Archives, The Hague 262, 264, 265 (1.11.01.01, inv. 121)

Biblioteca Nazionale Centrale, Florence 12l
Getty Images/National Geographic/Photo Sissie Brimberg 229
© Griffith Institute, University of Oxford 3al, 82, 83, 84, 85, 100, 101, 140, 141, 142, 143
Courtesy Haags Historisch Museum 274, 275, 276, 277, 278, 279
Photography Martin Hartley/Art Direction Huw Lewis-Jones: Bonington Collection 60; Prance Collection 68, 70; Heaton Cooper Studio 21, 94, 95, 96, 97; Evans Collection 102, 103; Fiennes Collection 104, 105; Fuchs Collection 17, 108, 109; Hanbury-Tenison Collection 114, 115; Herbert Collection 126, 127, 128, 129; Lowe Collection 164, 165, 166, 167; Morris Collection 184, 185; Foster Collection 200, 202, 203; Somers Collection 252, 253
© Sven Hedin Foundation, at Museum of Ethnography, Stockholm 122, 123, 124, 125
Hocken Collections, Uare Taoka o Hākena, University of Otago 268 (92/1184), 269 (92/1306), 270 (92/1311, 92/1312), 271 (92/1308)
Houghton Library, Harvard University, Cambridge, MA 25 (MS AM 21.018, MS AM 21.088), 26 (MS AM 21a recto, MS AM 21.051), 27 (MS AM 21.050), 32al (Typ 825 32.1757, seq. 12), 32ar (Typ 825 32.1757, seq.8), 32bl (Typ 825 32.1757, seq. 15), 32br (Typ 825 32.1757, seq. 16), 33 (Typ 825 32.1757, seq. 13)
Joslyn Art Museum, Omaha, Nebraska, Gift of the Enron Art Foundation, 509.NNG 169
Royal Botanic Gardens, Kew 175, 176, 177, 194, 198
Kon-Tiki Museum, Oslo 130, 131
By permission of the Linnean Society of London 154, 155, 156, 157, 158, 159
Livingstone, D., The Last Journals of David Livingstone in Central Africa (London: John Murray, 1874) 160
© David Livingstone Centre. From Wisnicki, A. S. (ed.) 'Livingstone's 1871 Field Diary: A Multispectral Critical Edition' (Los Angeles: UCLA Digital Library, 2011. http://livingstone.library.ucla.edu/1871diary/) 161
Museum Africa, Johannesburg 76, 77, 78, 79, 80b, 81
NASA/Johns Hopkins University Applied Physics Laboratory/Southwest Research Institute 12r

Collection of the National Geographic Society. Photo Mark Hensley 228
The Trustees of the Natural History Museum, London 35r, 36, 37, 41, 42, 43, 106, 107, 218, 219, 284, 285, 286, 287, 294, 295, 296, 297
State Library of New South Wales, Sydney 1, 90, 110, 116, 117, 118, 119, 120, 121, 134, 135, 136, 137, 138, 139, 263, 266, 267, 298, 299; Dixson Galleries 111, 112, 113
© Norton Everest Archive 2ar, 204, 205, 206, 207, 208, 209
National Library of Norway, Oslo 19ac, 22, 23, 190, 191, 192, 193
Oxford University Museum of Natural History 80a
Herbert Ponting 14
Private Collection 314
Harry Ransom Center, The University of Texas at Austin 259
Rijksmuseum, Amsterdam 10, 62, 63, 64, 65, 66, 67
Courtesy Nicholas Roerich Museum, New York 238, 239, 240, 241
Royal Anthropological Institute, London. Photographer unknown 19ar
Royal Geographical Society (with IBG), London 15, 19bl, 34, 35l, 38, 39, 52, 53, 54, 55, 162, 163, 214, 215, 216, 217, 250, 254, 255, 256, 257, 258
© Eric Saczuk 280, 283
Scott Polar Research Institute, University of Cambridge 19br, 186, 187, 188, 189, 306r, 307, 308, 309, 310, 311, 312, 313; with permission of the Hon. A Shackleton 251
© Naomi Uemura 289
State Library of Victoria, Melbourne 2bl, 3r, 44, 45, 46, 47
Victoria & Albert Museum, London 290, 292, 293
© Wildlife Conservation Society. Used by permission 48, 49, 50, 51

감사의 말

이 책은 여러 사람들의 지지와 전문적 지식에 크게 힘입었다. 기록보관인과 개인 수집가, 사서부터 후손과 베테랑 탐험가, 현장연구 과학자에 이르기까지 모두가 자신들의 경험을 너그럽게 공유해줬다. 이 프로젝트의 협력자로서 귀중한 통찰을 아끼지 않은 데이비드 에인리, 앨런 빈, 웨이드 데이비스, 토니 포스터와 역시 뛰어난 서문을 기고해준 로버트 맥팔레인에게 감사드린다. 템스앤드허드슨 출판사의 모든 팀원들, 새러 버넌-헌트, 새러 프레일, 조앤너 뉴러스, 레이철 헬리, 우리의 요구에 따라 별별 요상한 도판을 찾아준 폴린 허브너, 누구보다 이 책을 위해 애쓴 콜린 리들러에게 감사드린다. 소중한 리들러가 없었다면 이 책은 나오지 못했을지도 모른다. 가족들 가운데서는 이제는 최고의 할머니도 되신 어머님 두 분, 사랑과 격려를 아끼지 않으신 힐러리 보일 박사님과 레이디 메리 허버트께 특히 감사드린다. 그리고 바쁜 부모님을 꾹 참아준 우리 딸 넬에게 누구보다도 고맙다. 우린 스케치북 한두 권을 챙겨서 너와 함께 야생에 나갈 날을 고대하고 있어. 우리처럼 너도 거기서 많은 영감을 얻길 바란다.

색인

가우리산카르봉 Gaurishankar 206
가즈니 Ghazni 292
감달라 계곡 Gamdhala Valley 261
갸충캉산 Gyachung Kang 207
골턴, 프랜시스 Francis Galton 194
그랜트, 제임스 James Grant 15, 254
그레고리, 오거스투스 Augustus Gregory 34
그레이트배리어리프 Great Barrier Reef 218
그레이트플레인스 Great Plains 168, 222
그린란드 Greenland 126, 186, 190, 228, 231, 288, 300
금성 태양면 통과 transit of Venus 218, 269

나미비아 Namibia 34
나일강 River Nile 15, 100, 101, 104, 140; 나일 강 수원 Source of the Nile 160, 163, 254, 276
난센, 프리드쇼프 Fridtjof Nansen 19, 22, 190–93
난센산 Mount Nansen 126
남아프리카 South Africa 62, 76, 78, 107, 160, 194
낭가파르바트 Nanga Parbat 95
네그루강 Rio Negro 294
네즈퍼스족 Nez Perce Indians 150, 153
네칠리크족 Netsilik 22, 230
네팔 Nepal 102, 132, 210, 211, 212
노르웨이 Norway 22, 95, 104, 130, 190
노스, 메리앤 Marianne North 194–99
노스다코타 North Dakota 150, 168
노스캐롤라이나 North Carolina 13, 300, 302
노이마이어, 게오르크 폰 Georg van Neumayer 110, 111
노턴, 에드워드 Edward Norton 204–09
뉴사우스웨일스 New South Wales 93, 299
뉴욕식물원 New York Botanical Garden 69
뉴질랜드 New Zealand 88, 93, 110, 113, 132, 134, 137, 164, 167, 194, 218, 220, 262, 263, 269
뉴펀들랜드 Newfoundland 88, 90
니앙웨 Nyangwe 8, 161
니카라과 Nicaragua 228, 290

다리엔 지협 Darien Gap 281
다마스쿠스 Damascus 272, 274
다윈, 찰스 Charles Darwin 40, 98–99, 144, 194, 294
달링강 Darling River 46
더브런, 콜린 Colin Thubron 18, 272–73

데이르엘바리 Deir el-Bahri 82, 85
데이비스, 웨이드 Wade Davis 280–83, 314
도스트 모하마드 Dost Mohammad 293
돈황 敦煌 Dunhuang 261
드라이도펠, 다피트 David Dreidoppel 168
드레이크, 프랜시스 Francis Drake 300
딩카족 Dinka 274

라다크 Ladakh 239, 290
라스무센, 크누트 Knud Rasmussen 13, 230–33
라파누이 Rapa Nui 214, 216 (→이스터섬 참조)
라플란드 Lapland 8, 154, 155, 156
러크나우 Lucknow 284
런던 대영 박물관 British Museum, London 76, 214, 305
런던 린나이우스 협회 Linnean Society of London 155, 156
런던 알파인 클럽 Alpine Club, London 28, 102, 204
레리흐, 니콜라이 Nicholas Roerich 238–41
레바논 Lebanon 258, 274
레이크지방 Lake District 95, 96, 253
레졸루션호 Resolution 88, 90, 134, 137
레크, 필리프 게오르크 폰 Philip Georg von Reck 234–37
로, 조지 George Lowe 132, 164–67
로런스, 토머스 에드워드 Thomas Edward Lawrence 52
로비, 토르스테인 Torstein Raaby 131
로스, 제임스 클라크 Ross, James Clark 307
로스빙붕 Ross Ice Shelf 126
로스섬 Ross Island 243, 246
로스해 Ross Sea 146, 243, 244
로어노크 Roanoke 300
로체 사면 Lhotse Face 164
로키산맥 Mountains Rocky 150, 222
로프노르 Lop Nur 122
롤리, 월터 Walter Ralegh 13, 300
롬복 Lombok 294
롱, 스티븐 Stephen Long 222
롱슬립산 Mount Longslip 270
루드베크, 올로프 Olof Rudbeck 154
루이스, 메리웨더 Meriwether Lewis 150–53, 243
루이스와 클라크 탐험대 Lewis and Clark expedition 24, 150, 152, 222
룩소르 Luxor 140
리니안티 Linyanti 160
리빙스턴, 데이비드 David Livingstone 8, 13, 34, 34, 160–63, 274
리우데자네이루 Rio de Janeiro 76, 218

린나이우스, 칼 Carl Linnaeus 8, 154–59
마야 Maya 15, 72
마오리족 Ma-ori 8–9, 16, 220, 262, 269
마키저스 제도 Marquesas Islands 130
마타벨렐란드 Matabeleland 34
마타우라 Mataura 269
마터호른 Matterhorn 288
막시밀리안 드 비트 Maximilian de Wied 1, 168–73
만단족 Mandans 150, 168
만리장성 Great Wall of China 114, 122
말레이 군도 Malay Archipelago 294, 294
매킨리산 Mount McKinley 288
맥팔레인, 로버트 Robert Macfarlane 6–7, 314
맬러리, 조지 George Mallory 204, 208
메리안, 마리아 지빌라 Merian, Maria Sibylla 9, 178–83
멕시코 Mexico 18, 72, 144, 290
멜버른 Melbourne 44, 110, 112
모스, 에드워드 로턴 Edward Lawton Moss 186–89
몬테비데오 Montevideo 99
몽골 Mongolia 15, 239
몽블랑 Mont Blanc 9, 29, 30, 61, 288
무수리 Mussoorie 194, 284
미, 마거릿 Margaret Mee 174–77
미국 United States of America 150, 194, 228
미주리강 Missouri River 150, 152, 168, 222, 225

바로다 Baroda 197, 199
바워스, 헨리 Henry Bowers 246
바칭거, 헤르만 Herman Watzinger 131
바타비아 Batavia 62, 218, 262
바턴, 오티스 Otis Barton 48
박타푸르 Bhaktapur 210
배핀만 Baffin: Bay 56; 섬 300
밴디먼스랜드 Van Diemen's Land 44, 110, 262 (→태즈메이니아 참조)
밴쿠버섬 Vancouver Island 186, 215
뱅크스, 조지프 Joseph Banks 88, 144, 218
버뮤다 Bermuda 48, 51, 186
버지니아 Virginia 150, 300
버첼, 윌리엄 William Burchell 8, 13, 76–81
버컨, 알렉산더 Alexander Buchan 218
버크, 로버트 Robert Burke 44
버크와 윌스 탐험대 Burke and Wills expedition 44
버턴, 리처드 Richard Burton 254, 274
버턴, 해리 Harry Burton 83

번스, 알렉산더 Alexander Burnes 290
베두인 Bedouin 278
베링 해협 Bering Strait 104, 214, 230
베수비오 Vesuvius 9, 32, 33
베스푸치, 아메리고 Amerigo Vespucci 300
베이루트 Beirut 52, 258, 276
베이츠, 헨리 월터 Henry Walter Bates 40–43, 294
베인스, 토머스 Thomas Baines 34–39
베커, 루트비히 Ludwig Becker 44–47
베클러, 헤르만 Beckler, Hermann 44
벨, 거트루드 Gertrude, Bell 52–55, 258
벨기카 탐사 Belgica expedition 22, 23
벨렝 Belém 76, 294
보닝턴, 크리스 Chris Bonington 60–61
보드머, 카를 Karl Bodmer 168
보르네오 Borneo 194, 253
보스텔만, 엘제 Else Bostelmann 48, 50
보아스, 프란츠 Franz Boas 9, 56–59
보터니만 Botany Bay 93, 218, 220
보토쿠도족 Botocudo 168, 171
봉플랑, 에메 Aimé Bonpland 144
부 베케르 Bu Bekker 274
부리곤 Burigon 299
부시먼족 Bushman 76
북서항로 Northwest Passage 22, 104, 230
북아메리카 북서부 Pacific Northwest Coast 56, 150, 214, 222
브라마푸트라 Brahmaputra 122
브라질 Brazil 71, 76, 77, 98, 99, 168–73, 174, 194, 218, 294
브란더스, 얀 Jan Brandes 10, 62–67
브레턴, 아델라 Adela Breton 19, 72–75
브루스, 찰스 Charles Bruce 204, 208
브리티시컬럼비아주 British Columbia 104, 186, 282
비글호 HMS Beagle 98–99, 284
비니, 고드프리 Godfrey Vigne 290–93
비비, 윌리엄 William Beebe 9, 18, 48–51
빅토리아 폭포 Victoria Falls 15, 34, 160, 162
빅토리아호 Lake Victoria 15, 163, 254
빈, 앨런 Alan Bean 146–49, 314

사라와 Sarawak 8, 114, 295
사미족 Sami 154, 155
사바 Sabah 114, 253
사우스조지아 South Georgia 139, 250
사하라 사막 Sahara Desert 104, 114, 274
상파울루 Sao Paulo 76, 77, 174
새클턴, 어니스트 Ernest Shackleton 13, 108, 244, 250–51

서머스, 제프 Geoff Somers 252–53
세이셸 Seychelles 194, 199
셔강 River Shire 162
세르파족 Sherpa 132
수리남 Suriname 69, 178
수족 Sioux 168, 222
슐츠, 리처드 에번스 Richard Evans Schultes 281
스리랑카 Sri Lanka 67, 114 (→실론 참조)
스몰란드 Småland 154, 157
스베르드루프, 오토 Otto Sverdrup 190
스콧, 로버트 팰컨 Robert Falcon Scott 11, 13, 15, 22, 132, 243, 246–49, 250, 253, 307, 312
스킹크 Skink 243
스타인, 마크 오렐 Marc Aurel Stein 260–61
스타크, 프레야 Freya Stark 19, 258–59, 272
스탠리, 헨리 모턴 Henry Morton Stanley 160, 162, 254
스튜어트, 존 John Stuart 44
스피츠베르겐 Spitsbergen 126, 190
스피크, 존 해닝 Speke, John Hanning 15, 17, 254–57, 274
시가체종 Shigatse Dzong 125
시리아 Syria 53, 258, 274
시베리아 Siberia 230, 239
시킴 Sikkim 102, 239
신드 Sindh 284
실론 Ceylon 62, 67, 194 (→스리랑카 참조)
실크로드 Silk Road 122, 261
십턴, 에릭 Eric Shipton 102, 132

아구티 agouti 71
아르헨티나 Argentina 95, 99
아리카라족 Arikara 168
아마존 Amazon 15, 40, 69–71, 76, 144, 174, 176, 281, 288
아메리카 America 24, 130, 168, 288; 중앙 48, 72; 북 88, 222, 234, 234; 남 114, 130, 144, 168, 178, 214, 281
아메리카 원주민 Native Americans 16, 222, 234
아문센, 로알 Roald Amundsen 11, 13, 22–23, 243
아부심벨 Abu Simbel 100, 142
아비장 Abidjan 104
아스피링산 Mount Aspiring 269
아와바칼족 Awabakal 298
아이거 Eiger 61
아콩카과 Aconcagua 288
아프가니스탄 Afghanistan 258, 261, 290
아프리카 Africa 15, 17, 254, 274; 동 108; 북 106, 274; 서 160; 남 34 (→남아프리카 참조)
안나푸르나 Annapurna 61; 제2봉 102

알곤킨족 Algonquians 300, 302
알라무트 Alamut 258; 강 258
알래스카 Alaska 22, 215, 230, 288
알프스 Alps 29, 52, 61, 95
압둘 사무트 Abdul Samut 293
양크턴족 Yanktonans 168
어빈, 앤드루 Andrew Irvine 204
어시니보인족 Assiniboin 168
에귀유뒤드뤼 Aiguille du Dru 61
에드워즈, 아멜리아 Amelia Edwards 100–01
에드워즈, 윌리엄 헨리 William Henry Edwards 40
에러버스산 Mount Erebus 250, 310
에번스, 에드거 Edgar Evans 246
에번스, 찰스 Charles Evans 102–03
에번스곶 Cape Evans 15, 18
에베레스트산 Mount Everest 15, 61, 102, 104, 132, 133, 164, 167, 184, 204, 209, 288
에이리, 데이비드 David Ainley 242–45, 314
에티엔, 장루이 Jean-Louis Étienne 253
엔데버호 Endeavour 8, 93, 218
엘레판트섬 Elephant Island 250
오듀본, 존 제임스 John James Audubon 24–27, 24
오로, 엑토르 Hector Horeau 140–43
오리노코 Orinoco 114, 144
오스트랄라시아 남극 탐험대 Australasian Antarctic Expedition 116, 116, 117
오스트레일리아 Australia 34, 44, 72, 88, 110, 113, 194, 218, 253, 262, 284, 298
오스트레일리아 원주민 Aborigines 44, 218, 220
오악사카 Oaxaca 72, 281
오츠, 로런스 Lawrence Oates 246
오타고 Otago 269, 269, 270
오토에 Otoe 222, 225
올드필드, 헨리 Henry Oldfield 210–13
올조, 존 John Auldjo 9, 28–33
와일드, 프랭크 Frank Wild 116, 250
왕가의 계곡 Valley of the Kings 82, 140, 140
왕립지리학회 Royal Geographical Society 108, 114, 214, 254, 258
우바르 Ubar 104
우에무라, 나오미 Uemura Naomi 13, 288–89
울루루 Uluru 253
웁살라 Uppsala 154
워디, 제임스 James Wordie 108
워슬리, 프랭크 Frank Worsley 250
월리스, 앨프리드 러셀 Alfred Russel Wallace 8, 40, 294–97
월리스, 제임스 James Wallis 298–99
윈저앤뉴튼 Winsor & Newton 117, 284

윌스, 윌리엄 William Wills 44
윌슨, 에드워드 Edward A. Wilson 19, 246, 306–13
윌크스, 찰스 Charles Wilkes 22; 탐사원정 222, 225
음비가 Mbwiga 255
이누이트 Inuit 16, 22, 56, 56, 126, 128, 190, 190, 230, 232, 300, 300
이라크 Iraq 52, 53, 55
이란 Iran 261; (→페르시아 참조)
이스터섬 Easter Island 130, 214 (→라파누이 참조)
이외아호 Gjoa 22
이집트 Egypt 82, 100, 140, 274, 275
이집트탐사기금 Egypt Exploration Fund 82, 100
인더스 Indus 122; 인더스 코히스탄 Kohistan 261
인도 India 134, 194, 194–97, 199, 239, 261, 284
인도네시아 Indonesia 62, 262
인듀어런스호 Endurance 108, 250, 251
인버카길 Invercargill 269
일본 Japan 72, 194, 262, 288

자바 Java 62, 62, 194
잔 모리스 Jan Morris 184–85
잔지바르 Zanzibar 8, 15, 160
잠베지강 Zambezi River 34, 35, 160, 163
장 바하두르 라나 Jang Bahadur Rana 210, 212
잭슨, 프레더릭 Frederick Jackson 190
제섭, 오거스터스 Augustus Jessup 222
제이한호 Zeehaen 262
제퍼슨, 토머스 Thomas Jefferson 150, 243
조지 고개 Zoji 239
조지아 Georgia 222; 식민지 234
중국 China 214, 239, 258, 261
중앙아시아 Central Asia 18, 122, 239, 258, 261
지키읍 209

차드호 Lake Chad 274
차이나맨스걸리 Chinaman's Gully 110
찰라 고개 Chala Pass 258
찰루스강 Chalus River 290
채트윈, 브루스 Bruce Chatwin 9, 86–87
채프먼, 제임스 James Chapman 34
천불동 Caves of the Thousand Buddhas 261
초오유산 Cho Oyu 102, 132, 207
치첸이트사 Chichén Itzá 72, 73
칠레 Chile 99, 214, 216
칠룬데오 (아소카 사원) Chillundeo (Asoka's Temple) 212
침니 버트레스 Chimney Buttress 95
침보라소 화산 Chimborazo 145

카나번 백작 Earl of Carnarvon 82
카라치 Karachi 284
카라코룸 Karakorum 61
카루고원 Karoo Plains 76
카르나크 Karnak 141
카르시양 Karsiyang 284
카불 Kabul 261, 290, 292, 293
카슈미르 Kashmir 239, 261, 290
카이로 Cairo 140, 274
카이요, 프레데리크 Frédéric Cailliaud 140
카일라스산 Mount Kailas 272
카터, 하워드 Howard Carter 82–85
카트만두 Kathmandu 164, 210, 211, 212
카펀테리아만 Gulf of Carpentaria 34, 44
칸첸중가 Kangchenjunga 102
칼라하리 사막 Kalahari Desert 160
캄사족 Kamsa 282
캐나다 Canada 186, 194, 230, 290
컴벌랜드 협만 Cumberland Sound 9, 57
케이프 식민지 Cape Colony 34
케이프타운 Cape Town 34, 76, 77
켈리마네 Quilimane 160
코냐-조닌 Konya-Djonin 238
코뿔새 Buceros rhinoceros 296
코사피나르 고개 Kosapinar Pass 290
코안-인 Koan-In 238
코지어스코산 Mount Kosciuszko 110, 111
콘티키호 Kon-Tiki 130
콜럼버스, 크리스토퍼 Christopher Columbus 130, 300
콜롬보 Colombo 62, 67
콜롬비아 Colombia 144, 281, 282
콩키스타도르 conquistador 130
콰키우틀족 Kwakiutl 56
쿠퍼, 윌리엄 히턴 William Heaton Cooper 20, 94–97
쿡, 제임스 James Cook 8, 13, 17, 88–93, 134, 144, 148, 218, 269
쿡, 프레더릭 Frederick Cook 22, 228
쿡산 Mount Cook 269
쿨루 계곡 Kullu Valley 239
퀸메리랜드 Queen Mary Land 116
퀸모드산맥 Queen Maud Range 126
큐 왕립식물원 Kew Gardens 174, 194, 199
크로지어곶 Cape Crozier 307, 308
크리족 Cree 168
클라크, 윌리엄 William Clark 150, 153

클러세트곶 Cape Classet 215
키질바시 Qizilbash 292
키파할그와 Kipahalgwa 234

타스만, 아벨 Abel Tasman 262–67
타클라마칸 사막 Taklamakan Desert 122, 261
타파탈리 Thappatalli 212
타히티 Tahiti 214, 218, 220, 225
태즈메이니아 Tasmania 22, 44, 110, 113, 116, 194, 262 (→밴디먼스랜드 참조)
태평양 Pacific 88, 130, 134, 147, 150, 214, 218
테라노바호 Terra Nova 246, 307
텐징 노르게이 Tenzing Norgay 102, 132, 164, 184
토저, 앨프리드 Alfred Tozzer 72
토칸칭스강 Rio Tocantins 40, 76
톰슨, 존 턴불 John Turnbull Thomson 268–71
통, 올리비아 Olivia Tonge 284–87
통가 Tonga 262
투아레그족 Tuareg 274, 278
투탕카멘 Tutankhamen 15, 82, 83, 84
툴로 블랑가 언덕 Tulloh Blangah Hill 269
트랜스히말라야 산괴 Trans-Himalaya 122, 239
티네, 알렉산드린 Alexandrine Tinne 13, 274–79
티베트 Tibet 122, 124, 132, 239, 272, 290
티에라아마릴라 Tierra Amarilla 99
티티테아 Tititea 269

파나마 Panama 214; 시티 City 281
파리 Paris 140, 258
파머, 존 린턴 John Linton Palmer 214–17
파울윈드곶 Cape Foulwind 264
파인스, 레널프 Ranulph Fiennes 104–05
파킨슨, 시드니 Sydney Parkinson 8–9, 13, 218–21
파타고니아 Patagonia 61, 86, 99
팡라 고산지 Pang La 207
페르시아 Persia 52, 53, 55, 122, 290 (→이란 참조)
페이버산 Mount Faber 269
포스터, 게오르크 Georg Forster 134, 144;
포스터, 요한 라인홀트 Johann Reinhold Forster 134
포스터, 토니 Tony Foster 200–03, 314
폰 게라르트, 오이겐 Eugene von Guerard 110–13
폰테인, 마거릿 Margaret Fountaine 9, 106–07
폰팅, 허버트 Herbert Ponting 15
푹스, 비비언 Vivian Fuchs 108–09, 132, 164

프람호 Fram 18, 22, 190, 191
프랜스, 길리언 Ghillean Prance 68–71, 314
프랭클린, 존 John Franklin 22
프로비셔, 마틴 Martin Frobisher 300
프리스틀리, 레이먼드 Raymond Priestley 250
피어리, 로버트 Robert Peary 22, 228–29
피지 Fiji 72, 222, 262
피트리, 윌리엄 플린더스 William Flinders Petrie 82
필, 티션 램지 Titian Ramsay Peale 16, 222–27
필리핀 Philippines 106, 262

하르툼 Khartoum 274
하와이 Hawaii 88, 222
하위데코퍼 Huijdecoper 266
하일 Ha'il 52
한버리-테니슨, 로빈 Robin Hanbury-Tenison 114–15
핫셉수트 여왕 Hatshepsut 82, 85
해리슨, 찰스 턴불 Charles turnbull Harrisson 6, 116–21
해리엇, 토머스 Thomas Harriot 300
허버트, 월리 Wally Herbert 126–29
허버트, 카리 Kari Herbert 9, 10–19, 126, 314
헌트, 존 John Hunt 95, 102, 132, 204
헤딘, 스벤 Sven Hedin 19, 122–25
헤셀베르그, 에리크 Erik Hesselberg 131
헤울란, 크누트 Knut Haugland 131
헤위에르달, 토르 Thor Heyerdahl 130–31
헤이, 로버트 Robert Hay 100
헨슬로, 존 John Henslow 98
호루스 매 Horus falcon 84
호스버러 등대 Horsburgh Lighthouse 269
호지스, 윌리엄 William Hodges 134–39
호크둔산 Mount Hawkdun 270
홀리스터, 글로리아 Gloria Hollister 48
화이트, 존 John White 13, 300–5
후커, 조지프 Joseph Hooker 194, 307
훔볼트, 알렉산더 폰 Alexander von Humboldt 99, 134, 144–45, 164
히다차족 Hidatsa 168
히말라야 Himalaya 61, 102, 122, 132, 204, 238, 239, 258, 290
힌두쿠시 Hindu Kush 261
힐러리, 에드 Ed Hillary 102, 132–33, 164, 184
힐스만, 이사크 Isaac Gilsemans 262, 263

Explorers' Sketchbooks by Huw Lewis and Kari Herbert
"Published by arrangement with Thames & Hudson Ltd, London,
Explorers' Sketchbooks © 2016 Thames & Hudson Ltd, London
This edition first published in Republic of Korea in 2021 by Misulmunhwa, Gyonggi-do
Korean Edition © 2021 Misulmunhwa, Gyonggi-do"
Korean translation rights are arranged with Thames & Hudson Ltd, London through
AMO Agency, Seoul, Korea

이 책의 한국어판 저작권은 AMO 에이전시를 통해 저작권자와 독점 계약한 미술문화에 있습니다.
저작권법에 의해 한국 내에서 보호를 받는 저작물이므로 무단 전재와 무단 복제를 금합니다.

발견과 모험의 예술
탐험가의 스케치북

초판 인쇄 2022. 1. 5
초판 발행 2022. 1. 15

지은이 휴 루이스-존스 · 카리 허버트
옮긴이 최파일
펴낸이 지미정　**편집** 강지수, 문혜영, 박지행
마케팅 권순민, 김예진, 박장희　**디자인** 김윤희

펴낸곳 미술문화 | **주소** 경기도 고양시 일산동구 고양대로1021번길 33 402호
전화 02-335-2964 | **팩스** 031-901-2965 | **홈페이지** www.misulmun.co.kr
포스트 https://post.naver.com/misulmun2012 | **인스타그램** @misul_munhwa
등록번호 제 2014-000189호 | **등록일** 1994. 3. 30
인쇄 동화인쇄 | **제책** 광성문화사

ISBN 979-11-85954-83-7 (03600)　**값** 40,000원

지은이

휴 루이스-존스 Huw Lewis-Jones
케임브리지 대학에서 박사학위를 받은 탐험 역사가다. 휴는 스콧 극지연구소와 런던 국립해양박물관에서 큐레이터로 일했으며 현재는 수상 경력을 자랑하는 저자로서 모험과 시각예술에 관해 널리 글을 쓰고 강연을 한다. 극지 가이드로 일하며 매년 북극과 남극을 여행하고 외딴 섬과 야생의 환경에 매혹을 품고 있다. 저술로는 『대양의 초상Ocean Portraits』, 『남극 횡단The Crossing of Antarctica』, 반프 산악 도서 축제에서 역사상을 수상한 『에베레스트 정복The Conquest of Everest』 등이 있으며, 최근에 『북극해를 가로질러Across the Arctic Ocean』를 출간했다.

카리 허버트 Kari Herbert
『선데이 타임스The Sunday Times』, 『가디언Guardian』, 『지오그래피컬Geographical』, 『트래블러Traveller』를 비롯해 신문과 잡지에 널리 소개되는 작가이자 출판인이다. 돌아가신 아버지는 극지 탐험가 월리 허버트 경으로, 그녀의 첫 책 『탐험가의 딸The Explorer's Daughter』은 그린란드 북부의 고립된 공동체에서 자랐던 어린 시절을 묘사했다. 가장 근래에 나온 『영웅의 심장Heart of the Hero』은 저명한 탐험가의 아내들이 거둔 놀라운 성취에 주목했다. 휴와 카리는 결혼해 콘월 바닷가에 살고 있다.

옮긴이

최파일
언론정보학과 서양사학을 전공했다. 역사책 읽기 모임 '헤로도토스 클럽'에서 활동하고 있으며 역사 분야를 중심으로 해외의 좋은 책들을 기획, 번역하고 있다. 축구와 셜록 홈스의 열렬한 팬이며 제1차 세계대전 문학에도 관심이 많다. 옮긴 책으로는 『왜 서양이 지배하는가』(2013), 『내추럴 히스토리』(2016), 『글이 만든 세계』(2019), 『근대 세계의 창조』(2020), 『로마 황제 열전』(2021) 등이 있다.